Jüdische Intellektuelle und die
Philologien in Deutschland
1871–1933

D1729996

Marbacher Wissenschaftsgeschichte

Eine Schriftenreihe der Arbeitsstelle für die
Erforschung der Geschichte der Germanistik
im Deutschen Literaturarchiv Marbach

Herausgegeben von
Christoph König und Ulrich Ott

Band 3

Jüdische Intellektuelle und die Philologien in Deutschland 1871–1933

Herausgegeben von
Wilfried Barner und Christoph König

WALLSTEIN VERLAG

Inhalt

Diskurse über das Judentum:
Fremd- und Selbstbestimmung

Methoden, Schreibweisen, Konstruktionen

Einleitung

›Jüdische Intellektuelle und die Philologien in Deutschland 1871-1933‹: Über die ›Gegenstände‹, die Fragestellungen und den Arbeitstitel der hier dokumentierten Tagung ist von der Projektgruppe des Marbacher Arbeitskreises für Geschichte der Germanistik so intensiv und langdauernd diskutiert worden wie wohl bei keinem anderen der vorangegangenen Marbacher Symposien. In ihnen waren überwiegend größere institutionelle Felder (inbesondere bezogen auf Universitäten), wissenschaftsmethodische Strömungen (›Geistesgeschichte‹), disziplinäre Verhältnisse (›Konkurrenten in der Fakultät‹) oder auch regionale und nationale Bereiche (›Mittel- und Osteuropa‹) in den Blick genommen worden. Und wiederholt hatte es sich dabei ergeben, daß auch einzelne Philologen, Philosophen, Kritiker jüdischer Herkunft unter ausgewählten Aspekten jüdischer Selbst- und Fremdzuschreibungen in den Vordergrund traten. Aber geht es an, jüdische ›Gelehrte‹ oder ›Intellektuelle‹ *als* solche zum Thema zu erheben?

Erste Fragen und Festlegungen

Die Bedenken gegenüber solchen Fixierungen werden seit Jahrzehnten erörtert, nicht nur in Deutschland. Mit welcher Semantik wird hier von ›jüdisch‹ oder von ›Juden‹ geredet? Unter dem Aspekt der Religionszugehörigkeit? Oder generell der – auch bewußt in Distanz gehaltenen – Herkunft? Oder des Selbstverständnisses innerhalb einer definierten ›Tradition‹? Bedeutet nicht schon die Formulierung des Titels eine unangemessene Eingrenzung, das heißt zugleich eine erneute Ausgrenzung? Doch die Fragestellung schlechthin zu meiden, kann ungewollt auch wieder zum invertierten Tabu führen. Hilft das der Erkenntnis, zumal angesichts der besonderen Geschichte der Juden und der Deutschen? Immer wieder wird Gershom Scholem zitiert, der in dem Unbehagen, von ›den Juden‹ zu reden, zugleich eine raffinierte Form des Antisemitismus vermutete. Fast das gesamte Pro und Contra solcher Kategorisierungen kehrt in den Kritiken wieder, die das jüngst von Andreas B. Kilcher herausgegebene ›Lexikon der deutsch-jüdischen Literatur‹ (2000) auf sich gezogen hat. Es ist einer der ›éternels débats‹, die für die hier in Frage kommenden kulturellen Teilfelder immer neu und individuell zu führen sind.

In der Geschichte der Philologien seit der Mitte des 19. Jahrhunderts haben Juden, darunter Altgläubige und Reformierte, ›Konservative‹ und ›Liberale‹, Nicht-Konvertierte und Getaufte, eine so unübersehbar herausragende Rolle gespielt, daß ihr willentliches Ausklammern *als* Juden kaum förderlich sein kann. Im Hinblick auf das System oder die historisch sich ablösenden

9

Systeme der Wissenschaften mag – anders als etwa im Fall der Medizin oder der neueren Naturwissenschaften – daran erinnert sein, daß für die Philologien die in der jüdischen Tradition zentrale Kategorie der ›Schrift‹, des ›Buchs‹ einschlägig ist. Es ist bekanntermaßen ein Kernbereich vieler jüdischer Selbstdeutungen. Für die Geschichte der Juden – nicht nur – in Deutschland wurde freilich noch folgenreicher, was man ›den‹ Juden oder ihren verschiedenen Gruppierungen von außen zuschrieb – und wie man mit ihnen umging. In der Kraßheit der sozialen und institutionellen Mechanik zeigt sich dies bereits an den Söhnen des Mainzer Oberrabbiners Isaac Bernays: an Michael, der sich nach dem Tode des Vaters taufen ließ und schließlich (1872) auf den ersten Lehrstuhl für neuere deutsche Literaturgeschichte – in München – berufen wurde; und an Jacob, dem Klassischen Philologen, der an einer jüdischen, aufgeklärten Innenperspektive festhielt, sich nicht taufen ließ und den man die Position eines Bibliotheksdirektors in Bonn nicht übersteigen ließ.

Das System der institutionellen, staatlichen Regulation akademischer Karrieren von Juden in Deutschland unterschied nicht nur nach Getauften und Ungetauften, sondern auch nach Disziplinen. Die Exklusion aus der Theologie bedarf kaum näherer Erläuterung. Die Jurisprudenz, insbesondere aber der ›staatstragende‹ Justizapparat war Angehörigen jüdischen ›Glaubens‹ oder jüdischer ›Konfession‹ prinzipiell verschlossen. Es ist oft dargestellt worden, weshalb unter den höheren Fakultäten die Medizin schon um die Mitte des 18. Jahrhunderts sich einzelnen Juden öffnete und dann vor allem die weiter unten rangierende (aber allmählich aufsteigende) Philosophische Fakultät. Soweit denn die Philologien ihren genuinen Ort in den Unversitäten besaßen (für das 19. Jahrhundert werden die wissenschaftlich aktiven Gymnasialprofessoren oft vergessen), repräsentieren diese Institutionen einen Raum der relativen – ›akademischen‹ – Freiheit auch für akkulturierte Juden.

Doch spätestens bei den Lehrstühlen endete für viele jüdische Gelehrte die Lizenz, sich zu etablieren. Ein Hermann Cohen (jüdischen Glaubens) blieb die seltene Ausnahme, die sich einer – auch in personeller Hinsicht – besonderen Konstellation verdankte. Einem Ernst Cassirer (ebenfalls ›jüdisch‹) verwehrte man schon die Habilitation, ohne freilich in der Regel von den wahren Gründen zu reden. Das gehört zu den äußeren Determinanten potentieller jüdischer Karrieren, die durchaus noch nicht hinreichend erforscht sind. Wie jedoch steht es, in Relation hierzu, mit den Selbsteinschätzungen, den Selbstreflexionen, den Konzepten der Betroffenen? Hier sind prosopographische Einzelstudien unabdingbar; es gibt sie zum Teil, etwa zu den Brüdern Bernays, zu Ludwig Geiger, zu Daniel Sanders, zu Erich von Kahler und zu Walter Benjamin, bis hin zu Eduard Berend. Umfassendere Bestandsaufnahmen stehen noch aus, im Gegensatz etwa zur Klassischen Philologie oder zur Kunstgeschichte.

In der Projektgruppe des Marbacher Arbeitskreises wurde bald Einverneh-
men erzielt, daß der Bereich der Germanistik oder der ›Deutschen Sprach- und
Literaturgeschichte‹ (oder ›-wissenschaft‹) zum größeren disziplinären Rahmen der ›Philologien‹ hin transzendiert werden müsse, obgleich freilich für
Juden, die sich in die deutsche Kultur entschlossen zu integrieren suchten
(bis hin zu einem Phänomen wie dem ›Ober-Deutschen‹ Friedrich
Gundolf), die Germanistik als autochthone Nationalphilologie von besonderer Attraktivität war, anders als etwa die Slavistik. Jenes institutionell und
personell große Feld bedarf der Eingrenzung schon aus arbeitsökonomischen
Gründen. Mit der Reichsgründung 1871 wird eine Zäsur, die den nationalphilologischen Auftrag der Germanistik emphatisch festschreibt, unübersehbar: was Ausblicke nach ›rückwärts‹ sehr wohl einschließt. Die Zäsur des Jahres 1933 – dem erste Emigrationen schon vorausgehen – schafft fundamental
neue Verhältnisse, führt auch vor neue Fragestellungen. Mit Kaiserreich und
Weimarer Republik stellen sich solchermaßen zwei vielfältig ineinandergrei-
fende Epochen dar, in denen sich für Juden – jedenfalls prinzipiell und rechtlich – Zugänge zu den Philologien öffneten, und die noch einigermaßen
überschaubar erscheinen.

Was die methodischen ›Ansätze‹ betrifft, so bieten sich auch für die hier
verfolgte Fragestellung zwei in der wissenschaftsgeschichtlichen Forschung
immer noch ›starke‹ Grundtypen an (mit mancherlei Mischformen): die
›Fallstudie‹, die sich um eine Wissenschaftlerpersönlichkeit zentriert, mit
möglichst vielfältigen Ausblicken (auf einzelne Universitäten, kulturelle Teilfelder usf.), und die ›Feldstudie‹, die etwa eine wissenschaftliche Zeitschrift,
eine methodische Evolution oder ein einzelnes, besonders ›repräsentatives‹
Institut in den Blick nimmt. Die Projektgruppe verständigte sich, daß nicht
etwa Spekulationen über ›das Jüdische‹ oder Idealvorstellungen wie die von
der ›Symbiose‹ dominieren sollten, sondern ein klarer Vorrang des ›Konkreten‹. Dies spiegelte sich auch in der Titelformulierung des Projekts. Und für
den disziplinären Aspekt erschienen ›Philologien‹ in allen ihren Varianten als
geeignet: für die Spanne zwischen 1871 und 1933 unzweifelhaft die dominante
Bezeichnung, gegenüber der sich jeweils auch das Selbstverständnis definierte.

Aber ›Gelehrte‹ oder ›Intellektuelle‹? ›Gelehrte‹ ist der ältere, traditionsrei-
chere Terminus, der für viele auch etwas von der Dignität, vom epistemo-
logischen Anspruch der Disziplinen in beiden deutschen ›Reichen‹ repräsentierte. Und so lautete auch der Titel in einer ersten Fassung (Mai 1996):
›Jüdische Gelehrte in den Philologien. 1871 bis 1933‹. Doch gerade die charakteristischen ›Sonderwege‹, auch die ›Seiteneinstiege‹, zu denen viele Juden
durch die Systeme gezwungen waren, schienen durch den Begriff des ›Intellektuellen‹ angemessener bezeichnet (und statt »in« den Philologien sollte ein
»und« ebenfalls die Relationen offener halten). Dieser Terminus dürfte das
Moment des ›Freigesetztseins‹ in mehrfachem Sinne deutlicher akzentuieren,

um den Preis, daß – jedenfalls für die frühen Jahrzehnte – ein gewisser ahistorischer Modernismus sich einstellt.

Symposion 1999

Das Konzept für das Symposion wurde von Christoph König erarbeitet. Wir schrieben das Symposion auf dieser Grundlage im Juli 1997 aus: nicht nur, weil auf diese Weise in größerer Zahl jüngere Interessenten erreicht werden können, sondern auch, weil bei diesem Thema die Disziplinen der einzelnen Beiträger besonders vielfältig sein sollten. Als vorläufige Benennung der zu untersuchenden Teilbereiche wurde gewählt: ›Philologische Sozialisation‹, ›Einzelne Disziplinen‹, ›Andere kulturelle Räume‹. Auf die Ausschreibung hin ging eine ungewöhnlich große Zahl von Angeboten ein, obwohl – oder vielleicht gerade weil – schon die Titelformulierung Skepsis wie Widerspruch wecken konnte. Das Spektrum der Interessenten reichte vom eben promovierten ›Nachwuchs‹ bis zum jüdischen Gelehrten, der selbst in die Emigration gezwungen worden war. Als Arbeitsform wurde der bisher in Marbach praktizierte Usus gewählt: ein weitergefaßter Eröffnungsvortrag, dann anschließend fünf einander ablösende Abschnitte, in denen die Beiträge gebündelt wurden, jeder von ihnen von einer vorbereiteten ›Responsion‹ begleitet; endlich eine Schlußdiskussion.

Das Symposion, das dankenswerterweise von der Deutschen Forschungsgemeinschaft gefördert wurde, fand vom 16. bis zum 19. Juni 1999 im Deutschen Literaturarchiv in Marbach statt, das unter dem Direktorat von Ulrich Ott wiederum ein nicht nur gastfreundliches, sondern auch hoch anregendes Ambiente bot. Hierzu gehört, daß unter dem gleichen Dach eine größere Zahl von Philologen-Nachlässen aufbewahrt und erschlossen wird; einige von ihnen betreffen unmittelbar das Thema der Tagung. Die Beiträge und ausgewählten Responsionen sind für den Druck überarbeitet.

Das ›Fällige‹ der Fragestellung, aber auch das notgedrungen Vorläufige, Lückenhafte des Unternehmens wurde wohl allen Teilnehmerinnen und Teilnehmern rasch bewußt. Gleichwohl werden in der internen Struktur des nun vorlegten Buchs Kernpunkte, durchlaufende Linien, auch Widersprüche und Defizite erkennbar, auf die wir im folgenden zu sprechen kommen.

›Identität‹

Die Autoren dieses Buchs kehren immer wieder zur Frage zurück, wie berechtigt unser Thema sei; über ihre Antworten entscheidet vor allem der Begriff von ›Identität‹, den sie zugrunde legen.

Die jüdischen Intellektuellen, die im Kaiserreich und in der Weimarer Republik lebten, handelten in einer bestimmten kulturellen Situation, in der jüdische Traditionen deutschen gegenüberstanden, und sie entschieden sich auf eine bestimmte Weise, oft auch gegen das Jüdische. Sie mußten sich stets als Einzelne entscheiden und taten das auf unterschiedliche Weise. Die Spielräume waren groß, bei allem Zwang. Doch sowohl der Wille der aufgeklärten deutschen Juden, ihre Herkunft zu überwinden, als auch die Vielfalt der Entscheidungen – von der Assimilation bis zum orthodoxen Bekenntnis – verbieten, mit einer ›jüdischen‹ Identität die Grundlage dieses Buches zu konstruieren. Die Gefahr wäre groß, die deutschen Juden, nach ihren antisemitischen Feinden von einst, heute erneut zu verkennen.

Die Sehnsucht nach Identität, wenn ein Forschungsfeld abgesteckt wird, ist gemeinhin groß. Folgt man dieser Sehnsucht, die während des Symposions vor allem Diskurs- und Systemtheoretiker hegten, bleiben nur zwei Möglichkeiten. Entweder man anerkennt – ganz im Sinn einer jüdischen Orthodoxie – nur die als ›Juden‹, die bei ihrer Religion geblieben waren; oder man faßt jene zu einer Gruppe zusammen, die der Antisemitismus zu eigenen Gesten gezwungen hat: etwa die großen Essayisten, die nicht an der Universität reüssieren durften und ihren eigenen Stil fanden. Erst ein historischer Blick auf diese Hintergründe ermöglicht, die Ansprüche der Texte zu begreifen. Das gilt auch dann, wenn der Zwang weniger sichtbar war und daher nicht so kraß schien. In der Regel spielte das Religiöse kaum eine Rolle, waren die deutschen Juden doch zuerst Deutsche, die von ihrer gesellschaftlichen Umwelt als andere gesehen wurden und auch anders sein konnten, aber eben auf gesellschaftliche (und nicht auf religiöse) Weise.

Führt eine Analyse in diesem Sinn weiter, steht sie vor zwei Problemen, die ihr beinahe den Boden entziehen: Sie geht von einer Situation aus, über die zu schweigen war: seitens der Juden aus Scham und seitens ihrer Gegner aus Strategie. Einmal ausgesprochen, erweisen sich deren antisemitischen Argumente in jener Epoche (noch) als kraftlos. Und die Analyse registriert eine Vielzahl von Reaktionen auf etwas, das es angeblich nicht gab. In dem Maß, in dem die Hintergründe von Werken sich als heterogen erweisen, kann man die Sehnsucht nach Identität nicht befriedigen. Weniger die jeweiligen Entscheidungen der Juden rechtfertigen, von Gemeinsamkeiten unter ihnen zu sprechen, sondern vielmehr die *Schwierigkeiten*, sie zu treffen und darüber zu sprechen.

Sind die Juden Intellektuelle, so gelten für ihre Werke die Regeln der Räume, in denen sie entstehen, sie mögen kulturell, literarisch oder wissenschaftlich sein. Gelingt es dem Forscher, seine Arbeit auf diese Weise zu ›objektivieren‹, vermindert er die biographisch-sozialen Einflüsse seiner Herkunft. Zur Vielfalt der Entscheidungen, die deutsche Juden fällen konnten, tritt die Gravitation der Institutionen. Wenn die jüdischen Intellektuellen auf ihre Wissenschaft Einfluß nahmen, dann geschah das innerhalb der Logik der Humboldtschen Universität und ihrer Philologien. Die Wissenschaften hielten bestimmte Optionen bereit und verwarfen andere: Zu jenen institutionell sanktionierten Optionen griffen die Juden. Mögen ihre Motive, ein Werk zu schreiben, einen bestimmten Gegenstand zu wählen, für eine Methode einzutreten oder einen Stil zu bevorzugen, von ihrer Situation bestimmt sein – in ihren Arbeiten können sie indes den von der Wissenschaft eröffneten Spielraum, der auch die Innovation miteinschließt, nicht übertreten. Von einer ›jüdischen‹ Wissenschaft zu sprechen, ist abwegig. Doch mit jeder Entscheidung innerhalb ihrer Wissenschaft prägten die jüdischen Intellektuellen diese selbst. Ihr Beitrag war enorm.

Das vorliegende Buch gliedert sich in fünf Kapitel, die diesem Grundgedanken folgen: Zwei Räume stehen einander gegenüber: einerseits die Welt ›Außerhalb der Universität‹ (Kapitel I), mit Feuilleton und Verlag vor allem, andererseits die Welt von ›Universität, Forschung, Jüdischen Hochschulen‹ (Kapitel II); eine eigener Abschnitt (Kapitel III) widmet sich den mächtigen ›Diskursen über das Judentum‹, weniger der antisemitischen Fremd- als der eigenen, eine positive Innenperspektive bezeugenden Selbstbestimmung. Den Resultaten der Konflikte gelten die beiden letzten Abschnitte: den ›Methoden, Schreibweisen, Konstruktionen‹ (Kapitel IV) und den ›(Neuen) Gegenstandsfeldern‹ (Kapitel V).

Außerhalb der Universität

Trotz ihrer staatsbürgerlichen Gleichstellung im Kaiserreich erhielten Juden nicht zu allen staatlichen Institutionen in gleichem Maße Zugang. Je näher die Einrichtung dem Staat war, umso weniger wurden sie eingelassen oder durften sie, einmal eingelassen, Karriere machen. Leichter als in der Verwaltung und im diplomatischen Dienst oder gar in der Armee ging es an der Universität, wo indes viele Professoren, geleitet von ihrem antisemitischen Ressentiment, die rechtliche Emanzipation wettmachten. Hermann Cohen urteilt über die Chancen von Ernst Cassirer: »Leipzig und München sind den Juden so gut wie verschlossen.« Die Gründe für eine Ablehnung waren nicht auszusprechen, doch verstand man sich in einer Ersatzrhetorik: Man meinte ›jüdisch‹, wenn man ›liberal‹ sagte oder von einer ›leeren Vernunft‹ sprach (das zeigt Notker Hammerstein in seinem Beitrag). Oft genügte der performative Akt des Schweigens: »Sie verstehen das ohne Ausführungen.«

Der Antisemitismus vieler deutscher Professoren bewegte sich innerhalb der eigenen Kultur und suchte die auszugrenzen, die im herkömmlichen Sinn nicht mehr jüdisch waren, weil sie die ungeliebte *universale* Möglichkeit jener Kultur vertraten. Doch viele Juden wollten gar nicht an die Universität und schufen sich ihre eigene Positivität: im Feuilleton, im Lektorat, in der Bibliothek, als freie Herausgeber, als Sammler. Es hielt sie auch weniger der Antisemitismus an der Universität von ihr fern; oft war ihre Wahl von der in der deutschen Kultur verankerten Konkurrenz zwischen Universität und (literarischer) Öffentlichkeit geprägt. Der glatte, am Kulturmodell der gebildeten Bürgerlichkeit orientierte Leitdiskurs der ›Frankfurter Zeitung‹ ließ die sogenannte ›Judenfrage‹ nicht zu; man stritt indirekt und setzte etwa die philologischen Arbeiten jüdischer Gelehrter wie ein Antidot dem Rassenhaß entgegen (Almut Todorow). Indirekt traf man damit auch die Universität.

Wie sehr die Universität selbst von den Werten dieser Öffentlichkeit zehrte (und zwar notwendig, von ihrer Humboldtschen Konstitution her, nicht nur anekdotisch), wollten indes viele nicht wissen, hätte man doch ein Idealbild gegen den kruden Antisemitismus, den man in der eigenen Welt bekämpfte, verloren. Ludwig Geiger dachte so. Denselben Gegensatz nutzte Kurt Pinthus und ergriff die andere Partei: Gegen die Wissenschaft brachte er die Kunst, zu der seiner Meinung nach auch die Kritik gehörte, in Stellung und wollte aus dem Feuilletonismus (für ihn eine Art moderner, säkularisierter Talmudismus) und dem ›urjüdischen‹ Gemüt eines Martin Buber eine neue Intensität mischen, die in der Lyrik seiner Anthologie ›Menschheitsdämmerung‹ ihren (jüdischen) Ausdruck finden sollte (Hanne Knickmann). Die Proportionen bei Moritz Heimann, dem Lektor Samuel Fischers, sind freier: Im Gespräch mit Autoren übte er die die Stilgeste des ›Übergangs‹ – auf ähnliche Weise entzog er sich auch den kurrenten Gegensätzen und war Autor, Lektor, Deutscher und Jude zugleich (Dierk Rodewald): »In meiner Kindheit waren wir, die einzige jüdische Familie im Ort und nach der Strenge der Ritualgesetze uns verhaltend, in unsre christliche, deutsche Umgebung vollkommen ein- und hineingelebt *durch* unsre jüdische Gegensätzigkeit, nicht trotz ihrer.«

Ungebundener waren auch jüdische Philologinnen: Da Frauen in der jüdischen Religionspraxis diskriminiert wurden (man schloß sie etwa vom Thorastudium aus), emanzipierten sich Jüdinnen früher als andere Frauen von den sozialen Zwängen ihrer Umgebung und waren seit den ersten Promotionen um 1900 an der Universität extrem überrepräsentiert, ohne indes im gleichen Maß Dozentenstellen erlangen zu können (Hiltrud Häntzschel). Die Gegenwehr gegen ihr Geschlecht war stärker als die gegen ihre Herkunft, auf die man weniger achtete als bei jüdischen Männern; doch die Frauenstudiumsgegner tönten ihre Kritik antisemitisch (sie sprachen von ›Parasiten‹ oder von ›Weltdamen‹) und machten aus ihnen wieder Jüdinnen, die man nicht haben wollte.

Universität, Forschung, Jüdische Hochschule

Bis zuletzt gelang es nicht, die von Leopold Zunz, dem Schüler Friedrich August Wolfs, begründete ›Wissenschaft des Judentums‹ an der deutschen Universität zu etablieren (Céline Trautmann-Waller). Man konnte an die textkritischen Leistungen der rabbinischen Gelehrsamkeit anschließen, doch die Anerkennung blieb dürftig, auch weil die protestantischen theologischen Fakultäten das Interpretationsmonopol für Bibel und Judentum (geschärft durch ihren Missionswillen) nicht aus der Hand gaben (Uri R. Kaufmann). Die ›Wissenschaft des Judentums‹ war eigentlich eine philologische Disziplin: Die historischen Aspekte des Judentums studierte sie anhand der jüdischen Literatur. So war sie auch der allgemeinen Konstitution der Philologien unterworfen, wo Wahrheitsanspruch, Machtwille und moralisch-ethische Werte aufeinander stoßen (Christoph König). In der Gravitation dieser Normen vollzieht sich die philologische Arbeit. Meist bleiben die Räume von Wissen, Institution und Kultur getrennt. Wird ihr Zusammenhang nicht reflektiert, schwächt dies das Wissen des Philologen und macht es angreifbar. In der ›Wissenschaft des Judentums‹ sollte – gegen die christliche Tradition antijudaischer Darstellung – ein jüdischer Standpunkt herrschen, der, als die universitäre Einbindung mißlang, die Philologie der Rabbinerausbildung in Breslau und in Berlin unterstellte. Man verkannte, daß der universale Anspruch innerhalb des Reformjudentums selbst kulturellen Ursprungs war: als wären die Juden die neuen Griechen, an die die Deutschen anschließen konnten.

In der Universität gerieten die jüdischen Dozenten, gerade weil sie universal sein wollten, an den Rand. Die Marginalisierung ist allgemein ein Grund, warum deutsche Juden wissenschaftlich besonders innovativ waren: Am Rand konnte man sich ungestört spezialisieren. Shulamit Volkov hat das am Beispiel der Naturwissenschaften gezeigt. Für die Philologien ist diese These etwas zu modifizieren. Der Fortschritt in Zeiten positivistischer Engführung Ende des 19. Jahrhunderts kam zwar nicht aus der Spezialisierung, wohl aber von der Peripherie, von dort, wo die Grenzen zur kulturellen Umwelt durchlässig waren und synthetisierende Konzepte eindringen konnten. Das geschieht nicht automatisch, denn nur wenige vermögen es, die Werte zu Thesen zu läutern. Richard Moritz Meyer (Hans-Harald Müller) und Eugen Wolff (Lothar Schneider) stehen für Gelingen und Mißlingen. Meyer verteidigte am 15.7.1907 Gustav Roethe gegenüber seine vielen Pressepublikationen: »Lange Jahre habe ich nur Fachliches geschrieben; das andere entwickelte sich erst allmählich, als ich die ersehnte akademische Wirksamkeit (Dociren allein ist keine oder doch zu wenig davon) immer mehr zum Traumbild werden sah. Mein Ehrgeiz ist nie der gewesen, in eine Académie Française zu gehören; ich habe nie etwas anderes sein wollen als ein deutscher Philolog aus Scherers Schule.« Vom Rand des Fachs her, das im Zentrum von fleißigen ›Scherer-Schülern‹ dominiert wurde, verteidigte er das aufgeklärte Programm Scherers. Wolff wurde Opfer des eigenen kulturellen Strebens nach Universalien, die die Juden integrieren sollten: Er wollte die ›Nation‹ fördern und redete durch seinen romantischen und antiurbanen Naturvolksbegriff den eigenen Ausschluß herbei. Buchstäblich: An der Universität hielt er sich, gegen deren Willen, nur mit Hilfe der Regierung. Und aus der von ihm gegründeten Burschenschaft wurde er als Jude verdrängt: Von Universalien, noch dazu von faulen, hätte Wolff, der Didaktiker aus der Schule Rudolf Hildebrands, nicht so laut sprechen sollen.

Die Heine-Philologie in Kaiserreich und Weimarer Republik ruhte auf den Schultern jüdischer Intellektueller, die damit einen Beitrag zur deutschen Literaturwissenschaft leisten wollten: Ihr Fach, so dachten sie, würde sich verbessern, wenn es den jüdischen Dichter zur Kenntnis nähme und dessen jüdischen Geist nicht gänzlich zugunsten des eigenen deutsch-nationalen unterdrückte. Die zentrale Stellung dieser Gelehrten hat die Heine-Forschung vergessen. Die Wissenschaftsgeschichte glich in den 1968er Jahren die frühere ›Unachtsamkeit‹ der Wissenschaft aus. Man wollte die Juden als Opfer haben; der antisemitische Heine-Diskurs wurde zwar kritisiert, doch zugleich lehnte man die jüdischen Heine-Philologen ab. Sie waren den Marxisten zu bürgerlich. »Die Literaturwissenschaftler unserer Zeit mögen die Juden der damaligen Zeit nicht. Das sind nicht die Juden, die wir haben wollen.« (Jeffrey Sammons)

Diskurse über das Judentum

Die deutsche Universität galt als universal und besaß daher eine außerordentliche Attraktivität für Juden. Sprechen Juden über das Judentum, rückt die Frage der Universalität ins Zentrum. Gegen die ›Non-Jewish Jews‹, wie Isaac Deutscher die assimilierten Juden nannte, richtete sich in der Weimarer Republik die Partikularität der ›jüdischen Renaissance‹, die das Ostjudentum feierte (Michael Brenner). Diese Erneuerer um Franz Rosenzweig handelten weniger ›multikulturell‹, sondern bestimmten das Jüdische mit deutschen, in der Regel *romantischen* Vorstellungen und verfielen oft einer unaufgeklärten ›Universalität‹.

Hermann Cohen hielt dem die Vernunftreligion der Wissenschaft des Judentums entgegen, an die sich gerade die Ostjuden halten sollten; konsequent kulturkritisch, läßt Cohen das Deutsche aus dem Judentum hervorgehen, dessen Vernunft von Kants Ethik aufgenommen werde. Der national-jüdische Chauvinismus der Zionisten behindere dieses Projekt ebenso wie alle die, die ihren jüdischen Glauben aufgeben, so sein Argument gegen die Assimilation, und sich der Möglichkeit begeben, Judentum und Christentum gleichermaßen aufzuklären (Karol Sauerland).

Fritz Mauthner verließ sich auf seine Sprachphilosophie, um das Judentum zu säkularisieren und um seine Herkunft, die er als Mangel empfand, zu überwinden: In der Gestalt des jüdischen Sprachkritikers Spinoza, der Erfolg und Außenseitertum verbinde (anders als eben der offiziöse Staatsphilosoph

Leibniz), spiegelt Mauthner die eigene Assimilation (Carsten Schapkow). Da entsteht das Idealbild einer Assimilation, in der der Außenseiter für seine Distanz belohnt wird. In der Regel repräsentierte aber das assimilierte Judentum die Merkmale jener Mehrheit, in die es sich einzuleben entschloß, stärker und oft auch besser als eben jene Mehrheit. Unter den ›Philologen‹ sind Juden oft die strengeren Wissenschaftler.

Der entschiedene, direkte Gegenstandsbezug verdankt sich auch dem säkularen jüdischen Denken, das den Konflikt von Universität und Kirche nicht kennt. Die Assimilation wird hier in den Augen der Philologen übersteuert, da die Werte dazu gehören müssen. Diese Ablehnung zeigt sich, sobald es um einen nationalen Dichter wie Gottfried Keller geht. Die (Schweizer) Mehrheit lehnte den jüdischen Philologen Jonas Fränkel ab und wollte einen eigenen, womöglich vorurteilsbegabteren Editor (Konrad Feilchenfeldt).

Methoden, Schreibweisen, Konstruktionen

Innerhalb der Universität lagen damals für Sprach- und Literaturwissenschaftler bestimmte Alternativen bereit. Einem philologischen Ansatz im engeren Sinn (mit seinen Editionen, biographischen Detailstudien etc.) stand eine Philologie im weiteren Sinn entgegen, die Materialkenntnis mit philosophisch-ästhetischer Reflexion paarte und aus der zwischen 1910 und 1925 die Geistesgeschichte entstand. Entscheidend für diese Entwicklung war die Integration von Wissensnorm und synthetisierenden Wertvorstellungen. Allerdings waren die Werte meist nicht als solche, also in ihrer historischen, ideologischen Problematik verstanden, so daß als Theorie an den Tag kam, was die Praxis ohnehin längst leitete: der romantische Grund der Philologie. Der direkte, enge philologische Zugang zum Material, der den Juden auferlegt war, wollten sie in der Wissenschaft aufsteigen, bedeutete für viele einen methodischen Stillstand wider besseres Wissen.

Die deutschen Juden in der Klassischen Philologie mußten sich doppelt verleugnen: als Juden gegenüber den Deutschen und als Wissenschaftler gegenüber einer romantischen Philologie. Gerade die jüdischen Schüler von Ulrich von Wilamowitz-Moellendorff exerzierten dessen *philologisches* Programm in verzweifelten Anstrengungen – mit der Hoffnung, daß sie die kritische Sicht würden durchsetzen können, während die nicht-jüdischen Schüler sich, wie ihr Lehrer, genialisch-spekulative Züge gestatteten, um so über die Spaltung der Universität in Zeiten des Historismus hinwegzukommen: Die Juden »zeichnen sich aus durch die Qualität der Arbeit und den intellektuellen Anspruch im Rahmen des Vorhandenen; das ist schon viel. Sie waren weniger forsch und ungestüm, insgesamt bedachter, wissenschaftlicher und kompromißloser in ihrem Habitus. Zwangswissenschaftler, man könnte auch sagen: Zwangsjuden. Wilamowitz verfügte über eine andere interne Stoßtruppe, die etwa durch die Namen Karl Reinhardt, Werner Jäger, Wolfgang Schadewaldt gut repräsentiert wird. Sie gehörten in noch anderer Weise dazu, sie waren ein anderer Teil seiner selbst, ausgeschickt, wie er es selbst in seinen Reden getan hatte, die alten Sachen in anderer Zeit zu vergegenwärtigen, den Mythos und die heroische Vergangenheit, das Deutschtum und das Griechentum. Alles Dinge, wovon die anderen, die Esoteriker, nicht sprachen, wenigstens nicht prinzipiell: Die Grenzlinie ist gut markiert; die Juden wußten, was zu sagen ihnen nicht zustand.« (Jean Bollack).

Aus dieser *Trennung* gewann Ludwig Geiger seinen Habitus: Den Antisemitismus überging er philologisch und begründete dies mit der reformjüdisch inspirierten Zuversicht, die er in seinen Gegenstand, die Literatur, setzte. Wie sich in der Geschichte der jüdische universale Gedanke durchsetze, so auch in Literatur und Kultur – Geigers Glaube an eine autonome ›Aufklärungskulturgeschichte‹ enthob ihn der Chance, die spekulativ-normativen Grundlagen seiner Philologie zu überdenken (Christoph König).

Die Berliner Grammatikerin und Lexikographin des Mittelniederdeutschen, Agathe Lasch, wich in die USA aus: Daß sie von Gustav Roethes Lehrveranstaltungen ausgeschlossen war, ist mehr als ein Sinnbild ihrer Lage als jüdischer Philologin. Als sich im Ersten Weltkrieg die Einstellung Amerikas gegenüber Deutschland verschlechterte, kehrte sie zurück und begann 1917 ihre Karriere in Hamburg: Die Entdeckung der Stadtsprache, die man gegenüber der ›reinen‹ Mundart auf dem Land bis dahin vernachlässigt hatte, zeugt von ihrer Rationalität – durch aufwendige methodische Absicherung suchte sie die jüdische Diskriminierung auszugleichen (Ulrike Haß-Zumkehr). Henri Weil, der bei August Boeckh und Gottfried Hermann Klassische Philologie studiert hatte, konnte hingegen in Frankreich, wohin er 1843 emigrierte, um seine wissenschaftliche Neigung zum Beruf zu machen, das volle, theoretisch seit Wolf schon anspruchsvolle Programm seiner Disziplin entfalten. Dieser wohl bedeutendste Gräzist Frankreichs im 19. Jahrhundert konnte in der ›Freiheit‹ als Jude zum Repräsentanten des preußischen Modells werden (Erika Hültenschmidt).

Schreibweisen und Textkonstruktionen gehören zu den weißen Flecken der Wissenschaftsgeschichte. Gerade die Lage jüdischer Intellektueller erweist deren Bedeutung. Weil ihre Geschichte bisher entweder innerhalb der großen Emanzipation oder im Zeichen des Antisemitismus erzählt wird, verkennen die Historiker, wie sehr sie sich um die (deutsche) Sprache bemüht haben (Shulamit Volkov). Ihre Gegner setzten Bildung mit Sprache gleich: Daher erweise, so deren Argument, ihre eigenartige Verwendung der Sprache, wie wenig die Bildung der Juden ›wahr‹ sei. Der Streit um das Hebräische und das Jiddische sind davon geprägt: Sigmund Freud etwa leugnete seine Kenntnis des Hebräischen und verbreitete, das Jiddische nicht zu verstehen. Umgekehrt führt die (heutige) Sakralisierung des Hebräischen zur These, im Deutschen, in das sich das Hebräische nicht übersetzen lasse, bleibe man (wie Kafka) sprachlos (Barbara Hahn).

(Neue) Gegenstandsfelder

Die Philologen kennen ein elegantes und gleichwohl fragwürdiges Mittel, ihre Werte in Wissenschaft umzumünzen: Sie wählen sich *ihren* Gegenstand, denn wer fragt schon nach den Gründen der Wahl. Jüdische Intellektuelle, die klandestin ihren Interessen gehorchen müssen, nutzten diesen Weg. In Fächern wie der Altorientalistik, die sich national kaum legitimieren und auch keine Lehrer im Auftrag des Staates ausbilden mußten, konnten sie sich freier bewegen. Benno Landsberger, der nach der Emigration das große Oriental Institute der University of Chicago gründete, bekannte sich in seiner Dissertation 1915 offen zu seiner »jüdischen Glaubenszugehörigkeit«. Man verwehrte seinesgleichen kaum den Zugang (Johannes Renger): Umso leichter konnten sie sich dann ohne weiteres ihren Gegenständen hingeben. Die Altorientalistik – und in ihr mehr die Alte Geschichte als die Assyrologie – erwies sich als Rückzugsgebiet, um den historischen Kontext jüdischer Identität bis 1933 freier zu erforschen (Dirk Niefanger).

Die jüdische Literatur fand an der Universität keine Aufnahme. Dem standen der übliche Antisemitismus und der Unwille der Historiker entgegen, auf einen ihrer Gegenstände zu verzichten, aber auch die Schwierigkeit, den Gegenstand mit einheitlichen Merkmalen zu umreißen, wozu es institutioneller Festlegungen bedurft hätte, die man indes verweigerte. Eine ausweglose Lage, in der die über zweihundert ›Vereine für jüdische Geschichte und Literatur in Deutschland‹ ihre raison d'être gewannen. Den Interpretationen jüdischer Literatur tat das nicht gut, da man sich einem im Expressionismus radikalisierten Kulturprotestantismus anschloß, nach der ›inneren Mission‹ suchte und von der Seminardisziplin ungehindert moderne ›prophetische‹, letztlich lebensphilosophische Träume laut werden ließ (Gerhard Lauer). Ludwig Strauß engagierte sich unter dem Einfluß von Martin Buber für die ›jüdische Renaissance‹ und erweiterte seinen Gegenstandsbereich erheblich: Literatur gelinge, sofern sie messianisch sei. Mit den Kernvokabeln ›Schöpfung‹, ›Offenbarung‹, ›Verbannung‹ und ›Erlösung‹ ließe sich eine Weltliteratur charakterisieren, zu der dann jüdische wie deutsche Autoren beitragen können (Hans Otto Horch).

Eine ganz andere, urbane und artistische Weltliteratur hatte Georg Brandes im Sinn, in dessen Literaturgeschichte ›Die Hauptströmungen der Litteratur des 19. Jahrhunderts‹ der freie Gedanke, den die ›Initiative‹ gebiert, im Zentrum steht: Jüdisches wird nicht verschwiegen, aber von jenem Gedanken her beurteilt, der in den Augen seiner Mitbürger ›jüdisch‹ war, weshalb

Brandes von einer Universitätskarriere in Dänemark ausgeschlossen blieb (Peter Goßens). Auch die ›Griechischen Denker‹ des Wiener Klassischen Philologen und Rationalisten in der Tradition von John Stuart Mill, Theodor Gomperz, sind vom Wunsch geleitet, eine Erfolgsgeschichte aufgeklärter Philosophie zu schreiben (Jacques Le Rider) – mit den Wissensgrenzen des gut Gemeinten. Josef Körner bewahrte sich, in der Weigerung, einer Karriere zuliebe sich taufen zu lassen, die Freiheit, im Kanon seines Fachs zu bleiben; der große Schlegel-Forscher war lange von August Sauer an der Habilitation gehindert worden, verlor 1939 die venia legendi und wurde 1946 in Prag als ›Deutscher‹ entlassen. Hans Eichner ruft Körners – gegen die Widerstände erzwungene – Forscherleistung in Erinnerung und erreicht für einen Einzelnen, was dieses Buch für viele tun will.

Es gehört zu den Marbacher wissenschaftsgeschichtlichen Symposien, daß viele ihrer Gegenstände und Fragen ergänzt, erweitert, neu aufgenommen werden müssen. Viele Lücken bleiben vorerst bestehen. Immer wieder wurde in den Diskussionen postuliert, daß die Zeitlinien über 1933 hinausgeführt werden, in die verschiedenartigen Exile, aber auch über 1945 hinaus, wo für viele das Exil noch lange nicht endet. Einzelstudien hierzu liegen schon vor, und auch in mehreren Beiträgen dieses Buches öffnet sich die Zeitperspektive. Die ›jüdischen Intellektuellen‹ können in wenigen Jahren Thema eines weiteren Symposions sein. Die Veröffentlichung des im Deutschen Literaturarchiv erarbeiteten ›Internationalen Germanistenlexikons 1800-1950‹ könnte zusätzliche Hilfestellung geben, ebenso das fortgeführte ›Archiv Bibliographia Judaica‹.

Wilfried Barner & Christoph König

Außerhalb der Universität:
Literaturkritik und Verlag

Universitäten in Kaiserreich und Weimarer Republik und der Antisemitismus

Notker Hammerstein

1930 wurde der dem Neukantianismus nahestehende Philosophie-Professor Richard Hönigswald von Breslau nach München berufen. 1933 wurde er im Zusammenhang mit dem sogenannten Gesetz zur Wiederherstellung des Berufsbeamtentums seiner Professur enthoben bzw. sollte von der Universität ausgeschlossen werden. Das führte – auch dies gab es gelegentlich – zum Aufbegehren einiger Studenten und der Philosophischen Fakultät. Das bayerische Kultusministerium sah sich veranlaßt, auswärtige Gutachter zur Unterstützung seiner Entscheidung heranzuziehen. Zu ihnen gehörte Martin Heidegger, inzwischen längst aus der früheren Hochburg des Neukantianismus in Marburg wieder ins badische Freiburg zurückgekehrt und dort erster NS-Rektor. Im Juni 1933 übersandte er sein Gutachten.

»Hönigswald kommt aus der Schule des Neukantianismus, der eine Philosophie vertreten hat, die dem Liberalismus auf den Leib zugeschnitten ist. Das Wesen des Menschen wurde da aufgelöst in ein frei schwebendes Bewußtsein überhaupt und dieses schließlich verdünnt zu einer allgemeinen logischen Weltvernunft. Auf diesem Weg wurde unter scheinbar streng wissenschaftlicher philosophischer Begründung der Blick abgelenkt vom Menschen in seiner geschichtlichen Verwurzelung und in seiner volkhaften Überlieferung seiner Herkunft aus Boden und Blut. Damit zusammen ging eine bewußte Zurückdrängung jedes metaphysischen Fragens, und der Mensch galt nur noch als Diener einer indifferenten, allgemeinen Weltkultur. Aus dieser Grundeinstellung sind die Schriften Hönigswalds erwachsen. Es kommt aber hinzu, daß nun gerade Hönigswald die Gedanken des Neukantianismus mit einem besonders gefährlichen Scharfsinn und einer leerlaufenden Dialektik verficht. Die Gefahr besteht vor allem darin, daß dieses Treiben den Eindruck höchster Sachlichkeit und strenger Wissenschaft erweckt und bereits viele junge Menschen getäuscht und irregeführt hat. Ich muß auch heute noch die Berufung dieses Mannes an die Universität München als einen Skandal bezeichnen.«[1]

Hier finden sich viele Argumentationsmuster, die traditionell in diesem Umfeld auftauchen und meine Themenstellung präzisieren und erläutern können. Es wird zwar mit keinem Wort erwähnt, daß Hönigswald ein Gelehrter jüdischer Herkunft ist, sein Denken jüdisch infiziert sei. Heidegger

---

1 Zit. nach Jean Grondin, *Hans-Georg Gadamer. Eine Biographie*, Tübingen 1999, 79 f.

hat so etwas nicht nötig, er argumentiert auf einer scheinbar rein sachlichen, wissenschaftlichen Basis. Wäre nicht der Anlaß – die widerrechtliche, wenn auch *gesetzliche* Vertreibung eines Gelehrten wegen seiner Herkunft –, ließe sich fast auf einen rein fachlichen Gegensatz schließen. So aber, Heidegger wußte ja, worum es ging, wurde eine politische, rassistische Zwangsmaßnahme wissenschaftlich – besser scheinwissenschaftlich – gestützt und scheinbar gerechtfertigt. Auch dies hatte es seit dem 19. Jahrhundert häufig gegeben: die Ablehnung Gelehrter jüdischer Herkunft mußte sich nicht verbal direkt äußern. Das wurde meist bewußt vermieden, ändert aber nicht den Sachverhalt.

Mit der Reichseinheit 1870/71 waren zentrale Wünsche der im Vormärz und in dem Jahrzehnt um und nach der 1848er Revolution häufig politisierenden Professoren und Studenten in Erfüllung gegangen. Die Einheit der Nation in einem starken Staat war, wie man meinte, erreicht, wenngleich noch nicht endgültig gesichert.[2] Die Universitäten – Gelehrte und Forscher – konnten sich ihrer eigentlichen Aufgabe, der Erweiterung der Erkenntnis, der Ergründung der Wahrheit, der Entschlüsselung der Welt und des Menschen zuwenden. Hier war ihr Reich, da errangen sie die auch international akzeptierten Erfolge und all das hatte – wie immer wieder betont wurde – nichts mit Politik zu tun. Wissenschaft und Forschung seien eigenständig, frei, dürften von keinerlei Einschränkungen und Vorbehalten, Glaubenssätzen eingehegt sein, zeichneten sich insoweit durch Politikferne aus. Diese Vorstellungen hielten sich bis weit ins 20. Jahrhundert. Freilich, bei näherem Zusehen ergibt es sich, daß Politikferne immer nur meinte, keinerlei politische Optionen und Meinungen zu vertreten, die der Mehrheit der bewahrend und staatsorientiert denkenden Professoren zuwiderlief.[3] Staatsverwöhnt und -ausgerichtet vertrauten die meisten Professoren auf Vernunft- und Sachbezogenheit der entsprechenden Staatsorgane, der höheren Kultus- und Finanzbürokratie. Deren Herkommen aus den Universitäten garantierte, ebenso wie der Kaiser, akademische Freiheit und Selbstbestimmung. Für viele sollte es nach dem verlorenen Ersten Weltkrieg und im Aufbau eines neuen, demokratischen Staatswesens daher schwer werden, sich den gewandelten Verhältnissen anzupassen. Der neuerliche Übergang zum machtgestützten Führerstaat fiel manchen hinwiederum leichter.

Und dieser die bürgerliche Ordnung garantierende Staat sollte einer vor den Parteien sein und den Universitäten erlauben, ausschließlich sachbe-

---

2 Vgl. Thomas Nipperdey, *Deutsche Geschichte 1866-1918. Bd. 1: Arbeitswelt und Bürgergeist*, München 1990, insbes. Kap. XIII f.

3 Vgl. Dieter Langewiesche, Die Eberhard-Karls-Universität Tübingen in der Weimarer Republik. Krisenerfahrungen und Distanz zur Demokratie an deutschen Universitäten, in: *Zeitschrift für Württembergische Landesgeschichte* 51, 1992, S. 345-381.

zogen-selbstverantwortlich zu forschen und zu wirken, wie diese Ideologie unterstellte. All dies war bereits älter, war in manchem durchaus Realität gewesen, aber nur partiell realisiert worden.

»Auf der Wahrhaftigkeit beruht unsere Selbstachtung, unsere Standesehre, unser Einfluß auf die Jugend«, sagte 1901 Theodor Mommsen im Blick auf die von ihm und vielen weiteren postulierte ›voraussetzungslose Wissenschaft‹. Er fuhr sodann fort: »Möchte somit ein jeder, der bei der Anstellung von Universitätslehrern mitberufen ist, dessen eingedenk bleiben, daß die voraussetzungslose Forschung, d. h. die Ehrlichkeit und Wahrhaftigkeit des Forschers, das Palladium des Universitätsunterrichts ist, und sich hüten vor dem, was nicht verziehen wird, vor der Verleitung zu der Sünde wider den Heiligen Geist.«[4]

Die meisten Professoren teilten ferner Max Lenz' Auffassung, daß die Einheit der Nation in der Fülle ihrer Bildungsanstalten – insbesondere den Universitäten – »zu gewaltigem Ausdruck gekommen« sei. »Der Geist der Objektivität, bei ruhiger Betrachtung, vorurteilsloser Forschung, der heute die Geisteswissenschaften nicht weniger durchtränkt als die Naturwissenschaften, hat uns freiere Bahnen gemacht«, wie er in seiner Geschichte der Berliner Universität formulierte.[5] Man war stolz auf das Erreichte, den sogenannten Kulturstaat, der den Deutschen so eigentümlich sei und neben den parteiunabhängigen Staatsdienern den Professoren zu danken stehe. »Was den deutschen Professor vor anderen auszeichnet, das ist der tiefe, sittliche Ernst, der Glaube an das Ideale und die unerschütterliche Überzeugungstreue.«[6] Fürwahr: ein hoher Anspruch, ein großes Selbstwertgefühl, ein durchaus auch gelebtes Ideal, eine herausgehobene Stellung. So allgemein und fleckenlos waren die Professoren jedoch nicht, wie wir alle wissen. Und damit darf ich mich wieder meinem engeren Thema zuwenden.

»Wie rasch haben die jüdischen Privat-Dozenten und Professoren zugenommen, wie rasch haben die Juden erreicht, daß an einzelnen Kliniken jahrelang nur jüdische Assistenten angestellt wurden, wie bewahrheitet sich in so manchen Fakultäten die Prophezeihung, daß der erste jüdische Ordinarius in zehn Jahren fünf und mehr andere Juden nach sich ziehe. Die Benachteiligung der Juden im deutschen Staatsleben ist heute fast schon dem Verschwinden nahe und macht bereits dem Gegenteil da und dort Platz«, schrieb Gustav Schmoller 1906 in seinem weitverbreiteten Jahrbuch.[7]

4 Zit. nach Notker Hammerstein, *Antisemitismus und deutsche Universitäten 1871-1933*, Frankfurt am Main und New York 1995, S. 14.

5 Max Lenz, *Geschichte der Königlichen Friedrich-Wilhelm-Universität zu Berlin*, Halle 1918, S. 359.

6 Zit. nach Hammerstein (Anm. 4), S. 13.

7 *Jahrbuch für Gesetzgebung, Verwaltung und Volkswirtschaft*, hg. von Gustav Schmoller, 40, 1916, S. 426.

Schon länger zurück lag der von Heinrich von Treitschke provozierte Berliner Antisemitismus-Streit. Er hatte die bis in die Zeit der Judenemanzipation im späten 18. Jahrhundert zurückreichenden unterschiedlichen Stränge einer antisemitischen Argumentation zusammengefaßt und breitenwirksam vergröbernd den Zeitgenossen schmackhaft gemacht.[8] Dabei überwogen inzwischen biologisch-rassische Begründungen des Judentums, was die Diskussion erheblich verschärfte und gemeinbürgerlichen Ausgleich, gelassene Nichtbeachtung, prinzipielle Ablehnung erschwerte. Der Nachweis, über das Entree-Billett der Taufe zu verfügen, also dem bestimmenden protestantischen Kulturideal zu entsprechen, konnte nicht unbedingt mehr entlastend wirken.

Daß verstärkt Deutsche jüdischer Herkunft eine Universitätslaufbahn anstrebten, lag in der Entwicklung des 19. Jahrhunderts begründet. Wurden auch die Verordnungen nur bedingt umgesetzt, wonach es keine Benachteiligung gemäß konfessioneller Zugehörigkeit geben dürfe, so hatten sich inzwischen doch die meisten Universitäten geöffnet. Allenfalls in Staatslehre, in Geschichte, in bestimmten weiteren juristischen Disziplinen gab es Ausschlußbestimmungen für Nichtprotestanten – so etwa in Königsberg, Greifswald, Halle, Leipzig – ansonsten stand eine akademische Karriere allen strebsamen jungen Leuten offen.[9] Und so entstand alsbald die Furcht vor einem übergroßen jüdischen Gelehrtennachwuchs. Man operierte mit Zahlen, die zwar nicht erfunden, aber – wie das immer so mit zahlenmäßigen Angaben ist – nur bedingt zutreffend interpretiert wurden und infolgedessen Ängste zu schüren vermochten.

So bezifferte eine Aufstellung von 1902 die »akademischen Dozenten aller Stufen auf eine Million der menschlichen Bevölkerung berechnet: für die Katholiken 35, die Evangelischen 106,5, die Juden 698,9; an Ordinarien: Katholiken 16,9, Evangelische 33,5, Juden 65,5« und folgerte daraus, daß der jüdische Anteil erschreckend hoch sei. Man war sich sicher – die Untersuchung ging auf den keineswegs antisemitischen Friedrich Paulsen zurück –, daß hier zum mindesten Vorsicht, wenn nicht gar Abwehr angemessen sei.[10] Den Juden unterstellte man nämlich, daß sie nicht nur, wie das im Schmoller-Zitat zum Ausdruck gekommen war, eng zusammenhielten, sondern auch, daß sie eine letztlich nicht zu inkorporierende Minderheit darstellten. Weitgehend geteilt wurde die Meinung Eduard von Hartmanns von 1884: »Im innerstaatlichen und socialen Leben jedes Volkes bildet das Judenthum

---

8 Vgl. *Der Berliner Antisemitismus-Streit*, hg. von Walter Boehlich, Frankfurt am Main 1965.

9 Nachweise in Hammerstein (Anm. 4).

10 Friedrich Paulsen, *Die deutschen Universitäten und das Universitätsstudium*, Berlin 1902, S. 199 f.

durch seine starke Solidarität einen Staat im Staate, ein geschlossenes Freimaurerthum, [… das] gefährlich werden kann, ähnlich, wenn auch in anderem Sinne, wie die Ultramontanen und die Socialdemokratie.«[11] Die Genannten förderten sich gegenseitig, hielten zusammen und überschritten bewußt die nationalen Grenzen. Also seien sie international, individualistisch, nur bedingt der deutschen Gemeinschaft einzuordnen.

Auf die Einheit der Nation aber kam es nicht erst seit 1871 an. Bereits früher und noch bis tief ins 20. Jahrhundert hinein wurde immer wieder an die Entstehung der modernen deutschen Universität, die Gründung der Berliner Universität 1809/10 in der Zeit der Freiheitskriege, den verpflichtenden Wunsch nach Einheit und Freiheit erinnert. Gewiß schien inzwischen dieses heiligste Gut der Nation eingelöst. Aber es galt, es nicht zu gefährden. Diese ideelle, sprachlich-kulturelle und politische Gemeinschaft – kaum jemand kam auf die Idee, sie damals rassisch zu definieren! – müsse mit allen Mitteln erhalten und weiter gefördert werden. Dazu hätten nicht zuletzt die Universitäten beizutragen, die so recht Ausweis dieser geglückten neuen Staatlichkeit, des Kulturstaatsbewußtseins, des rechtstaatlichen Denkens seien. Nicht nur Theodor Mommsen meinte daher: »Wer die Geschicke der deutschen Nation bestimmt, kann von deutschen Wissenschaften nicht absehen, und die Bedeutung dieses Teils staatsmännischer Arbeit ist im stetigen Steigen« – wie er 1905 in einer Ansprache formulierte.[12]

Die deutsche Sprache galt seit Neuhumanismus und Klassik – wie die Germanisten viel besser wissen als ich – als genuiner Ausdruck der Besonderheit deutscher Existenz. Vergleichbar dem Griechischen in der Antike, sei gerade sie für Wissenschaften prädestiniert. Auch das zeichne das deutsche Volk aus, das insoweit seine staatliche und nationale Existenz immer als eine kulturstaatliche verstanden und umgesetzt habe.

Im Blick auf jüdische Deutsche löste diese Auffassung jedoch keineswegs die Frage des Miteinanderlebens, sondern schuf neue Probleme. Jüdische Gelehrte und Intellektuelle zeichneten sich nicht selten durch einen brillanten Umgang mit der Sprache aus. Im eigenen konfessionskulturellen Bereich sprachlich-philologisch sensibilisiert, untermauerten sie ihre Zugehörigkeit zur deutschen Kultur mittels herausgehobener sprachlicher Fähigkeiten (auch dies sollte übrigens ein Moment sein, inneruniversitäre Ausgrenzung jüdischer Gelehrter zu tolerieren). Doch sprachliche Kompetenz allein konnte dauerhaft kein Indiz des Deutschseins, der Zugehörigkeit zur deutschen Gelehrtenrepublik sein. Auch inhaltlich, in der gelebten Tradition einer zur Freiheit bestimmenden Konfession, die mit dem Auftreten Luthers begonnen habe, mußte sich die wahre Zugehörigkeit erweisen. Nicht nur Leopold

---

11 Isaac Singer, *Briefe berühmter Zeitgenossen über die Judenfrage*, Wien 1885, S. 27.
12 Theodor Mommsen, *Reden und Aufsätze*, Berlin 1905, S. 160.

von Ranke, auch andere Gelehrte rieten daher jüdischen Nachwuchswissenschaftlern, sich taufen zu lassen, also protestantisch zu werden: »Aber Breslau [es ging um Harry Breslau], so treten Sie doch über – sie sind doch ein historischer Christ.«[13] Und Ernst E. Hirsch, der spätere Privatrechtslehrer, erhielt 1927 von seinem Lehrer die Auskunft: »Sie sind Jude. Auch wenn wir Sie hier in Frankfurt habilitierten, hätten Sie keine Chance, auf einen Lehrstuhl berufen zu werden, es sei denn, Sie ließen sich taufen [...].«[14]

Ein entsprechendes Bild ergeben denn auch die Zahlen jüdischer Hochschullehrer zwischen 1874 und 1910. Unter diesen Professoren waren 1874 13 Prozent und 1910 nur 11 Prozent nicht getauft.[15] Nur wenige hatten also diesen Schritt nicht vollzogen.

Nun ist und bleibt es problematisch, vom Volksbegriff eines Herder, der Brüder Grimm, Fichtes, den Sprachtheorien der Klassik und Romantik, des deutschen Idealismus unmittelbare Verbindungslinien zum völkischen Antisemitismus der Zeit nach 1870/71 zu ziehen. Verbindungen gibt es, aber sie sind doch sehr gebrochen. Die älteren, z.T. ganz anders gemeinten Auffassungen konnten freilich produktiv mißverstanden werden und wurden es im Blick auf die Ausgrenzung von Juden. Adolph Lowe, der 1933 von der Universität Frankfurt vertrieben worden war, meinte nach dem Krieg: »Gewiß, man konnte gewisse Stellungen durch Taufe erreichen, aber die volle Integrierung hat nie stattgefunden. Z.T. liegen die Wurzeln in der Romantik, weil der romantische Volksbegriff ja kein sozialer, sondern ein naturaler war. Da würde man Novalis und anderen schweres Unrecht tun, wenn man sie in einem Atemzug nennte, mit dem, was nachher kam. Aber diese naturale Wurzel des Volkstums hat sich dann zu den grotesken Übersteigerungen des Nationalsozialismus ausgewachsen.«[16] Das ist sicherlich nicht neu, es ist aber mit ein Grund dafür, warum an sich untadelige, vor einem platten Antisemitismus völlig gefeite Professoren gleichwohl die allgemeine innere Distanz zu ihren Kollegen jüdischer Herkunft wahrten.

Jüdische Nachwuchswissenschaftler hatten es also während der ganzen Zeit des Kaiserreichs und auch der Weimarer Republik schwer, bzw. schwerer als andere, sich zu habilitieren und einen Ruf zu erhalten. Einige wenige Beispiele mögen genügen, den Sachverhalt zu beleuchten. Ich sehe dabei

13 Zit. nach Hammerstein (Anm. 4), S. 44.

14 Ernst Hirsch, *Aus des Kaisers Zeiten durch die Weimarer Republik in das Land Atatürks. Eine unzeitgemäße Autobiographie*, München 1982, S. 40.

15 Vgl. Lothar Burchardt, Naturwissenschaftliche Universitätslehrer im Kaiserreich, in: *Deutsche Hochschullehrer als Elite. 1815-1945*, hg. von Klaus Schwabe, Boppard 1988, S. 151-214.

16 *Gespräche mit emigrierten Sozialwissenschaftlern*, aufgezeichnet von M. Greffrath, Reinbek bei Hamburg 1979, S. 163 f.

bewußt vom Berliner Antisemitismusstreit ab, der, gut dokumentiert und kommentiert, allgemein zugänglich vorliegt.

Manchen dürften wohl die Schwierigkeiten bekannt sein, die Ernst Cassirer hatte, sich zu habilitieren. Paul Natorp, der von Cohen informiert war, schrieb an einen Freund im Januar 1902: »Mit Cassirers Habilitation hat es ernste Schwierigkeit. Die drei Berliner Ordinarien ›raten‹ nicht bloß bestimmt ›ab‹, sondern erklären direkt, sie würden ihn abweisen, wegen ›Cohenschen Methode‹. [...] Natürlich glaubt er es nicht, daß es die Methode ist – und sie ist es auch nicht – ein Dilthey wenigstens ist nicht vernagelt genug, um nicht zu sehen, daß Cassirer, trotz einiger Cohenischer Termini, sui juris ist und an dem, was man an Cohens Art wirklich aussetzen kann: dem Mangel eines behutsamen fortschreitenden Beweisverfahrens [...] wenig teilhat, auch viel zu viel Selbstkritik besitzt, um sich auf eine bestimmte Manier lebenslang festzulegen. Vielmehr hat Dilthey selbst Cassirer mündlich so viel Anerkennendes gesagt, daß ich diese Erklärung gerade in seinem Munde nicht ganz glaublich finden kann. – Darauf hat es Cassirer in Straßburg versucht. Hier hat man ihm nun direkt gesagt, daß es der Jude ist, den man ablehnt.«[17]

Zwei Wochen zuvor hatte Cohen Natorp von diesen Dingen unterrichtet. Er schrieb damals u. a.: »Leipzig und München sind den Juden so gut wie verschlossen. In Leipzig ist Specialgenehmigung des Ministers, wie man sagt, erforderlich, Anstellung aber dort wie in München so gut wie aussichtslos. Sie haben wohl wegen Windelband nicht an Straßburg gedacht, aber was bleibt übrig? [...] Ich kann unsern guten Cassirer nicht weiter betteln gehen lassen, denn er war schon auf die Temperatur des Privatgelehrten gesunken.«[18]

Ludwig Edinger, 1855 in Worms geboren, nachmals einer der ersten großen Neurophysiologen, hatte nach Studium in Heidelberg und Straßburg und freiwilligem Militärdienst 1879 eine Assistentenstelle in Gießen erhalten. Bereits zwei Jahre später konnte er sich habilitieren, da der Universitätskanzler ihn stützte, was die vehementen antisemitischen Vorbehalte in der Fakultät überwand. Das hatte freilich zur Folge, daß er dort nicht lehren konnte, und so wandte er sich an Paul Ehrlich in Berlin. Weder der noch Robert Koch konnten ihm eine Stelle beschaffen, so daß Edinger schließlich über Leipzig nach Paris ging. Dort hätte er Karriere machen können, kam aber auf Drängen seiner Mutter, damit er nicht »der Heimat verloren gehe«,[19] zurück.

---

17 Helmut Holzhey, *Cohen und Natorp. Bd. 2: Der Marburger Neukantianismus in Quellen*, Basel, Stuttgart 1986, S. 271.

18 Ebd., S. 269.

19 Vgl. *Ludwig Edinger. Gedenkschrift zu seinem 100. Geburtstag*, Wiesbaden 1959, S. 18.

Er ließ sich in Frankfurt, einem jüdischen Gelehrten offenen Ort, als praktischer Arzt und Neurologe nieder. Dank der Weitsicht der Senckenbergischen Naturforschenden Gesellschaft kam aus Breslau alsbald auch Carl Weigert nach Frankfurt, der in Schlesien wegen seiner jüdischen Abstammung nicht reüssieren, und aus den gleichen Gründen in Leipzig nicht Nachfolger seines Lehrers werden konnte. Beide haben dann in Frankfurt im Vorfeld der Universitätsgründung die Neurologie zu einer der wichtigen modernen Disziplinen ausgebaut und ein eigenes Institut innerhalb der Universität errichtet, das heute wieder Edingers Namen trägt.[20]

Max Born, der bedeutende theoretische Physiker, schrieb 1921 an Albert Einstein, um ihm einen aus Ungarn geflohenen jungen Mann als Privatassistenten anzubieten. »Ich könnte ihn, wenn ich wollte, hier ohne weiteres habilitieren; ich halte es nur für sinnlos, weil er als ungarischer Jude und bei seinem durchaus östlichen Benehmen doch keinen Ruf bekommt.«[21]

Als es 1921 darum ging, dem Kaiser-Wilhelm-Institut für Lederforschung, das in Dresden angesiedelt werden sollte, einen Direktor an die Spitze zu stellen, wurden entsprechende Gutachten eingeholt. Unter anderem ging es um einen Schüler des berühmten Chemikers Emil Fischer. Richard Willstätter schrieb damals an Harnack: »Als Persönlichkeit wird in diesem Falle von vielen Bergmann als weniger geeignet angesehen werden; er ist vermutlich Jude oder ist es seiner Herkunft nach. Das wäre für die Technische Hochschule Dresden ein harter Bissen.« Ein anderer Gutachter hingegen meinte: »Dr. Bergmann ist einer der tüchtigsten jungen Schüler Emil Fischers; leider ist er Jude oder wenigstens jüdischer Abstammung, welcher Umstand ihn in den Augen vieler für Dresden unmöglich macht [...]«[22]

Über Hugo Preuß, den ›Vater der Weimarer Verfassung‹, war die Berliner Fakultät einig, daß er zu liberal und zudem jüdisch sei, weswegen sie wenig geneigt war, seine akademische Karriere zu fördern. Seine bekannte Distanz zum Hurra-Patriotismus des Ersten Weltkriegs schuf ihm noch weitere Gegner, darunter wieder Gustav Schmoller. »Preuß ist einer der begabtesten neueren Staatsrechtslehrer; [...] er ist einer der Häuptlinge des Berliner kommunalen Freisinns geworden, der, sozial auf semitischer Millionärsbasis thronend, unsere Hauptstadt mehr oder weniger beherrscht.« Er unterstellte diesen Juden, überheblich zu sein und in Preußen Universitäten, Heer und hohes Beamtentum beherrschen zu wollen. »Aber deshalb ist doch [...] nicht

---

20 Vgl. Gedenkschrift Edinger (Anm. 19); vgl. auch Notker Hammerstein, *Die Johann Wolfgang Goethe-Universität Frankfurt am Main. I: 1914-1950*, Neuwied, Frankfurt am Main 1989.

21 Albert Einstein – Max Born, *Briefwechsel*, München 1969, S. 101.

22 *Die Kaiser-Wilhelm/Max-Planck-Gesellschaft und ihre Institute. Das HarnackPrinzip*, hg. von Bernhard vom Brocke und Hubert Laitko, Berlin 1996, S. 306.

allgemein richtig, daß wir die Rechtsgleichheit unserer Verfassung gründlich verletzen, [...] weil an den Universitäten noch nicht alle zahlreichen jüdischen Privat-Dozenten so rasch Professoren werden, als sie persönlich glauben, es nach ihrem Talent zu verdienen.«[23]

Selbst ein so liberaler Mann wie der Staatssekretär und vorübergehende preußische Kultusminister Carl Heinrich Becker meinte 1919 in einem Privatbrief an seine Frau: »Man schaut hier in einer Weise hinter die Kulissen, daß einen gelegentlich der Ekel und dann wieder das Lachen packt. [...] Hirsch [...] ist nur deshalb provisorischer Präsident geworden, weil er bei der Revolution Fraktionsvorsitzender war. Er ist ein trockner, poesieloser Geschäftsmann, als Judentyp immer noch besser als Preuß, der ganz Berlin West ist, während Hirsch den immerhin sympathischeren Typ Berlin Nord oder Ost darstellt.«[24]

Damit aber genug. Es ließen sich eine Fülle weiterer Beispiele finden, die alle das Gleiche zeigten. Trotz postulierter Unvoreingenommenheit, Objektivität und Sachlichkeit gab es im Kaiserreich und in der Weimarer Republik durchaus vielfältige Ausgrenzungen innerhalb der Universitäten. Sie wurden oft keineswegs platt antisemitisch begründet – das gab es zwar auch –, sondern bemäntelt. Es gab hinreichend akzeptierte Argumente, und da darf ich Sie an das Gutachten Heideggers erinnern: »frei schwebendes Bewußtsein« – also keine Volksbindung, Liberalismus, allgemeine Weltvernunft, Weltkultur, Individuum statt Gemeinschaft – und all dies unter dem »Eindruck höchster Sachlichkeit und strenger Wissenschaft«. Gern wurde auch auf Zivilisation statt Kultur, Parteienhader statt Staatlichkeit, Amerikanismus u.ä. verwiesen. Da wußte man, was man meinte!

Natürlich gab es auch einige und durchaus mannhafte, angesehene Gegner der antisemitischen Grundstimmung. Theodor Mommsen im Kaiserreich, Karl Vossler während der Weimarer Republik und im Dritten Reich, Emil du Bois-Reymond und Rudolf Virchow. Virchow sprach in einer seiner Berliner Rektoratsreden davon, daß er »ratlos vor dem Rätsel des Antisemitismus [stehe], von dem niemand weiß, was [er] eigentlich in dieser Zeit der Rechtsgleichheit will, und der trotzdem, vielleicht auch deshalb, faszinierend selbst auf die gebildete Jugend wirkt. Bis jetzt hat man noch keine Professur des Antisemitismus gefordert, aber es wird erzählt, daß es schon antisemitische Professoren gäbe. Wer die Geschichte der Naturphilosophie in ihren radikalen Ausläufern kennt, der wird über solche Erscheinungen nicht

---

23 Schmoller (Anm. 7), S. 423.
24 Guido Müller, *Weltpolitische Bildung und Akademische Reform. Carl Heinrich Beckers Wissenschafts-und Hochschulpolitik 1908-1930*, Köln, Weimar, Wien 1991, S. 259.

erstaunen. Der menschliche Geist ist nur zu sehr geneigt, den mühseligen Weg des ordnungsmäßigen Denkens zu verlassen und sich in träumerisches Sinnen zu versenken.«[25]

Diese Vorgeschichte wurde 1933 rechts- und sittenwidrige Gesetzeslage. Sie kann erklären, warum es in den Universitäten keinen oder fast keinen Widerstand gegen Vertreibung und Entlassungen der Juden, gegen das Menschlichkeit und Gerechtigkeit verletzende Gesetz zur Wiederherstellung des Berufsbeamtentums gab.[26] Allenfalls im Privaten sind Ablehnung, Distanzierung, ja empörte Äußerungen überliefert, aber auch da selten genug. Mit einem Tagebucheintrag des Freiburger Theologen Josef Bauer will ich daher schließen, der als letzter frei gewählter Rektor auf der ersten NS-Rektorenkonferenz im April 1933 anwesend war. Er notierte: »Die Judensperre hat dort leider zu keiner grundsätzlichen Haltung geführt. Es wurde viel von der Würde der Hochschule gesprochen, dabei in keiner Weise dies auch zum Ausdruck gebracht. Das Gefühl der Ohnmacht belastet schwer unsere Tagung; würdevolle Haltung wäre allein der Schritt der Sieben Göttinger gewesen. Die große Entscheidungsstunde hat uns erbärmlich klein gesehen.«[27]

---

25 Zit. nach Hammerstein (Anm. 4).

26 Vg. auch Notker Hammerstein, *Die Deutsche Forschungsgemeinschaft in der Weimarer Republik und im Dritten Reich. Wissenschaftspolitik in Republik und Diktatur*, München 1999.

27 Zit. nach Eduard Seidler, Die akademische Elite und der neue Staat, in: *Acta Historica Leopoldina* 22, 1995, S. 2-21, hier S. 17.

Deutsche Philologie und Judentum im Feuilleton der ›Frankfurter Zeitung‹ während der Weimarer Republik

ALMUT TODOROW

Nicht erst unter den Nationalsozialisten ist die ›Frankfurter Zeitung‹ [FZ] ein Blatt gewesen, dessen Leser neben ihrer gewohnten Lektüre auch *zwischen den Zeilen* zu lesen verstehen mußten. Das gilt auch bei einem so fraglos anerkannten Thema wie der Philologie und der Vielfalt ihrer Fachgebiete zwischen Historie und Sprachphilosophie.

»Alle Geschichtsschreibung hat neben ihrer rein wissenschaftlichen Aufgabe Darstellung und Deutung geschichtlichen Lebens zu sein, eine nationalpädagogische Aufgabe von größtem Ausmaß: die nämlich, das wortgewordene Bewußtsein des Volkes zu sein. [...] Die literarischen Werke und Leistungen eines Volkes sind gleichsam die zartesten, reinsten, edelsten Schöpfungen und Formen seines sittlich-sinnlichen, geistigen und seelischen Daseins.«[1] Werner Mahrholz, Germanist und in der ersten Hälfte der 20er Jahre häufig Beiträger des Feuilletons der ›FZ‹ in Sachen Philologie, ist einer der Repräsentanten jenes geschichtsphilosophisch aufgeladenen und lebensphilosophisch gesättigten Literaturbegriffs, der in den Literaturverhältnissen der Weimarer Zeit eine große Rolle spielt und auch einen traditionsorientierten Leitdiskurs des ›FZ‹-Feuilletons in der frühen Weimarer Republik bestimmt. Erst in den späteren Weimarer Jahren, unter Benno Reifenberg und Siegfried Kracauer, setzt sich im Feuilleton die Moderne und mit ihr auch das Bewußtsein einer ›neuen, unbekannten Gegenwart‹ (Benno Reifenberg)[2] von Massengesellschaft und Massenkultur, industrieller Ästhetik und Medienkonkurrenz durch. Aber auch dann bleibt das Feuilleton der »Beziehung zum seelischen Grundwillen der Gegenwart«[3] verpflichtet: Nicht zuletzt im Feuilleton dokumentiert die ›FZ‹ den kulturellen Habitus der Zugehörigkeit zum Erbe des 19. Jahrhunderts, zum Geist des Kulturmodells gebildeter Bürgerlichkeit und zu deren rekonstruktiver Aneignungspraxis gesellschaftlicher Komplexität im Medium der Presse.[4]

---

1 Werner Mahrholz, Vogt und Koch, in: *FZ*, 23.3.1921, Nr. 223.
2 Vgl. *FZ*, 1. 7. 1929, N. 482.
3 Redaktionelle Vorrede zu Werner Mahrholz, Literaturgeschichte als lebendige Wissenschaft, in: *FZ*, 15.5.1924, Nr. 363, ›Für Hochschule u. Jugend‹.
4 Vgl. hierzu Almut Todorow, *Das Feuilleton der ›Frankfurter Zeitung‹ in der Weimarer Republik. Zur Grundlegung einer rhetorischen Medienforschung*, Tübingen 1996, Kap. III, 4.

Unterhalb der hohen Leitformulierungen rückt der Alltag der Kulturpraxis nur selten in den Blick. Zusammen mit den Arbeitsverhältnissen und der Lebensführung von Philologen bleiben auch die Existenzprobleme jüdischer Wissenschaftler zwischen gelehrter Professionalität und akademischer Institutionalisierung der Philologien weitgehend unerwähnt. Grundsätzlich zeigt sich, daß die ›FZ‹ jüdisches Leben in Deutschland als etwas ganz Normales behandeln will, daß aber gerade dadurch die Zwänge und Widersprüche, die dieses Leben prägen, nicht angesprochen werden. Mehr noch, für die ›FZ‹ gibt es, wo irgend möglich, die »sogenannte Judenfrage« nicht, sie ist Sache der bösartig ausgrenzenden und diabolisierenden Aggressivität rechtskonservativ-völkischer und antisemitischer Kreise und ihrer Presse. »Die sogenannte Judenfrage«, wird ein »hochstehender geistiger Deutscher« zitiert, sei »weder eine deutsche noch eine jüdische, sondern eine rein antisemitische Frage«, um mit einer verbreiteten Wunschvorstellung liberaler und linker Kreise der Republik fortzufahren: »Sei der Blick einmal von den durch den Haß erzeugten Trübungen und Sehfehlern befreit, [werde] die ganze Angelegenheit sich von selbst bewenden, das heißt, sich durch Einbeziehung alles Gesonderten in den großen liebenden Zusammenhang auf deutsche Weise lösen.«[5]

Nur in wenigen Texten zeigt das ›FZ‹-Feuilleton einen solch thetischen Gestus gegen den Antisemitismus, nur selten werden eigene Zukunftsmodelle deutsch-jüdischen Zusammenlebens ausformuliert, vielmehr repräsentiert die Zeitung selbst bewußt und nicht zuletzt mit ihrem Feuilleton jene gemeinsame Moderne kultureller Vielfalt und ›deutsch-jüdischer Symbiose‹.[6]

So ist denn die Verhaltenheit, wenn nicht das weitgehende Schweigen, mit dem die ›FZ‹ und andere nicht-völkische Medien die rassistischen Unterstellungen angeblicher jüdischer Vorherrschaft in den Kulturinstitutionen übergehen, wiederholt bemerkt worden. Nicht, daß die jüdische Kultur Deutschlands und Europas nicht in zahlreichen großen Feuilletons gepflegt worden wäre, nicht, daß man über den Antisemitismus nicht Bescheid gewußt hätte und nicht, daß man in der Frankfurter Gesellschaft nicht offene Rede geführt hätte, aber eine Zeitung unterliegt anderen Regeln als das Binnengespräch der großbürgerlichen Stadtgesellschaft. Die ›FZ‹, in deren Verbreitungsgebiet eine der größten jüdischen Gemeinden in Deutschland liegt, versteht sich weder programmatisch noch wirtschaftlich als jüdische Zeitung, auch wenn die Eignerfamilie Simon-Sonnemann und ein Teil der Mitarbeiter Juden sind. Sie ist in der Weimarer Zeit die führende Zeitung des demokratischen Liberalismus in Deutschland. Ihre politische Ausrichtung und

---

5 H. Sch. [Hans Schiebelhuth], Der Verrat am Deutschtum, in: *FZ*, 31.10.1921, Nr. 810.

6 Vgl. Jost Hermand, *Judentum und deutsche Kultur. Beispiele einer schmerzhaften Symbiose*, Köln, Weimar, Wien 1996, S. 3 und passim.

ihre gesellschaftliche Bindungsfähigkeit gelten dem liberalen Milieu und seiner Zukunft in der Gesamtgesellschaft. Das deutsche Judentum ist für die ›FZ‹ Teil dieses Zusammenhangs, seine spezifischen Erscheinungsweisen Teil des allgemeinen kulturellen und bildungspolitischen Themenkanons.

Dabei vertritt das Feuilleton als journalistische Instanz und repräsentatives Medium der ›FZ‹ sowohl wie des Weimarer Kulturbetriebs nicht nur propositional und argumentativ inhaltlich bestimmte Positionen, es entwickelt auch rhetorisch-sprachliche und performative Strategien, die diese Positionen sichern und die Glaubwürdigkeit des Feuilletons mit dem Wahrheitsanspruch seiner Texte verkoppeln. Viele Auseinandersetzungen hinter der einvernehmlichen Außendarstellung spielen sich in diesem Spannungsfeld ab – am bekanntesten ist wohl das stete Aufbegehren von Joseph Roth.[7] In Übereinstimmung mit ihrem Lesermilieu praktiziert die Zeitung Gediegenheit und Sachlichkeit der Berichterstattung wie diskursive Vernunft und Ausgewogenheit des Feuilletonismus. Sowohl in der kulturkonservativen Frühphase wie in der späteren Zeit der Feuilleton-Moderne bevorzugt sie generell rhetorische Muster von abwägender und einordnender redaktioneller Kommentierung oder die Zusammenstellung intertextuell respondierender Texte, um den diskursiven Anspruch zu unterstreichen und ihren Beiträgen jede polemische Schärfe zu nehmen, die in ihrer Klientel als suspekt gelten könnte. Das gilt auch in den Fällen, in denen die ›FZ‹ Konflikte jüdisch-deutscher Existenz im Wissenschaftskontext doch zur Sprache bringt: Dem harten Verriß von Friedrich Delitzschs religionsgeschichtlicher Schrift ›Die große Täuschung‹ durch Hermann Gunkel, den die ›FZ‹ als den »bekannten Bibelforscher […] und Professor an der Evangelischen Fakultät in Gießen« um die Besprechung der »antijüdischen Kampfschrift« Delitzschs gebeten hat,[8] folgt so drei Tage später ein von Leserseite zugesandter älterer Text Delitzschs, den die Zeitung mit ›Der andere Delitzsch‹ überschreibt und einführt als glänzenden Widerspruch gegen den »wütenden Antisemiten« Delitzsch durch Delitzsch selbst.[9]

Die Philologie steht im Feuilleton im Dienste eines hochgespannten Literatur- und Wissenschaftsdiskurses, ihr stehen die großen Kritiken und Essays offen, aber gerade sie kann darum auch von Fall zu Fall zur angesehenen und glaubwürdigen Bürgin gegen den nur ›zwischen den Zeilen‹ angespielten Antisemitismus im Kulturbetrieb werden: Herbert Silberers Referat von Leo Spitzers kleiner Schrift ›Fremdwörterhaß und Fremdvölkerhaß‹[10] von 1918

---

7 Vgl. Almut Todorow (Anm. 4), Kap. III, 2.
8 Hermann Gunkel, Die große Täuschung, in: *FZ*, 30.5.1920, Nr. 390.
9 Der andere Delitzsch, in: *FZ*, 3.6.1920, Nr. 420.
10 Herbert Silberer, Philologie auf Kriegspfaden, in: *FZ*, 15.12.1918, Nr. 347.

etwa oder Heinrich Simons umfangreicher Nachruf auf Georg Brandes[11] sind Beispiele dafür. Eine lange Kette von Werkrezensionen, Gratulationen, Nachrufen und biographischen Porträts jüdischer Literatur- und Sprachwissenschaftler nehmen kaum Bezug auf jüdische Herkunft oder Glaubenszugehörigkeit, führen aber wie an einem roten Faden das Notationsregister mit sich, das Scharfsinn und sondernden Verstand, klares wissenschaftliches Denken, aufopfernde Hingabe an die Aufgaben menschlicher Erkenntnis, die Pflege des Deutschen in Sprache und Literatur aufruft. An dieser Stelle von umgekehrtem Antisemitismus zu sprechen, erscheint verfehlt: Die philologische Arbeit jüdischer Gelehrter wird wie ein Antidot dem Rassenhaß entgegengesetzt und mit dem Gewicht und dem Glaubwürdigkeitsgestus der seriös gediegenen Zeitung unangreifbar gemacht. So gesichert können dann schon einmal die geistige Beweglichkeit oder die feine Idiosynkrasie als Erbteil der jüdischen Rasse erwähnt oder die besondere Liebe zum Deutschen gewürdigt werden, wie in der Gratulation zum hundertsten Geburtstag des Sprachwissenschaftlers Daniel Sanders 1919: Er »hat sich allzeit als Deutscher gefühlt und unsern nationalen Aufschwung voller Stolz und Begeisterung miterlebt. [...] Und nichts konnte ihn mehr erfreuen, als wenn auch andere seiner Glaubensgenossen bekannten, daß sie durch seine Arbeit in dem Bestreben ermuntert oder bestärkt worden seien, freudig und tätig in das Kulturleben ihres deutschen Vaterlandes einzugehen.«[12]

Die ›FZ‹ reagiert auf die völkisch-antisemitische Besetzung des Themas jüdische Intellektuelle und deutsche Wissenschaftskultur mit einer Doppelstruktur, mit einer schwierigen Balance von Einstellungen, Schreibweisen und Textkonstellationen. Während die großen, inhaltlich und argumentativ bedeutenden Feuilleton-Beiträge dem Antisemitismus mit sachlicher Zurückhaltung begegnen, finden sich hin und wieder kleine Fülltexte, die ihn mit Sarkasmus und zorniger Verachtung bloßstellen. Das ›FZ‹-Feuilleton nutzt spätestens seit der Mitte der 20er Jahre rhetorische Schreibverfahren und Präsentationsformen der reflexiven und kombinatorischen Textmoderne. Die Sprache Joseph Roths, schreibt Kracauer, ist »nicht in der bloßen Mitteilung stecken geblieben, sondern setzt den Inhalt mit [...] durch die Anwendung von Geheimmitteln, [...] etwa [durch] die Verschiebung des Sinnakzents vom Hauptsatz auf den Nebensatz [oder] die Herstellung von Satzkonstellationen, in denen ein fahrlässig behandeltes Wort seinem gewohnten Gebrauch enthoben wird [...].«[13] Ähnliches geschieht strukturell

---

11 Heinrich Simon, Georg Brandes †, in: *FZ*, 23.2.1927, Nr. 141.

12 Friedrich Düsel, Daniel Sanders. Zu seinem hundertsten Geburtstage, in: *FZ*, 16.11.1919, Nr. 859.

13 Siegfried Kracauer, Sibirien – Paris mit Zwischenstationen. Zu Joseph Roths neuem Roman, in: *FZ*, 27.11.1927, Nr. 883, Literaturblatt.

im Feuilleton insgesamt, wenn Antisemitisches nicht im »Hauptsatz«, im literaturwissenschaftlichen Essay zur Sprache kommt, sondern, dem »gewohnten Gebrauch enthoben«, verschoben ins Rayon ›Kleine Mitteilungen‹ in »Nebensätzen« erscheint, die in ironischer oder bitter paradoxaler Wendung den »Sinnakzent[]« offen auf Rassenhaß und deutschvölkische Hetze legen. Hier im Souterrain der Zeitung entfaltet sich die hintergründige Umkehrung vom offiziell Geltenden ins Nichtige, vom Nichtigen ins offiziell Geltende (Odo Marquard), wie sie charakteristisch ist für diese von Witz und Spott geprägte Umgangsweise mit Antisemitismus. Von der Präsentationsstruktur als unbedeutend markiert verschränken solche Texte die performative Marginalisierung mit der satirisch pointierten Prägnanz ihres Inhaltes. Zugleich geben sie Emotionalität frei, zeigen sie die Zeitung als Betroffene, nicht als Berichterstatterin – besser: sie zeigt sich selbst im nicht lösbaren double bind von Betroffener und Berichtender zugleich. Sie intensiviert eine reflexive Kommunikation von Gegenseitigkeit und Einverständnis gegen Macht- und Gewaltansprüche, die nicht die ihren und nicht die ihrer Leserschaft sind, die aber die Bedingungen ihrer öffentlichen Kommunikation setzen: »Es ist erstaunlich, wie wenig sich unsere Philologen und Volkskundler mit der kulturbildenden Kraft der Hitler-Bewegung beschäftigen«, beginnt eine Marginalie »Bayrisches« im enggedruckten *Feuilleton-Häcksel*. Anlaß ist ein Nürnberger Freispruch für die Veröffentlichung eines wüsten antisemitischen Haßgesanges, der ausführlich wiedergegeben wird: »Der Jude! Der Jude! Es gelle das Wort – so lange in aller Ohren fort, – Bis alle Herzen entbrennen in Wut, – Bis alle fühlen den Haß im Blut,« usw. Zum Schluß der Hinweis: »Durch diese Poesie [...] darf sich kein Jude gekränkt fühlen [...] Die Straflosigkeit so blutrünstiger Reimereien wird ohne Zweifel dazu dienen, die verlotterten treudeutschen Sitten wiederherzustellen.«[14]

Erst in den letzten Jahren der Weimarer Republik wird die Differenz des doppelten Textaufbaus von offiziell Geltendem und Nichtigem und ihrer Umkehrung abgeschwächt. Die Einsicht in den schleichenden Zerfall des liberalen Milieus durch die »Entliberalisierung der bürgerlichen Mitte«[15] hat, zusammen mit den Erfahrungen der nationalsozialistischen ›Machtergreifung‹, die Hoffnung darauf erst spät zerstört, daß der Antisemitismus in Deutschland, dieser »gemeinste und kleinste aller Instinkte«,[16] vom bürgerlichen Verfassungsstaat aufgesogen, zum Verschwinden gebracht werde. Voll Bitterkeit ruft das ›FZ‹-Feuilleton noch einmal den Topos des gesinnungs-

---

14 Bayrisches, in: *FZ*, 2.11.1923, Nr. 815.
15 Vgl. Dieter Langewiesche, *Liberalismus in Deutschland*, Frankfurt am Main 1988, S. 233-286.
16 Leitartikel in: *FZ*, 31.1.1933, Nr. 83.

treuen jüdischen deutschen Wissenschaftlers auf in einem Nachruf zum Freitod des Hochschullehrers Hermann Jacobsohn im April 1933: Er »war einer
der angesehensten deutschen Indogermanisten. [...] Auch die ›Frankfurter
Zeitung‹ schätzte ihn hoch als wissenschaftlichen Mitarbeiter. [...] Jacobsohn
war allezeit ein Deutscher von ausgeprägt nationaler Einstellung und, wie
nicht erst sein Ende erwies, ein Mann von besonders starkem Ehrgefühl.«[17]

17 *FZ*, 29.4.1933, Nr. 316-317.

Moritz Heimann:
Lektor, Autor, Deutscher, Preuße, Jude

DIERK RODEWALD

Ich habe nicht weiter gelesen. Ich ertrage nicht die Bücher, die mir zu sehr ans Leben greifen; und die es nicht tun, die ertrage ich auch nicht.[1] Merkwürdiges Diktum aus der Feder eines Mannes, für den Lesen, Lust am Lesen obenan stehen mußte bei der Ausübung seines Berufes: Brücken schlagen zwischen Schriftstellern und Verleger. Aber Vorsicht: die Sätze bilden den Schluß eines *Gespräches*, dessen Text der *Schriftsteller* Heimann wiedergibt. Steckt ein Kommentar vielleicht schon in der Satz*folge* selbst, und weiter darin, daß es sich um ein möglicherweise nicht einmal erfundenes, allerdings gestaltetes Gespräch handelt?

Der denkbaren Erwartung, es werde auf einen Kompromiß zugesteuert, nach dem diejenigen Bücher erträglich wären, die nicht ›zu sehr ans Leben greifen‹, ist mit dem trocken gesetzten Schluß ein Ende bereitet. Mithin ein Dilemma? Nein, nur scheinbar.

Die Rede geht über Bücher, also über die in Gewinnabsicht verlegten Endprodukte von Manuskripten, nicht von diesen selbst. Handelt es sich in dem Diktum wirklich um zwei durch nicht auflösbaren Widerspruch miteinander verhakte Positionen? Nein. Von einer etwas weiter außen positionierten Warte aus betrachtet, könnte jenes ›Dilemma‹ besser als *Spannungsfeld* gesehen werden, das durch zwei – strikte Forderungen markierende – Pole bestimmt wird: Forderungen an die Herstellung von Literatur, also an die Autoren, die Dichter. Da wären wir beim Beruf des Lektors, zumal da jener Gesprächspartner ja kein Lektor ist, sondern schlicht (und ironisch): ein Leser. In dessen Diktum folgt auf das Nein ein verhaltenes Ja: Die Bücher sollen nicht zu sehr ans Leben greifen – und sollen es doch. Nichts geht dahinter zurück; Schluß der Gesprächswiedergabe. Alles ist nun anderen über-

---

1   Moritz Heimann, Der Idiot, in: *Die neue Rundschau* 16, H. 11, November 1905, S. 1404-1408; dann in: *Prosaische Schriften in drei Bänden*, Berlin 1918 (erschienen 1919), fortan zitiert als P mit römischer Bandangabe, hier: P II, S. 114-126, die zitierte Stelle: S. 1408 bzw. S. 126. Anlaß war die Lektüre von Dostoevskijs ›Idiot‹, nachweislich in der ersten deutschen Übersetzung durch August Scholz bei S. Fischer, Berlin 1889.

lassen: »Wahrheiten werden geschaffen, nicht konstatiert.«[2] Sätze von Moritz Heimann sind kaum je in simpler Linearität zu lesen.

»Ich bin kein Kritiker; im Grunde nicht einmal ein Schriftsteller [...]«, schrieb Heimann am 15. November 1903 an Hugo von Hofmannsthal, der sich am 8. November für Heimanns ›Elektra‹-Kritik bedankt hatte.[3] Fishing for compliments? Nein, denn seinen Dank für »weitaus das angenehmste von den vielen, vielen Dingen«, die er »darüber gelesen«, hatte Hofmannsthal ihm schon abgestattet; zu geheucheltem understatement neigte seinerseits Heimann nicht; auch wird er von allen, die ihn kannten, als ganz unkokett geschildert. Was wie eine an den Anfang gesetzte Pointe wirkt, erfährt seine Rechtfertigung durch die folgende Erklärung, in der die Pointe erst wirklich steckt:

> Ich bin kein Kritiker; im Grunde nicht einmal ein Schriftsteller, und die eigentümliche Gültigkeit des gedruckten Wortes gegenüber dem gesprochenen richtig zu berechnen, verfehle ich oft. So ist auch, günstigen Falls, meine Kritik über die ›Elektra‹ das Fragment eines Gesprächs, das hinter einander ein Ja und ein Nein und wieder ein Ja heranschwemmt, und gern ein Thema als Übergang zu einem ganz andern Thema benützt.[4]

»Übergang« ist immer in Heimanns Aufsätzen, in seinen Sätzen selbst. Schreibt er über ein umrissenes Thema, schreibt er zugleich über ein anderes oder gleich über mehrere: »Es ist kein großes Vergnügen, neue deutsche Romane zu lesen, aber das Leben ist auch kein großes Vergnügen.« So beginnt, im Mai 1895, Heimanns erste uns bekannte Veröffentlichung.[5] Darin widmete sich Kritik nicht nur den besprochenen Romanen, sondern nebenher, doch durchgängig, der Kulturpolitik des wilhelminischen Preußen. Und »Übergang« ist erst recht das Kennzeichen von Briefen, von Briefsätzen – schriftlichen, einseitig fixierten Gesprächen mit einem Gegenüber. Mög-

---

2 Moritz Heimann, Aphoristisch, in: ders., *Die Spindel. Eine Auswahl aus seinem Werk*, Wien 1937, S. 184.

3 Hofmannsthals ›Elektra‹, in: *Die Zeit* (Tageszeitung), Wien, 8. November 1903, N. 399, Morgenblatt, S. 2 und 3. Uraufführung von ›Elektra‹: 30. Oktober 1903 im Kleinen Theater, Berlin; Regie: Max Reinhardt mit Gertrud Eysoldt in der Hauptrolle, Lucie Höflich als Chrysothemis, Adolf Edgar Licho als Orest, Rosa Bertens spielte die Klytämnestra, Josef Klein den Ägisth.

4 Hugo von Hofmannsthal, Briefwechsel mit Max Rychner, mit Samuel und Hedwig Fischer, Oscar Bie und Moritz Heimann, in: *Almanach. Das Siebenundachtzigste Jahr*, Redaktion Knut Beck und J. Hellmut Freund, Frankfurt am Main 1973, S. 79 f.; Hofmannsthals Brief: S. 78; Wiederabdruck von Heimanns Kritik: S. 73-77.

5 Moritz Heimann, Unsere erzählende Litteratur, in: *Neue Deutsche Rundschau* 6, H. 5, Mai 1895, S. 464-470.

licherweise steckt in dem als fragmentarisch begriffenen Charakter solcher ›Gespräche‹ das Motiv für Heimanns Nachtrag zu seinem Testament (»Letzte Verfügung«) vom 14. Januar 1924: »Heute, am 6. März, füge ich hinzu, daß ich verbiete, jemals einen Brief von mir zu veröffentlichen. Möglicherweise wird so wie so niemand daran denken; dann um so besser. [...].«[6] Über tiefere Gründe dieses (alle ihm von Berufs wegen wohlbekannten urheberrechtlichen Bestimmungen überspringenden) Verbotes kann man nur spekulieren. Ihm ist, glücklicherweise, nicht gefolgt worden –: Heimanns bisher bekannt gewordene Briefe[7] zeigen, wie intensiv er sich dem jeweiligen Gegenüber zuwandte und dabei immer bei sich selber blieb, zumal in der Diktion.

*

Geboren am 19. Juli 1868 in Werder bei Rehfelde, aufgewachsen in Kagel bei Herzfelde, Mark Brandenburg; seit 1917 (wenn nicht früher schon) herz- und nierenleidend, in den letzten Jahren extremen körperlichen, auch seelischen Schmerzen ausgesetzt;[8] gestorben am 22. September 1925 in einer Privatstation der Charité zu Berlin; am 25. September auf dem Friedhof Weißensee begraben (Oskar Loerke sprach am Sarg); zwischen Geburt und Tod keine glänzende Karriere, viel Sorge und Not. Aber: *Moritz Heimann* war das Synonym für *Verlagslektor* geworden. Der Mann war bekannt, berühmt, kaum gefürchtet; geachtet, verehrt, ja geliebt – dies vielleicht auch deswegen, weil er ohne wirtschaftliche Macht war, die tätlich hätte verneinen können – wie, beispielsweise, ein Verleger; um so mehr wirkende Macht hatte Heimann durch seine menschliche Ausstrahlungskraft, die gestärkt war durch die Institution von S. Fischers Verlag.

Aus dem Dorf Kagel und der Dorfschule zum Gymnasium in Schneidemühl:

6 *Moritz Heimann. Eine Einführung in sein Werk und eine Auswahl* von Wilhelm Lehmann, Wiesbaden 1960 (Verschollene und Vergessene, Schriftenreihe der Klasse der Akademie der Wissenschaften und der Literatur, Mainz), S. 16 f. (Faksimilewiedergabe).

7 Vgl. Anm. 4 sowie zuvor schon: Briefe an Wilhelm Lehmann, mit einer Vorbemerkung von Ludwig Greve, in: *Neue Rundschau* 76, H. 4, 1965, S. 637-656; dann das Heimann-Korpus in: Samuel Fischer/Hedwig Fischer, *Briefwechsel mit Autoren*, hg. von Dierk Rodewald und Corinna Fiedler, mit einer Einführung von Bernhard Zeller, Frankfurt am Main 1989, S. 317-374, S. 943-958; fortan zitiert als: SFBrw.

8 Aus eigenem Erleben: Oskar Loerke in den noch nicht publizierten Tagebüchern jener Jahre (DLA/SNM) sowie Siegfried Jacobsohn, *Briefe an Kurt Tucholsky. 1915-1926*, hg. von Richard von Soldenhoff, München und Hamburg 1989, passim.

Nach Erledigung der Schule sollte er auf die Universität; er wollte Germanistik studieren, aber die Familie hielt das für ein unfruchtbares Studium und überredete ihn zur Medizin. Zwei Jahre war er in Berlin – unter dem Vorwand, Medizin zu studieren. Aber er war in Museen, Bibliotheken, Theatern und literarischen Vorträgen […].[9]

In Wirklichkeit hatte Heimann sich gar nicht für Medizin eingeschrieben, sondern, zum Sommersemester 1887, für das Studium der Geschichte; schon zum 1. Juli 1887 aber wurde sein Name »wegen Studienfleiß« wieder gelöscht,[10] er hatte gar nicht erst belegt. Von der Familie zurückgeholt, wohnte er während der nächsten fünf Jahre in Kagel,[11] las und schrieb viel, doch zog es den Ratlosen zwischendurch immer wieder nach Berlin:

> Die süße Pein der Erinnerung – es gibt einen blitzschnellen Moment, in welchem selbst Zahnschmerzen Lust sind – schiebt mich innerlich auseinander. Ich gehe wieder im Herbstregen durch die Straßen von Berlin, und vorm Oranienburger Tor, gerade bei dem Portal der Borsigschen Fabriken, wird mir ein Heft in die Hand gedrückt. Im Wirtshaus schlug ich es auf und da Dramatisches, schon weil das Unerwartetste in einem Geschenk der Straße, am stärksten anzog, begann ich zu lesen: Das Friedensfest, eine Familienkatastrophe von Gerhart Hauptmann. Schwer zu sagen, was da vorging. Ich verstand nichts von dem Stück, weder von seiner Form, noch von seinem Inhalt, ja, ich setzte mich darüber hinweg, und wußte doch mit einer grenzenlosen, grenzensprengenden Gewißheit, daß ich in einer Schicksalsstunde stand, eine Hingebung sich entschied und ein fast hingeworfenes Leben sich aufrichtete. Ja, eine Krisis begann, und da es erst 22 Jahre her und Hoffnung bei den Lebendigen ist, so mag sie wohl noch sich zu Ende wirken.[12]

*

9 Julius Bab, *Moritz Heimann. Ein biographisch-kritischer Versuch*, Berlin 1936, handschriftlich redigiertes Typoskript von 51 Seiten im Julius-Bab-Archiv (Sign. H th) der Akademie der Künste, Berlin; vermutlich Textgrundlage für einen Vortrag Babs im Jüdischen Kulturbund. Das mit einer ›Adler 7‹ getippte Typoskript dürfte bis in den Beginn der zwanziger Jahre zurückreichen: Der Text entspricht weitgehend Babs Beitrag ›Moritz Heimann‹ (in: *Juden in der deutschen Literatur. Essays über zeitgenössische Schriftsteller*, hg. von Gustav Krojanker, Berlin 1922, S. 261-292). Die mit größter Wahrscheinlichkeit auf Heimann selbst zurückgehenden biographischen Details finden sich nur in diesem – auch durch Nachträge und Überarbeitung erweiterten – Typoskript.

10 Freundliche Mitteilung von Dr. Winfried Schultze, Archiv der Humboldt-Universität zu Berlin.

11 Auch dies dem Typoskript Julius Babs zufolge.

12 Ein Katalog [Heimanns Besprechung des Fischer-Almanachs ›Das XXVte Jahr‹, Berlin 1911], in: *Die neue Rundschau* 22, H. 11, November 1911, S. 1600-1605, hier S. 1600.

Im Gedächtnis geblieben ist Heimann – bisher jedenfalls – vornehmlich durch seinen Beruf als Lektor, wenn auch nur gerüchtweise. Er war kein Gelehrter, doch ein gelehrter Mann; Philologe nicht durch akademische Lehre, um so intensiver im Wortsinn, streng aus Liebe. Von seiner Lektoratsarbeit selbst gibt es nicht viele Zeugnisse. Sie vollzog sich zunächst meist in einsamer Lektüre, dann nachhaltig im Gespräch (oft lasen die Autoren ihm auch vor – in der Novelle ›Dr. Wislizenus‹ wird derlei abgründig milde und satirisch geschildert). Beispielhaft sei Oskar Loerke zitiert, Freund, Nachfolger im Amt seit 1917, mit einem Brief an Martin Beradt, Charlottenburg, 30. Juli 1911:

Ich selber reibe mich an der Correctur meiner vielfach verdammt schlechten Gedichte auf. […]. Ich quäle Heimann bis aufs Blut mit diesen Versen und martere ihn langsam zu Tode, aber auch er mich. Hätte er bloss nicht immer so recht! Aber ich muss alles einsehen und habe doch nicht immer die Kraft, es besser, geschweige denn gut zu machen.[13]

›Der große Lektor‹ war lange Zeit später ein kleines Porträt von Stefan Großmann überschrieben, als Heimann sechzig Jahre alt geworden wäre:

Heimann las mitdichtend, umdichtend, aber wie fern lag ihm die unsachliche Frechheit der heutigen Theaterregisseure, die aus ihrem Köpfchen Kunstwerke zu köpfen, zu verstümmeln und zu ergänzen wagen. Heimann dichtete im Geiste dessen, den er las; seine Umdichtungen (die er übrigens bloß nahelegte, nicht oktroyierte) waren Fortsetzungen der Dichtergedanken des anderen. […]. Seine Sprechstunde war ein Sprechtag […]: er war der reichste, überraschendste, spitzfindigste und großzügigste Gesprächskünstler, den es gab.[14]

Durch Vermittlung von Max Marschalk, Gerhart Hauptmann und Otto Brahm war Heimann zu S. Fischer gekommen, zunächst als Rezensent für die ›Neue Deutsche Rundschau‹ (deren freier Mitarbeiter er blieb), ab Herbst 1895 dann als Lektor des Verlages – mit dem er nicht immer glücklich war, doch für den er, stets loyal, mit seiner Arbeit bis zu seinem Tod einstand.

Gewissermaßen nebenher gab er, ein gesuchter Essayist, Beiträge an die Feuilletons etwa der ›Vossischen Zeitung‹, des ›Berliner Tageblatts‹, der ›Frankfurter Zeitung‹, der ›Neuen Freien Presse‹ u. a. m. und für so program-

---

13 *Oskar Loerke. 1884-1964. Eine Gedächtnisausstellung zum 80. Geburtstag des Dichters im Schiller-Nationalmuseum Marbach vom 13. März bis zum 30. Juni 1964,* Ausstellung und Katalog: Reinhard Tgahrt, Tilman Krömer, Marbach 1964 (Schiller-Nationalmuseum: Sonderausstellungen 12), S. 15 f.; es ging um das Lektorat zu Loerkes frühestem Gedichtband: ›Wanderschaft‹, 1911 bei S. Fischer.

14 Aus seiner Serie ›Raritätensammlung‹ in: *Die literarische Welt* 4, N. 30, 27. Juli 1928, S. 1.

matische Zeitschriften wie die ›Sozialistischen Monatshefte‹, ›Die Schaubühne‹ (bzw. ›Die Weltbühne‹), ›Das Tage-Buch‹ oder ›Der Jude‹; Siegfried
Jacobsohn, Stefan Großmann, Martin Buber verlangten ihm Beiträge ab.

Als Dichter war Heimann nicht eben erfolgreich. Zwar wurden manche
der – insgesamt zwölf – Erzählungen von Kollegen (Hofmannsthal, Thomas
Mann, Arnold Zweig beispielsweise) als Musterstücke stilistisch behutsam
mitziehenden, thematisch zugleich aufrührenden Erzählens geschätzt, z. B.
›Die Tobias-Vase‹ und ›Wintergespinst‹ (beide 1905), ›Die letzte Ohnmacht‹,
1912, ›Dr. Wislizenus‹, 1913; von den Sammelbänden indessen (›Gleichnisse‹,
1905, ›Novellen‹, 1913, ›Wintergespinst‹, 1921) gelangte keiner über die erste
Auflage hinaus.

Heimanns Ehrgeiz galt eigentlich dem Drama – aber ›Der Weiberschreck‹,
1898, ein Lustspiel, das erste gedruckte, durch Otto Brahm uraufgeführte
Stück, blieb ohne jeden Erfolg; ›Die Liebesschule‹, ein Lehrstück in schönen
Versen, 1905, fand wenig Freunde; ›Joachim von Brandt‹, 1908, Lokal-
schwank, Konversationsstück, politische Satire und Literaturkomödie in raf-
finierter Staffelung, kam über einen Achtungserfolg nicht hinaus; die Tragödie ›Der Feind und der Bruder‹, groß angelegt, perfekt durchgeführt in Vers
und Prosa, 1911, fiel durch: »Selten genug kommen Werke so hohen Ranges
auf die Bühne; noch seltener werden sie so verstümmelt«, schrieb Siegfried
Jacobsohn in einer zornigen Attacke auf Max Reinhardt – und warf Heimann vor, daß er sich eine Hollaender-Inszenierung in den Kammerspielen
mit Schauspielern minderen Ranges hatte gefallen lassen.[15] Immerhin wurde
dann das dialogisch subtil vorgehende Drama ›Armand Carrel‹, 1920, stärker
beachtet, das, Presse und Moral traktierend, einen Nerv der Zeit traf; 1922
erschien, aufgeführt erst nach Heimanns Tod: ›Das Weib des Akiba‹, Geschichte einer legendären Ehe, zwölf Szenen mit dem Bar Kochba-Aufstand
als politisch-religiösem Hintergrund: ein Thema, mit dem er seit Jahrzehnten umgegangen war.[16]

Mit Selbstverständlichkeit nämlich war Heimann jüdisch, wenn er auch
nicht mehr *glaubte*; Reminiszenz aus der Knabenzeit: »Ich sah auch ›Gott‹.
Noch jetzt ist der Zustand meines Gemütes von damals so deutlich in mir,
daß ich das Glauben zu glauben vermag, obgleich ich nicht mehr imstande
bin, so zu glauben.«[17] Und Taufe wäre ihm gar keine sinnvolle Wahl gewesen:

---

15 *Das Jahr der Bühne*, Berlin 1912, S. 170-174, hier S. 173.

16 Diesem Stück ist der letzte Abschnitt von Julius Babs Typoskript (s. Anm. 9) gewidmet. Babs Interpretation galt in der aktuellen Situation der Juden in Deutschland ihrer Ermutigung. Eine mehrfach erwogene Aufführung des Stücks durch
den Jüdischen Kulturbund kam nicht zustande.

17 Moritz Heimann, Aus dem eigenen Leben, in: *Die Stillen. Dichtungen*, gesammelt
von Max Tau, Trier 1921, S. 291-294, hier S. 291.

Es geschieht für die Kinder, so lautet regelmäßig die Entschuldigung. Doch das ist Selbstbetrug: für die Kinder ist, wenn es nur erst geschehen ist, nichts damit geschehen. Ein Jude kann nicht Leutnant werden, er läßt sich taufen, – aber wird dann der *Jude* Leutnant? Es wird ja ein ganz andrer Leutnant, als der es werden wollte! Welch eine verächtliche Wiedergeburt! Die Taufe ist, wie die meisten andern Selbstmorde, ein Irrtum über den zu erreichenden Zustand; den Selbstmord wollen fast alle Selbstmörder, aber nicht das Totsein.[18]

Der politische Schriftsteller Heimann, durch den Aufsatz ›Zionismus und Politik‹ 1917 in eine Diskussion darüber eingreifend, ob den Juden mit einem eigenen Staat in Palästina gedient sei, wie ihnen von England vorsichtig (propagandistisch?) in Aussicht gestellt:

Ich weiß nicht, ob es meine Kompetenz verstärkt oder erschüttert, daß ich nur so ein Zionist *in partibus* bin, aber allerdings einer bin, solange ich denken kann und ehe das Wort an mein Ohr schlug. Jedoch nicht von weitem wurde mir das zum Widerspruch, nicht einmal zur Beunruhigung des Bewußtseins, daß ich auf deutscher Erde geboren bin und daß mir alles, was ich zu vernehmen imstande war, die deutsche Sprache gesagt hat; selbst dann nicht, als der gehässige Leichtsinn der Schule das noch wehrlose Gefühl hätte entzweien können. In meiner Kindheit waren wir, die einzige jüdische Familie im Ort und nach der Strenge des Ritualgesetzes uns verhaltend, in unsre christliche, deutsche Umgebung vollkommen ein- und hineingelebt *durch* unsre jüdische Gegensätzigkeit, nicht trotz ihrer. Ist das mein besondrer Fall, so kann ich nichts wider ihn; ist er heute nicht mehr möglich, so trägt die Schuld daran nicht eine etwa neu erstandene Strenge der Idee auf beiden Seiten, sondern die Vergröberung, ja der Zerfall alles Anonymen, Ruhesamen im Gemüt. Aber ich glaube das nicht; sondern vertraue darauf, daß mancher Jude mich hier versteht und nicht minder ein Deutscher, der sein Volk belauscht hat und es wirklich, das heißt nicht bloß durch seine Repräsentanten kennt. Es ist nichts Unnatürliches darin, seine Bahn mit zwei Mittelpunkten zu laufen; einige Kometen tun es und die Planeten alle. Unvereinbar Scheinendes zu vereinen, darin besteht im Grunde das ganze geistige Geschäft; sind doch selbst das private, individuelle Leben und das der Gemeinschaft, auch der nationalen und auch sogar der religiösen, Gegensätze.[19]

18 Moritz Heimann, Judentaufen, in: *Die neue Rundschau* 23, H. 4, April 1912, S. 571-576, hier S. 574; dann in: P I (Anm. 1), S. 75-84, hier S. 81.

19 ders., Zionismus und Politik, in: *Die neue Rundschau* 28, H. 12, Dezember 1917, S. 1690-1697, hier S. 1691 f.; dann in: P I (Anm. 1), S. 199-213, hier S. 201 f.

Nach Ausbruch des Krieges war Heimann, anders als die vielen, besonnen geblieben; Kriegsbegeisterung lag ihm fern, Pazifismus desgleichen. Er schrieb für ›Die neue Rundschau‹ Kriegsaufsätze gleichsam *mit* dem Krieg – und Heimann dürfte einer der wenigen Schriftsteller gewesen sein, die nach dem Krieg noch zu publizieren sich trauen konnten, was sie während des Krieges zu ihm geschrieben hatten.

Wie er sich zum Krieg von 1914 stellte, läßt sich einem Brief ablesen, den Heimann, gut vier Wochen nach Kriegsbeginn, aus Kagel an S. Fischer schrieb:

> Täglich läuten die Glocken, dann schauert man zusammen, und hört eine neue Siegesnachricht. Und es ist doch schwer, sich damit abzufinden, daß tote Menschen ganze Gruben und Gräben zu Haufen ausfüllen, indessen alle unsre Tätigkeit den einen Sinn hat, immer tiefer zu Gefühl und Anschauung zu bringen, daß ein einziges Menschenleben Alles ist, Siegel und Gleichnis des ganzen Lebens. Ich wollte, ich hätte inmitten dieses Krieges die Kraft des Friedens.[20]

Verluste auch literarischer, mehr noch: kultureller Art, außer den Menschenopfern: Der vor 1914 von Heimann mit den Freunden Efraim Frisch und Martin Buber – jener Lektor des Georg Müller Verlags, München, dieser des Verlages Rütten & Loening, Frankfurt am Main – entwickelte Plan, eine neue Bibelübersetzung zu schaffen – nicht gegen, vielmehr *nach* Luther – war dem Krieg anheimgefallen. Jetzt gab es für dieses Ziel keine Wirklichkeit, keine Möglichkeit. Der Plan war ein originärer Lektoren-Einfall, potentiell – leider nicht real – glorios: das Buch der Bücher in gutes Deutsch zu bringen durch deutsche Juden (das Buber-Rosenzweig-Konzept später kam aus anderem Antrieb, hatte ein anderes Ziel).

*

Ein Beispiel nochmals für »Übergang«, diesmal in einem einzigen Satz, Gesprächs-Brief an Hedwig Fischer, 29. Januar 1920. Hintergrund: am 10. Januar war der Versailler Vertrag in Kraft getreten (Danzig und das Memelgebiet schieden aus dem Reichsverband aus, das Saarland wurde unter die Hoheit des Völkerbundes gestellt, die linksrheinischen Gebiete und rechtsrheinischen Brückenköpfe besetzt usw.). Am 16. Januar fordern die Alliierten von Holland die Auslieferung Wilhelms II.;[21] Holland verweigert

---

20 SFBrw (Anm. 7), S. 347.

21 In Verfolg des VII. Teils des Versailler Vertrages (›Strafbestimmungen‹), darin §§ 227-230; § 227, Abs. 1: »Die alliierten und assoziierten Mächte stellen Wilhelm II. von Hohenzollern, ehemaligen deutschen Kaiser, unter öffentliche Anklage we-

die Auslieferung; am 25. Januar ergeht eine Note der deutschen Regierung zu diesem völkerrechtlichen Problem; am 29. Januar, dem Datum von Heimanns Brief, melden die ›Vossische Zeitung‹ und das ›Berliner Tageblatt‹ Neuestes über »Die Auslieferungsfrage«, über den »Plan der Internierung Wilhelms II.«;[22] Heimann an Hedwig Fischer (aus einem ganz anderen Zusammenhang heraus):

Dieses furchtbare Ansinnen an ein Volk, das einen ausstößt und zu welchem man in jeder Faser gehört![23]

Drei Kola – die Pausen zwischen ihnen sind hörbar –, aus drei Richtungen auf Gemeinsames zugesprochen: Natürlich kannte Hedwig Fischer die nur scheinbar bedauernden Erklärungen deutschnationaler Kreise und Institutionen zu dem ersten (noch nicht todbringenden) Revolver-Attentat auf Matthias Erzberger durch einen Steglitzer Gymnasiasten am 26. Januar, nach Beginn des Helfferich-Prozesses. Das Wort »Vaterlandsverräter« – mit nachdrücklichem Hinweis auf den Namen ›Erzberger‹, als wäre dieser verhaßte »Erfüllungspolitiker« jüdisch – läuft dabei fast immer mit.

Und außerdem war unter der Überschrift ›Antisemitismus an der Karlsruher Hochschule‹ im ›Berliner Tageblatt‹ am 28. Januar zu lesen:

[…]Der Studentenausschuß an der Technischen Hochschule hat an den Direktor Max Mayer in Berlin ein Schreiben gerichtet, daß sein *Erscheinen an der Hochschule als Semit unerwünscht sei* und daß, falls er der Berufung dennoch Folge leisten würde, er die Folgen tragen müsse. […][24]

*

Heimanns Domäne als Schriftsteller blieb der Essay oder, wie er selbst lieber sagte: Aufsatz. Im Juli 1918, zum fünfzigsten Geburtstag, sollten die Arbeiten gesammelt erscheinen; gesichtet, geordnet, sparsam redigiert vom Autor: ›Prosaische Schriften in drei Bänden‹. Papierknappheit verzögerte das Erscheinen, die Ausgabe wurde dann für den Herbst 1918 angekündigt[25] – und erschien nicht. Denn:

gen schwerster Verletzung der internationalen Moral und der Heiligkeit der Verträge.« (*Der Vertrag von Versailles*, mit Beiträgen von Sebastian Haffner […], München 1978, S. 236 f.)

22 *Vossische Zeitung*, 29. Januar 1920, N. 52, Morgen-Ausgabe; *Berliner Tageblatt*, 29. Januar 1920, N. 53, Abend-Ausgabe.

23 SFBrw (Anm. 7), S. 355.

24 *Berliner Tageblatt*, 28. Januar 1920, N. 51, Abend-Ausgabe.

25 Anzeigen-Beilage zur *Neuen Rundschau* 29, H. 7, S. [1].

Während an diesem Bande politischer Aufsätze gedruckt wurde, bekamen wir die Revolution.[26]

Würden die Aufsätze standhalten können, vornehmlich die zum Krieg?

Ich zögerte und prüfte – und entschloß mich, zu drucken. [...]. Richtig zu prophezeien und die Wahrheit zu sagen, scheint mir nicht ein und dasselbe Ding. [...] Ich glaube, daß auch Marx nur insoweit richtig prophezeit hat, wie er zu wirken und zu schaffen vermochte; nach ein paar Jahrzehnten werden wir wissen, wieviel Falsches er prophezeit hat.[27]

Erst im Juli 1919 konnten die Bände erscheinen – und wurden nicht gekauft. Robert Müller wies in zwei Aufsätzen energisch auf Heimann hin, mit Nachdruck auf die ›Prosaischen Schriften‹ und auf ›Armand Carrel‹.[28] Aus dem zweiten Artikel:

Man kann nicht deutscher sein und im besten [...] Sinn jüdischer wirken. Wenn irgendein Typus, so ist es dieser, dem Jude und arischer Deutscher zu danken hätten für die originale organische Lösung.[29]

Müller schließt mit dem Hinweis, daß Heimann »zwanzig Jahre lang die deutsche Literatur gemacht« habe, »während er künftig sie auch formen sollte: dadurch, daß man ihn unbedingt liest, nachdenkt und nachlernt.«[30] Moritz Heimann an S. Fischer am 18. November 1921:

Für die Prosaischen Schriften war, bei überzeugter Bemühung, mehr zu erreichen, als 600 Exemplare in 2 Jahren zu verkaufen. Ist zum Beispiel auch nur daran gedacht worden, die Müllersche Rezension, die mir gradezu einen repräsentativen Rang als deutsch schreibender Jude einräumt, irgendwie auszunützen? In allen jüdischen Zeitschriften, deren es viele gibt, nur kennt der Verlag sie nicht, hätten darauf hin die Schriften angezeigt werden müssen.[31]

---

26 P I (Anm. 1), S. [XI].

27 Ebd.

28 Vgl. Robert Müller, Moritz Heimann, in: *Das Tage-Buch* 2, H. 4, 29. Januar 1921, S. 110 f.; und: ders., ›Armand Carrel‹ und sein Autor, in: *Der Neue Merkur* 5, H. 2, Mai 1921, S. 139-141.

29 Ebd., S. 141.

30 Ebd.

31 An Samuel Fischer, Kagel, 18. November 1921, in: *Diplomatische Briefe. Thomas Mann an Oscar Bie. S. Fischer an Arthur Holitscher. Detlev von Liliencron an S. Fischer. S. Fischer an Oscar Bie. Moritz Heimann an S. Fischer. Für J. Hellmut Freund zum 12. September 1994*, zusammengestellt von Dierk Rodewald und Corinna Fiedler, Berlin 1994 [Privatdruck], S. 23.

Es geschah auch danach nicht viel. Machtausübung war Heimanns Stärke nicht, reale (wirtschaftliche) Macht besaß er nie, hat sie vermutlich auch nicht angestrebt.

Aus einem Dankbrief an Samuel und Hedwig Fischer, in schon angespanntester Vor-Kriegszeit, Heimann war nach Kagel gefahren (das Elternhaus blieb ihm neben Berlin immer Wohnung, mit Gertrud Heimann und Sohn Fritz), wo »regelmäßig, nach den ersten freudigen Tagen eine Depression des Gemütes« einsetze, die »ohne Ursache« sei und »irgendwie aus den letzten Gründen« aufsteige und »nur dort auszuheilen« sei,[32] 25. Juli 1914:

> Denn selbst die durch eine übrigens ziemlich unfreiwillige Geburtstagsbegehung aufgezwungene Ueberprüfung des Lebens, die Vergleichung des Erreichten mit dem Erträumten oder der Werkleistung mit der Forderung des Gewissens, lauter Dinge, die einem schon das Herz schwer machen können, – aber sie erklären auch nicht, warum jeder Gedanke in solchen Tagen dieses kalte, ungläubige, vollkommen glücklose, nichts mehr verwandelnde und selber nicht verwandelbare Auge hat. Es ist mit einem alten, immer wieder als wahr erkannten Ausdruck von mir, der Tropfen Tod im Blut, das mitgeborene ›Nein‹. Im Auge des Leibes gibt es bekanntlich einen blinden Fleck, in dem der Seele auch.[33]

Bei solcher Konstitution darf man fragen, woher dieser Mann – Menschenfischer und unermüdlicher Mentor – die Kraft gewonnen hat, so vielen anderen Sinn und Mut stärken zu können. Vielleicht dank einer eigentümlich gesteigerten Lebensintensität, die aus dem unbedingten Zusammenziehen von Ja und Nein erwachsen sein mag. Auch einer von Heimanns Aphorismen – deren Pointen oft so vertrackt gesetzt sind, daß man schlucken muß, wenn man merkt, wie bitterernst, unhintergehbar, schon der Ausgangspunkt ist – könnte, als Maxime verstanden, partielle Antwort geben:

> Wenn das Leben einen Sinn hätte, das wäre ebenso furchtbar, als wenn wir ihm keinen gäben.[34]

---

32 An Samuel und Hedwig Fischer, Kagel, 25. Juli 1914, in: SFBrw (Anm. 7), S. 345.
33 Ebd., S. 345 f.
34 Moritz Heimann, Aphorismen aus dem Nachlaß, in: *Die literarische Welt* 4, Nr. 35, 31. August 1928, S. 5.

»Ich weiß nicht, bin ich zum Dichter, zum öffentlichen Kritiker, oder zum Wissenschaftler bestimmt?«[1]

Der Literaturkritiker Kurt Pinthus (1886-1975)

HANNE KNICKMANN

I.

Bis heute verdankt Kurt Pinthus seine Bekanntheit dem enormen Erfolg seiner 1919 erstmals erschienenen und seither immer wieder neuaufgelegten Anthologie expressionistischer Lyrik, der ›Menschheitsdämmerung‹. Sie zeigt in ihrer Zusammenstellung und den berühmt gewordenen Vorworten den urteilssicheren Literaturkenner, den rezeptionslenkenden und kanonbildenden Mittler. Sie ist alles andere als das Werk eines Philologen. Pinthus wollte »die Dichter nicht in chronologischer oder alphabetischer Folge aufziehen« lassen, sondern »komponieren«.[2] In diesen beiden konkurrierenden Verfahrensweisen spiegelt sich sein prinzipieller Zweifel an der Potenz geisteswissenschaftlicher Methoden, wenn es darum ging, ›das Künstlerische‹ zu erfassen und daraus Einsichten in die Gegenwart und Zukunft zu gewinnen. Seit Nietzsche gehörte die Wissenschaftskritik zu den Signaturen der literarischen Moderne und bestimmte auch das Denken und das Werk vieler Expressionisten.[3] Bei Pinthus schlug sie sich schon in der Berufswahl nieder, die in die Zeit des gerade beginnenden Expressionismus fiel. Pinthus gehörte zu dessen Wegbereitern, und einige seiner in den folgenden Jahren entstandenen programmatischen Texte, in denen er sich auch über die Rolle von Kritik, Kunst und Wissenschaft äußerte, lesen sich wie Bestätigungen dafür, daß seine Entscheidung gegen eine wissenschaftliche Karriere und für Kunst und Kritik, genauer: für eine Kunst der Kritik, richtig war.[4]

---

1 Kurt Pinthus, Das Buch der staunenden / fragenden / lachenden und zertrümmernden Gedanken. Ein Tagebuch [begonnen am 4.11.1906], in: *Aphorismen. Fragmente – Prosa – Autobiographisches aus der Frühzeit (und frühester Jugend)*, Deutsches Literaturarchiv Marbach (DLA), Nachlaß Pinthus 71.5588.

2 Kurt Pinthus, *Menschheitsdämmerung. Ein Dokument des Expressionismus*, Hamburg 1959 (Rowohlts Klassiker der Literatur und Wissenschaft, Deutsche Literatur 4), S. 7.

3 Vgl. dazu Walter Müller-Seidel, Wissenschaftskritik und literarische Moderne. Zur Problemlage im frühen Expressionismus, in: *Die Modernität des Expressionismus*, hg. von Thomas Anz und Michael Stark, Stuttgart, Weimar 1994 (Metzler Studienausgabe), S. 21-43.

4 Eine in seinem Nachlaß befindliche Notizensammlung *Professoren Wissenschaft und Geist* belegt, welche Bedeutung er dem Thema im Kontext expressionistischer Programmatik zumaß. DLA, Nachlaß Pinthus 71.5900.

Kurz bevor die einschlägigen Programmschriften des Expressionismus zu entstehen begannen, verfaßte Pinthus eine vermutlich in das Jahr 1913 zu datierende Rede über ›Die Juden und die Kunst unserer Zeit‹.[5] Es handelt sich um einen Schlüsseltext, in dem er seine Reflexionen über das Judentum, den Beruf des Kritikers und Feuilletonisten und die Literatur des beginnenden Expressionismus argumentativ verband. Einen Sonderstatus hat dieses Manuskript im Kontext seiner übrigen zeitgenössischen Schriften auch deshalb, weil hier, wie in nur wenigen anderen Texten aus den Jahren 1912/13,[6] das Judentum überhaupt Gegenstand seiner Überlegungen wurde. Es war zwar thematisch durch die vielen von ihm geförderten und kritisierten jüdischen Autoren immer mitgedacht, aber bis 1933 nie problematisch exponiert. Als Ende 1919 die ›Menschheitsdämmerung‹ erschien, erwähnte Pinthus in seinem Vorwort weder, daß fast die Hälfte der in ihr vertretenen Autoren jüdischer Herkunft waren, noch berührte er die jüdischen Debatten, die in den Jahren des Expressionismus geführt wurden. Das ist umso auffälliger, als es durchaus eine »Brücke zwischen Expressionismus und innerjüdischer Diskussion« gegeben hat, wie Hans Otto Horch am Beispiel einer in Martin Bubers Zeitschrift ›Der Jude‹ geführten Debatte zeigen konnte. Horch hielt es trotzdem für »evident«, daß Pinthus »sich der jüdischen Aspekte sehr wohl bewußt war, die man in diesen Jahren […] diskutierte, als er sich anschickte, der expressionistischen Bewegung ein Denkmal zu setzen«.[7] Die Rede über ›Die Juden und die Kunst unserer Zeit‹ ist dafür ein Beleg.

Bevor auf sie genauer eingegangen werden kann, muß erst noch ein kurzer Blick auf Pinthus' Elternhaus, seinen Bildungsgang und auf einzelne editorische Unternehmungen aus der Frühzeit seiner publizistischen Laufbahn geworfen werden. Denn nur so wird deutlich, wie Pinthus seinen Weg in die bewußt antiwissenschaftliche Kulturvermittlung und den in die Programmatik des Expressionismus aus einer Zeitanalyse heraus einschlug, deren Koordinaten biographisch durch seine jüdische Herkunft bestimmt waren.

---

5   Kurt Pinthus, Die Juden und die Kunst unserer Zeit, in: *Konvolut Jüdische Themen*, DLA, Nachlaß Pinthus 71.5946.

6   Vgl. dazu auch Kurt Pinthus, Der jüdische Witz, in: *Konvolut Jüdische Vorträge*, DLA, Nachlaß Pinthus 71.5466 und das Feuilleton: Jüdisches Theater, in: *Leipziger Tageblatt* Nr. 28 vom 17.1.1913, wiederabgedruckt in: Peter Sprengel, *Scheunenviertel-Theater. Jüdische Schauspieltruppen und jiddische Dramatik in Berlin (1900-1918)*, Berlin 1995 (Berliner Texte, Neue Folge 12), S. 303-307.

7   Hans Otto Horch, Expressionismus und Judentum. Zu einer Debatte in Martin Bubers Zeitschrift ›Der Jude‹, in: *Die Modernität des Expressionismus* (Anm. 3), S. 120-141, hier S. 121 und 135.

II.

Pinthus, 1886 in Erfurt geboren, stammte aus einem assimilierten Elternhaus. Der Vater Louis, dessen Vorfahren aus Polen eingewandert waren,
führte in Erfurt ein gut gehendes Kaufhaus, die Mutter, geborene Bertha
Rosenthal, stammte aus Magdeburg. Seine Kindheit und Jugend trug weder
das Signum der ›Judenfrage‹ noch das des für diese Zeit literarisch so folgen-
reichen ›Generationenkonflikts‹. Am Anfang seiner beruflichen Laufbahn
standen sechs Jahre Studium, die er von 1905 an in Freiburg im Breisgau,
Genf und Leipzig verbrachte und 1911 mit einer Promotion bei Albert Köster
über ›Die Romane Levin Schückings‹ abschloß. Die Frage nach dem ›richtigen‹ Lebensentwurf kulminierte Ende 1906 in der Tagebucheintragung des
Studenten: »Es baut sich eine neue Zeit; gehöre ich zu den letzten der alten
Zeit ... oder zu den ersten der neuen Zeit. Ich wüßte nicht, was besser ist.
Hätte ich die Kraft ein erster zu sein? [...] Ich weiß nicht, bin ich zum Dichter, zum öffentlichen Kritiker, oder zum Wissenschaftler bestimmt. Oder gar
zum Geldverdienen. Die Geldverdiener sind die einzigen[,] die [in] unserer
Zeit nicht zerrissen sind«.[8] Der Gegenstand, die Literatur, stand lange fest;
ebenfalls der Wunsch, als Mittler tätig zu sein. Aber offen war, welche Position, welche Perspektive dafür die geeignetste sein würde. Schon als Schüler
hatte er begonnen, kleine Erzählungen und vor allem Gedichte zu schreiben,
von denen Hunderte in seinem Nachlaß überliefert sind. Verstreute Bemerkungen in dem nur sporadisch geführten Tagebuch der Studienjahre deuten
darauf hin, daß ihn das Dichten ebenso beschäftigte wie die Arbeit an dem
Selbstverständnis als Dichter, der er gerne werden wollte. Seine lyrischen
Versuche waren, bis auf einzelne Ausnahmen, neuromantisch-epigonal und
der Schreibakt inszeniert. 1905 kaufte er sich »die Totenmaske Beethovens
und die bekannte Dante-Büste. Der Kopf hängt nun an der Schnur und
schaut mit seinen strengen, tiefen ›Denker‹zügen auf meinen Tisch und der
Dante steht vor mir und sieht zu, wie ich schreibe«.[9]

   Zur Kritikertätigkeit wurde Pinthus in seinem letzten Leipziger Studien-
jahr durch seinen Lehrer Georg Witkowski geführt. Witkowski gab die ›Zeitschrift für Bücherfreunde‹ heraus und forderte den Doktoranden auf, jedes,
»auch das extremste Buch der neuen Richtung« zu besprechen.[10] Pinthus
verfaßte daraufhin in den folgenden Jahren an die 250 Kritiken für diese

---

 8 Pinthus (Anm. 1).
 9 Kurt Pinthus, Ein Büchlein / von mir / für mich [Tagebuch], in: *Aphorismen.*
    Fragmente – Prosa – Autobiographisches aus der Frühzeit (und frühester Jugend),
    DLA, Nachlaß Pinthus 71.5588.
10 Zitiert nach: Kurt Pinthus, Erinnerungen an das literarisch verlegerische Leipzig
    um 1910, in: *Konvolut Texte, Entwürfe, Notizen und Materialien zu der geplanten*
    Autobiographie, DLA, Nachlaß Pinthus 71.5607.

Zeitschrift. Ebenfalls noch als Student begann er 1910, Ernst Rowohlt und seinen frisch gegründeten Verlag, den Ende 1912 / Anfang 1913 Kurt Wolff übernahm, literarisch zu beraten. Pinthus blieb Wolff als Lektor bis in die Mitte der 1920er Jahre treu und hatte maßgeblichen Anteil an der expressionistischen Profilierung des Verlags.

Die Freundschaft und literarische Zusammenarbeit mit Walter Hasenclever, der in Leipzig ein Kommilitone von ihm war, mit Ernst Rowohlt, Kurt Wolff und Franz Werfel, den Wolff Ende 1912 ebenfalls als Lektor nach Leipzig holte, ließen Pinthus nicht weiter über eine Fortsetzung seiner akademischen Laufbahn nachdenken. Zu dichten hörte er nach eigenen Angaben auf, als er Werfel und dessen frühe Lyrik kennenlernte. Sie markierte in seinen Augen den Beginn des Expressionismus. Pinthus arbeitete von dieser Zeit an als Lektor, Kritiker und Feuilletonist und hielt Vorträge; auf Bibliotheksleihscheinen gab er als Berufsbezeichnung an: »Schriftsteller«. Wichtige Programmschriften des Expressionismus von ihm erschienen in den ›Weißen Blättern‹, der ›Aktion‹ und in der von ihm mitbegründeten Zeitschrift ›Genius‹, weitere zahlreiche Beiträge in der ›Schaubühne‹, dem ›Leipziger Tageblatt‹ und dem ›Berliner Tageblatt‹. Von 1920 bis 1933 publizierte er u. a. in Zeitschriften und Zeitungen wie ›Das Tagebuch‹, ›Der Querschnitt‹ und ›Die literarische Welt‹, von 1930 an vor allem im Berliner ›8 Uhr Abendblatt‹. Es sind diese insgesamt etwa 10 000 Essays, Artikel, Glossen, Feuilletons und Rezensionen, die zusammen mit der ›Menschheitsdämmerung‹ sein ›Werk‹ konstituieren. Einige editorische Unternehmungen, mit denen er bis zum Ende des Ersten Weltkriegs und in ganz unterschiedlichen Kontexten befaßt war, scheinen, weil er später nicht mehr von ihnen sprach, aus diesem ›Werk‹ ausgeklammert. Gerade sie aber sind Reminiszenzen an den philologisch geschulten Literaturhistoriker.[11]

Aktueller Anlaß und historisches Interesse standen hinter zwei Textsammlungen, die er 1914 und 1916 im Verlag von Georg Müller herausgab, die beiden Bände ›Kriegsabenteuer aus alter Zeit‹ und ›Deutsche Kriegsreden‹.[12] Letztere wollte er als einen »Beitrag zur Geschichte der Beredsamkeit, [...] zur Geschichte menschlicher Taten und Ideen in Deutschland« verstanden

---

11 Aus den Recherchen für seine Dissertation hatte sich zusammen mit Bertha Badt eine Mitarbeit an den von Karl Schulte Kemminghausen herausgegebenen ›Sämtlichen Werken‹ der mit Levin Schücking befreundeten Annette von Droste-Hülshoff ergeben: Annette von Droste-Hülshoff, *Sämtliche Werke*, in Verbindung mit Bertha Badt und Kurt Pinthus hg. von Karl Schulte Kemminghausen, 4 Bde., München, 1925-1930.

12 *Kriegsabenteuer aus alter Zeit. Kriegsgeschichten*, hg. und eingeleitet von Kurt Pinthus, München 1914; *Deutsche Kriegsreden*, hg. und eingeleitet von Kurt Pinthus, München, Berlin 1916.

wissen.[13] Seine knappe Vorbemerkung galt unter anderem editionsphilologischen Überlegungen zu Objektivität, Offenlegung der Auswahlkriterien (Bedeutung des historischen Augenblicks, der redenden Persönlichkeit und ideeller, kulturhistorischer, ästhetischer Wert der einzelnen Rede) und Anmerkungen zur Textgestalt. Worauf er jedoch eigentlich abzielte, hatte schon seine Einleitung zu den editorisch ähnlich reflektierten ›Kriegsabenteuern‹ deutlich gemacht. Pinthus sah in dem Krieg die Gelegenheit, die gesellschaftliche Situation und Macht der Künstler und Intellektuellen neu zu überdenken, und damit die Chance, sie aktiv neu zu bestimmen.[14] »Manch begeistertes Herz« hege den Wunsch, schloß er seine Einleitung, »daß aus diesem Krieg Deutschland nunmehr auch das Scepter der Weltherrschaft mitbringen möge und sich dann wiederum mit jenem Lorbeerkranze kröne, der nicht allein den rückkehrenden Sieger aus Schlachten ziert, sondern auch den Triumphator in den Wissenschaften und in den schönen Künsten den auserwählten Genius«.[15] Diesem Wunsch folgend setzte er ans Ende der ›Kriegsreden‹ diejenige eines Wissenschaftlers: die Rektoratsrede ›Der Krieg und die Universität‹ seines Doktorvaters Albert Köster vom 31. Oktober 1914.[16] Köster glaubte, was Pinthus forderte, daß der Krieg »an vielen Stellen zu einer Erneuerung und Verjüngung wissenschaftlichen Lebens Anstoß geben« würde. Er war sich gewiß: »wenn wieder Friede im Lande ist, dann kommt unsere Zeit.«[17] Mit diesem Schlußsatz Kösters endet auch Pinthus' Sammelband.

In ganz anderem Kontext bewegte sich Pinthus 1917 als Verfasser des gut 50seitigen Nachworts zu den von Kurt Wolff in sechs Bänden herausgegebenen Werken Gustav Meyrinks.[18] ›Zu Gustav Meyrinks Werken‹ blieb für Jahrzehnte die längste Abhandlung, die er nach seiner Dissertation verfaßte und ebenso für Jahrzehnte die maßgebliche Einführung in das Werk des Autors. Doch Pinthus blieb ungenannt, nach eigenen Angaben versehentlich und aus den Kriegswirren geschuldeten Umständen.

III.

In allen diesen Publikationen spielte das Judentum keine exponierte Rolle. Um 1912/13 hatte Pinthus jedoch eine Phase verstärkter jüdischer Selbstreflexion durchlaufen. Davon zeugt nicht nur die Rede über ›Die Juden und die

13 Pinthus (Hg.), *Deutsche Kriegsreden* (Anm. 12), S. V.
14 Vgl. zu diesem Kontext neuerdings: *Krieg der Geister. Erster Weltkrieg und literarische Moderne*, hg. von Uwe Schneider und Andreas Schumann, Würzburg 2000.
15 Pinthus (Hg.), *Kriegsabenteuer aus alter Zeit* (Anm. 12), S. 14.
16 Pinthus (Hg.), *Deutsche Kriegsreden* (Anm. 12), S. 429-445.
17 Ebd., S. 444 f.
18 Kurt Pinthus, Zu Gustav Meyrinks Werken, in: Gustav Meyrink, *Gesammelte Werke*, 6 Bde., Leipzig 1917, hier Bd. 6, S. 327-382.

Kunst unserer Zeit‹, sondern auch das Manuskript eines Vortrags über den jüdischen Witz, den er am 22. April 1912 im Leipziger ›Verein für jüdische Geschichte und Literatur‹ gehalten hat. Beide Vorträge überschneiden sich inhaltlich, mit beiden beteiligte er sich an zeitgenössischen Debatten über das Judentum, in beiden sprach er über die Rolle, die die Juden in der Geschichte des Feuilletons spielten. Vor allem aber fallen sie in die Anfangszeit seiner Berufstätigkeit und geben so den Kontext, vor dem sein Weg in die Literatur und nichtwissenschaftliche Literaturkritik *auch* zu verstehen ist.

Einen Monat, bevor Pinthus seinen Vortrag über den jüdischen Witz hielt, war von Moritz Goldstein im ›Kunstwart‹ ein Beitrag mit dem Titel ›Deutsch-jüdischer Parnaß‹ erschienen. Der Artikel entfachte eine erhitzt geführte Diskussion, die sich bis in die Tagespresse erstreckte. Auch die beiden Vorträge von Pinthus haben ihren impliziten Bezugspunkt in dieser sogenannten ›Kunstwart-Debatte‹. Der Kernsatz von Goldsteins Aufsatz war durch Sperrung hervorgehoben: »*Wir Juden verwalten den geistigen Besitz eines Volkes, das uns die Berechtigung und die Fähigkeit dazu abspricht.*«[19] Goldstein warf den Juden vor, sie hätten es sich aus Opportunismus zur Gewohnheit gemacht, vor dieser Tatsache und ihrer Problematik die Augen zu schließen. Es sei an der Zeit, sich nicht länger in den Schutzraum der Objektivität zu flüchten, sondern »sich als Juden zu bekennen oder sich taufen zu lassen«.[20] Von jüdischer Seite mit rationalen Argumenten darauf zu pochen, ein Recht auf deutschen Boden und deutsche Kultur zu haben, hielt er für völlig aussichtslos, weil der Antisemitismus eben nicht rationale, sondern emotionale, in Haß gründende Wurzeln habe. Damit entzog Goldstein jeder Zuversicht, die sich aus dem Glauben an die Tradition der Aufklärung nährte, den Boden. Auch wenn er zugeben mußte, selbst keine Lösung zu wissen, stand für ihn fest, wie jedenfalls ein Anfang zu machen sei. Die Juden sollten endlich von der »Abwehr zur Tat und zum Angriff übergehen«[21] und »auf die Ehre, […] deutsche Kultur zu machen, verzichten. Denn, weiß Gott! der deutsche Parnaß sollte einen Juden nicht locken!«[22] In zwei späteren Ausgaben des ›Kunstwart‹ erschienen ausführliche Leserbriefe von jüdischer und nicht-jüdischer Seite.[23] Als ein Wortführer war hier auch Franz Lissauer aufgetreten; von ihm wird später noch einmal die Rede sein.

19 Moritz Goldstein, Deutsch-jüdischer Parnaß, in: *Der Kunstwart* 25, 1. Märzheft 1912, 11, S. 281-294, hier S. 283.
20 Ebd., S. 287.
21 Ebd., S. 288.
22 Ebd., S. 289.
23 Leserbriefe in den Nummern: 25, 1. Aprilheft 1912, 13, S. 6-15 und 25, 2. Augustheft 1912, 22, S. 225-261. Vgl. auch den späteren autobiographischen Bericht von Moritz Goldstein, German Jewry's Dilemma. The Story of a Provocative Essay, in:

Goldstein forderte also ›Bekenntnis‹, und genau damit leitete Pinthus seinen Vortrag über ›Die Juden und die Kunst unserer Zeit‹ ein: in einer »Art Erstaufführung« gebe er hier ein »persönliches Bekenntnis«. Aber Pinthus ignorierte die beiden von Goldstein gebotenen Alternativen, Judentum oder Taufe, und erklärte statt dessen, er sei – zuletzt in Gesprächen mit Carl Hauptmann, dessen Roman ›Ismael Friedmann‹ 1913 gerade bei Rowohlt erschienen war[24] – zu der Einsicht gekommen, daß es eine »einheitliche, eigentliche Judenfrage gar nicht« gebe, weil sie sich vielmehr »aus einem grossen Komplex von einzelnen Problemen ethnographischer, sozialer, politischer Art« zusammensetze.[25] Auch er wolle sich daher nur einem Teilproblem widmen, und zwar der Frage: »Wie steht die von jüdischem Wesen hervorgebrachte Kunst in der Kunstentwicklung überhaupt da und wie wirkte diese jüdische Kunst auf die allgemeine Kunstentwicklung unserer Zeit?«

Pinthus begann seine stark sozialpsychologisch gefärbten Ausführungen kulturgeschichtlich breit angelegt und bewegte sich dabei systematisch auf den Bereich der zeitgenössischen Literatur zu; scheinbar zufällig und nur deshalb, weil ihm »dies Gebiet am nächsten« lag »und weil es der Allgemeinheit am bekanntesten und zugänglichsten« war. Tatsächlich aber gelangte er damit an das eigentliche Ziel seiner Überlegungen: denn hier, in der jüngsten Lyrik, zeichne sich »die Grösse und die Erlösung unserer Zukunft« ab. »Erlösung« schloß in diesem Kontext die ›Judenfrage‹ mit ein. Wie Pinthus in seinem Vortrag zu dieser Anschauung kam, soll im folgenden kurz nachgezeichnet werden.

Die Rede von »Kunst« und »jüdische[r] Kunst« machte zunächst einmal zwei Erklärungen nötig: Was wollte er allgemein unter Kunst verstehen, und wie im besonderen »offenbart sich die Kunst der Juden«? Pinthus erklärte: »Kunst soll also im weitesten Sinne gefasst werden; alles was irgendwie eine gestaltend schöpferische Betätigung menschlichen Geistes bedeutet, soll hier – abgesehen von der Wissenschaft – als Kunst betrachtet werden. Nicht nur

Year Book II of the Leo Baeck Institute, 1957, S. 236-254. – Für Darstellungen der Debatte in der Forschung vgl. u. a. Hans-Peter Bayerdörfer, »Vermauschelt die Presse, die Literatur«. Jüdische Schriftsteller in der deutschen Literatur zwischen Jahrhundertwende und Erstem Weltkrieg, in: *Judentum, Antisemitismus und europäische Kultur*, hg. von Hans Otto Horch, Tübingen 1988, S. 207-231, hier S. 229-231 und die Kommentare in: *Deutsch-jüdische Geschichte in der Neuzeit*, hg. im Auftrag des Leo Baeck Instituts von Michael A. Meyer unter Mitwirkung von Michael Brenner, Bd. 3: 1871-1918, von Steven M. Lowenstein, Paul Mendes-Flohr, Peter Pulzer und Monika Richarz, München 1997, S. 354 f.

24 Carl Hauptmann, *Ismael Friedmann*, Leipzig 1913. Vgl. dazu die Rez. von Pinthus in: *Zeitschrift für Bücherfreunde*, NF 4, 1912/13, Bd. 2, Beiblatt, S. 407 f.

25 Pinthus, *Die Juden und die Kunst unserer Zeit* (Anm. 5). Soweit nicht anders angegeben, stammen alle folgenden Zitate aus diesem Vortragsmanuskript.

Dichtkunst, bildende Kunst, Musik, darf man hier als Gebiete der Kunst erwarten, sondern auch alle Kritik, die Theaterkunst, der Journalismus, die zusammenfassende essayistische Betrachtungsweise von Kulturvorgängen, die Publizistik und manches andere.« Damit beanspruchte Pinthus für sich selbst, den angehenden Publizisten und Kritiker, ein explizit künstlerisches Selbstverständnis, und der Bereich, von dem er es am entschiedensten abgrenzte, war die Wissenschaft. In einem Beitrag für die Zeitschrift ›Die Aktion‹ erhob er später diese Auffassung, Kritik sei Kunst, zum expressionistischen Programm.[26] Auf wen er sich dabei berief, erfährt man an anderer Stelle – und auch hier noch einmal mit einem charakteristischen Seitenhieb gegen die Wissenschaft. Alfred Kerr nämlich sei es gewesen, der ihn, »in Jünglingsjahren, Kunst, Leben und Sprache besser erkennen gelehrt [habe] als [s]eine Universitätslehrer«: »er hat mich, ohne dass er bis heute jemals selber mit mir sprach, nur durch seine Schriften zu meinem Beruf geführt«.[27] Kerr war es auch, der schon 1904 gefordert hatte:»Fortan ist zu sagen: Dichtung zerfällt in Epik, Lyrik, Dramatik und Kritik«.[28]

Die zweite Begriffsbestimmung betraf die spezifisch jüdische Kunst. Pinthus setzte die Existenz von so etwas wie jüdischem Wesen fraglos voraus und stellte in absichtlicher Pointierung zwei »seelische Grundtypen« einander gegenüber. Den einen charakterisierte er als verstandesmäßigen Typus, der wurzellos und assimilatorisch sei und seine Blütezeit im 19. Jahrhundert gehabt habe. An Heine könne man hier denken, der allerdings auch starke Züge des zweiten Typus trage. Zu den Hervorbringungen des verstandesmäßigen Typus gehöre zum einen der Rabbinismus als eine Art jüdische Scholastik und zum anderen der Feuilletonismus als eine Art moderner Talmudismus. Beide, Feuilletonismus und Talmudismus, hätten den Witz als charakteristischste Wesensart der Juden gemein. Damit behauptete Pinthus zum einen, daß es einen inneren Zusammenhang zwischen jüdischer Wesensart und dem Feuilleton als moderner Schreibform gebe und zum anderen, daß sich das Feuilleton als kultureller Ausdruck eines säkularisierten Judentums deuten lasse. Den »zweiten Grundtypus« sah er durch Gemüt, Gefühl und Phantasie bestimmt. Im Gegensatz zum ersten sei er »wurzelhaft« und »urjüdisch« und erlebe gegenwärtig, wofür beispielhaft Martin Buber stehen könne, eine »Aufblüte«. Auch zeige dieser zweite Grundtypus, der der eigentlich schöpferische sei, eine auffallende Neigung zum l'art pour l'art.

26 Kurt Pinthus, Ueber Kritik, in: *Die Aktion* 7, 19. Mai 1917, 20/21, Sp. 264-267.
27 Kurt Pinthus, Alfred Kerr: 60 Jahre. Ein neues Buch von ihm. Ein Buch über ihn, in: *8 Uhr Abendblatt* Nr. 300 vom 23.12.1927.
28 Alfred Kerr im ›Vorwort zum ersten Band‹ (1904) und in der ›Einleitung zu den Gesammelten Schriften‹ (1917), beide in: *Das neue Drama*. Berlin 1917 (Die Welt im Drama 1), S. V-XXII und S. 7-15, hier S. VI und S. 11 f.

Aus der Dialektik dieser beiden Grundtypen, dem Hin und Her »zwischen den Auflehnungsmitteln der Ironie und resignierten Anklage«, habe sich in letzter Zeit ein dritter Typus entwickelt, dessen seelische Grundstimmung der »Weltschmerz« sei: »Und dieses Gefühl bringt in temperamentvollen Juden ein starkes Pathos hervor, ein anklagendes, forderndes, verurteilendes Ethos«. Pinthus war überzeugt, »dass in unserer Zeit weder der verstandesmässige noch der gefühlsmässige Typ allein etwas Grosses schaffen kann«, und prognostizierte: »so werden wir in den bedeutendsten jüdischen Männern unserer Zeit die Mischung dieser beiden Typen finden«. Nirgends sprach Pinthus von sich selbst und seinen persönlichen Zielen, aber es liegt auf der Hand, daß er in diesem dritten Typus seinen eigenen Lebensentwurf sah. Was in seinen Augen zählte, war nicht die Größe, sondern die Intensität und Wirkung des Einzelnen – eine Haltung, die mit dem überkommenen politischen Persönlichkeitskult der Gründerzeit aufräumte und gleichzeitig mit so ästhetisch besetzten Schlüsselbegriffen wie ›Intensität‹ und ›Wirkung‹ die erwartete Leitfunktion von Kunst und Kultur unterstrich.

Daß gerade in diesem Bereich Juden als Innovatoren und Wegbereiter eine führende Rolle spielten, illustrierte Pinthus mit einer Reihe von Namen aus der Musik, der Malerei, der darstellenden Kunst und dem Theater. An Wissenschaftlern wollte er nur diejenigen nennen, die in enger Verbindung zur Kunst standen: Moritz Lazarus und Heymann Steinthal als Begründer der Völkerpsychologie (die für Pinthus bezeichnenderweise zum kunstnahen Bereich zählte), Georg Brandes als Mittler der skandinavischen literarischen Moderne, Michael Bernays für die moderne deutsche Literaturgeschichte, Georg Simmel und Henri Bergson für die Philosophie. Vor allem aber machte Pinthus, wie zu erwarten, gerade im Bereich des Feuilletons starke innovative Veränderungen aus. So gebe es neuerdings »eine Anzahl von Publizisten, Kritikern, Essayisten, die man nicht mehr als Feuilletonisten bezeichnen kann«, weil sie »reformierend, zerschmetternd, grundlegend, aufbauend wirken«. Beispiele waren ihm Maximilian Harden, Theodor Wolff, Karl Kraus, Alfred Kerr, Siegfried Jacobsohn,[29] Wilhelm Herzog und andere. Sie zeichne nicht nur diese neue Form der Essayistik aus, sondern auch die typisch jüdische Begabung für »Organisation«, »klaren Überblick« und »die Entdeckung neuer Talente«. In diesem Tableau sah Pinthus auch sich und seine berufliche Zukunft.

29 Vice versa bezog sich Jacobsohn 1918 noch einmal auf Pinthus und dessen 1914 in der ›Schaubühne‹ erschienene bedeutende programmatische Kritik von Walter Hasenclevers expressionistischem Drama ›Der Sohn‹, um im Rückgriff darauf eine für das ästhetische Programm seiner Zeitschrift exemplarische Positionsbestimmung vorzunehmen. Vgl. dazu Gunther Nickel, *Die Schaubühne – Die Weltbühne. Siegfried Jacobsohns Wochenschrift und ihr ästhetisches Programm*, Opladen 1996 (Kulturwissenschaftliche Studien zur deutschen Literatur), hier S. 94 f.

Wie anfangs erwähnt, beendete Pinthus seinen Vortrag mit einem Blick auf die zeitgenössische Lyrik. Warum, erklärte er mit einer Behauptung, die er hier das erste Mal in dieser Prägnanz formulierte und von der er sein Leben lang überzeugt blieb: Die Lyrik nämlich sei das Gebiet, »das gewöhnlich in der Entwicklung der Kunst am weitesten vorangeht, am klarsten die psychische Disposition einer Generation wiedergibt und am deutlichsten in die Zukunft weist« – und deshalb, so ist anzufügen, auch Anhaltspunkte über die weitere Entwicklung der hier nur ausschnitthaft behandelten ›Judenfrage‹ zu geben vermag. Zwei Lyriker führte Pinthus exemplarisch vor, den Frühexpressionisten Franz Werfel und ausgerechnet Ernst Lissauer, der in seiner Reaktion auf Goldsteins ›Deutsch-jüdischen Parnaß‹ so entschieden für Assimilation plädiert hatte. Sie beide, Werfel und Lissauer, hielt Pinthus für die »vielleicht begabtesten Lyriker der letzten Jahre«, die zudem, obwohl »selbst sich fremd«, seine besten Freunde seien. Nach seinen einleitenden Worten, in denen er seinen Vortrag als ein persönliches Bekenntnis ankündigte, sprach er hier das einzige Mal in der ersten Person Singular. Wer die Kunstwart-Debatte verfolgt hatte, wußte sein Bekenntnis zu Lissauer zu deuten. Aber Pinthus schloß sich nicht dem politischen, sondern dem dichtenden Lissauer an, und er stellte ihm nicht grundlos den Dichter Franz Werfel zur Seite. Denn wer wissen wollte, so ist Pinthus zu verstehen, wie sich die gesellschaftliche Situation entwickeln würde, hat die Dichtung zu befragen. Seinem Redemanuskript ist zu entnehmen, daß er an dieser Stelle aus Werfels erstem Gedichtband ›Weltfreund‹ vorlesen wollte. Mit größter Wahrscheinlichkeit hatte er das auch sonst von ihm vielfach zitierte Gedicht ›An den Leser‹ ausgewählt, das mit den expressionistisch-sozialutopischen, eine neue Gemeinschaft aller Menschen beschwörenden zwei Versen schloß: »Oh könnte es einmal geschehn, / Daß wir uns, Bruder, in die Arme fallen!«[30] Im Anschluß an Lissauers und Werfels Gedichte resümierte Pinthus, alle sozialpolitischen Fragen in einer neuen Ästhetik der Lyrik auflösend: »In diesem neuen Weltgefühl, in dieser Vereinigung des Differenzierten und hart Zusammenballenden, in diesem Erleben und Beherrschen der ganzen Welt scheint mir die Grösse und die Erlösung unserer Zukunft zu liegen.«

IV.

Unter der Herrschaft der Nationalsozialisten nahm Pinthus' beruflicher Werdegang eine paradoxe Wendung. Im Gegensatz zu vielen Wissenschaftlern, die ihre Profession aufgeben mußten, wurde er, der sich aus rationalen und kunsttheoretischen Gründen gegen die Wissenschaft als ein Verfahren

---

30 Erstmals in: Franz Werfel, *Der Weltfreund. Gedichte*, Berlin 1911, S. 110 f.

kulturgeschichtlicher Erkenntnis entschieden hatte, 1938 durch seine Emigration nach Amerika wieder in die Institution Wissenschaft hineingetrieben. Eine Einladung als Dozent an die New School for Social Research in New York hatte ihm die quotenunabhängige Einreise in die USA ermöglicht. Noch 1938 hielt er dort seine erste Vorlesung: Sie galt dem europäischen Expressionismus. Nach zwei Jahren wechselte er an die Library of Congress und die American University nach Washington D.C. Von dort kehrte er nach dem Krieg nach New York zurück, wo er von 1947 bis 1960 an der Columbia University Theatergeschichte lehrte. Pinthus war in den USA ›literary critic‹, eine Bezeichnung, die beides meinte, Universitätslehrer *und* Publizist. Das radikale Entweder-Oder, das das deutsche Bildungs- und Universitätssystem verlangte, galt in den USA, wo das Interesse an einem Austausch zwischen Universität und Öffentlichkeit ungleich größer war, nicht in dieser Weise. Unter diesen Umständen konnte Pinthus dort fortsetzen, was er in Deutschland begonnen hatte, ohne dabei seine ›Methode‹ der Kulturvermittlung grundlegend ändern zu müssen. Sein selbstgewähltes Legat als Kulturbeauftragter, das sich wiederum und diesmal noch viel existenzieller aus seinem biographischen Hintergrund als verfolgter Jude ableitete, bezog er, der lebenslang am Kulturoptimismus der Aufklärung festhielt, von Lessing, »the great defender of Germany's intellectual freedom« und von Jefferson, dessen Unabhängigkeitserklärung er sich als Exilant verpflichtet fühlte: »We, who escaped the ›decline of the West‹, are happy to help build this future along the same line that Jefferson meant, when he wrote in the declaration of independence the words: For life, liberty and the pursuit of happiness.«[31] 1967 remigrierte Pinthus nach etlichen vorausgegangenen Besuchsreisen endgültig nach Deutschland und ließ sich auf Einladung des Deutschen Literaturarchivs in Marbach am Neckar nieder. Er starb am 11. Juli 1975, ausgezeichnet für seine Verdienste als literarischer und kultureller Vermittler mit dem Professorentitel und dem Großen Bundesverdienstkreuz.

---

31 *Ansprache bei der Eröffnung von Pinthus' Bibliothek in der New School for Social Research, New York, 29.9.1938,* DLA, Nachlaß Pinthus 71.5520.

Professionell ohne Profession
Arbeitsfelder von Philologinnen jüdischer Herkunft

HILTRUD HÄNTZSCHEL

Mein Interesse an der Wissenschaftsgeschichte nimmt die Kategorie des Geschlechts mit in den Blick. Die Formulierung des Themas dieses Buchs zielt auf einen personalen, biographischen Ansatz im Zugriff auf den Fragenkomplex. Schon damit wird die Unterscheidung, ob es sich um weibliche oder männliche Intellektuelle handelt, zwingend. Und es zeigt sich rasch, daß unter diesem Blickwinkel die selbstverständlich scheinende Eingrenzung des Gegenstandes in allen seinen Aspekten problematisch wird.

Vorauszuschicken ist: Der Versuch, ein Kollektiv zu umreißen, zwingt zu Generalisierungen, zum notwendigerweise oberflächlichen Blick auf die Arbeitsfelder und Schreibweisen der Einzelnen (zu denen teilweise gründliche Untersuchungen vorliegen), er riskiert immer wieder den Einwand der Abweichung, der Ausnahme.

Gälte mein Beitrag etwa katholischen Philologinnen, bedürfte es keiner näheren Definition des Zusatzes. Es ginge vermutlich kurz um ihren statistischen Anteil, vielleicht auch um die Rolle in ihrer Kirche, am ehesten würde man aber erwarten, etwas zu hören vom christlich-katholischen Ansatz ihrer wissenschaftlichen Arbeit. Wer aber ist *jüdisch*? Die Verlegenheit im Umgang mit dem Prädikat hat ihre Ursache nicht nur in der durch die Geschichte verdunkelten, ja mörderischen Aura dieser Zuschreibung, sondern vielmehr in der Konkurrenz bzw. Überlagerung ethnischer, religiös-konfessioneller, sozialgeschichtlicher und politischer Definitionen. Da heißt erstens die traditionelle Definition: Jude ist, wer eine jüdische Mutter hat. Da gilt zweitens als Jude oder Jüdin, wer sich zum jüdischen Glauben bekennt. Gegen die dritte Definition, die 1933, dann 1935 erweitert, Millionen zu Juden und damit zu Objekten der Vernichtung macht: gegen die rassische also, wehren wir uns vehement und benützen sie doch, indem wir Personen unseres Samples – gegen ihren Willen – auf Grund ihres fehlenden Ariernachweises und dessen Folgen rückwirkend als *jüdisch* markieren.

Ich verwende also so etwas wie eine randlose Schablone, um eine Gruppe *Jüdische Philologinnen* erkennen zu können. Diese Gruppe ist gegenüber dem entsprechenden männlichen Anteil (von jüdischen Philologen an der jüdischen Bevölkerung) und erst recht gegenüber dem entsprechenden nichtjüdischen Anteil (an professionell ausgebildeten Philologinnen) extrem überrepräsentiert. Während in der scientific community, in den Geistes-mehr noch als in den Naturwissenschaften, im Regelfall mehr oder weniger entschiedene Vorbehalte gegenüber jüdischen Kollegen bestanden, nahmen unter den Neuankömmlingen im akademischen System, den Frauen näm-lich, auch in den philologischen Fächern, *Jüdinnen* durchweg die Spitzen-positionen ein. Als erste Frau in der Romanistik habilitiert sich 1907 Elise Richter in Wien. Mit Agathe Lasch (1919) in der Sprach- und Melitta Ger-hard (1927) in der Literaturwissenschaft sind in beiden germanistischen Teil-disziplinen Frauen jüdischer Herkunft die ersten, dasselbe gilt für die Orientalistik (Betty Heimann und Charlotte Krause, beide 1923), auch für Archäologie (Margarete Bieber 1919) und Geschichte (Hedwig Hintze-Gug-genheimer 1928).[1]

Mit der Zuordnung *jüdisch* verbindet sich eine gesellschaftliche Positio-nierung im deutschen intellektuellen Milieu, die bei Männern und Frauen entgegengesetzt scheint, die aber im Lauf der Lebenszeit meines Samples eine radikale Umwertung erfährt. Was die Aufbruchszeit der Frauen an den Universitäten betrifft, so bot eine jüdische Herkunft für bildungswillige jun-ge Frauen nicht nur nach der Statistik offensichtlich einen Vorteil. Töchter aus christlichen, vor allem aus katholischen Familien mußten ihren Gang zur Universität nach zwei Seiten verteidigen, gegen ihre Kirche, damit gegen ihre Familien und Kommilitonen und auf der anderen Seite gegen die von der Kirche selbst aufgebauten Vorurteile gegen die ungläubigen, sittenlockeren Studentinnen und die unweiblichen Intellektuellen. Das Herkunftsmilieu der jüdischen Akademikerinnen ist dagegen offensichtlich mehrheitlich ge-prägt vom Reformjudentum, von Liberalität, Assimilationsbedürfnis bis hin zum ununterscheidbaren Aufgehen im deutschen Bildungsbürgertum. Kein Wunder also, daß im deutschen Kaiserreich die Chance für den Zugang zur Universität und zu akademischen Professionen für Jüdinnen aus Groß-städten statistisch am höchsten und für katholische Töchter aus Bayern am geringsten war.[2] Wenn wir – auch im Kontext dieses Buchs – beim Stichwort *jüdische Intellektuelle*, immer sogleich *Ausgrenzung* mitdenken, so erhalten wir ein falsches Bild von der Position des weiblichen Teils und damit der gesamten Gruppe. Für die ersten regulären Studentinnengenerationen, zu-

1 Elisabeth Boedeker und Maria Meyer-Plath, *50 Jahre Habilitation von Frauen in Deutschland. Eine Dokumentation über den Zeitraum von 1920-1970*, Göttingen 1974. Diese grundlegende Arbeit ist revisionsbedürftig.
2 Eine Statistik als Beispiel: Im Wintersemester 1913/14 waren von den Studentin-nen an den bayerischen Universitäten jüdischer Konfession: in München 14,2 %, in Würzburg, einer dezidiert katholischen Universität, 44,4 % und in Erlangen 34,3 %; vgl. Hiltrud Häntzschel, Frauen jüdischer Herkunft an bayerischen Hochschulen. Zum Zusammenhang von Religion, Geschlecht und ›Rasse‹, in: *Be-drohlich gescheit. Ein Jahrhundert Frauen und Wissenschaft in Bayern*, hg. von Hil-trud Häntzschel und Hadumod Bußmann, München 1997, S. 105-136, hier S. 113.

mindest bis zum Beginn der Weimarer Republik, überwog die Diskriminierung durch das Geschlecht, die alle Frauen gleichermaßen traf. Notker Hammerstein befragt in seiner Darstellung ›Antisemitismus und deutsche Universität‹ die Divergenz zwischen dem Ethos von der »voraussetzungslosen Wissenschaft« und der »unmittelbaren universitätspolitischen Praxis«: »Wieso werden da Unterschiede von Bedeutung, die nicht auf die wissenschaftlichen Ergebnisse, auf die Sache, auf gelehrte Kompetenz bezogen sind, sondern auf zufällige Begleiterscheinungen der Forscher und Gelehrten? Denn was sind Konfession, Volk, Rasse, Charakter usf. anderes als äußerliche und ephemere Kategorien in diesem Zusammenhang von Forschung, Gelehrsamkeit und Begabung?«[3] Die umfassendste Ausgrenzung – sie gilt nicht einer Minorität, sondern einer Hälfte –, die qua Geschlecht nämlich, rückt gar nicht ins Bewußtsein. George L. Mosse spricht, wenn er von jüdischen Intellektuellen handelt (eine Wortform, die gerade für beide Geschlechter offen wäre), explizit und ausschließlich von »Männern«.[4] Und wenngleich im Argumentationsvokabular der Frauenstudiumsgegner um die Jahrhundertwende antisemitische Töne (»Parasiten«, »Weltdamen«, »weibliche Freimaurer«[5]) präludiert sind, galt die Abwehr vorrangig nicht der Rasse oder Religion, sondern dem Geschlecht, das man durch die *Rasse* pervertiert sah. Die Debatten um den Zugang der Frauen zur Hochschullaufbahn, um die Habilitation also, zeigen dies in aller Deutlichkeit. An der Münchner philosophischen Fakultät ist bis 1947 jeder Habilitationsantrag einer Frau an geschlechtsspezifischen, nicht an fachlichen Vorbehalten gescheitert, und es traf die Jüdin ebenso wie die dezidierte Nationalsozialistin.

Im traditionsbewußten Judentum lebten die Frauen zwar im Dunstkreis einer dem Wort verpflichteten, *kopflastigen* Religion, einer hochgeachteten Gelehrsamkeit, ihren Platz aber hatten sie außerhalb dieses Kreises. Von Thorastudium und von religiöser Praxis in der Synagoge waren sie ausgeschlossen. Als mit dem Emanzipationsversprechen die Hoffnung auf eine gelingende Assimilation wuchs, als mit dem Säkularisationsprozeß viele deutsche Juden ihre Glaubensinhalte in ein aufklärerisch-idealistisches Bildungsideal transformierten, als sie sozusagen zum *Bildungstum* konvertierten, da waren die Töchter aus solchen Familien vom Bazillus intellektueller Wißbegier längst infiziert und ergriffen bei Öffnung der Universitäten sofort eine Chance, die Protestantinnen und erst recht Katholikinnen viel zögerlicher nutzten. Es ist davon auszugehen, daß die Jüdinnen unter den ersten

---

3 Notker Hammerstein, *Antisemitismus und deutsche Universität. 1871-1933*, Frankfurt, New York 1995, S. 15.

4 George L. Mosse, *Jüdische Intellektuelle in Deutschland. Zwischen Religion und Nationalismus*, Frankfurt, New York 1992, passim.

5 Häntzschel (Anm. 2), S. III f.

Studentinnengenerationen deutlich häufiger als ihre jüdischen Kommilitonen aus Familien stammen, die die Zugehörigkeit zum Judentum aufgegeben haben. Aber auch die Glaubensjüdinnen der ersten Studentinnengenerationen sind naturgemäß von der traditionellen jüdischen Gelehrsamkeit geringer geprägt gewesen (von der sie, wie gesagt, ausgeschlossen waren) als die männlichen Studenten mit jüdischer Konfession. Denkmuster eines jüdischen Selbstverständnisses, eine *jüdische* Geisteswissenschaft – was immer das sein könnte – in ihrem säkularisierten Textumgang zu diagnostizieren, dürfte daher eher der Spekulation zuzurechnen sein.

Wenn wir uns auf die immer wieder in den Mittelpunkt gestellte Hochschätzung von Text und Schrift in der jüdischen Religionspraxis und Gelehrsamkeit berufen, die den Säkularisationsprozeß überstanden, ja erleichtert hat und die Vorliebe für philologische Fächer miterklärt, so muß ich doch solcher Mythenbildung entgegenhalten, daß in summa die Frauen der ersten Studentinnengenerationen an den Universitäten und auch die Jüdinnen unter ihnen keineswegs in die Geisteswissenschaften drängten, sondern auffällig häufiger Medizin, naturwissenschaftliche Fächer und Jura wählten. Das hat sowohl mit dem Selbstverständnis der Disziplinen und ihrer Vertreter zu tun als auch mit den beruflichen Arbeitsbedingungen, die sie als Juden und als Frauen zu erwarten hatten.[6]

Um die Problematik des Themas, auch seines Zeitrahmens übrigens, für meine Gruppe anschaulich zu machen, beginne ich – möglicherweise befremdend – mit einer Autorin, die nicht jüdisch, sondern entschieden katholisch, nicht an der Universität ausgebildet, sondern Autodidaktin, ihr Gegenstand schließlich keiner geisteswissenschaftlichen Disziplin eindeutig zuzuordnen ist. Dennoch eröffnet sie meine Reihe auf sinnvolle Weise, umreißt doch ihr Arbeitsfeld und ihre Schreibpraxis den Raum, den intellektuelle Frauen jüdischer Herkunft im Zuge des Assimilationsprozesses vorurteilsfreier, mutiger und weniger eingeengt durch religiöse Bindungen haben einnehmen können, aber auch die Grenze, die Intellektuelle, wenn sie Frauen waren, noch nicht überschreiten konnten. Ich meine Charlotte Lady Blennerhassett, geborene Gräfin Leyden (1843-1917).[7] Die Herkunft der Mutter aus der Hofjudenfamilie Aaron Elias Seligmanns hatte die bayerisch-katholische Adels-

---

6 Bei der Lektüre der Promotionsgutachten dreier Münchner Doktorandinnen (Käte Hamburger, Alice Gerstel und Käthe Laserstein) fällt freilich das wiederkehrende Lob des analytischen Scharfsinns, der Klarheit des Denkens und der hohen Stilqualität auf. Es sind überdurchschnittlich begabte Frauen, aber zu schließen: weil sie Jüdinnen sind, überschritte die Grenze zur rassistischen Zuschreibung.

7 Einführend: Victor Conzemius, Charlotte Lady Blennerhassett. Die Bildungsjahre einer liberalen Katholikin, in: *Zeitschrift für bayerische Landesgeschichte* 44, 1981, S. 723-786.

familie bereits weit hinter sich gelassen. Und ihre außerordentliche wissenschaftliche, sprachliche, politische, religionsgeschichtliche Bildung verdankt die Tochter Charlotte neben ihrer immensen Wißbegier und Begabung dem intensiven geistigen Austausch mit dem 43 Jahre älteren, gänzlich undogmatischen katholischen Theologen Ignaz Döllinger. Blennerhassetts Publikationsliste umfaßt über 400 Titel, sie publizierte in deutsch, englisch und französisch gleich gewandt, schrieb Monographien über Madame de Staël, über Chateaubriand, über Gabriele d'Annunzio, über den modernen spanischen Roman und das literarische Italien, über die Ethik des modernen Romans, sie veröffentlichte quellenintensive historische Biographien über Talleyrand, über Maria Stuart, über Königin Marie Antoinette und die Jungfrau von Orléans. Sie publizierte in der ›Deutschen Rundschau‹, in ›Das Literarische Echo‹, in ›Hochland‹, aber auch in entsprechenden englischen und französischen Journalen. 1898, fünf Jahre vor der regulären Immatrikulationsmöglichkeit für Frauen an den bayerischen Universitäten, wird die »gegenwärtig ohne Zweifel [...] erste Schriftstellerin Deutschlands auf dem Gebiete der Literaturgeschichte und Geschichte«[8] von der Münchner Universität mit dem Dr.phil. honoris causa geehrt, als Schriftstellerin, nicht als Gelehrte.

Den Schritt von der gelehrten Autodidaktin zur professionell gebildeten Grenzgängerin in die Welt der Universität taten die Frauen, die um die Jahrhundertwende erwachsen waren: die Schwestern Helene und Elise Richter, Eugenie Schwarzwald, Margarete Susman, Helene Herrmann, Agathe Lasch. Die Anglistin Helene Richter (geboren 1861)[9] und Margarete Susman (geboren 1872) sind noch ganz auf ein autodidaktisches Studium verwiesen, die vier Jahre jüngere Schwester und Romanistin Elise Richter erkämpft sich in Wien, als erste Frau, alle akademischen Stufen (vom Abitur bis zur Privatdozentur). Eugenie Schwarzwald in Zürich (1900) und Helene Herrmann, geborene Schlesinger in Berlin (1904) gehören zu den allerersten promovierten Germanistinnen, Bertha Badt-Strauss folgt 1908, Agathe Lasch 1909. Be

8 Antrag der Ehrenpromotion durch den Byzantinisten Karl Krumbacher an die Philosophische Fakultät, zit. in: Hiltrud Häntzschel, Vor einem Jahrhundert. Die ersten Ehrenpromotionen von Frauen an der Ludwig-Maximilians-Universität, in: »Ich bleibe ein Wesen eigener Art«. Prinzessin Therese von Bayern, hg. von Hadumod Bußmann und Eva Neukum-Fichtner, München 1997, 10-23, hier S.17.

9 Hans Helmut Christmann, Frau und »Jüdin« an der Universität. Die Romanistin Elise Richter (Wien 1865 – Theresienstadt 1943), Wiesbaden 1980, S. 8, über die Schwester Helene Richter: »Sie verfaßte Bücher über P. B. Shelley (1898), Thomas Chatterton (1900), William Blake (1906), George Eliot (1907), Geschichte der englischen Romantik (2 Bde., 1911-18), Oscar Wilde (1912), G. B. Shaw (1913), ferner Schriften über das österreichische Theater wie Schauspielercharakteristiken (1914).« 1931 wird sie für ihre Verdienste um die Anglistik mit der Verleihung des Ehrendoktors der Universität Erlangen gewürdigt.

deutende Philologinnen der letzten Geburtsjahrgänge des vorigen Jahrhunderts finden ihre wissenschaftliche Sozialisation bereits in der Weimarer Republik: Die Etruskologin Eva Fiesel, die Germanistinnen Käte Hamburger, Alice Rühle-Gerstel, Melitta Gerhard, Käthe Laserstein. Ihre Anwesenheit in der akademischen Welt ist nicht mehr auffällig, wohl aber die Diskrepanz zwischen ihren anerkannten Leistungen dort und ihrem Platz in dieser civitas academica.

Repräsentieren diese intellektuellen Frauen jüdischer Herkunft etwas Gemeinsames? Welche Rolle spielen ihre jüdischen Wurzeln? Wie haben sie ihr literatur- und sprachwissenschaftliches Wissen genutzt? Welchen Ort haben sie in den Philologien als akademischer Disziplin?[10] Die überwiegende Mehrzahl von ihnen hat sich vom Judentum distanziert.[11] Eva Fiesel ist bereits in eine konvertierte Familie hineingeboren, aber das geistige Klima ihrer Kindheit, zumal der Einfluß und auch die Arbeiten der Mutter, der Schriftstellerin Henni Lehmann, zeigen ganz die Merkmale einer emanzipatorischen, auf soziale Gerechtigkeit orientierten Haltung des assimilierten Judentums.[12] Eugenie (*Genia*) Schwarzwald, deren Toleranz und Kosmopolitismus von so vielen ihrer Schüler gerühmt wurde, bezeichnet sich in einem Wutausbruch gegen den »mit recht bekämpften Judengeist« 1931 als »ehrlich antisemitisch«.[13] Bertha Badt-Strauss' Familie sympathisiert mit dem Zionis-

10 Verzichten muß ich auf vertiefende Fragen nach Unterschieden oder Gemeinsamkeiten in ihren Arbeitsweisen und möglicherweise in ihren ideologischen Positionen. Es sei auf die jeweilige Spezialliteratur verweisen, zu Elise Richter etwa: Wolfgang Bandhauer, Ideologiekritische Anmerkungen zu Elise Richter (in Konfrontation mit Leo Spitzer), in: *Deutsche und österreichische Romanisten als Verfolgte des Nationalsozialismus*, hg. von Hans Helmut Christmann und Frank-Rutger Hausmann, Tübingen 1989, S. 231-240. Zentrale Bedeutung für die Wahl der wissenschaftlichen Gegenstände, für die Arbeitsweise und ganz besonders für ihr akademisches *Fort-* bzw. *Hinaufkommen* haben für die Frauen Person und Rolle ihrer Lehrer, auf deren Unterstützung sie offensichtlich entschiedener angewiesen waren als die männlichen Konkurrenten.

11 Elise Richter in ihrer Autobiographie ›Summe des Lebens‹: »Wir wurden grundsätzlich dazu erzogen [...], daß alle Konfessionen gleichwertig seien [...]. So besuchten wir alle Arten von Gottesdiensten, ausgenommen den jüdischen, vor allem aber den evangelischen [...].« Zit. nach: Christmann (Anm. 10), S. 8 f.

12 Zu Eva Fiesels wissenschaftlicher Biographie vgl. Hiltrud Häntzschel, Die Philologin Eva Fiesel (1891-1937). Porträt einer Wissenschaftskarriere im Spannungsfeld von Weiblichkeit und Antisemitismus, in: *Jahrbuch der Deutschen Schillergesellschaft* 38, 1994, S. 339-363.

13 Brief an Hans Deichmann, in: Hans Deichmann, *Leben mit provisorischer Genehmigung. Leben, Werk und Exil von Dr. Eugenie Schwarzwald (1872-1940). Eine Chronik*, Berlin, Wien, Mülheim a.d.Ruhr 1988, S. 229.

mus, ihr Senkblei in den Wirren der Zeiten ist die deutsch-jüdische Geistes-
tradition, der sie ihre literarhistorische und editorische Arbeit (etwa zu Rahel
Varnhagen, Moses Mendelssohn, Fanny Lewald und Hermann Cohen) widmet.[14] Für Margarete Susman, die selbst aus der jüdischen Religionsgemein-
schaft ausgetreten ist, bleibt das Judentum, »der jüdische Geist«,[15] in ihren
religionsphilosophischen, in ihren literaturwissenschaftlichen und feuille-
tonistischen Arbeiten lebenslang der Stein des Denkanstoßes. Und es scheint
nicht zufällig zu sein, daß Helene Herrmanns literaturwissenschaftliches Interesse seit ihrem zweiten Buch für viele Jahre Heinrich Heine, auch seinem
schwierigen Verhältnis zum Judentum, gilt.[16]

Elise Richter ist die einzige, die vorerst professionell an der Universität
Philologie, vornehmlich Sprachwissenschaft, betreiben kann, freilich immer
ohne Stelle und ohne Ordinariat. Agathe Lasch lehrt von 1909 bis 1916 am
Bryn Mawr College in den USA. 1919 wird sie an der neugegründeten und
von der großen jüdischen Gemeinde mitgetragenen Hamburger Universität
Privatdozentin und erreicht – mit Ausnahme der Krönung, der Berufung auf
einen Lehrstuhl – alle Stufen der universitären Hierarchie,[17] während Melitta
Gerhard, habilitiert 1927, bis zur Emigration Privatdozentin blieb.[18] Eva Fiesel
hatte trotz drei umfangreichen Untersuchungen auf ihrem Forschungsgebiet
in München keine Chance. Sie erhält nach ihrem sensationellen Erfolg auf
dem ersten internationalen Etruskologenkongreß in Florenz 1929 in München immerhin als Hilfskraft (der allerunterste Rang von nichthabilitierten
Mitarbeitern) einen Lehrauftrag und hält damit an der dortigen Universität
als erste Frau eine geisteswissenschaftliche Vorlesung. Erst im Exil findet ihr

---

14 Vgl. Barbara Hahn, Bertha Badt-Strauss (1885-1970). Die Lust am Unzeitge-
    mäßen, in: *Frauen in den Kulturwissenschaften. Von Lou Andreas-Salomé bis Hannah
    Arendt*, hg. von Barbara Hahn, München 1994, S. 152-165 und S. 330-338.

15 So der Titel eines Essays von ihr in: *Blätter des jüdischen Frauenbundes für Frauen-
    arbeit und Frauenbewegung* 9, 1933. Auf Hinweise auf die umfangreiche jüngste
    Literatur zu Margarete Susman muß ich hier verzichten.

16 Helene Herrmann, *Studien zu Heines Romanzero*, Berlin 1906. Zu Helene Herr-
    mann ausführlicher: Ruth Mövius, Helene Herrmann – ein Lebensbild, in: *Sinn
    und Form* 36, 1984, S. 739-751.

17 Zu Agathe Laschs Werdegang vgl.: *Hochschulalltag im Dritten Reich. Die Hambur-
    ger Universität 1933-1945*, hg. von Eckart Krause, Ludwig Huber und Holger Fischer,
    Berlin, Hamburg 1991; den Beitrag von Ulrike Haß-Zumkehr in diesem Buch.

18 Ausführlich hierzu Gesa Dane, Melitta Gerhard (1891-1981). Die erste habilitierte
    Germanistin: »In bunten Farben schillernder Gast« und »uniformes Glied der
    Zunft«, in: Hahn (Anm. 14), S. 219-234 und S. 349-356; vgl. ebenso Gesa Dane,
    Käte Hamburger (1896-1992), in: *Wissenschaftsgeschichte in Porträts*, hg. von Chri-
    stoph König, Hans-Harald Müller und Werner Röcke, Berlin und New York
    2000, S. 189-198.

herausragendes Fachwissen die entsprechende Anerkennung. Für Genia Schwarzwald bleibt die Germanistik bzw. die Literatur nicht das eigentliche Arbeitsfeld. Sie gründet eine Reformschule in Wien, die legendäre Schwarzwaldschule, die für fast vier Jahrzehnte prominenten Freunden (Karin Michaelis, Egon Friedell, Dorothee Thompson), Lehrern (Oskar Kokoschka, Rudolf Serkin, Adolf Loos) und Lernenden (Maria Lazar, Alice Herdan-Zuckmayer, Hilde Spiel, Hans Deichmann, Helmuth und Freya von Moltke, Helene Weigel) ein geistiges Zentrum bietet.

Für Helene Herrmann und Käthe Laserstein, die beide weiterhin anspruchsvoll wissenschaftlich publizierten, bleibt zumindest die Schule als Brotberuf.[19] An Helene Herrmanns literarische Abendkurse erinnerte sich Nelly Sachs mit Dankbarkeit. Alice Rühle-Gerstel widmet sich der sozialistischen Erziehung und entfaltet eine rege Publikations- und Vortragstätigkeit.

Es ist die multiplikatorische Breitenwirkung weit über die Universität hinaus, durch die sich diese professionell ausgebildeten Philologinnen – aus der Not eine Tugend machend – durch die Vermittlung von Literatur, von humanistischer Bildung im weitesten Sinne, kaum zu ermessende Verdienste erworben haben.

Eine unbekannte Zahl von Philologinnen – jetzt spreche ich von all denen, die ich nicht namentlich genannt habe – mußten sich Betätigungsfelder erobern – ohne Profession. Sie mußten ihr Genre wechseln, sie schrieben nicht mehr *akademisch* im Sinne der Übereinkunft der Zunft über das, was wissenschaftliches Schreiben sei, sie überschritten – was den Gegenstand wie die Methoden angeht – die Grenzen der Disziplin und fielen unter das Verdikt der Unwissenschaftlichkeit. Man findet sie nicht in Vorlesungsverzeichnissen und Gelehrtenlexika, sondern in Universitätsarchiven vergraben und – wo der Ausweg geglückt ist – in den führenden Periodika der Zeit, in der ›Vossischen‹ und der ›Frankfurter Zeitung‹, in ›Die Frau‹, in der ›Literarischen Welt‹, in der ›Neuen Freien Presse‹, in ›Der Morgen‹ – und im Rundfunk.

Für die Mehrheit meines Samples wage ich die These: Sie waren *weiter*, sowohl im Sinne einer zeitlichen Dimension von fortschreitender Befreiung aus überkommenen Bindungen als auch im räumlichen Verständnis eines

---

19 Marion Kaplan hat auf den Doppelausschluß für Frauen aufmerksam gemacht: Jüdische Lehrerinnen, vor allem Volksschullehrerinnen, wurden vom Staat, von den Kommunen und Privatschulen nicht angestellt, weil sie Jüdinnen waren – und von den jüdischen Gemeinden für ihre Schulen nicht, weil sie durch den Ausschluß von der religiösen Praxis nicht berechtigt waren, den vom Lehrer mitzubetreuenden Religionsunterricht und den Kantordienst zu übernehmen; vgl. Marion Kaplan, *Jüdisches Bürgertum. Frau, Familie und Identität im Kaiserreich*, Hamburg 1997, S. 243.

sich weitenden geistigen Horizontes, aber nicht, weil sie Jüdinnen waren, sondern weil sie Jüdinnen gewesen waren.

Postskriptum: Die beiden Schwestern Richter sterben in Theresienstadt, Agathe Lasch an unbekanntem Ort in Polen, Helene Herrmann mit ihrem Mann in Auschwitz, alle um die 80 Jahre alt. Genia Schwarzwald, Eva Fiesel und Alice Rühle-Gerstel überleben in der Emigration nur kurze Zeit, Bertha Badt-Strauss und Melitta Gerhard können im amerikanischen Exil weiterarbeiten, Margarete Susman in der Schweiz, Käthe Laserstein überlebt untergetaucht in Berlin. Einzig Käte Hamburger, die jüngste meiner Gruppe, wird die Germanistik in der Bundesrepublik auf höchstem wissenschaftlichen Niveau bereichern, zugleich deren Disziplingrenzen überschreiten und den zerstörten deutsch-jüdischen Dialog, etwa in ihrer Thomas Mann-Lektüre, kritisch wiederaufnehmen.

Universität, Forschung, Jüdische Hochschule

Selbstorganisation jüdischer Gelehrsamkeit
und die Universität seit der ›Wissenschaft des Judentums‹

CÉLINE TRAUTMANN-WALLER

Galt die Wissenschaft des Judentums in Europa lange als ein deutsches Modell, dann wohl vor allem, weil sie hier als programmatische Richtung zuerst und am deutlichsten definiert wurde, vielleicht aber auch, weil sie danach in Deutschland lange Zeit zugleich intensiv und relativ isoliert von dem restlichen wissenschaftlichen Leben und seinen Institutionen weiterexistierte, wie der Begriff ›Selbstorganisation‹ es schon andeutet. Und doch kann man sich die Wissenschaft des Judentums nicht ohne die deutsche Universität und Wissenschaft vorstellen. Diejenigen, die durch die Neubewertung einer wiederentdeckten jüdischen Vergangenheit und die historisch-kritische Darstellung ihrer Texte eine neue jüdische Identität stiften wollten und zugleich hofften, damit die Emanzipation zu fördern und den Antisemitismus zu bekämpfen, waren Studenten deutscher Universitäten gewesen und hatten sich als solche von der talmudischen Gelehrsamkeit distanziert. Ob die Wissenschaft des Judentums als neue Form jüdischer Gelehrsamkeit nun als ein Zweig europäischer Wissenschaft in die deutschen Universitäten integriert werden sollte oder über eigene spezifische Institutionen wie zum Beispiel eine jüdische theologische Fakultät verfügen sollte, darüber war man sich nicht einig.

Da die deutsche Wissenschaft, sei es die Orientalistik oder die Theologie, von antijudaistischen oder antisemitischen Vorurteilen nicht immer frei war, und da man in den Kultusministerien und den Universitäten fürchtete, durch eine Institutionalisierung des Studiums jüdischer Literatur einen jüdischen Partikularismus zu fördern, kam es zu einer separaten jüdischen Wissenschaft mit eigenen Zeitschriften, eigenen Vereinen und eigenen Schulen. Die Philologie der jüdischen Literatur wurde durch einzelne Gelehrten, die bemerkenswerte Leistungen vollbrachten, in einem bis dahin unbekannten Grade ausgebaut, doch sie fand zwischen jüdischer Theologie, christlicher Theologie und Orientalistik bis 1933 in Deutschland kaum eine Existenzgrundlage, wie es schon paradigmatisch in der Außenseiterstellung des Gründers der Wissenschaft des Judentums, des Philologen Leopold Zunz, angekündigt schien.

1. Die Entstehung der Wissenschaft des Judentums durch die Auseinandersetzung mit deutscher Universität und Wissenschaft

Der Bildungsweg der meisten jüdischen Studenten an deutschen Hochschulen in der ersten Hälfte des 19. Jahrhunderts führte von einer reformierten jüdischen Schule, an der auch Profanwissenschaften gelehrt wurden, zum Gymnasium und schließlich zur Universität. Zu dem traditionell von jüdischen Studenten gewählten Fach Medizin traten jetzt neben anderen Fächern auch die philologischen. Auch die Rabbinatskandidaten, von denen ab 1810 immer mehr Regierungen einen Universitätsabschluß in den philologischen Fächern verlangten, gehörten zu den jüdischen Philologiestudenten und mußten sich mit zwei verschiedenen Methoden der Textinterpretation auseinandersetzen.

Blieb das traditionelle jüdische Studieren exegetisch bestimmt, so bedeutete es einen starken Umbruch, die historisch-kritische Methode, die vor allem in Bezug auf die Antike oder die Bibel sich neu herausgebildet hatte, nun auch auf die rabbinische bzw. jüdische Literatur anzuwenden. Genau dies forderte der Wolf- und Boeckhschüler Leopold Zunz bereits 1818 in seiner Schrift ›Etwas über die rabbinische Literatur‹,[1] die die verschiedenen Zweige einer Geschichte des Judentums und seiner Schriften skizzierte und die positiven Folgen einer philologischen Bearbeitung der jüdischen Literatur sehr hoch bewertete. Wenn er sich auch von Rabbinismus und Talmudismus deutlich distanzierte, so beanspruchte er doch einen jüdischen Standpunkt, der im Gegensatz zu der christlichen Tradition antijudaistischer Darstellung die jüdische Literatur nun wieder in das richtige Licht setzen würde.

In Berlin, deren erst vor kurzem gegründete Universität »*der* Studienort jüdischer Studenten schlechthin« war,[2] wurde dann 1821 von Zunz und anderen Studenten der ›Verein für Kultur und Wissenschaft der Juden‹ gegründet. Während der Hegelschüler Eduard Gans als Präsident des Vereins in seinen Reden die Wissenschaft auf die europäische Zukunft der Juden bezog, gab Zunz die ›Zeitschrift für die Wissenschaft des Judentums‹ heraus, in deren erster Lieferung der Student Immanuel Wolf das Programm dieser Wissenschaft als Rehabilitierung und Regenerierung der jüdischen Tradition definierte.[3] Von Anfang an verfolgte die Wissenschaft des Judentums also Ziele, die mit der Entwicklung der Gemeinden, den religiösen Auseinandersetzungen oder der Stellung der Juden in Deutschland zusammenhingen, strebte aber darüber hinaus nach einer Integration in die europäische Wissenschaft.

Zuallererst ging es der Wissenschaft des Judentums, wie sie in den Artikeln der Zeitschrift und später in den Schriften Zunz' vetreten war, um ein Erfassen der geschichtlichen Dimension des Judentums, das durch den meist

---

1 Leopold Zunz, *Etwas über die rabbinische Literatur nebst Nachrichten über ein altes bis jetzt ungedrucktes hebräisches Werk*, Berlin 1818.

2 Vgl. Monika Richarz, *Der Eintritt der Juden in die akademischen Berufe. Jüdische Studenten und Akademiker in Deutschland 1678-1848*, Tübingen 1974, S. 99.

3 Immanuel Wolf, Über den Begriff einer Wissenschaft des Judentums, in: *Zeitschrift für die Wissenschaft des Judentums* 1, 1822 [Reprint Hildesheim / New York 1976], S. 1-24.

dogmatischen Standpunkt der traditionellen jüdischen Gelehrsamkeit verhindert worden sei. Dies bedeutete auch, daß die biographische Dimension der jüdischen Literatur, die durch Entkontextualisierung und Kanonisierung völlig verloren gegangen war, wiederentdeckt werden sollte. Zunz eröffnete dieses Forschungsgebiet mit seiner Arbeit über den Bibel- und Talmudkommentator Raschi.[4] Weitere Werke, ›Die synagogale Poesie des Mittelalters‹[5] und ›Literaturgeschichte der synagogalen Poesie‹,[6] präsentierten neben der historischen Entwicklung der Gattungen und Formen auch die verschiedenen Autoren in ihrem geschichtlichen Kontext. Weiterhin sollten vergessene oder verlorene Werke jüdischer Dichter, Kommentatoren, Grammatiker oder Philosophen nach wissenschaftlichen Kriterien neu herausgegeben beziehungsweise übersetzt und kommentiert werden.

Folgt man Zunz, so war die Wissenschaft des Judentums ein Zweig der europäischen Wissenschaft, und ihrer Vernachlässigung und Ghettoisierung sollte durch die Integration in die Universitäten ein Ende gesetzt werden. Diese sollten als Verkörperung einer universellen Wissenschaft dazu beitragen, das Studium der jüdischen Literatur von der Theologie zu emanzipieren: »Unsere Wissenschaft soll sich daher zunächst von den Theologen emanzipieren und zur geschichtlichen Anschauung erheben, dazu muss vor allen Dingen gelernt, also auch wieder gelehrt werden. Aber gerade von den Lehrkathedern ist die jüdische Literatur weggewiesen, obwohl die wohltätigen Folgen ihrer Aufnahme in den Studienkreis der ›freien universitates‹ nicht in der Wissenschaft allein würden empfunden werden.«[7] Im Gegensatz zu vielen seiner Nachfolger verstand Zunz die Wissenschaft des Judentums als rein historische und philologische Disziplin und ging davon aus, daß die jüdische Literatur doppelt emanzipiert werden müsse, von der christlichen und von der jüdischen Theologie.[8]

2. Der Versuch einer Integration in die deutsche Universität

Am 29. Januar 1841 trug Zunz folgendes in sein Tagebuch ein: »[...] bei dem Minister Eichhorn. Ich sage ihm, daß die von ihm ausgeschlossene Wissenschaft seinen Ring – nämlich die Fächer der christlichen Universität spren-

---

4 Leopold Zunz, Salomon ben Isaac, genannt Raschi, in : *Zeitschrift für die Wissenschaft des Judentums* 2, 1822 [Reprint Hildesheim / New York 1976], S. 277-384.

5 Ders., *Die synagogale Poesie des Mittelalters*, Berlin 1855; zweite von J. Kauffmann überarbeitete Ausgabe, Frankfurt am Main 1920.

6 Ders., *Literaturgeschichte der synagogalen Poesie*, Berlin 1865.

7 Ders., *Zur Geschichte und Literatur*, Berlin 1845, S. 20.

8 Vgl. Celine Trautmann-Waller, *Philologie allemande et tradition juive. Le parcours intellectuel de Leopold Zunz*, Paris 1998.

gen werde.«[9] Dieser Besuch bedeutete nur den Anfang von Zunz' Versuchen, die Wissenschaft des Judentums in die deutsche Universität zu integrieren. 1848 wandte er sich erneut an einen preußischen Kultusminister, um die Errichtung einer ordentlichen Professur für jüdische Geschichte und Literatur an der Berliner Universität zu erwirken. Diese Benennung des Lehrstuhls sollte noch einmal darauf hinweisen, daß es »den sozialen wie den wissenschaftlichen Interessen gleich förderlich [wäre], wenn der Staat fortan die Kenntnis jüdischer Geschichte usw. als zu dem Bereich der historischen und philosophischen Disziplinen gehörend betrachten würde«.[10] Die Antwort der Philosophischen Fakultät der Berliner Universität, an die Zunz' Gesuch weitergeleitet wurde, ist oft zitiert worden: »Eine Professur, die mit dem Nebengedanken gestiftet würde, das jüdische Wesen in seiner Besonderheit, in seinen entfremdenden Gesetzen und Gebräuchen geistig zu stützen und zu bekräftigen, widerspräche dem Sinne der neuen die starren Unterschiede ausgleichenden Freiheit. Sie wäre eine Bevorrechtung der Juden, ein Missbrauch der Universität, insbesondere der philosophischen Fakultät [...].«[11]

Das neue Fach sollte in Zunz' Sicht der deutschen Universität zum Universalismus verhelfen, doch sein Vorschlag wurde gerade als partikularistischer Rückfall interpretiert und zurückgewiesen. Die Beziehung auf eine real existierende politische Lage, in diesem Fall die Situation der Juden in Deutschland, um die Schaffung des Lehrstuhls zu legitimieren, hatte wohl auch mißfallen. Zunz persönlich schlug man vor, als Privatdozent sein Fach allmählich an der Universität durchzusetzen. Dem Boeckhschüler und Rabbiner Michael Sachs wurde dann allerdings kurz danach auch diese Möglichkeit einer Vermittlung zwischen Wissenschaft des Judentums und Universität verweigert.

1850 bot die Veitel-Heine-Ephraimsche Stiftung der Berliner Universität die Errichtung eines von ihr finanzierten Lehrstuhls für rabbinische Literatur an. Auch dieser Versuch schlug fehl, führte aber indirekt zu der Umgestaltung des von der Stiftung unterhaltenen Beth ha-Midrasch zu einer wissenschaftlichen Institution, der Ephraimschen Lehranstalt, an der von 1859 bis 1906 der Spezialist der hebräischen Bibliographie und der jüdischen Übersetzungen des Mittelalters, Moritz Steinschneider, wirkte, der ähnlich wie sein

---

9 Das Buch Zunz, in: Zunz-Archiv 4° 792 C13, S. 94, Jerusalem National and University Library.

10 Ludwig Geiger, Zunz im Verkehr mit Behörden und Hochgestellten, in: *Monatsschrift für Geschichte und Wissenschaft des Judentums* 60, 1916, S. 334-346, hier S. 336.

11 Ebd., S. 337.

Freund Zunz die Beteiligung an jeglicher Institution, die der Ausbildung von Rabbinern diente, verweigerte.[12]

Wie stand es nun mit den Beziehungen der Vertreter der Wissenschaft des Judentums zu den Professoren, die an den Universitäten, als Orientalisten oder als Theologen, jüdische Philologie betrieben? Die damaligen Orientalisten waren als Vertreter eines Faches, das erst seit kurzer Zeit in dieser Form existierte, für den ganzen Orient zuständig, spezialisierten sich aber natürlich meistens in einer spezifischen Sprache oder einem spezifischen Kulturbereich. Wenn demnach an der Philosophischen Fakultät der Berliner Universität »die meisten der orientalischen Sprachen immer nur am Rande betrieben wurden, während eine oder auch einige im Zentrum des Interesses des jeweiligen Fachvertreters standen«,[13] Hebräisch aber in den Vorlesungen selten behandelt wurde und wenn, dann hauptsächlich die Sprache der Bibel und nicht spätere Entwicklungen, so kann dies wohl auch auf die anderen deutschen Universitäten ausgedehnt werden. Diese Sachlage würde auch erklären, daß die Kenntnisse der meisten damaligen Orientalisten im Bereich der nachbiblischen jüdischen Literatur oft relativ begrenzt waren, was für Zunz und andere Vertreter der Wissenschaft des Judentums ihre Lage umso schmerzlicher machte und sie nicht selten dazu führte, die Unkenntnis deutscher Orientalisten in diesem Bereich hervorzuheben. Zunz konnte 1860 seine Berichtigungen zu einem in den ›Nachrichten der Königlichen Gesellschaft der Wissenschaft‹ erschienenen Artikel des Göttinger Orientalisten Ewald über ein hebräisches Manuskript nicht veröffentlichen[14] und mußte den Groll gegen diesen, der seinen Arbeiten zur synagogalen Poesie jede Wissenschaftlichkeit absprach, obwohl er sie selber benutzte, für sich behalten. Für David Kaufmann, der am Breslauer Seminar und der dortigen Universität studiert hatte, bevor er als Professor an der Landesrabbinerschule in Budapest seine philologische Tätigkeit weiterführte, hatten sich 1895 erschienene ›Documente arabischer und hebräischer Paläographie‹ unversehens zu Documenten darüber verwandelt, »was alles auf dem Gebiete der jüdischen Wissenschaft möglich, man möchte sagen: universitätsfähig [war]«.[15] Habe Buxtorf der Ältere sich noch an die Juden seiner Umgebung gewandt, um

---

12 Vgl. Heinrich Simon, Wissenschaft vom Judentum in der Geschichte der Berliner Universität, in: *Wissenschaft des Judentums. Anfänge der Judaistik in Europa*, hg. von Julius Carlebach, Darmstadt 1992, S. 153-164, hier S. 161.

13 Ebd., S. 156.

14 Vgl. Ludwig Geiger, Ein ungedruckter Aufsatz von Leopold Zunz, in: *Allgemeine Zeitung des Judentums* 37, 1916, S. 437-438.

15 Vgl. David Kaufmann, Die Vertretung der jüdischen Wissenschaft an den Universitäten, in: *Monatsschrift für Geschichte und Wissenschaft des Judentums* 39, 1895, S. 145-167, hier S. 164.

sich über dunkle Stellen aufklären zu lassen, so schließe man heute jüdische Gelehrte von der Wissenschaft des Judentums aus und überlasse dieses Feld der Unkenntnis christlicher Orientalisten, die, weil sie hebräische Buchstaben kennen würden, noch lange nicht dazu befähigt seien, über jüdische Literatur zu schreiben. David Kaufmann rechtfertigt dieses strenge Urteil durch den Bezug auf den europäischen Kontext: Es gehe ihm nicht darum, die jüdische Theologie als Fakultät den Universitäten einzuverleiben, sondern nach dem Modell der englischen Universitäten Oxford und Cambridge die Vertretung der jüdischen Wissenschaft an den Hochschulen durch Schaffung von spezifischen Lehrstühlen zu sichern.[16] Man könnte hier natürlich auch das französische Modell zitieren oder das Beispiel des Boppschülers Salomon Munk, der wie mehrere andere jüdische Hebraisten 1828 nach Frankreich emigrierte und dort – allerdings erst am Ende seines Lebens – Mitglied der französischen Akademie und Professor für hebräische Sprache und Literatur an dem hochangesehenen Collège de France wurde.[17]

David Kaufmann ist auch derjenige, der seinen Lehrer Zunz gegen die Angriffe des Göttinger Orientalisten Paul de Lagarde verteidigte, der von den Gedichten des jüdischen Mittelalters und von den durch Zunz geleisteten Übersetzungen gesagt hatte, sie erfüllten ihn »entweder mit unauslöschlicher Spottlust oder mit Ekel«.[18] Trotz diesem und anderem dergleichen gab es in der zweiten Hälfte des 19. Jahrhunderts einige hoffnungserregende Zeichen, die auf eine Anerkennung der Leistungen der Wissenschaft des Judentums und einzelner jüdischer Gelehrter deuteten: so zum Beispiel die Karriere des jüdischen Orientalisten Julius Fürst, der seit 1839 an der Leipziger Universität orientalische Sprachen lehrte und dort 1866 zum Professor ernannt wurde oder die Zusammenarbeit Ewalds und Leopold Dukes,[19] eines jüdischen Literaturhistorikers, der sich auf die Erforschung der jüdischen Handschriften aus dem Mittelalter spezialisierte und dafür ganz Europa durchreiste. Auch veröffentlichte ›Die Zeitschrift der deutschen Morgenländischen Gesellschaft‹, die seit 1847 durch den Leipziger Orientalisten Ludolf Krehl herausgegeben wurde, zum Teil Artikel der Vertreter der Wissenschaft des Judentums.

16 Ebd., S. 164.
17 Vgl. die Biographie von Moise Schwab, *Salomon Munk*, Paris 1900.
18 Paul de Lagarde, Lipman Zunz und seine Verehrer, in: *Mittheilungen* 2, 1887, S. 159 f.; vgl. David Kaufmann, Paul de Lagardes jüdische Gelehrsamkeit, in: ders., *Gesammelte Schriften*, Bd. 1, hg. von Marcus Brann, Frankfurt am Main 1908, S. 207-257.
19 Vgl. Heinrich Ewald und Leopold Dukes, *Beiträge zur Geschichte der aeltesten Auslegung und Spracherklärung des Alten Testaments*, Stuttgart 1844.

Was die Zusammenarbeit mit den theologischen Fakultäten betrifft, so wurde sie meistens durch den Missionswillen der Theologen erschwert. Franz Julius Delitzsch, der in Leipzig 1886 das Institutum Judaicum gründete und als Hebraist Juden und jüdische Literatur mehrmals gegen antisemitische Angriffe verteidigte, schrieb selber, daß »das rein wissenschaftliche Interesse an der Literatur des jüdischen Volkes und das geistliche an dessen Bekehrung [lange um] seine Seele gestritten« hätten.[20] Eine ähnliche Kombination von Bekehrungswillen, philologischer Tätigkeit und Verteidigung der Juden findet man dann auch noch bei Hermann Leberecht Strack, der seit 1878 an der theologischen Fakultät der Berliner Universität lehrte, in dem Bereich der talmudischen und rabbinischen Literatur als »die maßgebliche nichtjüdische Autorität seiner Zeit«[21] galt und 1883 an der Universität das Institutum Judaicum gründete, das die Konversion von Juden zum Christentum fördern sollte.

Die einzige wirkliche Repräsentation der Wissenschaft des Judentums an einer deutschen Universität bedeutete der 1923 an der Philosophischen Fakultät der Stiftungsuniversität Frankfurt am Main gegründete Lehrauftrag für »jüdische Religionswissenschaft und jüdische Ethik«, der an Martin Buber erteilt wurde.[22]

3. Die Institutionen der Wissenschaft des Judentums

Wenn die Wissenschaft des Judentums für Zunz ein Mittel sein sollte, um die jüdische Literatur von der Theologie zu befreien, so konnte sie auch umgekehrt als Grundlage einer neuen jüdischen Theologie fungieren, wie es die Geschichte der meisten Institutionen, die sich auf sie bezogen, beweist. Seit den dreißiger Jahren des 19. Jahrhunderts gab es Stimmen, die eine Institutionalisierung der Wissenschaft des Judentums in der Form einer Fakultät für jüdische Theologie verlangten.[23] So entstand 1854 in Breslau schließlich das erste deutsche Seminar zur Ausbildung von Rabbinern, in dem die Schüler, parallel zu ihrem Studium an der Universität, in jüdischer Geschichte, Philologie, Philosophie und Theologie ausgebildet wurden. Das Breslauer

---

20 Zitiert in: David Kaufmann, Franz Delitzsch. Ein Palmblatt aus Juda auf sein frisches Grab, in: ders., *Gesammelte Schriften* (Anm. 18), S. 290-306, hier S. 290.

21 Heinrich Simon (Anm. 12), S. 162.

22 Eine Liste gibt Alfred Jospe, The Study of Judaism in German Universities before 1933, in: *Yearbook of the Leo Baeck Institute* 27, 1982, S. 295-319, hier S. 310.

23 Vgl. Abraham Geiger, Die Gründung einer jüdisch-theologischen Fakultät, ein dringendes Bedürfnis unserer Zeit, in: *Wissenschaftliche Zeitschrift für jüdische Theologie* 2, 1836, S. 18; ders., *Ueber die Errichtung einer jüdisch-theologischen Facultät*, Wiesbaden 1838.

Rabbinerseminar eröffnete die Reihe der jüdisch-theologischen Seminare, die verschiedene religiöse Richtungen vertraten und sich trotzdem alle mehr oder weniger deutlich auf die Wissenschaft des Judentums bezogen. Für die Leitung dieser Institution zog man den Vertreter des konservativen Judentums, Zacharias Frankel, Herausgeber der berühmten ›Monatsschrift für Geschichte und Wissenschaft des Judentums‹, dem Reformisten Geiger vor. Dieser sah aber seine Wünsche erfüllt, als 1872, dank jüdischer Spenden, in Berlin die Hochschule für die Wissenschaft des Judentums eröffnet wurde, die meistens als *die* Institution der Wissenschaft des Judentums überhaupt angesehen wird.[24] Wie der Name es schon zeigt,[25] war die Hochschule von Anfang an als eine Paralleluniversität konzipiert, die die Abwesenheit eines Lehrstuhls kompensieren sollte. Sie konnte jedoch nur den Titel des Rabbiners verleihen und keine Universitätsdiplome. Abraham Geiger unterstrich in seiner Eröffnungsrede die Unabhängigkeit der Hochschule gegenüber den religiösen Instanzen und diese war auch in den Statuten festgelegt, doch die Hochschule wurde meistens trotzdem als das liberale Rabbinerseminar Deutschlands angesehen. Die Beziehung zu der allgemeinen wissenschaftlichen Umwelt und ihrer Entwicklung verdankte die Hochschule unter anderem jüdischen Akademikern aus verschiedenen Fächern, die neben ihrer Tätigkeit an der Universität auch hier Vorlesungen hielten, so zum Beispiel der Sprachwissenschaftler Heymann Steinthal, der Philosoph Hermann Cohen und der Germanist Ludwig Geiger.

1925 organisierte der Nachfolger Stracks und neue Leiter des Institutum Judaicum der Berliner Protestantisch-Theologischen Fakultät, Hugo Gressmann, eine Reihe von Vorlesungen, die hauptsächlich von aus der Hochschule stammenden jüdischen Gelehrten gestaltet wurden. Dieser Versuch einer Annäherung scheiterte jedoch anscheinend an dem unakademischen Ansehen dieser Vorlesungen.[26] Ein ähnliches Entgegenkommen bedeutete

24 Zur Geschichte der Hochschule siehe die ›Berichte der Hochschule (bzw. Lehranstalt) für die Wissenschaft des Judentums‹, die ›Festschrift zur Einweihung des eigenen Heims‹, Berlin 1907, und die Berichte der ehemaligen Schüler: Georg Herlitz, Die ›Lehranstalt (Hochschule) für die Wissenschaft des Judentums‹ in Berlin. Erinnerungen eines Hörers aus den Jahren 1904-1910, in: *Bulletin of the Leo Baeck Institute* 35, 1966, S. 197-212; Herbert A. Strauss, Die letzten Jahre der Hochschule (Lehranstalt) für die Wissenschaft des Judentums. Berlin 1936-1942, in: *Wissenschaft des Judentums* (Anm. 12), S. 36-58; Richard Fuchs, The Hochschule für die Wissenschaft des Judentums in the Period of Nazi Rule. Personal Recollections, in: *Yearbook of the Leo Baeck Institute* 11, 1966, S. 3-31.
25 Die Bezeichnung ›Hochschule‹ mußte diese Institution allerdings zwischen 1883 und 1922 und dann ab 1933 aufgeben.
26 Vgl. Alfred Jospe (Anm. 22), S. 312.

die Beteiligung von Dozenten der Hochschule für die Wissenschaft des Judentums an der zweiten Auflage des Lexikons ›Religion in Geschichte und Gegenwart‹,[27] wobei gezeigt worden ist, daß die Wissenschaft des Judentums dadurch aufgewertet wurde, ihre wahre Anerkennung aber durch die weiterhin bestehende Unterordnung des Judentums gegenüber dem Christentum nicht möglich war.[28]

Die Gesellschaft zur Förderung der Wissenschaft des Judentums, 1902 in Berlin gegründet, übernahm ab 1903 die ›Monatsschrift für Geschichte und Wissenschaft des Judentums‹, unterstützte sämtliche Forschungsprojekte und veröffentlichte eine Reihe von Arbeiten zu allen Gebieten jüdischer Geschichte und Kultur im weitesten Sinne. Der Akademie für die Wissenschaft des Judentums, 1919 in Berlin gegründet, deren erster Direktor der Historiker Eugen Täubler war, verdankt man unter anderem die Herausgabe sämtlicher Schriften Hermann Cohens und der ersten sieben Bände einer auf sechzehn Bände angelegten Ausgabe der Schriften Moses Mendelssohns. In diesen Zusammenhang gehört auch als wichtige wenn auch unvollendete Leistung der Wissenschaft des Judentums die ›Encyclopaedia Judaica‹, die sich selbst als Weiterführung der Sammlung jüdischen Schrifttums mit wissenschaftlichen Kriterien verstand.[29] Neben diesen Organisationen wurde jüdische Philologie auch in jüdischen Literaturvereinen betrieben oder in Institutionen der Erwachsenenbildung wie dem durch Franz Rosenzweig gegründeten Frankfurter Lehrhaus, das allerdings gegen das wissenschaftliche Modell der Wissenschaft des Judentums die Wiedereinführung gewisser Aspekte des jüdischen Lernens zur Grundlage einer wahren Erfassung der jüdischen Literatur machte.

Die Wissenschaft des Judentums blieb in Deutschland bis 1933 eine separate Wissenschaft. Ihre Institutionen lebten fast ausschließlich von jüdischen Spenden und waren keine vollberechtigten Mitglieder der akademischen Welt. Viele jüdische Gelehrte, die die philologische Bearbeitung jüdischer

---

27 *Die Religion in Geschichte und Gegenwart. Handwörterbuch für Theologie und Religionswissenschaft,* 2. völlig neu bearbeitete Auflage, hg. von Hermann Gunkel und Leopold Zscharnack, Tübingen 1927-1932.

28 Vgl. Trude Maurer, *Die Entwicklung der jüdischen Minderheit in Deutschland, 1780-1933. Neuere Forschungen und offene Fragen, Internationales Archiv für Sozialgeschichte der Literatur,* 4. Sonderheft, 1992, S. 50. Trude Maurer bezieht sich hier auf Leonore Siegele-Wenschkewitz, Das Verhältnis von protestantischer Theologie und Wissenschaft des Judentums während der Weimarer Republik, in: *Juden in der Weimarer Republik,* hg. von Walter Grab und Julius H. Schoeps, Bonn 1986, S. 153-178.

29 Vgl. *Encyclopaedia Judaica. Das Judentum in Geschichte und Gegenwart,* Bd. 1, Berlin 1928, Geleitwort, S. X.

Literatur zu ihrer Lebensaufgabe machten, sahen sich gezwungen, durch Nebentätigkeiten ihre Existenz finanziell zu sichern oder sich der Lehrer- oder Rabbinerausbildung zu widmen, selbst wenn es nicht ihren Neigungen entsprach. Einigen von ihnen gelang es, wenn auch mit Schwierigkeiten, als Orientalisten jüdische Philologie zu lehren, außer der erwähnten Frankfurter Ausnahme gab es aber keinen Lehrstuhl, der diesen Bereich der Philologie in seiner Spezifizität und unabhängig von der Theologie repräsentiert hätte. Immer wieder verglichen die jüdischen Philologen die Lage ihrer Disziplin deshalb mit der anderer Philologien, um ihre Benachteiligung hervorzuheben. Doch die jüdische war eben nicht eine Philologie wie alle anderen; erstens, weil es sich bei der jüdischen Literatur um zum größten Teil religiöses Schrifttum handelt, zu dem die christliche Tradition eine komplizierte Beziehung unterhält, und zweitens, weil diese Literatur die kulturelle Grundlage einer in Deutschland weiterhin existierenden Minderheit bildete. So verdeutlicht die Geschichte der Wissenschaft des Judentums vielleicht mehr als andere Bereiche der Philologie die Bestimmung der Wissenschaft durch religiöse und sozialpolitische Parameter. Hatten die Spannungen oder die Konkurrenz zwischen Theologie und Philologie, die ja auch zu der Entstehungsgeschichte der Philologie allgemein gehören, in anderen Bereichen schon längst aufgehört, wirksam zu sein, so bestimmten sie noch bis 1933 die philologische Bearbeitung der jüdischen Literatur. Manche sahen darin kein Hindernis, doch wer wie Zunz die Wissenschaft des Judentums als eine Art Nationalphilologie konzipierte und eine aufgewertete jüdische Literatur zur Grundlage eines als Kulturnation interpretierten Judentums machen wollte, konnte sich damit nicht zufriedengeben. Es gehört mit zur Wissenschaftsgeschichte des 19. Jahrhunderts, daß selbst die undogmatische, historisch angelegte Philologie indirekt zur Aufwertung und Legitimierung gewisser Kulturinhalte führen konnte oder letztere sogar intendierte. Wenn dies im Falle anderer philologischer Gebiete, wie zum Beispiel der Germanistik, die ja eine wichtige Rolle bei der Stiftung der deutschen nationalen Identität übernahm, als normal angesehen wurde, konnte es zur gleichen Zeit im Falle der jüdischen Philologie in Deutschland nicht akzeptiert werden.

Antijudaismus, Anerkennung, Integration
Responsion zu Céline Trautmann-Waller

URI R. KAUFMANN

1. Rabbinische Gelehrsamkeit und Textkritik

Nicht die Gelehrsamkeit an sich stellte einen Hinderungsgrund für eine text-kritische Beschäftigung dar, sondern die orthodoxe Ideologie, dass alle religiöse Literatur ›Halacha leMosche miSinai‹ sei, das heißt religionsgesetzlich bindend. Die konservative jüdische Strömung liess dagegen Quellenkritik an der rabbinischen Literatur zu.[1] Dies führte zur Polemik mit dem neoortho-doxen Wortführer Samson Raphael Hirsch.[2] Rabbinisch Gelehrte der kon-servativen Strömung haben sich um die Hebraistik und Erforschung der rab-binischen Literatur Verdienste erworben (Josef Perles, Israel Lewy, Israel Rabin, Chanoch Albeck, Isaak Heinemann, Hirsch Jacob Zimmels und Ephraim Urbach).[3] Neoorthodoxe Wissenschaftler betrieben weder Bibel-noch Talmudkritik, betätigten sich aber in der semitischen Philologie oder mit innerer jüdischer Geschichte. Beispielsweise Jakob Barth, ein in Berlin 1876 habilitierter bekannter Semitist und Hebraist, wirkte als Dozent am orthodoxen Rabbinerseminar und gehörte der Berliner Austrittsgemeinde Adass Isroel an.[4] Am gleichen Seminar war Abraham Berliner (1833-1915) tätig, der die mittelalterliche Responsenliteratur zu einer Kulturgeschichte der Juden nutzte, ebenso wie David Zwi Hoffmann (1843-1921), der eine Entgegnung auf die Wellhausensche Bibelkritik verfasste.

---

1   Vgl. Michael A. Meyer, *Response to Modernity. A History of the Reform Movement in Judaism*, Oxford 1988, S. 77-99 und S. 109-119; Max Wiener, *Jüdische Religion im Zeitalter der Emanzipation*, Berlin 1933, S. 48-53 und S. 80-84.

2   Vgl. Michael A. Meyer, Jüdische Identität in den Jahrzehnten nach 1848, in: ders. und Michael Brenner (Hg.), Deutsch-jüdische Geschichte in der Neuzeit. Bd. 2: Emanzipation und Akkulturation 1780-1871, München 1996, S.326-355, hier S. 346.

3   Vgl. *Das Breslauer Seminar. Jüdisch-Theologisches Seminar (Fraenckelsche Stiftung) in Breslau 1854-1938*, hg. von Guido Kirsch, Tübingen 1963, S. 395-402.

4   Vgl. I. Markon, Jakob Barth, in: *Encyclopaedia Judaica*, Bd. 3, Berlin 1929, Sp. 1100 f.; Stichwort »Adass Jisroel«, in: *Jüdisches Lexikon*, Bd. I, ND: Königstein 1982, Sp. 89.

2. Antijudaismus und Wissenschaftsbetrieb

Eine antijudaistische Traditionslinie christlicher (protestantischer) Theologie wirkte auf den Wissenschaftsbetrieb in Deutschland. Nach ihr sollte es kein kreatives Judentum nach Jesus geben: Das Christentum hatte das Judentum ersetzt. Mit dem deutschen Begriff ›Spätjudentum‹ für die Epoche von Jesus wurde dieses für tot erklärt, ironischerweise zu seiner schöpferischen Zeit, der Entstehung der rabbinischen Tradition.[5] Dieses Interpretationsmonopol theologischer Fakultäten auf die Bibel und das Judentum hatte Folgen für den deutschen Wissenschaftsbetrieb bis heute. Nach 1945 wurde an die Tradition von vorher angeknüpft: Der lutherische Judenmissionar und Theologe, ehemals Assistent des nationalsozialistischen Tübinger Theologen Gerhard Kittel und SA-Mitglied, Karl Heinrich Rengstorf, gründete 1948 in Münster wieder ein Institutum Judaicum und wollte 1963 Direktor des Hamburger Instituts für die Geschichte der deutschen Juden werden.[6] Sein Scheitern und die Gründung von drei judaistischen Instituten zwischen 1963 und 1970 in Köln, Berlin und Frankfurt zeigen die zumindest institutionelle Loslösung der Beschäftigung mit dem Judentum von den theologischen Fakultäten und ihren Vertretern auf. Deutschland hat trotzdem noch viel aufzuholen. Erst 1998 formierten sich hier Romanisten, die sich mit der spanisch-jüdischen Literatur befassen, während es in Frankreich dazu schon lange Forschungsprojekte gab.[7]

Der theologische Antijudaismus führte im 19. Jahrhundert meist zur christlichen Kuratel über das jüdische Schulwesen, die Lehrer- und Rabbinerausbildung.[8] Krasses Beispiel dafür war die christlich majorisierte (1 zu 5) württembergische Rabbinerprüfungskommission (1832-1905), in der der evangelische Theologe das Befragungsrecht für Altes Testament hatte.[9]

5 Vgl. Ulrich Kusche, *Die unterlegene Religion. Das Judentum im Urteil deutscher Alttestamentler*, Berlin 1991.

6 Vgl. Peter Freimark, Vom Umgang mit der Geschichte einer Minderheit. Vorgeschichte und Gründung des Instituts für die Geschichte der deutschen Juden, in: ders. (Hg.), *Juden in Deutschland*, Hamburg 1991, S. 466-477.

7 Gérard Nahon, Jüdische Studien in Frankreich, in: *Judaica* 3, 1997, S. 135-163, hier S. 146.

8 Mordechai Eliav, *Die jüdische Erziehung von der Haskalah bis zur Emanzipation*, Jerusalem 1960 (Hebr.); Uri R. Kaufmann, Das jüdische Schulwesen auf dem Lande. Baden und Elsaß im Vergleich 1700-1848, in: *Jüdisches Leben auf dem Lande. Studien zur deutsch-jüdischen Geschichte*, hg. von Reinhard Rürup und Monika Richarz, Tübingen 1997 (Schriftenreihe Leo Baeck Institut 56), S. 293-326; Staat und Rabbinat in der ersten Hälfte des 19. Jahrhunderts. Das Elsaß und das Großherzogtum Baden – ein Vergleich, in: *Das aschkenasische Rabbinat*, hg. von Julius Carlebach, Berlin 1995, S. 165-190.

9 StA Ludwigsburg E 212, Fasz. 131 und 159 (Absetzung älterer Rabbiner 1834).

Ein weiteres Element verstärkte das Ignorieren klassischer jüdischer Literatur: Der Antikenkult seit Johann Joachim Winckelmann. Ein machtloses Bürgertum projizierte auf Athen und Rom eine ideale Bürgergesellschaft, die sich im Gegensatz zu den realen politischen Verhältnissen in den deutschen Monarchien befand. Hebräisch blieb trotz der Reform des deutschen Gymnasiums im 19. Jahrhundert im Gegensatz zu Altgriechisch und Latein ausgegrenzt und auf künftige Theologiestudenten beschränkt.

Die Differenzierung zwischen Antijudaismus und Antisemitismus lässt sich in dieser Schärfe nicht durchhalten: 1835 wollte der ehemalige Burschenschafter Wolfgang Menzel das ›Junge Deutschland‹ mit Hinweis auf Börne und Heine durch die Bezeichnung ›Junges Palästina‹ in den Augen des Bildungsbürgertums disqualifizieren.[10] Diese ethnische Ausgrenzung der Juden aus dem ›Deutschtum‹, die ihre Wurzeln bei Christoph Meiners, Ernst Moritz Arndt und Friedrich Ludwig Jahn hatte,[11] führte zur Fernhaltung von Juden von prestigiösen Lehrstühlen, nicht nur in der Germanistik, sondern auch in der Altphilologie (Jacob Bernays, Heidelberg 1866) und der Geschichte. Juden konnten sich dagegen in der Orientalistik einen Platz erstreiten (Gustav Weil 1861, Barth s.o.).

3. Zeichen von Anerkennung

Julius Fürst wurde als Orientalist habilitiert, nicht für seine jüdischen Arbeiten. Er musste 27 Jahre bis zur Verleihung des Professorentitels warten (1866). Eher wäre die 1869 erfolgte Ernennung von Heinrich Graetz zum Honorarprofessor der Universität Breslau hier anzuführen. Dies ist im Kontext der Durchsetzung der rechtlichen Gleichstellung der Juden in Deutschland zu sehen. An theologischen Fakultäten dürfen his heute aus kirchenrechtlichen Gründen keine jüdischen Privatdozenten wirken. Dies war hingegen im Bereich der Orientalistik möglich. Einzelne Theologieprofessoren sahen um 1912 das Manko der Beschäftigung mit der jüdischen Literatur ein, sogar der antijudaistische Theologe Julius Wellhausen.[12] Den langsamen Wandel der Einstellung des Staates veranschaulicht die Verleihung des Pro-

---

10 Vgl. Heinrich Graetz, *Geschichte der Juden*, Bd. 11, 2. Aufl., Leipzig 1900, S. 369, Anm. 1.

11 Vgl. Hermann Greive, Geschichte *des modernen Antisemitismus in Deutschland*, Darmstadt 1983, S. 18-23; Friedrich Lotter, Christoph Meiners und die Lehre von der unterschiedlichen Wertigkeit der Menschenrassen, in: *Geschichtswissenschaft in Göttingen*, hg. von Hartmut Boockmann, Göttingen 1987, S. 30-75.

12 Vgl. Friedrich Boschwitz, *Julius Wellhausen. Motive und Maßstäbe seiner Geschichtsschreibung*, 2. Aufl., Darmstadt 1968, S. 31-45, S. 53-57, S. 67-73.

fessorentitels an Ismar Elbogen (1919),[13] Dozent an der Hochschule für die Wissenschaft des Judentums (Berlin). Rabbiner Leo Baeck wurde von den theologischen Fakultäten Marburgs und Göttingens eingeladen. 1922 verlieh die Universität Königsberg sogar eine Honorarprofessur für *Neu*hebräisch an Rabbiner Felix Perles. Andererseits sei daran erinnert, dass lange vor dem Lexikon ›Religion in Geschichte und Gegenwart‹ Ersch und Grubers ›Allgemeine Enzyklopaedie der Wissenschaften und Künste‹ Moses Steinschneider, Leopold Zunz und David Cassel beigezogen hatte, allerdings als Fachleute, nicht als jüdische Repräsentanten.

4. Jüdische Bemühungen um Integration

Eduard Gans schlug den hessischen Pastor Georg Dieffenbach im November 1822 als außerordentliches Mitglied des ›Vereins für Wissenschaft und Cultur der Juden‹ vor.[14] Dieser hatte 1821 die Einrichtung eines Lehrstuhls für Judentum an einer Universität gefordert und seine Broschüre einigen Regierungen zugeschickt. Diese Offenheit für Nichtjuden des ›Culturvereins‹ ist ein frühes Bemühen um Integration. 1885 wurde als Folge des Ignorierens der jüdischen Geschichte durch die meisten etablierten Historiker und des Antisemitismusstreits eine von Juden und Christen paritätisch besetzte ›Historische Commission für Geschichte der Juden in Deutschland‹ (bis 1902) ins Leben gerufen, die vom Deutsch-Israelitischen Gemeindebund finanziert wurde und wichtige Quellenwerke sowie die von Ludwig Geiger redigierte ›Zeitschrift für die Geschichte der Juden in Deutschland‹ edierte.[15]

5. Zukunft der Jiddistik

Die Beschränktheit der Wissenschaft des Judentums erklärt sich aus ihrer Verwurzelung im Rationalismus und Positivismus. Die Mystik wurde von ihr als Forschungsgegenstand bis in die 1890er Jahre abgelehnt. Gershom Scholem baute sein Lebenswerk auf diese Lakune auf. Die zeitgenössische Ablehnung von Abweichungen von der Hochsprache betraf auch die jiddische Sprache und Literatur. Vereinzelt finden sich Anthologien (1882),

---

13 Vgl. Josef Heller, Ismar Elbogen, in: *Encyclopaedia Judaica*, Bd. 6, Berlin 1930, Sp. 387.

14 Vgl. Hanns Günther Reissner, *Eduard Gans. Ein Leben im Vormärz*, Tübingen 1965, S. 188, außerordentliches Mitglied N. 105.

15 Vgl. Werner Schochow, *Deutsch-jüdische Geschichtswissenschaft*, Berlin 1969, S. 26-28.

Bibliographien (1869) und Kapitel in Literaturgeschichten (1886).[16] Erst ost-jüdische Studenten griffen diesen Bereich um 1911 und danach auf (Meier Pines, Matthias Mieses).[17] Das Jüdisch-Deutsche wurde vorher als ›Polizei‹-Literatur von judenfeindlichen Autoren wie A. F. Thiele (1840/48) und Friedrich Chr. B. Avé-Lallement (1858-62) erforscht.

Dem Jiddischen wurde nach 1945 Platz an zwei deutschen Universitäten eingeräumt. Die Erforschung der deutschen Sprachgeschichte im osteuro-päischen Raum mittels jiddischer Texte gilt es immer noch zu leisten.

16 Vgl. Max Grünbaum, *Jüdisch-deutsche Chrestomathie*, 1. Aufl., Frankfurt 1882 (ND: Hildesheim 1969); Moritz Steinschneider, Jüdisch-Deutsche Litteratur und Jüdisch-Deutsch mit besonderer Rücksicht auf Avé-Lallement, in: *Serapeum. Zeitschrift für Bibliothekswissenschaft, Handschriftenkunde und ältere Literatur*, Leipzig 1869, S. 129-140, 145-159; Gustav Karpeles, *Geschichte der jüdischen Litera-tur*, Berlin 1886.

17 Vgl. Siegmund A. Wolf, *Jiddisches Wörterbuch*, Mannheim 1956, S. 11-17; ders., *Wörterbuch des Rotwelschen*, Mannheim 1956, S. 5-14; Meier Pines, *Die Geschichte der jüdischdeutschen Literatur*, Leipzig 1913.

»Ich habe nie etwas anderes sein wollen als ein deutscher Philolog aus Scherers Schule.«[1]

Hinweise auf Richard Moritz Meyer

HANS-HARALD MÜLLER

Richard Moritz Meyer ist eines der ungezählten Opfer der planmäßigen Benachteiligung jüdischer Gelehrter bei der Besetzung von Professorenstellen im Deutschen Reich. Daß er nur »wegen der antisemitischen Strömungen bislang nicht Professor geworden ist«,[2] wurde in einem Berufungsvorschlag der Universität Zürich aus dem Jahre 1897 bestätigt. Über Meyers Beziehung zum Judentum ist bislang kaum mehr bekannt als das, was sein Kollege Ludwig Geiger im Nachruf schrieb: »Richard Moritz Meyer blieb dem Judentum treu. Als Jude erfuhr er manche Zurücksetzung, die er tapfer trug.«[3]

Die Ausgrenzung des jüdischen Gelehrten und Publizisten erwies sich als so wirkungsvoll, daß sein Name und Werk bald nach seinem Tod im Jahre 1914 in Vergessenheit gerieten. Eine erste größere Untersuchung über Meyer erschien 1996 an der Humboldt-Universität;[4] die Forschungen aber sind noch derart im Anfangsstadium, daß die wissenschaftliche Biographie, die Stationen der Benachteiligung, Umfang und Gewicht von Meyers Œuvre nicht detailliert erfaßt, sein Rang als Gelehrter[5] und Publizist noch kaum

---

1 Brief Meyers an Gustav Roethe vom 15.7.1907, vgl. unten Anm. 29. – Der Vortrag basiert auf Recherchen, die im Rahmen eines von der Hamburger B.A.T. Stiftung geförderten Forschungsprojekts zu Richard Moritz Meyer vom Verfasser und Tom Kindt durchgeführt wurden. Mirko Nottscheid habe ich für die Transkription schwieriger Handschriften zu danken.

2 Meyer wurde von der Fakultät an zweiter Stelle als Nachfolger für den am 8.8.1897 verstorbenen Jakob Bächtold nominiert. Klaus Weimar (Zürich) danke ich für die Mitteilung des Berufungsvorgangs und Auszüge aus ihm, dem Staatsarchiv des Kantons Zürich für die Genehmigung zum Zitieren.

3 L[udwig] G[eiger], Nachruf auf Richard Moritz Meyer, in: *Allgemeine Zeitung des Judentums* 78, N. 42, 16.10.1914, S. 496-497, hier S. 497.

4 Roland Berbig: »Poesieprofessor« und »literarischer Ehrabschneider«. Der Berliner Literaturhistoriker Richard M. Meyer. Mit Dokumenten, in: *Berliner Hefte* 1, 1996, S. 37-99.

5 Hans-Martin Kruckis ist nach Erich Rothacker der einzige, der darauf hingewiesen hat, daß Meyers »große Verdienste als Theoretiker u[nd] Didaktiker der Literaturwissenschaft in der Nachfolge Scherers bisher nicht ausreichend gewürdigt worden« sind; Hans-Martin Kruckis, Meyer, Richard Moritz, in: *Literatur-Lexikon. Autoren und Werke deutscher Sprache*, hg. von Walther Killy, Bd. 8, Gütersloh, München 1990, Sp. 143 f., hier Sp. 143.

bemessen werden können. Ich werde im folgenden einige Informationen zu Leben und Werk Meyers liefern und versuchen, von Umfang und Art des wissenschaftlichen und publizistischen Œuvres zumindest einen skizzenhaften Eindruck zu geben; abschließend werde ich auf Meyers wissenschaftsgeschichtliche Stellung eingehen, die die Germanistik zu ihrem großen Schaden bislang ignoriert hat.

Richard M. Meyer wurde am 5.7.1860 in Berlin als Sohn eines wohlhabenden Bankiers geboren, studierte in Leipzig zunächst bei Friedrich Zarncke, bevor er in Berlin in Wilhelm Scherer seinen akademischen Lehrer fand. Von Scherer wurde er 1883 auf Grund einer Arbeit über Neidhart promoviert und 1886 mit einer Schrift über ›Jonathan Swift und Georg Christoph Lichtenberg‹ habilitiert. Mit Scherers Tod im Jahre 1886 verlor Meyer seinen wichtigsten Förderer. Zwei Anträge der philosophischen Fakultät aus den 90er Jahren, ihm aufgrund seiner herausragenden Leistungen in Forschung und Lehre ein Extraordinariat zu verleihen, wurden vom preußischen Ministerium abgelehnt. Im August 1900 wurde dem vierzigjährigen Privatdozenten durch Ministerpatent das Prädikat ›Professor‹ beigelegt, im Juli 1901 wurde er zum ›unbesoldeten außerordentlichen Professor‹ ernannt.[6] In der Folge erhielt er, wie er 1907 an Edward Schröder schrieb, »meiner Religion wegen kein Ordinariat und meiner Vermögensumstände wegen kein Gehalt«;[7] das sollte bis zu seinem Tod so bleiben.

Meyer war in vielerlei Hinsicht der Scherer-Schüler, der dem Wissenschaftsprogramm seines Lehrers am konsequentesten folgte. Wie Scherer war er ein enthusiastischer Nationalist, wie Scherer ein konsequenter Liberaler, was ihm nicht wenig Zerwürfnisse mit erzreaktionären Scherer-Schülern wie Schröder und Roethe eintrug. Wie Scherer hatte er eine tolerante und umfassende Konzeption der Germanistik, an deren Einheit er stets festhielt. Meyers Interessengebiete reichten, schrieb Julius Bab 1913, »von der altgermanischen Religionsgeschichte bis zu Stefan George«, überdies hätten ihn, so Bab, seine Goethebiographie,[8] seine Literaturgeschichte des 19. Jahrhunderts,[9] sein Nietzschebuch[10] »und eine sehr rege kritische Tätigkeit verhältnismäßig populär gemacht«.[11] Wie sein Lehrer war Meyer der

6 Die vorstehenden Angaben stammen aus dem Archiv der Humboldt-Universität zu Berlin, der Personalakte Meyers (M 187) und den Akten der Philosophischen Fakultät. Bei der Ermittlung dieser Aktenbestände war mir Wolfgang Höppner (Berlin) behilflich.

7 Meyer, Brief an Edward Schröder vom 13.7.1907, Handschriftenabteilung der Niedersächsischen Staats- und Universitätsbibliothek Göttingen.

8 ders., *Goethe*, 3 Bde., Berlin 1894.

9 ders., *Die deutsche Litteratur des 19. Jahrhunderts*, Berlin 1900.

10 ders., *Nietzsche. Sein Leben und seine Werke*, München 1913.

11 Julius Bab, Der Germanistenkrach, in: *Die Schaubühne* 9, 1913, S. 631-634, hier S. 633.

Auffassung, daß die Germanistik nicht allein einen disziplinspezifischen Forschungsauftrag, sondern darüber hinaus einen allgemeinen gesellschaftlichen Bildungsauftrag habe und bei dessen Wahrnehmung durchaus auch die Presse in Anspruch nehmen solle. Schließlich war Meyer wie Scherer aufgeschlossen für die Gegenwartsliteratur und entwickelte eine umfangreiche Rezensionstätigkeit, die ihm wenig Freunde, aber zahlreiche Feindschaften eintrug. Bekannt ist die freundliche Zuwendung Stefan Georges, den Meyer erstmals einer breiteren Öffentlichkeit bekannt machte;[12] bekannt sind die freundlichen Briefe und Widmungen Hugo von Hofmannsthals[13] an Meyer, weniger bekannt beispielsweise die Briefwechsel mit Marie von Ebner-Eschenbach, Karl Emil Franzos[14] und anderen Autor(inn)en – da es keinen Nachlaß von Meyer gibt, läßt sich ein Überblick über seine Korrespondenzen nur schwer gewinnen. Von den Feinden Meyers sind am bekanntesten der Dichter Arno Holz sowie die Publizisten Adolf Bartels[15] und Karl Kraus, die hier durchaus einmal im gleichen Atemzug genannt werden dürfen, weil der erstere bekanntlich Konkurrenzneid mit Antisemitismus verband, der letztere sich von der antisemitischen Presse dafür feiern ließ, daß er in der ›Fackel‹ und auf Vortragsreisen Meyer symbolisch kastriert hatte, indem er ihn »R. Moses M.« nannte – in der falschen Annahme, daß Meyer seinen zweiten Vornamen M. selbst *beschnitten* habe, um sein Judentum zu verbergen.[16] Kraus war allerdings weder der erste noch der letzte, der Meyers zweiten Vornamen fälschlich mit »Moses« angab:[17] In Hardens ›Zukunft‹, in

---

12 Vgl. dazu zusammenfassend Berbig (Anm. 4), S. 54-66.

13 Vgl. ebd.

14 Beide Korrespondenzen in der Wiener Stadt- und Landesbibliothek.

15 Vgl. dazu Berbig (Anm. 4), S. 66-71.

16 Der in seinen Äußerungen maß- und geschmacklose Zorn Kraus' auf Meyer hat eine längere (Vor-)Geschichte, die hier nicht im einzelnen wiedergegeben werden kann; Auslöser war Meyers Essay Über eine neue Art des Schimpfens, in: *Die Gegenwart* 80, 1911/12, S. 847-850. – Daß der Extraordinarius ohne Besoldung in seiner Disziplin nicht minder isoliert war als Kraus in der seinen, wußte dieser vermutlich nicht – für ihn war Meyer einfach »ein Bursche, der für die Ignorierung lebender Literaturwerte vom Staat bezahlt wird«. Karl Kraus, Die neue Art des Schimpfens, in: *Die Fackel*, N. 339/40, (30.12.1911), S. 55.

17 Der erste war möglicherweise Wilhelm Raabe, der über die ihm gewidmeten Seiten in Meyers ›Die deutsche Literatur des 19. Jahrhunderts‹ (Berlin 1906, S. 566-573) verärgert war. Vgl. dazu Jeffrey L. Sammons, Noli me tangere, aber Tolle, lege! Wilhelm Raabes Berührungen mit der Literaturwissenschaft als Teilaspekt der Problematik seiner Publikumsbeziehungen, in: *Verstehen wir uns? Zur gegenseitigen Einschätzung von Literatur und Wissenschaft. Anselm Maler zum 60. Geburtstag*, Frankfurt am Main u. a. 1996, S. 197-214, hier S. 198 f.

Richard von Kraliks ›Gral‹[18] und sogar noch in Victor Klemperers Lebenserinnerungen[19] taucht er in dieser Schreibweise auf. Die meisten Gegner fand Meyer in der literarischen Avantgarde, die sich, wie beispielsweise die des ›Sturm‹, von ihm verkannt fühlte.[20] In der ›Schaubühne‹ hingegen rühmte Emil Ludwig Meyers literarischen Salon und würdigte seine Rolle als Talenteförderer.[21] Die gegen ihn gerichteten Angriffe ließ Meyer in der Regel unbeantwortet – gelegentlich wies er seine Kritiker darauf hin, daß die Klagen über die Nichtbeachtung der Gegenwartsliteratur mit denen über deren Fehleinschätzung schwer verträglich seien.[22]

Nicht nur seine Aufgeschlossenheit gegenüber der zeitgenössischen Literatur unterschied Meyer von der Mehrheit der zweiten Generation der Scherer-Schüler. Meyer publizierte nicht allein in den linguistischen und literaturwissenschaftlichen Kern- und Randgebieten der Germanistik, sondern richtete seinen Blick stets über die Fachgrenzen hinaus, um Impulse anderer Wissenschaften aufzunehmen. So war er vermutlich der erste Germanist, der das Werk Nietzsches, zu dessen Förderern er als junger Privatdozent noch

18 In einem Brief an den Herausgeber des ›Gral‹ vom 31.5.1914 (Wiener Stadt- und Landesbibliothek) weist Meyer darauf hin, daß er »nie ›Richard Moses Meyer‹ geheißen habe, außer in Zeitschriften von zweifelhaftem Ruf, von Hardens ›Zukunft‹ angefangen bis zu Kraus ›Fackel‹«.

19 Victor Klemperer, *Curriculum vitae. Erinnerungen eines Philologen 1881-1918*, Bd. 1, Berlin o.J., S. 355.

20 Vgl. Joseph Adler, Schon wieder der Meyer, in: *Der Sturm* 2, 1911, S. 592. Bereits 1910 (N. 13, S. 97) hatte der ›Sturm‹ eine Karikatur Meyers gebracht; für diesen Hinweis danke ich Klaus Weimar (Zürich).

21 Emil Ludwig, Erinnerung an Richard M. Meyer, in: *Die Schaubühne* 10, 2, 1914, S. 371-372, hier S. 371: »Richard M. Meyer, über dessen Werk die Berufenen gesprochen haben, war uns, den Künstlern, die er in sein humanistisches Haus zog, nicht nur um seiner immer wachen Türmerschau so wert, die uns erspähte, wenn wir kaum am Horizonte aufgetaucht waren und begannen, langsam heranzureifen. Er war auch von seinen Kollegen der einzige, der in seiner Lebensführung Sammler des Geistes, Betrachter und Analytiker der Zeit sowie der Vorzeit schien, und der die guten Dinge der Welt so anzuziehen wußte wie Geist und Schöpferkräfte. So vereinigte er alle Bedingungen, um ein literarisches Haus zu führen, und mir ist, als hätte sich mit seinem Tode der letzte literarische Salon besten Stils in Berlin geschlossen.«

22 Vgl. dazu Meyers nach wie vor aktuellen Essay ›Die Legende vom Litterarhistoriker‹, in: *Deutsches Wochenblatt. Zeitschrift für nationale Politik* [...] 12, 1899, S. 1224-1230, hier S. 1227; vgl. auch S. 1229: »Wir haben durchaus keine Verpflichtung, das legendarische Zerrbild des hinter dem staubigen Ofen hüstelnden Doktrinärs dauernd als unser Porträt gelten zu lassen.«

gehört hatte,[23] zum Gegenstand von Forschung und Lehre machte; er setzte sich, um nur wenige Beispiele zu nennen, unmittelbar nach dessen Erscheinen mit Simmels Goethe-Buch auseinander,[24] er rezensierte Otto Weininger,[25] Otto Rank[26] und Freud[27] und wurde auch selbst in den Protokollen der Psychoanalytischen Vereinigung erwähnt.[28]

Meyers wissenschaftliche und literaturkritische Schriftstellerei erreichte bald nach der Jahrhundertwende einen Umfang, der ihm den Vorwurf der Vielschreiberei und der Unausgereiftheit seiner Arbeiten eintrug. In seinen Briefen an Gustav Roethe erklärte er die Vielzahl seiner Pressepublikationen mit dem Umstand, daß ihm eine übliche Karriere vorenthalten werde;[29] in einem Brief an Roethe vom 13. März 1897 heißt es:

Ich würde, was Katheder und Ort angeht, mit Ihnen nur zu gern tauschen; oder getauscht haben, denn jetzt ist es zu spät. All meine Schreiberei ist ja nur Nothbehelf; pädagogisch möchte ich wirken, mich von Schülern er-

---

23 Vgl. dazu Paul Deussen, *Erinnerungen an Friedrich Nietzsche*, Leipzig 1901, S. 94-96 ; Josef Hofmiller, *Briefe. Zweiter Teil: 1922-1933*, ausgewählt und hg. von Hulda Hofmiller, Dessau 1941 (Josef Hofmillers Schriften, 6. Band) S. 324-325.

24 Richard M. Meyer, Metaphysik der Individualität [Rez.: Georg Simmel, Goethe, Leipzig 1912], in: *Neue Freie Presse*, N. 17395 (26.1.1913), Beilage S. 31-32.

25 Richard M. Meyer, Moderne Zerrissenheit [Rez.: Otto Weininger, *Geschlecht und Charakter*, Wien 1903], in: *Das literarische Echo* 6, 1904, Sp. 1486-1488.

26 Richard M. Meyer, Die Sexualisierung des Alls [Rez.: Otto Rank, *Das Inzest-Motiv in Dichtung und Sage*, Wien 1912], in: *Deutsche Literaturzeitung* 34, 1913, Sp. 1989-1996. Für diesen Hinweis danke ich Wolfgang von Ungern-Sternberg, vgl. auch dessen überaus instruktiven Aufsatz Otto Rank in seiner Wiener Zeit zwischen Psychoanalyse und Philologie, in: *psychosozial* 21, 1998, S. 13-31.

27 Richard M. Meyer, [Rez.:] Sigmund Freud, Der Witz und seine Beziehung zum Unbewußten. Wien 1905, in: *Deutsche Literaturzeitung* 26, 1905, N. 43, Sp. 2630-2632. Freuds ›Traumdeutung‹ erwähnte Meyer in seinem Buch *Altgermanische Religionsgeschichte*, Leipzig 1910, S. 77.

28 Meyers Aufsatz über ›Die Grenzen des Irrtums‹ (in: ders., *Gestalten und Probleme*, Berlin 1905, S. 298-311) wird (ohne Titelnennung) erwähnt in: *Protokolle der Wiener psychoanalytischen Vereinigung. Bd. 1: 1906-1908*, hg. von Herman Nunberg, Ernst Federn, Frankfurt am Main 1976, S. 101 vom 6.2.1907. Diesen Hinweise verdanke ich Wolfgang von Ungern-Sternberg.

29 Vgl. den Brief Meyers an Gustav Roethe vom 15.7.1907: »Lange Jahre habe ich nur Fachliches geschrieben; das andere entwickelte sich erst allmählich, als ich die ersehnte akademische Wirksamkeit (Dociren allein ist keine oder doch zu wenig davon) immer mehr zum Traumbild werden sah. Mein Ehrgeiz ist nie der gewesen, in eine Académie Française zu gehören; ich habe nie etwas anderes sein wollen als ein deutscher Philolog aus Scherers Schule.« (Handschriftenabteilung der Niedersächsischen Staats- und Universitätsbibliothek Göttingen).

ziehen lassen – und das bleibt mir versagt. So arbeite ich mich in Grund und Boden und seh nie ein Saatkorn aufgehn und rücke immer tiefer in den Schatten.[30]

Da Meyer von Roethe auch die Mitgliedschaft im Seminar verweigert wurde,[31] durfte er lediglich Vorlesungen und Übungen, aber keine Seminare anbieten. Wie sehr er als akademischer Lehrer geschätzt wurde und welche Zurücksetzung er auch in dieser Rolle erfuhr, geht zum Beispiel aus den Lebenserinnerungen Victor Klemperers hervor:

> Fast noch lieber als zu ihm [Erich Schmidt] ging ich zu Richard M. Meyer, der meist in dem Auditorium der akademischen Lesehalle, dem unscheinbaren Ziegelbau hinter der Universität, las. Der Raum faßte mindestens zweihundert Hörer und war immer gesteckt voll; aber es war doch sozusagen nur ein Hinterzimmer und symbolisierte derart die berufliche Tragik in Meyers Leben. Weder als Gelehrter noch als Dozent war er dem ehrenüberhäuften Ordinarius unterlegen. Trotzdem blieb er zeitlebens nur Titularprofessor, konnte nicht prüfen, nicht eigene Schüler ausbilden. Er war Jude [...].[32]

In der deutschsprachigen Presse erreichte Meyer nach der Jahrhundertwende eine Präsenz, wie sie neben ihm allenfalls Oskar Walzel hatte. Daß in der Menge seiner wissenschaftlichen Publikationen und Feuilletons sich auch schwächere Arbeiten finden, daß seine ästhetischen Urteile in Sachen Holz, Kraus und vieler anderer nicht mehr die unseren sind, kann um so leichter konstatiert werden, als die meisten Feuilletons Meyers glänzend formuliert sind und der Vorwurf der Vielschreiberei auf den harten Kern seiner wissenschaftlichen Arbeiten nicht zutrifft. Dieser umfaßt langfristige, kontinuierlich verfolgte Forschungsgebiete, von denen hier nur die neugermanistischen genannt seien: Goethe, Nietzsche, die Literatur des 19. Jahrhunderts, Poetik, Theorie und Methodologie sowie die Wissenschaftsgeschichte der Germanistik im weitesten Sinne. Das waren die Felder, auf denen Meyer, wie erst noch zu zeigen sein wird, Entscheidendes geleistet hat.

Zum Abschluß dieses knappen Überblicks möchte ich Meyers wissenschaftshistorische Position und die Einsichten kurz umreißen, die sich aus ihr für die Wissenschaftsgeschichte der Germanistik gewinnen lassen. In

---

30 Brief Meyers an Gustav Roethe vom 13.3.1897, Handschriftenabteilung der Niedersächsischen Staats- und Universitätsbibliothek Göttingen.

31 Dieser im einzelnen noch aufklärungsbedürftige Sachverhalt spielt in dem Brief Meyers an Roethe 1913 eine große Rolle und trug zum Zerwürfnis der beiden Gelehrten bei.

32 Victor Klemperer (Anm. 19), S. 355.

einem vielleicht etwas gewagten Vorgriff auf noch nicht abgeschlossene Untersuchungen möchte ich behaupten, daß Meyers Œuvre in seinem disziplinären Umfeld zu einer Revision des gängigen Bildes der Wissenschaftsgeschichte nötigt. Dieses Bild geht davon aus, daß auf Scherer eine bei aller Differenzierung im einzelnen konzeptionell weitgehend homogene Entwicklungsphase der Germanistik folgte, die durch die ›geistesgeschichtliche Revolution‹ beendet wurde. Eine genauere Untersuchung würde nun aber vermutlich zu der Einsicht führen, daß die Scherer-Schule unter Gustav Roethe das philosophisch aufgeschlossene und ästhetisch interessierte Programm Scherers zunehmend philologisch einschränkte. Gegen diese Entwicklung setzte sich Meyer entschieden zur Wehr. Meyer nämlich verfolgte das Wissenschaftsprogramm Scherers konsequenter als irgendeiner der anderen Scherer-Schüler, darauf hat bereits Erich Rothacker nachdrücklich hingewiesen.[33] Rothackers Einschätzung wird durch eine Analyse der Beiträge Meyers zur Theorie und Methodologie der Germanistik aus der Zeit der Jahrhundertwende bis zu seinem Tod bestätigt. Diese Aufsätze zeichnen sich insbesondere durch die folgenden Merkmale aus:

1. Meyer wehrte sich dagegen, daß die in der Publizistik immer wieder inkriminierten germanistischen Degenerationserscheinungen wie z. B. die Verabsolutierung des Vollständigkeitsideals,[34] die »Übertreibung der Anlehnungs- und Entlehnungstheorien«,[35] oder der übertriebene »Biographismus«[36] dem Programm Scherers angelastet würden. Er kritisierte diese

---

33 Rothacker zeigte dies am Beispiel von Richard Heinzel und R. M. Werner (S. 243). Meyer hingegen war für ihn »überhaupt der Erbe zahlreicher theoretischer und methodologischer Probleme des Meisters«. Erich Rothacker, *Einleitung in die Geisteswissenschaften*, 2. Aufl., Tübingen 1930 [1. Aufl. 1920], S. 193. In seinen Lebenserinnerungen schrieb Rothacker: »R. M. Meyer habe ich nicht gehört, wohl aber des öfteren besuchen dürfen. Er hatte damals eine Reihe methodologischer Arbeiten geschrieben, welche den ›Moden‹ in der Entwicklung der modernen und antiken Sprach- und Literaturwissenschaften, auch der Religionswissenschaft nachgingen. Sie öffneten mir lehrreich den Blick für den Parallelismus und die Gleichzeitigkeit solcher Wandlungen. Das war eine Sicht, die sich noch in meiner ›Logik und Systematik‹ auswirkte.« Erich Rothacker, *Heitere Erinnerungen*, Frankfurt am Main, Bonn 1963, S. 47.

34 Vgl. Richard M. Meyer, »Vollständigkeit«. Eine methodologische Skizze, in: *Euphorion* 14, 1907, S. 1-17.

35 Vgl. ders., Kriterien der Aneignung, in: *Neue Jahrbücher für das klassische Altertum, Geschichte und deutsche Literatur* 9, 1906, S. 349-389, hier S. 349; vgl. auch ders., Der Sprung aus dem Fenster. Ein Beitrag zur Methodologie der Sagen- und Literaturgeschichte, in: *Zeitschrift für deutsches Altertum* 51, 1909, S. 292-300.

36 Vgl. ders., Der »Biographismus« in der Literaturgeschichte, in: *Zeitschrift für Ästhetik und allgemeine Kunstwissenschaft* 9, 1914, S. 249-254.

Phänomene mit Scherers Argumenten sehr scharf und nahm damit Elemente der geistesgeschichtlichen Kritik an der sogenannten ›positivistischen‹ Literaturwissenschaft vorweg bzw. kam ihr entgegen.

2. Im Gegenzug verteidigte Meyer das Scherersche Wissenschaftsprogramm offensiv, dessen Wissenschaftsgläubigkeit er freilich nicht teilte.[37] Zugleich war er bemüht, dieses Programm weiterzuentwickeln, insbesondere durch einen – im einzelnen leider nicht immer konsequent verfolgten – analytischen Zugriff auf Fragen wie die literaturwissenschaftliche Periodenbildung,[38] die Auslegungsarten bei der Erklärung von Kunstwerken,[39] die Bestimmung des Begriffs der Einheit des Werks[40] usw.

3. Meyer trat in einer Zahl von glänzend formulierten Essays[41] den Legendenbildungen und Feindbildern entgegen, die sich zwischen Feuilleton und Germanistik verselbständigt hatten. Signifikant ist in diesem Zusammenhang, daß Meyer sich in der publizistischen Öffentlichkeit nicht zum Anwalt einer der konkurrierenden Richtungen machte, sondern für die neu aufkommenden »wissenschaftliche[n] Moden« um Verständnis warb:

> [...] wurden gestern die Empiriker verachtet, so verlästert man heut jeden, der philosophische Anschauungen in die Forschung mitzubringen wagt. Das alles aber sind eben zwar Übertreibungen, aber doch Äußerungen wirklicher Entwickelung; und einem Erstarren in unpersönlicher Routine ist auch ein ganzer Sack voll wissenschaftlicher Krankheiten und Moden noch vorzuziehen![42]

Wenngleich Meyer ein entschiedener Sympathisant der umfassenden Philologiekonzeption Scherers war, hielt er die Koexistenz zwischen Philologie und Geistesgeschichte für unbedenklich; als bedrohlich empfand er hingegen die scharfe Frontstellung die sich um 1910 zwischen den Richtungen herausbildete. Dadurch, so schrieb er 1914, drohten der Germanistik zwei Gefahren, »sowohl die Gefahr, daß die wissenschaftliche Erforschung der

---

37 Vgl. ders., Wissenschaftliche Repräsentation, in: *Neue Rundschau* 17, 1906, Bd. 2, S. 1326-1334.

38 Vgl. ders., Prinzipien der wissenschaftlichen Periodenbildung. Mit besonderer Rücksicht auf die Litteraturgeschichte, in: *Euphorion* 8, 1901, S. 1-42.

39 Vgl. ders., Über das Verständnis von Kunstwerken, in: *Neue Jahrbücher für das klassische Altertum, Geschichte und deutsche Literatur* 4, 1901, S. 362-380.

40 Vgl. ders., Der Begriff der Einheit, in: *Zeitschrift für Ästhetik und allgemeine Kunstwissenschaft* 3, 1908, S. 325-336.

41 Vgl. insbesondere: ders., Die Legende vom Litterarhistoriker, in: *Deutsches Wochenblatt. Zeitschrift für nationale Politik* [...] 12, 1899, S. 1224-1230; Dichter von heute, in: *Das literarische Echo* 11, 1909, Sp. 1125-1130.

42 ders., Wissenschaftliche Moden, in: *Nord und Süd* 133, 1910, S. 44-50 und S. 138-145, hier S. 145.

deutschen Literaturgeschichte an die Verächter des Einzelstudiums übergeht, als auch die Gefahr, daß sie an die Verächter der großen Ideen ausgeliefert wird. Ich weiß nicht, was ich für verhängnisvoller halten soll.«[43]

Mit den »Verächter[n] der großen Ideen« meinte Meyer jene Germanisten, die der Herausforderung der Disziplin durch die Geistesgeschichte mit einem Rückzug auf die Philologie im engeren Sinne begegnen wollten. Meyer registrierte bereits um 1910, daß diese Strategie auch institutionell umgesetzt wurde,[44] indem Ordinariate für neuere deutsche Literaturgeschichte auf Extraordinariate zurückgestuft wurden. Diese Strategie, die auch Gustav Roethe verfolgte,[45] griff Meyer in einer Reihe von Artikeln an. In einem seiner letzten Briefe an Roethe faßte Meyer den sachlichen Kern ihrer Auseinandersetzungen in dem Satz zusammen: »Wäre ich ein Freund von großen Worten, so würde ich sagen, es handle sich um die Verteidigung von Scherers Erbschaft gegen eine neue Lachmann-Orthodoxie.«[46]

Meyers Brief ist vor dem Hintergrund der Optionen zu sehen, die die Germanistik um 1910 angesichts der geistesgeschichtlichen Herausforderung hatte, nämlich (1) einen machtgeschützten Rückzug auf den *philologischen Kern* des Fachs; (2) eine Verkleisterung der kognitiven Differenzen zwischen den Richtungen durch undifferenzierte *Synthese*-Angebote und (3) eine *Koexistenz* der traditionellen Philologie mit der Geistesgeschichte bei offener Austragung der Differenzen. Die erste Strategie wurde um 1910 ansatzweise realisiert, erwies sich aber als unwirksam. Der bekannteste Verfechter der zweiten Position war Julius Petersen, der als – theoretisch weitgehend unbedarfter – *Versöhnler* schließlich auf dem Lehrstuhl Erich Schmidts reüssierte. Die dritte Strategie war diejenige, die Meyer verfolgte; seine Argumente be-

43 ders., Wilhelm Scherer und die deutsche Literaturgeschichte, in: *Frankfurter Zeitung* 58, N. 42, 11.2.1914.

44 Vgl. ders., Alte und neue Literaturgeschichte, in: *Germanisch-Romanische Monatsschrift* 2, 1910, S. 342-347, hier S. 342: »Mit Befremden hat man es wahrgenommen, daß aus der Ersetzung der Ordinariate durch Extraordinariate auf dem Gebiet der neueren deutschen Literaturgeschichte geradezu ein Prinzip gemacht zu werden scheint. Was vor einiger Zeit in Göttingen geschah, hat sich soeben in Freiburg und Straßburg wiederholt.«

45 Zu den Umwidmungstendenzen von Erich Schmidts Lehrstuhl vgl. Ernst Heilborn, Der Kampf ums Katheder, in: *Literarisches Echo* 16, 1913/14, Sp. 831-834, bes. Sp. 832. Daß Meyers und Heilborns Ausführungen auf Tatsachen beruhen, ist nachzulesen bei Wolfgang Höppner, Eine Institution wehrt sich. Das Berliner Germanische Seminar und die deutsche Geistesgeschichte, in: *Literaturwissenschaft und Geistesgeschichte 1910 bis 1925*, hg. von Christoph König und Eberhard Lämmert, Frankfurt am Main 1993, S. 362-380.

46 Brief Meyers an Gustav Roethe vom 5.4.1914, Handschriftenabteilung der Niedersächsischen Staats- und Universitätsbibliothek Göttingen.

saßen indes zu wenig institutionelles Gewicht, um sich durchsetzen zu können. Die Koexistenz zwischen Philologie und Geistesgeschichte, die sich in den zwanziger Jahren dann faktisch herausbildete, war allerdings nicht der Erfolg irgendwelcher theoretischer oder methodologischer Klärungen, sondern die eher resignierte Anpassungsreaktion einer der fruchtlosen Grundsatzdebatten müden Disziplin.

Welche Chancen die dritte Strategie hätte haben können, ist unklar. Ich überschätze das Gewicht eines einzelnen Gelehrten in solchen Auseinandersetzungen nicht, und ich will nicht behaupten, daß mit Meyer als Ordinarius und Schuloberhaupt die Geschichte der Germanistik einen anderen Verlauf genommen hätte. Aber es ist nicht auszuschließen, daß schon ein Gelehrter von der politischen Orientierung, dem moralischen und wissenschaftlichen Gewicht Meyers dieser Geschichte einen anderen Akzent hätte verleihen können. Vielleicht hätte die Kontroverse zwischen Philologie und Geistesgeschichte ein wenig mehr erbracht als jene von Rudolf Unger beklagte »babylonische Begriffs- und Sprachverwirrung«,[47] die zur kognitiven Selbstentmachtung der deutschen Germanistik am Vorabend des Nationalsozialismus nicht unwesentlich beigetragen hat.

Mir ist klar, daß ich mich mit den letzten Bemerkungen auf das Gebiet der ›virtual history‹ begeben habe, aber ich vermute, daß nur solche Pointierungen dazu beitragen, uns sensibler für unsere (Fach-)Geschichte zu machen und uns vor Augen zu führen, welche Folgen die Benachteiligung der deutschen Juden an den deutschen Universitäten am Ende des 19. Jahrhunderts hatte.

---

47 Rudolf Unger, Hamann und die Romantik. Eine prinzipienwissenschaftliche Studie, in: ders., *Gesammelte Studien*, Bd. 1, Berlin 1929, S. 196-211, hier S. 206. Vgl. dazu auch Hans-Harald Müller, Perspektiven der geistesgeschichtlichen »Revolution« in der Literaturwissenschaft, in: ders., *Barockforschung: Ideologie und Methode. Ein Kapitel deutscher Wissenschaftsgeschichte. 1870-1930*, Darmstadt 1973, S. 84-94.

Eugen Wolffs Dilemma

Lothar Schneider

Kann eine Abweichung als Symptom oder gar als Präzedenzfall interpretiert werden? Die Karriere Eugen Wolffs ist weder repräsentativ noch exemplarisch, sondern atypisch erfolgreich, doch durchwoben von bitterer Ironie: Als Student gehörte Wolff zu den Initiatoren der Reformburschenschaften. So entsteht im November 1883 die Leipziger ›Tuisconia‹, die bald in das Fahrwasser des Antisemitismus gerät. Ihr Gründer hätte ausgeschlossen werden müssen, doch man suchte den Kompromiß: Juden sollte die Mitgliedschaft verwehrt, Wolff jedoch geduldet werden, denn »man [sollte] und [wollte] ihm die Frucht seines echt nationalen Werkes nicht rauben«.[1] Wolff verzichtete. Nach Abschluß seiner Dissertation kehrte er nach Berlin zurück. Dort referierte er in der ›Freien litterarischen Vereinigung Durch!‹ am 9. September 1886 über ›Die Moderne. Zur Revolution und Reform der Litteratur‹. Aus der Diskussion entstanden zehn Thesen, die zunächst anonym und anschließend unter dem Namen Wolffs publiziert wurden. Die sechste These ist literaturwissenschaftlich berühmt, denn sie exponierte erstmalig den Begriff der Moderne als Epochenbegriff.[2]

1888 verließ Wolff die Stadt und wurde Privatdozent in Kiel.[3] Damit begann eine Karriere, die von der preußischen Ministerialbürokratie gegen die Fakultät durchgesetzt werden mußte: Als der Fakultät 1900 ein Extraordinariat zuerkannt wurde, lehnte man Wolff mit der Begründung ab, er sei Kritiker, nicht Literaturhistoriker.[4] 1902 überging man ihn erneut, doch wurde Wolff vom Ministerium oktroyiert. 1921 wechselte er als letzter ins persönliche Ordinariat; 1928 ließ er sich emeritieren. 1929 starb Wolff in Berlin. Noch 1969 kam die offizielle Universitätsgeschichte zu dem Resumée: »Er war eben doch mehr Literat als Wissenschaftler.«[5]

---

1   Friedrich Schulze und Paul Ssymank, *Das deutsche Studententum von den ältesten Zeiten bis zur Gegenwart*, 2. unveränderte Aufl., Leipzig 1910, S. 234-243, hier S. 339.

2   »Unser höchstes Kunstideal ist nicht mehr die Antike, sondern die Moderne.« (Thesen der Freien literarischen Vereinigung Durch! Zitiert nach: *Naturalismus. Manifeste und Dokumente zur deutschen Literatur 1880-1900*, hg. von Manfred Brauneck und Christine Müller, München 1987, S. 59 f., hier S. 60.)

3   Die Habilitationsschrift erschien als: Eugen Wolff, *Johann Elias Schlegel*, Kiel 1892.

4   Vgl. Erich Hofmann, Philologie, in: *Geschichte der Christian-Albrechts-Universität Kiel 1665-1965*, Bd. 5,2: Geschichte der Philosophischen Fakultät, Teil 2, bearbeitet von Karl Jordan und Erich Hofmann, Neumünster 1969, S. 103-275, hier S. 222.

5   Hofmann (Anm. 4), S. 223.

Von Wolffs Betriebsamkeit und Innovationskraft – wie von seinen finanziellen Möglichkeiten – profitierte die Universität beträchtlich: Er gründete eine Abteilung für Zeitungs- und eine weitere für Theaterwesen, richtete in der Bibliothek Abteilungen für Dialektdichtung und Heimatliteratur ein, gliederte seinem Institut das Hebbel-Archiv der Stadt an und sicherte Stiftungen und Nachlässe für die Kieler Universität. Zwar mögen Vorbehalte gegen die von Wolff vehement geforderte Einrichtung von Ordinariaten, denen neben der neueren deutschen auch eine allgemeine neuere Literaturgeschichte und die Poetik zugeschlagen werden sollten, die Bedenken klassisch geschulter und orientierter Kollegen provoziert haben;[6] folgenreicher ist jedoch, daß ihn sein pädagogikorientiertes Verständnis der eigenen Disziplin[7] in Gegensatz zum Wissenschaftsverständnis der Schererschule bringt.

Wolff verdankte seine Karriere vor allem der Protektion durch die preußische Minsterialbürokratie, die ihn gegen Einwände aus der eigenen Universität und den Reihen der eigenen Wissenschaft durchsetzte. Denn Modernität, wie sie Wolff propagierte, war nicht wissenschaftlich-methodisch, sondern ein Versuch, mit dem literaturwissenschaftlich legitimierten Konzept eines neuen Nationalismus die partikularistischen Traditionen des Reiches zusammenzuführen und dabei die vollständige Integration von Bürgern jüdischen Glaubens zu ermöglichen. Dabei konservierte und prolongierte Wolff jedoch das Arsenal antisemitischer Topoi und näherte sich zunehmend völkischen Positionen.

Ein Verständnis des Antisemitismus als kulturellem Code[8] impliziert die These, zu den Kennzeichen des Stereotyps gehöre nicht notwendig, daß der Antisemitismus als Thema der gesellschaftlichen Diskussion oder als distinkte politische und soziale Formation präsent sein müsse, sondern der Cluster der Interpretanten sich vom Terminus gelöst haben und in einzelne Bestandteile zerfallen sein könne, die nun unverbunden durch die intellektuelle Diskussion der Zeit vagierten. Ideen-, begriffs- oder wortgeschichtliche Untersuchung droht in diesem Fall an der Dispersion des Gegenstands zu scheitern; auch die Analyse symbolischer Politik[9] hilft nicht weiter, wo sich die

---

6 Vgl. Eugen Wolff, *Geschichte rückwärts?*, Kiel und Leipzig 1893, S. 32.

7 So fordert er an gleicher Stelle: »[Z]war sind die Professoren da, um die neueste Forschung zu verkünden; nur wenige Studenten aber wollen der Forschung um der Forschung willen ihr Leben weihen, sie nehmen die geschichtliche Entwicklung ihres Gebietes auf, um die gegenwärtige Gestalt desselben in deren Voraussetzungen zu verstehen.« (ebd., S. 33).

8 Vgl. Shulamit Volkov, Antisemitismus als kultureller Code, in: dies., *Jüdisches Leben und Antisemitismus im 19. und 20. Jahrhundert*, München 1990, S. 13-36.

9 Vgl. Andreas Dörner, *Politischer Mythos und symbolische Politik. Der Hermannmythos: zur Entstehung des Nationlbewußtseins der Deutschen*, Reinbek 1996.

Elemente nicht zu manifesten Symbolen fügen. Problematisch wird die Beschreibung bei Verfahren, die konträre *Inhalte* generieren und präformieren können, je nachdem, durch welche supplementären Theorien und Theoreme das Verfahren codiert wird. Ohne der Gefahr zu erliegen, die historische als kausale Folge zu lesen, wird man sagen können, daß der Wolffsche Versuch der Etablierung eines Nationalbewußtseins, das Assimilation ermöglichen soll, unter den Bedingungen pseudowissenschaftlicher sozialdarwinistischer Naturalisierung seines Volksbegriffs als Argument der Ausgrenzung gelesen werden kann.

Dabei sind – abgesehen von der Tatsache, daß er für die Behandlung zeitgenössischer Literatur und die Berücksichtigung bisher randständiger Gebiete eintritt – Wolffs Schriften zwar inhaltlich ambitioniert, aber methodisch konventionell. Neben literaturgeschichtlichen,[10] programmatischen[11] und didaktischen[12] Arbeiten verfaßt Wolff eine ›Geschichte der deutschen Literatur in der Gegenwart‹[13] und eine didaktisch orientierte ›Poetik‹.[14] Beschäftigung mit Gegenwartsliteratur begründet er aus pädagogischer Notwendigkeit;[15] Ausflüge in Kritik legitimiert er als »natürliches Menschenrecht«.[16] Daß er die Klassik ablehnt und sich auf die romantische als originär nationale Tradition beruft,[17] stellt ihn in die Reihe der pädagogisch engagierten

---

10 Vgl. Eugen Wolff, *Mignon. Ein Beitrag zur Geschichte des Wilhelm Meister*, München 1909; ders., *Gottscheds Stellung im deutschen Bildungsleben*, 2 Bde., Kiel und Leipzig 1895/97; ders., *Die Sturm-und-Drang Komödie und ihre fremden Vorbilder*, Berlin 1888.

11 Vgl. Eugen Wolff, *Die jüngste deutsche Litteraturströmung und das Prinzip der Moderne*, Berlin 1888; ders., *Das Wesen wissenschaftlicher Litteraturbetrachtung*, Kiel und Leipzig 1890; ders., *Zola und die Grenzen von Poesie und Wissenschaft*, Kiel und Leipzig 1891; ders., *Die bleibenden Ergebnisse der neuern literarischen Bewegung in Deutschland. Vortrag in der vom Deutschen Schriftsteller-Verband veranstalteten Kongreßsitzung auf dem Berliner Rathaus am 6. September 1896*, Kiel 1896.

12 Vgl. Wolff (Anm. 6); ders., Eine naturalistische Literaturgeschichte, in: ders., *Zwölf Jahre im litterarischen Kampf. Studien und Kritiken zur Litteratur der Gegenwart*, Oldenburg und Leipzig 1901, S. 529-552.

13 Eugen Wolff, *Geschichte der Deutschen Literatur in der Gegenwart*, Leipzig 1896; vgl. ders., *Von Shakespeare bis Zola. Zur Entwicklungsgeschichte des Kunststils in der deutschen Dichtung*, Berlin 1902.

14 Eugen Wolff, *Poetik. Die Gesetze der Poesie in ihrer geschichtlichen Entwicklung. Ein Grundriß*, Oldenburg und Leipzig 1899; vgl. ders., *Prolegomena der Litterar-Evolutionistischen Poetik*, Kiel und Leipzig 1890; ders., Vorstudien zur Poetik, in: *Zeitschrift für vergleichende Literaturgeschichte* NF 6, 1893, S. 424-447.

15 Vgl. Wolff (Anm. 6), S. 7-9.

16 Wolff, *Zwölf Jahre* (Anm. 12), S. V.

17 Vgl. Wolff, *Geschichte* (Anm. 13), S. 30; ders., *Ergebnisse* (Anm. 11), S. 9.

Philologie. Wolff bezieht sich zwar auf Scherer, Dilthey und Hermann Paul,[18] prägend bleibt jedoch Rudolf Hildebrands Verständnis von Germanistik als nationalpädagogischer Institution, die vom Dialekt und der lokalen Prägung der Sprecher auszugehen hat und die Aufgabe des Unterrichts darin sieht, Schüler zur Beherrschung der Hoch- und Schriftsprache als Organon nationalen Bewußtseins heranzubilden.[19] Das nationalpädagogische Primat der Wissenschaft blockiert und konterkariert das Bemühen um wissenschaftliche Seriosität und methodische Härtung, wie sie von der positivistischen Literaturwissenschaft der Scherer-Schule nach dem Modell der klassischen Philologie angestrebt wird. Es kommt zwischen den Vertretern politischer und methodischer Modernismen zum Grundsatzstreit über die Ausrichtung der Literaturwissenschaft.

Am 9.6.1897 bittet Klaus Groth in einem Brief, Wolff im Bemühen um die Hirzel-Nachfolge in Bern zu unterstützen:»Er hat ausgebreitete Kenntnis in seinem Fach, hat Geschmack und Urteil und den Muth, es zu vertreten, selbst der Berliner Clique gegenüber, die ihm dafür das Leben sauer zu machen und seine Beförderung zu verhindern sucht.«[20] Hildebrand hatte 1885 die Auseinandersetzung provoziert, indem er gegen das objektivistische Wissenschaftsideal der Junggrammatiker auf einem idealistischen Modell beharrte, das Sprache teleologisch betrachtet und im künstlerischen Schaffen die paradigmatische Form der Sprachverwendung sieht.[21] In seinem Geist kritisierte der Naturalist Julius Hart 1889 die Scherersche ›Poetik‹ und warnte

18 Vgl. Wolff, *Prolegomena* (Anm. 14), S. 3 f.; ders., *Wesen* (Anm. 11), S. 17, S. 19 und S. 22.

19 Die Charakteristik seines Lehrers gerät Wolff zur Beschreibung eigener Wunschidentität:»Alles Nationale, alles Volksthümliche und alles Individuelle nährt Rudolf Hildebrand, das Nächstliegende heißt er uns ergreifen [...] Denn er war eine voll harmonische und tief religiöse Natur. Engherzigkeit war ihm aber auf religiösem und nationalem wie auf wissenschaftlichem Gebiete zuwider. Zuwider war ihm auch jede Wissenschaft, die nur an der Materie klebt.« (Eugen Wolff, Rudolf Hildebrand, in: *Zwölf Jahre* (Anm. 12), S. 53-64, hier S. 63; zu Hildebrand vgl. Werner Neumann, Über das Verhältnis von Sprachtheorie und Sprachsituation in Deutschland gegen Ende des 19. Jahrhunderts, in: *Beiträge zur Erforschung der deutschen Sprache* 8, 1988, S. 5-33, hier S. 23.) Den Artikel Hildebrand der ADB schrieb jedoch Meyer: Richard Moritz Meyer, Hildebrand, Rudolf H., in: *Allgemeine Deutsche Biographie*, Bd. 50, Leipzig 1905, S. 322-327.

20 Klaus Groth, *Briefe aus den Jahren 1841-1899*, hg. von Ivo Braak und Richard Mehlem, Flensburg und Hamburg 1963, Brief N. 418: An Josef Viktor Widmann, Kiel, 9. Juni 1897, S. 396; vgl. S. 374, S. 382, S. 407 und S. 415.

21 Vgl. Rudolf Hildebrand, Die Stilübung als Kunstarbeit, in: ders., *Gesammelte Aufsätze und Vorträge zur deutschen Philologie und zum deutschen Unterricht*, Leipzig 1890, S. 127-135; Meyer (Anm. 19), S. 325.

vor den »Gefahren der Literaturphilologie«.[22] Dahinter verbarg sich die Frage, ob Poetik *nur* deskriptiv oder zugleich normativ zu verstehen sei. Wolff geriet im Jahr darauf in die Schußlinie, als er die von Meyer herausgegebene ›Poetik‹ Scherers wegen ihres »naturwissenschaftlich-empirischen Wesens« angriff.[23] Nun traf ihn der Bannstrahl Gustav Roethes: »[I]ch glaube nicht recht an die litterarhistoriker, die nie philologen gewesen sind.«[24] Wolff replizierte trotzig, worauf ihm Roethe die fachliche Kompetenz absprach.[25] Auch von Richard Maria Werner wurden Wolffs ›Prolegomena‹ als »eitel[es] Feuilletongetändel« kritisiert.[26] Wolff zieht auch in den kommenden Jahren die Kritik der Scherer-Schule immer wieder auf sich. Noch 1890 reizt er seine Kontrahenten erneut, als er die Veröffentlichungspraxis der Goethe-Philologen angreift und die literaturwissenschaftliche Relevanz ihrer Methode abqualifiziert: »Der philologische Charakter ist gewiß nicht vorherrschend, so wenig wie die Worte als solche entscheidend für die Bedeutung des Dichterwerkes sind.«[27] Zwei Jahre später erneuert er seine Angriffe mit Berufung auf den Kaiser und Verweis auf Hildebrand;[28] 1895 sucht er wieder die Auseinandersetzung auf dem Gebiet der Goethe-Philologie; 1896 schließlich erscheint die ›Geschichte der deutschen Literatur in der Gegenwart‹ und wird von Richard Moritz Meyer verrissen.

Wolff hatte für sein Goethe-Buch negative Rezensionen erhalten[29] und damit geantwortet, daß er im Kritik-Kapitel der ›Geschichte‹ – zwar ohne Namen zu nennen, aber doch kenntlich – eine der abfälligen Rezensionen anführte und die Umstände ihrer Entstehung beklagte.[30] Meyer nutzte die

---

22 Julius Hart, Eine schein-empirische Poetik, in: *Kritisches Jahrbuch* 1, 1889, S. 29-39, zitiert nach: Wilhelm Scherer, *Poetik. Mit einer Einleitung und Materialien zur Rezeptionsanalyse*, hg. von Günter Reiss, Tübingen 1977, S. 273-286, hier S. 276.

23 Vgl. Wolff, *Prolegomena* (Anm. 14), S. 3.

24 Gustav Roethe, Prolegomena zu der litterar-evolutionistischen Poetik. Von Dr. Eugen Wolff, in: *Zeitschrift für deutsche Philologie* 24, 1892, S. 273-275, hier S. 275.

25 Vgl. Eugen Wolff, Erwiderung, in: *Zeitschrift für deutsche Philologie* 24, 1892, S. 428 f.; Gustav Roethe, Antwort des Recensenten, in: *Zeitschrift für deutsche Philologie* 24, 1892, S. 429 f.

26 Richard Maria Werner, Poetik und ihre Geschichte, in: *Jahresberichte für neuere deutsche Litteraturgeschichte* 4, 1893, I,12:144.

27 Wolff, *Wesen* (Anm. 11), S. 6.

28 Vgl. Wolff (Anm. 6), S. 33; vgl. ders., Zur Methode des litteraturgeschichtlichen Unterrichts, in: *Zeitschrift für deutschen Unterricht* 10, 1896, S. 308-314.

29 Eugen Wolff, *Goethes Leben und Werke. Mit besonderer Rücksicht auf Goethes Bedeutung für die Gegenwart*, Kiel und Leipzig 1895; vgl. Georg Witkowski, Goethes Leben, in: *Jahresberichte für neuere deutsche Litteraturgeschichte* 6, 1895, IV,8b:5.

30 Vgl. Wolff, *Geschichte* (Anm. 13), S. 369.

Wolffsche Larmoyanz als Schlußpointe seiner Rezension der ›Geschichte‹, die folgendermaßen beginnt: »Wer noch in der Lage ist, von Eugen Wolff enttäuscht zu werden, den wird dieses Buch enttäuschen.«[31] Die Wolffsche Literaturgeschichte stand vermutlich schon in Konkurrenz zu der drei Jahre später erscheinenden Meyerschen, in der Eugen Wolffs Name verschwiegen und die Gründung des ›Durch!‹ einzig Leo Berg zugeschrieben werden wird.[32] Dies wird wiederum Wolff darin bestärkt haben, das Meyersche Werk wegen seiner starren Chronologie und der Vorliebe des Autors für physiognomische Charakteristiken als »grundschlecht« abzuurteilen.[33]

Vor allem Parteienstreit aber gilt die berechtigte Kritik Meyers der mangelnden begrifflichen und analytischen Klarheit der Wolffschen Schriften und ihrem nationalistischen Pathos.[34] Meyer diagnostiziert das Dilemma einer literaturwissenschaftlichen Konzeption, die zwar Moderne inhaltlich zu affirmieren vorgibt, sich aber dabei Prämissen und Methoden verpflichtet, die die eigenen Absichten unterlaufen und konterkarieren. Wolff teilt das Dilemma eines politischen Konservativismus, der mit vorindustriellen Gesellschaftsmetaphern operiert. Nur *Natur*, hier: der Mensch in seiner ländlichen, allenfalls kleinstädtischen Umgebung sei zu *echter* sprachlicher Innovation in der Lage.[35] Literaturgeschichte wird zu einem evolutionären Prozeß, dessen Dynamik durch permanenten Rückgriff auf sprachliche »Urproduction«, so eine Formulierung Hermann Osthoffs,[36] initiiert und kontrolliert werden muß. Dies führt zum Ausschluß urbaner, synkretistischer und tendenziell auch *internationaler* Literatur. Die Stadt als Ort gesellschaftlicher und sozialer Mischung wird zur Sphäre von Degeneration und Verwahrlosung: »[H]ier bedeutet Dialekt nicht einen blühenden geistigen Besitz, sondern *Mangel* an geistigem Besitz, *Unbildung*. Auch stellt solch ein Groß-

---

31 Richard Moritz Meyer, [Rez.] Eugen Wolff, Geschichte der deutschen Literatur in der Gegenwart, in: *Euphorion* 4, 1897, S. 145-147, hier S. 145.

32 Vgl. Richard Moritz Meyer, *Die deutsche Litteratur des neunzehnten Jahrhunderts*, Berlin 1900, S. 827.

33 Eugen Wolff, Eine naturalistische Litteraturgeschichte, in: ders., *Zwölf Jahre* (Anm. 12), S. 529-552, hier S. 552.

34 Noch nach der Jahrhundertwende bemängelt Meyer an dem Schlußwort der Hansteinschen Darstellung der letzten Dekaden, es klänge »so trivial, als ob [es] von Eugen Wolff selbst verfaßt wäre.« (Richard Moritz Meyer, [Rez.] Hanstein, Adalbert von, Das jüngste Deutschland, in: Euphorion, 8, 1901, S. 184-186, hier S. 186.)

35 Meyer verwies auf die Tatsache, daß der Wortforscher die Großstadt Leipzig kaum zu verlassen pflegte. (Vgl. Meyer, Hildebrand (Anm. 19), S. 325.)

36 Vgl. Hermann Osthoff, *Schriftsprache und Volksmundart. Vortrag, gehalten im Museum zu Heidelberg am 14. December 1878*, Berlin 1883, S. 31.

stadt-Dialekt nicht ursprüngliches Volksthum: er lebt und bildet sich in beständiger Mischung mit den verschiedensten Sprach- und Culturelementen fort, nimmt manchen Abschaum und Bodensatz der gebildeten Gemeinsprache auf, coquettirt und prunkt selbst mit dem Kehrricht der Ueberkultur – mit einem Wort nicht sowohl kerniger Dialekt als vielmehr messingner Jargon.«[37]

Indem er emanzipatorische Inhalte mit konservativer Theorie begründen und normieren will, spielt Wolff der Argumentation seiner Gegner in die Hände. Literatur, die ihrer Zeit Rechnung tragen will, fordert nach Ansicht Wolffs zunehmend Charakteristik und Individualisierung. Wolff begreift Literaturgeschichte als organische Ausdifferenzierung ästhetischer Formen.[38] Sein Verständnis künstlerischer Individualität ist wie seine Sprachkonzeption im Kern romantisch, aber das spekulative Naturkonzept der Romantik wird unter dem Druck der Naturwissenschaften zunehmend anthropologisiert und enthistorisiert. Der Künstler ist in mehr als metaphorischer Hinsicht ein sprachschaffender Antäus, der aus der Erde Kraft bezieht, um sich mit dem Kopf in den Himmel der Ideen und die Kälte der Abstraktion erheben zu können.[39]

Wolff affirmiert das idealisierte und politisch intendierte Selbstbild des Wilhelminismus als Moderne und macht sie zum Auftrag seiner Wissenschaft. Politischer Fortschritt in diesem Kontext bedeutet auch die Emanzipation und Integration jüdischer Bürger. Dennoch bleibt die ›nationale Renaissance‹ nur national, nur deutsch statt universalistisch und damit exklusiv statt integrativ.[40] Den geforderten »neuen Realismus«[41] findet Wolff zunehmend im rechten Lager, so in der Lienhardschen Konzeption »weitdeutscher Heimatkunst und Nationaldichtung«.[42] Wenn Wolff schließlich erklärt: »Nationalgefühl ist keine Anschauung, am wenigsten eine wechselnde Anschauung einzelner Menschen und einzelner Zeiten: Nationalgefühl ist zum Bewußtsein gekommener Instinkt«,[43] steht er auf völkischem Boden.

---

37 Wolff, *Geschichte* (Anm. 13), S. 93.
38 Vgl. Wolff, *Poetik* (Anm. 14), S. 260-262; ders., *Geschichte* (Anm. 13), S. 30-33.
39 Vgl. Wolff, *Shakespeare* (Anm. 13), S. 196; ders., *Poetik* (Anm. 14), S. 262.
40 Vgl. Wolff, *Geschichte* (Anm. 13), S. 30 f.
41 Ebd., S. 52.
42 Wolff, *Shakespeare* (Anm. 13), S. 90, vgl. S. 192.
43 Wolff, *Geschichte* (Anm. 13), S. 24.

Zur ausgeklammerten Heine-Rezeption

Beobachtungen zur ersten großen Zeit der Heine-Philologie

Jeffrey L. Sammons

In einer Besprechung von fünf der unzähligen Schriften zum 200. Geburtstag Heinrich Heines ließ Walter Hinck einen Seufzer vernehmen: »Zum Heine-Jahr 1997 haben die Verlage ein wahres Füllhorn von Publikationen ausgeschüttet, und ich fürchte, sie setzen nun auf andere Jubiläen. Die Heine-Feiern durchs ganze Jahr hindurch, mit opulentem Künstler- und Redner-Aufgebot, haben wohl keinem den Magen, aber vielleicht doch manchem fürs erste die Lust an Heine verdorben«.[1] Dieses Gefühl könnten mehrere von uns nachvollziehen. Die laufende Bibliographie im selben ›Heine-Jahrbuch‹ füllt 33 engbedruckte Seiten.[2] Selbstverständlich läuft das alles auf einem beachtlich, wenn auch nicht immer gleichmäßig hohen wissenschaftlichen, theoretischen und interpretatorischen Niveau. Trotzdem überfällt einen ab und zu ein gewisses Gefühl der Überfütterung. Manchmal muten eine mikroskopische Raffinesse, eine Genialität in der Erfindung von Problemen, eine Verkomplizierung des schon längst als dialektisch-widersprüchlich Identifizierten ziemlich esoterisch an, um einen Lieblingsausdruck Heines etwas anders anzuwenden. Nicht selten wird eingangs behauptet, es werde eine Lücke ausgefüllt, bisher Übersehenes zutage gebracht, absichtlich Unterdrücktes ans Licht gezogen. Das sind in den meisten Fällen rhetorische Floskeln. Die meisten Lücken hat bisher niemand empfunden; mit wenigen Ausnahmen werden nicht Neuigkeiten, sondern Präzisierungen angeboten. Zur konventionellen Rhetorik gehört auch die wiederholte Feststellung, Heine sei umstritten. Davon kann längst nicht mehr die Rede sein. Abgesehen von einigen exzentrischen Phänomenen an der Peripherie des Diskurses gibt es heutzutage keine nennenswerte Kritik an Heine.

Bestehen bleibt aber eine recht auffallende, gar nicht esoterische Lücke: die ersten Jahrzehnte der deutschen Rezeption. Das fällt um so mehr auf, als die Rezeptionsgeschichte im allgemeinen, von Sankt Petersburg bis San Francisco, von Kuba bis Japan einen beträchtlichen Anteil des Schrifttums

---

1 Walter Hinck, [Rezension von Christian Liedtke, Heinrich Heine; Dietrich Gronau, Heinrich Heine; Fritz J. Raddatz, Taubenherz und Geierschnabel; Jochanan Trilse-Finkelstein, Gelebter Widerspruch; Jan-Christoph Hauschild/Michael Werner, »Der Zweck des Lebens ist das Leben selbst«], in: *Heine-Jahrbuch* 37, 1998, S. 313-315, hier S. 313.
2 Vgl. Heine-Literatur 1996/97 mit Nachträgen, ebd., S. 331-363.

über Heine ausmacht. Man interessiert sich mehr für die Heinerezeption in Portugal und Korea als in der großen, grundlegenden Epoche der wilhelminischen und Weimarer Zeit, die bestenfalls tastend, selektiv und einseitig berührt wird. Dadurch droht auch der Beitrag von Literaturwissenschaftlern jüdischer Herkunft in Vergessenheit zu geraten.

Heine ist an einem relativen Tiefpunkt seines Ansehens gestorben, trotz der wachsenden Zahl von Auflagen seiner Werke und der Beförderung seiner Lyrik in die weite Welt auf Flügeln des Gesanges. Die oft recht feindselig gestimmten Todesnotizen von den Falschmeldungen von 1846 bis zu retrospektiven Nachrufen und Kommentaren zeigen, daß das Prinzip de mortuis nil nisi bene im Falle Heines nicht galt.[3] Beiläufig könnte man allerdings anmerken, daß in diesen oft unfreundlich gesinnten Materialien der antisemitische Ton fast völlig fehlt; wiederkehrendes Motiv ist vielmehr der Groll über Heines Angriff auf seinen Zeitgenossen ebenfalls jüdischer Herkunft, Ludwig Börne. Jedenfalls sollte sich diese Situation in wenigen Jahren ändern. Untrügliches Zeichen hierfür ist die erste umfassende, 1867 bis 1869 erscheinende Biographie Heines von dem aus amerikanischem Exil zurückgekehrten Demokraten Adolf Strodtmann, der schon einige Jahre früher die Gesamtausgabe, über die Heine und sein Verleger Julius Campe jahrelang ergebnislos gezankt hatten, zu edieren begonnen hatte.[4] Inwieweit diese Veröffentlichungen als Symptom oder als Ursache des wachsenden Interesses an Heine zu verstehen wären, ist m.W. nie geklärt worden. Sie sind zweifellos einflußreich geblieben, vor allem die Gesamtausgabe, die sich viele Jahre lang in verschiedener Aufmachung hielt. Bald mußte es aber notorisch werden, daß die Strodtmannsche Ausgabe philologisch völlig unzulänglich war, also folgte eine Kette von Ausgaben bis in die Weimarer Zeit hinein.

Ebenfalls im Verlag Hoffmann und Campe erschienen 1876 die ›Sämmtlichen Werke‹ von Gustav Karpeles, die bis 1920 in verschiedener Aufmachung wieder neugedruckt wurden und nachweislich bis in unsere Zeit im Gebrauch geblieben sind.[5] Im Bibliographischen Institut erschien 1887-1890 die erste historisch-kritische Ausgabe von Ernst Elster. Sie hielt sich als Standardausgabe für wissenschaftliche Zwecke ein dreiviertel Jahrhundert. Eine zweite Ausgabe sollte wesentlich verbessert werden, ist aber nach dem vierten Band 1925 in der Wirtschaftskrise untergegangen und zu einer anti-

---

3 Vgl. *Heinrich Heines Höllenfahrt. Nachrufe auf einen streitbaren Schriftsteller. Dokumente 1846-1858,* hg. von Ralf Georg Bogner, Heidelberg 1997, S. 202.

4 Adolf Strodtmann, *Heinrich Heines Leben und Werke,* 2 Bände, Berlin 1867-1869, mehrmals wieder aufgelegt; Heinrich Heine, *Sämmtliche Werke. Rechtmäßige Original-Ausgabe,* 21 Bände, Hamburg 1861-1884.

5 Vgl. z. B. Peter Rühmkorf, Suppentopf und Guillotine. Zu Heinrich Heines Frauengestalten, in: *Heine-Jahrbuch* 24, 1985, S. 255-278, hier S. 255.

quarischen Seltenheit geworden. Die Insel-Ausgabe unter der Leitung von
Oskar Walzel erschien 1910-1915; auch sie ist zeitweilig in wirtschaftliche
Schwierigkeiten gekommen, so daß der recht nützliche Registerband erst
1920 erschien und dadurch seltener als die Textbände geworden ist. Obwohl
sie die Elster-Ausgabe nie verdrängt hat, blieb sie unter Kennern in hohem
Ansehen. Sie wurde zur Textgrundlage der beiden wichtigsten Nachkriegs-
ausgaben, die in Ost und West den neuen historisch-kritischen vorangegan-
gen sind.[6] Insgesamt sind beinahe vierzig umfassende Heine-Ausgaben bis
zum Ende der Weimarer Republik erschienen.

Begleitet wurde diese ständige Textproduktion durch philologische, literarhistorische und biographische Studien. Dazu gehörten unter Autoren jüdischer Herkunft David Kaufmann, ›Aus Heines Ahnensaal‹, 1896, und die
Memoiren der getauften Familienmitglieder: Maximilian Heine, ›Erinnerungen an Heinrich Heine und seine Familie‹, 1868; Maria Embden-Heine,
Principessa della Rocca, ›Erinnerungen an Heinrich Heine‹, 1881; Ludwig von
Embden, ›Heinrich Heines Familienleben‹, 1892, ein Buch, das eine außerordentlich positive Wirkung auf die amerikanische Heine-Rezeption ausüb-
te;[7] Maximilian von Heine-Geldern unter Mitarbeit von Karpeles, ›Heine-
Reliquien‹, 1911. Zu den zahlreichen Studien aus dem Ausland gesellte sich die
lange im englischsprachigen Gebiet als Standard angesehene Biographie von
Louis Untermeyer, die erst 1937 erschien, aber auf langjährigen Studien und
einer lyrischen Übersetzungsarbeit basierte, die schon 1916 zu erscheinen begann und ihm die Bezeichnung des »amerikanischen Heine« eintrug.[8] Das
Kapitel über Heine des international bekannten Kritikers Georg Brandes,
das auf dänischsprachige Vorträge der frühen 1870er Jahre zurückgeht und
Teil seiner literarhistorischen Studien über das 19. Jahrhundert werden sollte,
ist 1890 in dänischer Sprache erschienen; seine Darstellungen wurden in
deutscher, englischer und französischer Sprache in allen Ländern bekannt.[9]

---

6 Vgl. Heinrich Heine, *Werke und Briefe*, hg. von Hans Kaufmann, Berlin 1961-
   1964, Bd. 1, S. 587; Heinrich Heine, *Sämtliche Schriften*, hg. von Klaus Briegleb,
   München 1968-1976, Bd. 1, S. 622. Sie wurde auch neben Elster Grundlage der
   Dünndruckausgabe, Heinrich Heine, *Sämtliche Werke*, hg. von Jost Perfahl, München 1969-1972, Bd. 1, S. 939-943.

7 Vgl. Jeffrey L. Sammons, In the Freedom Stall Where the Boors Live Equally.
   Heine in America, in: *The Fortunes of German Writers in America. Studies in Literary
   Reception*, hg. von Wolfgang Elfe, James Hardin und Gunther Holst, Columbia,
   South Carolina 1992, S. 41-67, hier S. 47.

8 Louis Untermeyer, *Heinrich Heine. Paradox and Poet. The Life*, New York 1937; zu
   Untermeyer vgl. Sammons (Anm. 7), S. 63-64.

9 Georg Brandes, *Hovedstrømninger i det nittende Århundredes Litteratur*, Kopenhagen
   1890, Bd. 6. In den Heine-Bibliographien sind die Veröffentlichungen von Bran-

Die Heine-Philologie dieser Epoche ist ohne den Beitrag jüdischer Forscher nicht vorstellbar. Das beginnt schon mit den Ausgaben und Beiträgen von Karpeles, vornehmlich biographischer Art. Das Ansehen der Walzel-Ausgabe im Insel-Verlag unter den Fachleuten läßt sich weitgehend auf die philologische Arbeit von Jonas Fränkel zurückführen, der die ursprüngliche Interpunktion in den lyrischen Texten wiederherstellte. Sein Prinzip blieb für kritische Heine-Ausgaben bis zum heutigen Tag vorbildlich. Schon vorher setzte die Ausgabe von Hermann Friedemann im Bong-Verlag (1908) mehrere jüdische Bandbearbeiter ein, darunter die in Auschwitz 1944 siebenundsechzigjährig ermordete Helene Herrmann. Schon 1906 hat sie eine bahnbrechende Studie zum ›Romanzero‹ vorgelegt. Ebenfalls in Auschwitz 1944 ermordet wurde der fünfzigjährige Erich Loewenthal, der den lyrischen bzw. den Prosa-Nachlaßband der Ausgabe von G. A. E. Bogeng (1921-1926 bei Hoffmann und Campe) bearbeitete und auch eine Reihe von Studien vorlegte, darunter eine Monographie über die ›Reisebilder‹ (1922). Eine weitverzweigte Herausgebertätigkeit wurde von Friedrich Hirth entwickelt, der die erste umfassende Ausgabe des Briefwechsels 1914-1920 herausbrachte. Rührig war auch Eduard Engel, der Heines Shakespeare-Buch für die Bogeng-Ausgabe betreute und, wichtiger noch, 1884 die jahrelang unterdrückten ›Memoiren‹ endlich ans Licht zog. Das war eine Entdeckung, die Karl Emil Franzos, der Beziehungen zu den Mitgliedern der Heine-Familie wie auch zur Heine-Verehrerin Kaiserin Elisabeth pflegte, gerne gemacht hätte, um damit als Gegenstück zu seiner Entdeckung von Büchners ›Woyzeck‹ triumphieren zu können. Sonst aber hat der leidenschaftliche Autographensammler Franzos Dutzende von Aufsätzen über Heine vorgelegt, darunter von bleibendem Wert Studien zum Geburtstagsproblem und zu den Fälschungen Friedrich Steinmanns.[10]

1907 hat Lion Feuchtwanger seine Münchner Dissertation über den ›Rabbi von Bacherach‹ vorgelegt, eine sorgfältig durchdachte Arbeit, die schon damals positiv aufgenommen wurde. Gerade vor Torschluß erschien 1932 Ludwig Marcuses ›Heinrich Heine. Ein Leben zwischen Gestern und Morgen‹. Schon im folgenden Jahr ist eine englische Übersetzung erschienen. Das Original wurde 1951 neu aufgelegt, erschien dann revidiert im Jahre 1960 als die Rowohlt-Monographie über Heine, die erst 37 Jahre später zum 200. Ge-

---

des nicht ganz genau angegeben. Für Präzisierungen und neue Fragestellungen bin ich den freundlichen Mitteilungen eines Teilnehmers am Symposium, Peter Goßens, dankbar.

10 Vgl. dazu Sammons, Rückwirkende Assimilation. Betrachtungen zu den Heine-Studien von Karl Emil Franzos und Gustav Karpeles, in: *Von Franzos zu Canetti. Jüdische Autoren aus Österreich. Neue Studien*, hg. von Mark H. Gelber, Hans Otto Horch und Sigurd Paul Scheichl, Tübingen 1996, S. 163-188, hier S. 167-172.

burtstag ersetzt worden ist. Inzwischen ist eine erweiterte Fassung von Marcuses Original 1970 unter dem Titel ›Heine. Melancholiker, Streiter in Marx, Epikureer‹ erschienen. Da sie in der vierten Auflage zum 200. Geburtstag in Zürich wieder aufgelegt wurde, stellt dieses Bücherschicksal durch 65 Jahre hindurch einen glatten Rekord unter Heinestudien dar.

Inwieweit die jüdische Herkunft die literaturwissenschaftlichen Arbeiten mitbestimmt hätte, ließe sich nur im individuellen Fall abschätzen. Es darf aber als sicher angenommen werden, daß die Autoren keine *jüdische* Philologie betreiben, sondern an der deutschen Literaturwissenschaft mitarbeiten wollten. Um das konfessionell Umfassende des Heinediskurses herauszustreichen, stellte einmal Karpeles den unermüdlichen jüdischen Forscher Franzos mit dem rheinischen Katholiken J. Nassen und dem Zürcher deutschamerikanischer Herkunft Louis A. Betz nebeneinander.[11] Nassen seinerseits, der sich rühmte, seit seiner Kindheit gutnachbarliche Beziehungen zu Israeliten gehabt zu haben, wurde durch eine Anschuldigung antisemitischer Motivation seitens Franzos' tief verletzt und beschwerte sich darüber in einem Brief an Karpeles.[12] Im großen und ganzen sollte Heine als *deutscher* Dichter verstanden und interpretiert werden. Die Bemühung, Heine einen Platz im Kanon der deutschen Nationalliteratur abzusichern, darf als Subtext der jüdischen Mitarbeit angesehen werden.

Es wäre aber unrichtig, anzunehmen, daß der jüdische Geist völlig zugunsten des deutschnationalen unterdrückt worden sei. Während z. B. Franzos sich kaum zum Judentum Heines äußerte, wurde das schon beim gleichaltrigen Karpeles anders. Er war immerhin 1890-1909 Redakteur der ›Allgemeinen Zeitung des Judentums‹ und Verfasser der ersten umfassenden ›Geschichte der jüdischen Literatur‹, die zuerst 1886 erschien. Sein Ruf als judaistischer Schriftsteller wurde international und erstreckte sich bis nach Amerika.[13] Unter seinen vielen Arbeiten legte er offensichtlich besonderen Wert auf eine Studie über den ›Rabbi von Bacherach‹, die als eigenständiger Druck 1895, dann neun Jahre später in Fortsetzungen in der ›Allgemeinen Zeitung des Judentums‹ erschienen ist.[14] Für Karpeles war Heine »ein *Jude*,

11 Vgl. Gustav Karpeles, Drei Heine-Forscher, in: *Berliner Tageblatt* N. 15, 1905, Beilage Der Zeitgeist.

12 Vgl. ebd.; die Klage bezieht sich auf eine Bemerkung von Franzos, Heine, Steinmann u.s.w., in: *Deutsche Dichtung* 31, 1901/1902, S. 120-127, hier S. 125. Franzos bemerkt dazu (S. 123), daß auch der Katholik Nassen als Jude angegriffen worden sei, um die ganze Unsinnigkeit solcher Methoden zu belegen.

13 Vgl. Sammons (Anm. 10), S. 173.

14 Gustav Karpeles, *Heinrich Heine und Der Rabbi von Bacharach* [!], Wien 1895; Der Rabbi von Bacharach [!]. Ein Beitrag zur Charakteristik Heines, in: *Allgemeine Zeitung des Judentums* 70, 1906, S. 333 f., S. 346 f., S. 357 f., S. 370 f., S. 380-382, S. 392-394, S. 406 f., S. 417 f., S. 430, S. 440, S. 453 f.

der in den Tagen der aufblühenden *Romantik* in einer Stadt am *Rhein* geboren wurde!« – dann heißt es weiter: »Aus diesen drei Elementen ist wohl die widerspruchsvolle Individualität des Dichters und seine poetische Richtung zu erklären«.[15] Er findet es schon 1868 ganz verständlich, »wenn Israel jetzt mit gerechten Ansprüchen auf Heine auftritt und den Dichter als einen Sohn Juda's anerkannt wissen will, wenn Israel – sage ich – aus seinen Dichtungen diese Ansprüche herauslesen will und sie dann als das schöne Erbe des verlorenen Sohnes an sein, in den Tagen der Jugend so schnöde verlassenes Volk ansehen möchte«.[16] Eine gewisse Verklausulierung schon an dieser Stelle zeigt, daß Karpeles keinen Zweifel an Heines deutscher Staatsbürgerschaft aufkommen läßt; er will glauben, daß die jüdische Entfremdung keine Zukunft im kommenden Reich hat: »Die Zeit der Zerrissenheit und Zerfahrenheit ist in Deutschland vorüber. Mächtig und gigantisch soll der Riesendom deutscher Einheit ein lautes Zeugniß der Zukunft geben: es giebt keinen Weltschmerz mehr!«[17]

Andere gingen allerdings schon weiter im Versuch, eine jüdische Identität Heines zu definieren. Im Jahre 1925 erschien in Berlin die erste Fassung von Hugo Biebers ›Confessio Judaica‹, eine sorgfältig ausgewählte Anthologie von Heines Aussprüchen zum Judentum. Nach dem Krieg ist das Werk in einer erweiterten zweiten Auflage 1946 in New York unter dem Titel ›Jüdisches Manifest‹ erschienen.[18] Gleichzeitig aber ist Bieber selber etwas skeptisch über die vermeintliche Vereinnahmung Heines von jüdischer Seite geworden.[19] Als er von der Jewish Publication Society of America aufgefordert worden war, eine Anthologie auf Englisch zu gestalten, hat er die Betonung auf das Jüdische aufgegeben und einen neuen Sammelband über Heines ganzes Leben entworfen.[20] Versuche, Heine als jüdischen Dichter zu begreifen,

---

15 Gustav Karpeles, *Heinrich Heine's Biographie*, Hamburg 1885, S. 58; wörtlich auch bei Karpeles, *Allgemeine Geschichte der Litteratur von ihren Anfängen bis auf die Gegenwart*, Berlin 1891, Bd. 2, S. 607.

16 Gustav Karpeles, *Heinrich Heine und das Judenthum*, Breslau 1868, S. 18.

17 Ebd., S. 24.

18 Hugo Bieber, *Heinrich Heine. Confessio Judaica*, Berlin 1925; ders., *Jüdisches Manifest*, New York 1946.

19 Vgl. Hugo Bieber, Recent Literature on Heine's Attitude toward Judaism, in: *Historica Judaica* 10, 1948, S. 175-183.

20 Hugo Bieber, *Heinrich Heine. A Biographical Anthology*, Philadelphia 1956. Bieber ist über dieser Arbeit gestorben; sie wurde vom prominenten Philosophen Moses Hadas vollendet. Vgl. dazu Sammons, Jewish Reception as the Last Phase of American Heine Reception, in: *The Jewish Reception of Heinrich Heine*, hg. von Mark H. Gelber, Tübingen 1992 (Conditio Judaica 1), S. 197-214, hier S. 211. Zum 200. Geburtstag hat Paul Peters das Konzept Biebers erweitert, indem er auch das Unangenehme und wenig Affirmative in Heines Diskurs über das Ju-

gehen auf die Zeit vor dem Ersten Weltkrieg zurück. Im Jahre 1910 erschien ein Buch, das die bis zum heutigen Tag immer wieder neuformulierte Behauptung aufstellt, alles bei Heine sei ein Überbau auf dem jüdischen Fundament. Auch wenn er ein »Zwischengeschöpf zwischen Jude und Nichtjude gewesen sei«,[21] lasse sich sowohl sein Charakter wie auch seine lyrische Dichtung nur durch sein Judentum erklären. Drei Jahre später erschien eine zionistisch gefärbte Studie, die behauptet, Heine sei durch seine Erfahrung mit dem Verein für die Cultur und Wissenschaft der Juden »zu *jüdisch-nationalem Bewußtsein*« gekommen.[22] Wie es im älteren zionistischen Diskurs manchmal passiert, finden sich hier Anschauungen, die Parallelen zum völkischen Diskurs verraten: daß für Heine als »echte[n] jüdische[n] Spiritualist[en]« die »bloße Natur« nicht spreche – »er muß sie beleben mit Visionen und Spukerscheinungen, die sein erregter *Intellekt* hineinhetzt« –, daß seine Bilder »orientalisch« seien oder daß er traditionslos gewesen sei.[23]

Diese Linie kulminierte in der Biographie von Max Brod, die mit der Jahreszahl 1934 in Leipzig und Wien erschien. Die ursprüngliche deutsche Fassung – in der Nazizeit untergegangen und zu einer relativen Seltenheit geworden – gelangte zu einer verspäteten Wirkung durch einen Neudruck im Jahre 1956 und wohl noch mehr durch die englische Version, ›Heinrich Heine. The Artist in Revolt‹, die im selben Jahr in London und ein Jahr später in New York herausgekommen ist. Brod judaisiert Heine in einer Weise, die entfernt an seine Vereinnahmung Kafkas erinnert, indem er die Bemühungen der jüdischen Philologie, Heine in den Kanon der deutschen Literatur einzugemeinden, rückgängig machen will. Dort heißt es, daß Heines Leistungen für »die deutsche Kunst und Kultur [...] als Randerscheinungen bedeutsam und bereichernd« seien. »Bei Beurteilung des ästhetischen Wertes nun ist zu beachten, daß sich jüdischer Geist in eine fremde Materie hinein-

dentum mit einbezogen hat: *Heinrich Heine, Prinzessin Sabbat. Über Juden und Judentum*, Bodenheim 1997.

21 Max Bienenstock, *Das jüdische Element in Heines Werken. Ein kritisch-aesthetischer Beitrag zur Heine-Frage*, Leipzig 1910, S. 2.

22 Georg J. Plotke, *Heinrich Heine als Dichter des Judentums*, Dresden 1913, S. 24. Selbstverständlich konnte der Begriff des Nationaljuden gegen Heine gewendet werden; vgl. Max Jungmann, *Heinrich Heine als Nationaljude. Eine kritische Synthese*, Berlin 1896.

23 Plotke (Anm. 22), S. 75, S. 76, S. 99 f. Zu Bienenstock und Plotke vgl. das Kapitel The Jewish Image. Max Brod, in: Sammons, *Heinrich Heine. The Elusive Poet*, New Haven und London 1969, S. 454-457; zu Plotke vgl. Itta Shedletzky, Zwischen Stolz und Abneigung. Zur Heine-Rezeption in der deutsch-jüdischen Literaturkritik, in: *Conditio Judaica. Judentum, Antisemitismus und deutschsprachige Literatur vom 18. Jahrhundert bis zum Ersten Weltkrieg*, hg. von Hans Otto Horch und Horst Denkler, Bd. 1, Tübingen 1988, S. 200-213, hier S. 203.

bildet«; er bedauert: »Um die jüdische Schaffenslinie, in die Heines Werk organisch hineingehört, hat man sich bisher noch wenig bemüht«.[24] Wie sieht diese Schaffenslinie aus? Sie besteht aus einem provenzalischen Satiriker des 13. Jahrhunderts aus dem Kreis um Dante, dem Minnesinger Süßkind von Trimberg und dem mit Lessing befreundeten Satiriker Ephraim Kuh.[25] Das ist eine phantastische, offensichtlich aus der Tendenz geborene Literaturgeschichte.

Selbstverständlich sind solche Vorstellungen nicht ohne Widerspruch geblieben. Bekanntlich war die Mehrzahl der deutschen Juden vom Zionismus wenig begeistert. Eine Besprechung von diesem quasi-zionistischen Versuch in der Zeitschrift des Centralvereins deutscher Staatsbürger jüdischen Glaubens fand, daß der auf Heine angewandte Zionismus ein recht spielerischer Begriff sei und bedauerte, daß der Autor Heine zu einem Parteimann stempeln wolle.[26] Die Wortführer des assimilierten deutschen Judentums hatten für Heine oft wenig übrig. Im Jahre 1927 schrieb Robert Neumannn in der ›C. V.-Zeitung‹: »Für den reifen und vernünftigen Leser, sei er Jud oder Christ, sind heute neuneinhalb Zehntel jenes berühmten ›Buch der Lieder‹ von einer schlechtweg nicht mehr erträglichen Abgeschmacktheit«; Heine sei ein »Lyriker aus dem Handgelenk«, seine Gedichte seien »Gefühls-Ersatz« und »höchst spießbürgerliche Herz-Schmerz-Poesie«. Er sei eine Belastung für die jüdisch-deutsche Integration, Wasser auf die Mühlen der Antisemiten: »Denn die Tadler wie die Verteidiger *reden vom Dichter – und meinen den Juden.*« Daher käme das Lob »unserer wohlmeinenden jüdischen Freunden« ungelegen.[27] Bei dieser Lektüre vernimmt man unschwer im Hintergrund die Stimme von Karl Kraus. Der Angriff von Kraus auf Heine, bzw.

---

24 Max Brod, *Heinrich Heine*, Leipzig und Wien 1934, S. 316, S. 319, S. 323. Brod scheint hier einen Vorschlag Oskar Walzels in der Einleitung zu seiner Ausgabe aufgenommen zu haben: »Der nächstliegende, streng wissenschaftliche Weg, das eigentümlich Stammhafte von Heines Gesamterscheinung herauszunehmen, wäre wohl, wenn die Züge der jüdischen Dichtung *vor* Heine, die bei ihm wiederkehren, zusammengetragen würden.« Heinrich Heine, *Sämtliche Werke*, hg. von Oskar Walzel u. a., Leipzig 1910-1920, Bd. 1, S. XXXIII.

25 Vgl. Brod (Anm. 24), S. 323-328. Die forcierte Judaisierung Heines findet sich, mit einer amerikanischen Färbung, auch bei Untermeyer.

26 Vgl. Alfred Goldschmidt, [Rez. von Plotke], in: *Im deutschen Reich. Zeitschrift des Centralvereins deutscher Staatsbürger jüdischen Glaubens* 19, 1913, S. 500-503. Allerdings distanzierte sich die Redaktion von Goldschmidts Heinebild.

27 Robert Neumann, Deutschland und Heinrich Heine, in: *C. V.-Zeitung. Blätter für Deutschtum und Judentum. Organ des Central-Vereins deutscher Staatsbürger jüdischen Glaubens* 6, Sondernummer vom 5. August 1927, S. 456 f., Hervorhebung im Original. Zwei Jahre später schrieb Neumann einen Angriff auf Heines Dilettantismus, in: *Die Weltbühne* 25, 1929, S. 602 f.

auf die Folgen, d. h. auf die Rezeption, ist hinlänglich bekannt. Seitdem Heine und Kraus alle beide zu vor jeder Kritik geschützten heiligen Kühen geworden sind, wird Kraus' unzarte Behandlung von Heine als recht peinlich empfunden und muß mit hermeneutischem Einfallsreichtum aus der Welt geredet werden.[28] Selten werden die unheilvollen Konnotationen dieser Polemik und ihrer Resonanz in der kritischen Theorie, namentlich bei Adorno, kritisch untersucht.[29] Jedenfalls frage ich mich, ob die Hersteller vom Heine-Eau de toilette im Gedenkjahr sich an die Spitze von Kraus erinnert haben: »Heine war ein Moses, der mit dem Stab auf den Felsen der deutschen Sprache schlug. Aber Geschwindigkeit ist keine Hexerei, das Wasser floß nicht aus dem Felsen, sondern er hatte es mit der andern Hand herangebracht; und es war Eau de Cologne«.[30] Neulich ist die verwandte Ablehnung Heines durch Friedrich Gundolf scharfsinnig geprüft worden.[31]

Wer wie Jakob Wassermann in seiner traurig-pathologischen Selbstentblößung ›Mein Weg als Deutscher und Jude‹ halb- oder unbewußt antisemitische Losungen internalisiert, kann den bis zum Überdruß vertrauten heinefeindlichen Diskurs wortgetreu reproduzieren: Heines Ruhm habe er nur als Symptom der »Zivilisationsverfassung« begreifen können, »in der das Talent über das Menschentum prävaliert«.

28 Neueste mir bekannte Beispiele: Eveline Petzoldt, Karl Kraus über Heinrich Heine. Ein politisches Mißverständnis, in: *Welfengarten* 7, 1997, S. 133-148; Hans Kaufmann, Heinrich Heine und Karl Kraus, in: *Deutschunterricht* 50, 1997, S. 514-524; António Sousa Ribeiro, Noch einmal: Heine und die Folgen. Ein Kapitel der Heine-Rezeption am Anfang des Jahrhunderts, in: *Differenz und Identität. Heinrich Heine (1797-1856). Europäische Perspektiven im 19. Jahrhundert*, hg. von Alfred Opitz, Trier 1998, S. 101-111. Davon scheint mir der Beitrag Kaufmanns der besonnenste zu sein.

29 Einmal unerbittlich von Paul Peters, *Heinrich Heine »Dichterjude«. Die Geschichte einer Schmähung*, Frankfurt am Main 1990; behutsam und ehrfürchtig über Adorno: Peter Uwe Hohendahl, Adorno as a Reader of Heine, in: *Reason and Its Other. Rationality in Modern German Philosophy and Culture*, hg. von Dieter Freundlieb und Wayne Hudson, Providence und Oxford 1993, S. 229-240, revidiert als Language, Poetry, and Race. The Example of Heinrich Heine, in: Hohendahl, *Prismatic Thought: Theodor W. Adorno*, Lincoln, Nebraska und London 1995, S. 105-117.

30 Karl Kraus, Heine und die Folgen, in: *Ausgewählte Werke*, hg. von Dietrich Simon, München 1971, Bd. 1, S. 290-312, hier S. 311.

31 Claudia Sonino, Der Jude Gundolf und der ›Fall‹ Heine, in: *Menora. Jahrbuch für deutsch-jüdische Geschichte* 8, 1997, S. 231-255. Ursprünglich auf italienisch: L'ebreo Gundolf e il ›caso Heine‹, in: *Cultura Tedesca. Deutsche Kultur* 1, 1994, S. 181-207.

Seine Lyrik erschien mir, gemessen an der von Goethe, Hölderlin oder Mörike, süßlich, spielerisch und roh sentimental; seine Prosa erregte meinen Haß durch ihr Bestreben nach geistreicher Pointe, durch ihre Mischung von Frivolität und rohester Melancholie; seine kritischen, polemischen, politischen Schriften fand ich zum Teil seicht und von oberflächlicher Brillanz, zum Teil unwahrhaftig und eitel [...]. Daß die blinden Hasser und die böswilligen Agitatoren unrecht haben, beweist nicht, daß Unrecht überhaupt geschieht [...]. Seine zeitbedingte Erscheinung war im zeitbedingten Sinn jüdisch [...], das schroffe Nebeneinander von Ghettogeist und Weltgeist, von jüdischem Kleinbürgertum und Europäismus, von dichterischer Imagination und jüdisch-talmudischer Vorliebe für das Wortspiel, das Wortkleid, das Wortphantom [...], ein Ergebnis fabelhafter jüdischer Anpassung und dabei tiefer innerer Lebens- und Weltunsicherheit [...]. Er war der Talentmensch, katexochen, ohne göttliche Bindung, ohne wahre Zusammenhänge, unheilvoll isoliert, durchaus auf sich selbst gestellt, auf sein einsames Ich, ohne Mythos, ohne Mütter, ohne Himmel und deshalb auch ohne Erde.

Am Ende dieser vierseitigen Philippika bricht Wassermann zu einem einmaligen, Adorno teilweise vorwegnehmenden Moment der Selbsterkenntnis durch: »er war die Wunde, die ich vor kurzem erlitten hatte«.[32] Davon sind es vielleicht nur ein paar Schritte zu den selteneren Fällen, wo die jüdische Ablehnung Heines in richtigen Antisemitismus umgeschlagen ist, wie 1915 bei einem zum Katholizismus konvertierten Juden, der Heine als Beispiel der Tragik der Juden betrachtete: »von seinem Blute her belastet mit materialistischer Sucht und fluchbeladener Unrast, erstrebt sein Geist die Emanzipation von dem jüdischen Fleische, die nur dem Begnadeten zuteil wird.«[33]

Also eine bunte, intensive wie extensive Epoche der Beschäftigung mit Heine. Man erkennt eine Vielfalt von Initiativen; die gängige Vorstellung, daß sich die Philologie in Biographismus, Positivismus und pedantischer Quellensuche erschöpfe, erweist sich als ein Vorurteil. Dabei erfahren wir wieder einmal, daß es *die Juden* als Gattung nicht gibt, daß die jüdischen Mitarbeiter am Heinebild recht unterschiedlich in ihren Ansichten und Methoden gewesen sind. Ist es nicht kurios, daß diese Epoche nicht in ihrem vollen Ausmaß rezeptionsgeschichtliche Aufmerksamkeit auf sich zieht? Nicht, daß sie vollkommen verschwiegen wird; einige ältere Arbeiten sind in Neudrucken erschienen. Es wird ab und zu auf die Epoche angespielt, aber ohne intensives Befragen. Nehmen wir zum Beispiel Ernst Elster, der nicht

---

32 Jakob Wassermann, *Mein Weg als Deutscher und Jude*, Berlin 1921, S. 56-59.
33 Max Fischer, *Heinrich Heine. Der deutsche Jude*, 2. Auflage, Stuttgart und Berlin 1916, S. 62. Zu Fischer vgl. Shedletzky (Anm. 23), S. 203-205.

nur die lange gültige Standardausgabe zustandegebracht hat, sondern von 1890 bis 1931 eine stattliche Reihe von Arbeiten über Heine verschiedener Art publizierte. Nun hat derselbe Elster 1915 eine Rektoratsrede an der Universität Marburg mit dem Titel ›Deutschtum und Dichtung‹ gehalten, ein reines Beispiel von der nationalchauvinistischen Exaltation dieser Zeit. Einige Zitate:

> Deutsche Wissenschaft hat an den Erfolgen unserer Waffen starken Anteil genommen [...]. Auf Grund all dieser Betätigungen entwickelt sich als letztes Ziel des Deutschen der Gedanke des von aller Verbildung losgelösten *reinen Menschentums* [...]. Unsere Frage nach der tief innerlichen Verschmelzung von deutscher Art und deutscher Dichtung kann vom Standpunkte der weltbürgerlichen Literaturbetrachtung aus keine befriedigende Antwort finden [...]. Von den Vorläufern der Klassiker stand Wieland deutschem Wesen innerlich fern. Auch Lessing hat manche Aeußerungen getan, die sein Deutschtum als schwankend und unfertig erscheinen lassen,

u.s.w.; kaum ein Klischee des kriegsbegeisterten Nationalismus fehlt.[34] Wie reimt sich das mit einer lebenslänglichen Beschäftigung mit Heine, »der doch die ganz entgegengesetzten Stimmungen der jüngeren Romantik so feinsinnig erfaßt und wiedergeben hatte«, der aber auch als Quelle der »weltbürgerlichen Stimmungen« beschuldigt wird: »es kam das Wort auf, daß es in Europa nur noch Parteien, nicht aber noch Völker gebe«?[35] Walter Wadepuhl, der die Heinemanuskripte und -photokopien Elsters erworben hatte, berichtet in seiner äußerst fragwürdigen Biographie, Elster habe ihn dazu mit der Bemerkung ermuntert: »Sie werden allerdings bald feststellen, daß Heine ein völlig charakterloser Mensch war, doch das müssen Sie in Ihrer Biographie unterdrücken, sonst wird Ihr Buch keinen großen Absatz finden«;[36] ist das glaubhaft? Ist glaubhaft, was ein ehemaliger Marburger Student Jahre später berichtet hat, daß Elster schon um 1909 von Heine als Dissertationsthema abgeraten und damals »nie ein Kolleg über seinen Dichter gehalten und auch im mündlichen Examen selbst gegenüber den Kandidaten des Hauptfachs nie nach Heine gefragt« habe?[37]

Was die Heineforscher jüdischer Herkunft angeht, liegen die Dinge nicht viel anders. Zwar hat man den beiden, von denen wir wissen, daß sie in

---

34 Ernst Elster, *Deutschtum und Dichtung. Rede, gehalten beim Antritt des Rektorats der Philipps-Universität zu Marburg am 24. Oktober 1915*, Marburg 1915, S. 4, S. 7, S. 9, S. 11, S. 17; Hervorhebung im Original.

35 Ebd., S. 27.

36 Walter Wadepuhl, *Heinrich Heine. Sein Leben und seine Werke*, Köln und Wien 1974, S. XII.

37 Jakob Stöcker, Heinrich Heine im Jahre 1844. Begegnungen mit Karl Marx – Deutschland, ein Wintermärchen, in: *Geist und Zeit* 4, 1959, S. 103-113, hier S. 113.

Auschwitz umgekommen sind, jeweils eine Art von Denkmal gesetzt. Im Jahre 1964 hat das ›Heine-Jahrbuch‹, anscheinend als eine Geste der Wiedergutmachung, Loewenthals Aufsatz über den ›Rabbi von Bacherach‹ aus dem Jahre 1936 abgedruckt, da er, wie es vorsichtig heißt, »aus zeitbedingten Gründen nur geringe Verbreitung gefunden hat«; er ist dann elf Jahre später zusammen mit dieser Anmerkung in die Aufsatzsammlung der Wissenschaftlichen Buchgesellschaft aufgenommen worden.[38] Seine Dissertation über die ›Reisebilder‹ aus dem Jahre 1922 war inzwischen 1967 im Ausland neugedruckt worden.[39] In der DDR erschien 1988 im Leipziger Reclam-Verlag ein Band mit den Arbeiten Helene Herrmanns, darunter ihr umfangreicher Aufsatz aus dem Jahre 1920 über Heines lyrische Entwicklung.[40] Das alles ist sicher zu begrüßen, bedeutet aber nicht, daß diese Beiträge dadurch in der Flut des Heine-Schrifttums besonders sichtbar geworden sind. In der Goethe-Forschung dagegen bleiben die Studien Helene Herrmanns zum zweiten Teil von ›Faust‹[41] immer noch unvergessen.[42]

Sonst haben die Dichter verständlicherweise mehr als die bloßen Literaturwissenschaftler einige Aufmerksamkeit auf sich gezogen. Wer sich gründlich mit dem ›Rabbi von Bacherach‹ beschäftigt, kommt schwerlich

---

38 Erich Loewenthal, Der Rabbi von Bacherach, in: *Heine-Jahrbuch* [3], 1964, S. 3-16; wieder in: *Heinrich Heine*, hg. von Helmut Koopmann, Darmstadt 1975, S. 32-48.

39 Erich Loewenthal, *Studien zu Heines ›Reisebildern‹*, Berlin und Leipzig 1922, Neudruck New York und London 1967.

40 Helene Herrmann, Heinrich Heines lyrische Entwicklung, in: dies., *Einfühlung und Verstehen. Schriften über Dichtung*, hg. von Joachim Biener, Leipzig 1988, S. 82-125. Es überrascht nicht, daß in der Noch-DDR so wenig Gedanken wie möglich über eine besondere jüdische Perspektive gemacht werden. Im kurzen Nachwort von Biener heißt es, sie sei als »Jüdin und Humanistin politisch-existentiell aufs höchste bedroht« gewesen (S. 155). Das kurze ›Lebensbild‹ von Ruth Mövius betont die Verfolgung des hoffnungslosen Opfers. Erwähnt wird, daß sie von 1933 bis 1938 Mitleiterin einer Berliner Privatschule war, die den »vorwiegend jüdische[n] Kinder[n] [...] das Bewußtsein ihres Deutschtums erhalten sollte«. Das ›Lebensbild‹ ist eine revidierte und verkürzte Fassung von Mövius, Helene Herrmann – ein Lebensbild, in: *Sinn und Form* 36, 1984, S. 739-752.

41 Helene Herrmann, Faust, 2. Teil. Studien zur inneren Form, in: *Zeitschrift für Ästhetik und allgemeine Kunstwissenschaft* 12, 1916/17, S. 86-137, 161-178, 311-351.

42 Hinweise darauf z. B. an mehreren Stellen in Bd. 3 der Hamburger Ausgabe. Wilhelm Emrich erkennt sie als Vorgängerin an, vgl. Emrich, *Die Symbolik von Faust II. Sinn und Vorformen*, 4. Auflage, Wiesbaden 1978, S. 21. Aufgenommen sind ihre Arbeiten in die Bibliographie von Theodor Friedrich und Lothar J. Scheithauer, *Kommentar zu Goethes Faust*, Stuttgart 1974, S. 376 und S. 381.

um Lion Feuchtwanger herum.[43] Max Brod wird auch gelegentlich beachtet.[44] Auch ist Karl Emil Franzos in neuerer Zeit in die Diskussion gekommen, allerdings nicht hauptsächlich im Hinblick auf Heine; er wirft aber ein besonderes Problem auf, auf das ich weiter unten zurückkomme. Karl Kraus und vielleicht auch Gundolf könnten gleichfalls zu dieser Kategorie gerechnet werden. Die literaturwissenschaftlichen Arbeiten bzw. ihre Kontextualisierung in der grundlegenden Epoche der Heine-Philologie sind aber kaum beachtet worden; die wenigen Versuche sind von außerhalb Deutschlands gekommen.[45] Was wäre die Erklärung für die Ausklammerung dieser jahrzehntelangen Bemühungen und Aktivitäten? Im mehr oder weniger spekulativen Geist ziehe ich meine Beobachtungen auf zwei Punkte zusammen.

Erstens scheint es ziemlich klar zu sein, daß Heine ab den sechziger Jahren in der Bundesrepublik nicht nur wiederentdeckt, sondern eigentlich neu erfunden werden mußte. Er sollte zu dringenden aktuellen Zwecken eingesetzt werden, nicht zuletzt zur Neugestaltung der Germanistik. Das verstand sich als ein Aufstand nicht nur gegen die ältere Generation, sondern auch gegen den Muff, wenn nicht von tausend Jahren, so doch von mehr als einem Jahrhundert akademischer Literaturwissenschaft. Das mußte wiederum bedeuten, daß Heine nicht vorher dagewesen, daß er verschwiegen oder bestenfalls aus antisemitischen, nationalistischen, gegenrevolutionären, klassenbedingten Gründen verunglimpft worden sei. Für diesen Zweck konnte man eine unbefangene Rezeptionsgeschichte unserer Epoche nicht gebrauchen. Sie wurde also als nichtexistent beseitigt. Ein Blick in die rezeptionsgeschichtlichen Arbeiten kann das bestätigen. In einer 1975 zu pädagogischen Zwecken kompilierten Sammlung der wirkungsgeschichtlichen Materialien wirft der Autor »kurz einen Blick auf die seit den Pariser Jahren und verstärkt seit dem Erscheinen der ersten Gesamtausgabe der Schriften Heines (1861 ff. bei Campe durch Strodtmann) einsetzende Heine-Philologie [...]. Schon in den Pariser Jahren häufen sich biographisch-historische Werke, deren Quellenwert zum Teil umstritten ist; neben Alfred Meißner oder Saint-René Taillandier sind hier vor allem zu nennen: H. Hüffer, A. Strodtmann, G. Karpeles, R. Proelß, Ernst Elster [...]. Die zum Teil im Gefolge der Scherer-Schule entstandenen werkhistorischen Arbeiten von Strodtmann, Karpeles und vor

---

43 Vgl. z. B. Wulf Koepke, Lion Feuchtwanger's Discovery of Himself in Heinrich Heine, in: *The Jewish Reception of Heinrich Heine* (Anm. 20), S. 163-171; Manfred Windfuhr, Jüdisches Selbstverständnis. Beim Wiederlesen von Feuchtwangers ›Rabbi‹-Dissertation, in: *Heine-Jahrbuch* 32, 1993, S. 144-147.

44 Vgl. Margarita Pazi, Max Brod's Presentation of Heinrich Heine, in: *The Jewish Reception of Heinrich Heine* (Anm. 20), S. 173-184.

45 Vgl. Sammons (Anm. 10); Shedletzky (Anm. 23).

allem Elster dienen [...] noch heute als unentbehrliches Quellenmaterial«.[46] Das klingt recht respektvoll; es ist nur, daß diese drei Sätze den ganzen Komplex erschöpfen. Eine Studie von 1978 über die Rezeption des ›Buchs der Lieder‹ im 19. Jahrhundert kommt kurz auf Strodtmann, Elster, Jules Legras und Karpeles zu sprechen, um hauptsächlich den Biographismus, die Suche nach den vermeintlichen Liebesbeziehungen zu den Kusinen, zu verwerfen.[47] Eine Abhandlung aus dem Jahre 1984 über die Behandlung Heines in Literaturgeschichten kommt am Ende auf sechs Seiten zu den »liberalen Gegenstimmen um die Jahrhundertwende«; da werden Wilhelm Bölsche, Proelß und Eduard Engel kurz erwähnt.[48] Beiläufig werden die Literaturgeschichten von Walzel und Engel unter der Rubrik »Florilegium der Heine-Schelte« kurz zitiert.[49] Denn nur die Schelte interessiert. Eine 1976 erschienene Sammlung von Rezeptionsdokumenten enthält von den Heinefreunden nur ein Exzerpt von Bölsche; sonst ist das meiste aus unserer Epoche Zitierte feindselig, wenn nicht eindeutig antisemitisch eingestellt.[50]

Die Hervorhebung des judenfeindlichen Diskurses über Heine stellt ein auffallendes Merkmal der Rezeptionsgeschichte dar. Das ist natürlich aus der geschichtlichen Retrospektive völlig verständlich, weist aber auch auf ein Problem literarhistorischer Methode hin. Es läßt sich am immer wieder herausgestellten Fall von Adolf Bartels exemplifizieren. Selbstverständlich kommt der rasenden Besessenheit von Bartels, jede Spur von Heine aus der

46 Karl Hotz, *Heinrich Heine. Wirkungsgeschichte als Wirkungskritik. Materialien zur Rezeptions- und Wirkungsgeschichte Heines*, Stuttgart 1975, S. III.

47 Vgl. Erich Mayser, *H. Heines ›Buch der Lieder‹ im 19. Jahrhundert*, Stuttgart 1978, S. 221-223, S. 227.

48 Johannes Weber, *Libertin und Charakter. Heinrich Heine und Ludwig Börne im Werturteil deutscher Literaturgeschichtsschreibung 1840-1918*, Heidelberg 1984, S. 211-215. Vgl. auch Bernd Füllner, *Heinrich Heine in deutschen Literaturgeschichten*, Frankfurt am Main und Bern 1982. Auch hier kommen unter den 170 analysierten Literaturgeschichten von 1833 bis 1970 Brandes, Engel, Karpeles, Proelß und Walzel vor; bei der statistischen und kategorisierenden Behandlung des Materials geht die Eigenart des jeweiligen Werkes unter. Erst kürzlich hat Joseph A. Kruse etwas differenzierter darauf hingewiesen, daß Heine in Wilhelm Scherers Literaturgeschichte »eine durchaus respektable Rolle« spiele, vgl. Joseph A. Kruse, Zwischen Weltschmerz und Engagement. Heine. Über historische Grenzen und deren Bestimmbarkeit, fließende Übergänge und die Nähe von Klassik und Romantik zur deutschen Literatur des Vormärz, in: *Vormärz und Klassik*, hg. von Lothar Ehrlich, Hartmut Steinecke und Michael Vogt, Bielefeld 1999, S. 33-47 hier S. 33.

49 Weber (Anm. 48), S. 31.

50 Vgl. *Heine in Deutschland*, hg. von Karl Theodor Kleinknecht, Tübingen 1976, S. 105-118.

deutschen Kultur auszumerzen, im geschichtlichen Rückblick eine ominöse, wenn nicht gar prophetische Bedeutsamkeit zu. Die Frage ist, wie wichtig und repräsentativ er in seiner eigenen Zeit gewesen ist. Gewiß ist er nicht ohne Wirkung und Gefolgschaft geblieben, besonders in den zwanziger Jahren. Andererseits scheint man ihn in seiner eigenen Zeit als eine verschrobene Randerscheinung betrachtet zu haben; nicht einmal die Nazis haben ihn ernstgenommen. Er blieb ein frustrierter und enttäuschter Schriftsteller dritten Ranges, der seine ehrgeizigen Ziele nie erreichen konnte.[51] Die einseitige Beschäftigung mit dem antisemitischen Diskurs verdeckt die Mehrstimmigkeit der Epoche und läßt die jüdischen Beiträge im besonderen völlig verschwinden. Wenigstens wäre es einfach logisch zu vermuten, daß die unermüdliche antisemitische Hetze gegen Heine von seiner andauernden Präsenz und Bedeutsamkeit in der deutschen Kultur zeugt.

Das gilt wohl auch für die berüchtigte Unterabteilung des Diskurses, die unendliche Geschichte des Denkmalstreits. Er ist ein im wörtlichen Sinne gegenständliches Beispiel des Widerstandes gegen Heine und hätte gewiß komische Aspekte, wenn die weiteren Implikationen nicht so gruselig wären. Erst in den letzten Jahren hat man angefangen, diese Ereignisse etwas näher zu betrachten, und zwar mit differenzierten Ergebnissen, die aber bisher keinen Eindruck auf den herrschenden Diskurs gemacht haben. Am spektakulärsten Fall, dem des für Düsseldorf bestimmten, von Kaiserin Elisabeth geförderten und letztendlich nach Amerika ausgewanderten Loreleybrunnens, läßt sich gegen eingewurzelte Legenden nachweisen, daß die Düsseldorfer von der Stadtregierung bis zur Presse und öffentlichen Meinung das Projekt mehrheitlich unterstützt haben und daß die Hindernisse hauptsächlich von der preußischen Obrigkeit bereitet wurden.[52] Im Falle von Frankfurt hatte eine außerordentlich entschlossene und tatkräftige antisemitische Hetze kaum eine Wirkung, blieb politisch machtlos wie die damalige antisemitische Parteipolitik überhaupt und konnte den Bau des Denkmals nicht

---

51 Vgl. Steven Nyole Fuller, *The Nazis' Literary Grandfather. Adolf Bartels and Cultural Extremism*, New York u. a. 1996. Keineswegs will ich die antisemitische Atmosphäre der Weimarer Republik bagatellisieren.

52 Vgl. Ute Kröger, »Unsere Stadt ist kein Krähwinkel!« Die Düsseldorfer und ›ihr‹ Heine – vom Versuch, nach dem Denkmalsdebakel ein eigenes Heine-Verständnis zu pflegen, in: *Das literarische Düsseldorf. Zur kulturellen Entwicklung von 1850-1933*, hg. von Gertrude Cepl-Kaufmann und Winfried Hartkopf, Düsseldorf 1988, S. 59-66; dies., *Der Streit um Heine in der deutschen Presse 1887-1914. Ein Beitrag zur Heine-Rezeption in Deutschland*, Aachen 1989; Dietrich Schubert, Der Kampf um das erste Heine-Denkmal. Düsseldorf 1887-1893 – Mainz 1893-1894 – New York 1899, in: *Wallraf-Richartz-Jahrbuch. Westdeutsches Jahrbuch für Kunstgeschichte 51*, 1990, S. 241-272.

verhindern.[53] Aber solche Erkenntnisse sind nicht brauchbar, nicht zuletzt deswegen, weil sie die Juden nicht als Opfer, sondern als tätige, wirksame Subjekte zeigen, die die Unterstützung ihrer Mitbürger nicht völlig entbehren mußten.

Das bringt mich zum zweiten Punkt. Um ihn etwas überspitzt auszudrükken: Die Literaturwissenschaftler unserer Zeit mögen die Juden der damaligen Zeit nicht. Das sind nicht die Juden, die wir haben wollen. Vielmehr ist Heine der Jude, den wir haben wollen, und wenn die damaligen Juden ihn nicht ganz so wie wir haben wollten oder ihn aus anderen Gründen wie wir schätzten und verstanden, dann um so schlimmer für sie. Es würde zu weit gehen, zu behaupten, die Literaturwissenschaftler meinten, wer Jude sei, bestimmten sie. Die Juden bleiben aber inakzeptabel, da sie assimilatorisch, in verschiedenem Grad deutschnational gestimmt und, um das schlimme Wort nun einmal deutlich auszusprechen, *bürgerlich* gewesen sind. Dazu hat Odo Marquard seinen Plenarvortrag auf dem Düsseldorfer Heinekongreß mit den Worten eröffnet: »Zu einer Philosophie, die auf sich hält, scheint in unserer Weltgegend und Zeit zu gehören, daß sie gegen das Bürgerliche ist. Herrschende Lehre wurde und ist, was ich nennen werde: die Verweigerung der Bürgerlichkeit. Ausgemacht scheint zu sein: Bürgerlichkeit ist schlimm, Verweigerung der Bürgerlichkeit ist gut«.[54] Aber solche Ironie kommt von außerhalb unserer Zunft. Wir dagegen wissen uns vor dem Bürgerlichen gefeit.

Wenn nun diese Bezeichnung überhaupt einen Sinn hat, dann war der jüdische Heine-Diskurs wohl tatsächlich ein bürgerlicher. Bei aller Divergenz läßt sich als roter Faden der Zweck erkennen, Heine als deutschen Dichter einzubürgern. Die Identifikation Heines mit der deutschen Kultur konnte sehr weit führen. Einst mußte ich mir von einer alten, aus Euskirchen stammenden, den Mördern mit knapper Not entgangenen jüdischen Frau sagen lassen, ich dürfe nicht hoffen, Heine zu begreifen, denn mir fehle die deutsche Seele. Das Verhältnis von Deutschtum und Judentum bei Heine konnte vorsichtig betrachtet werden, etwa vom Philosophen Hermann

---

53 Vgl. Inge Schlotzhauer, Der Kampf des Deutschen Vereins gegen die Errichtung eines Denkmals für Heinrich Heine 1912/13, in: dies., *Ideologie und Organisation des politischen Antisemitismus in Frankfurt am Main 1880-1914*, Frankfurt am Main 1989, S. 263-284.

54 Odo Marquard, Skepsis in der Moderne. Überlegungen im Blick auf Heinrich Heine, in: *Aufklärung und Skepsis. Internationaler Heine-Kongreß 1997 zum 200. Geburtstag*, hg. von Joseph A. Kruse, Bernd Witte und Karin Füllner, Stuttgart und Weimar 1999, S. 909-918, hier S. 909.

Cohen.[55] Bei anderen jüdischen Verfechtern Heines findet man aber nicht selten deutschpatriotische Bekenntnisse. Extremstes Beispiel war Karl Emil Franzos, der den assimilatorischen mit dem deutschnationalen Diskurs verband und auf die Spitze trieb. In unserer Zeit ist er deswegen manchmal mit Entrüstung kritisiert worden. Seine Charakterisierungen seien mit den rassistischen Stereotypen Gustav Freytags oder gar mit denen Arthur Dinters oder Julius Streichers zu vergleichen, sein Kreuzzug gegen die selbstverschuldete Zurückgebliebenheit der Ostjuden ›Halb-Asiens‹ sei dem Antisemitismus und dem deutschen Imperialismus dienlich gewesen.[56] Auf diese Problematik kann ich hier nicht eingehen,[57] meine aber, sie sollte die unzweifelhaften Verdienste von Franzos um Heine nicht verdecken.

Die Eindeutschung Heines brachte zwei Auswirkungen mit sich, die das damalige Heinebild den heutigen Bemühungen entfremden. Die politischen, kultur- und ideologiekritischen Schriften, die antinationalistische Weltbürgerlichkeit, die Beziehung zu Marx, sowie auch die zentrale Doktrin der sensualistischen Emanzipation wurden beiseite gestellt wenn nicht explizit oder implizit bedauert. Das bedingt zweitens, daß die Lyrik, und vor allem das ›Buch der Lieder‹, stark in den Vordergrund gestellt wird. Schon damals führte die Beschränkung Heines auf den frühen Lyriker in eine Rezeptionskrise. In einer Zeit des modernistischen Qualitätssprungs in der deutschen Lyrik, in der Zeit von Hofmannsthal, Rilke und George, konnte man Heines andersartige Subtilität, die internen Wechselbeziehungen und Echos, den Kontrapunkt von Metrum und Rhythmus nicht mehr vernehmen; Heine und die Folgen werden dem Philistertum zugeschrieben. Die Abwertung der Heineschen Lyrik lieferte den modernistischen, sich als antibürgerlich verstehenden jüdischen Intellektuellen den Vorwand, Heine über Bord zu werfen. Die Identifizierung Heines mit einer international populär gebliebenen, aber literaturkritisch in Mißkredit geratenen Lyrik hat meines Erachtens viel mit

---

55 Vgl. Peter A. Schmid, Deutschtum und Judentum bei Hermann Cohen und Heinrich Heine, in: *Aufklärung und Skepsis* (Anm. 54), S. 265-278. Dazu auch Willi Goetschel, Heines Spinoza. Ent/Mythologisierung der Philosophie als Projekt der Entzauberung und Emanzipation, in: ebd., S. 579-580.

56 Vgl. Claudia Albert und Gregor Blum, Des Sender Glatteis neue Kleider. Judentum und Assimilation bei Karl Emil Franzos (1848-1904), in: *Die Horen* 30, N. 137, 1985, S. 69-92, hier S. 75; Egon Schwarz und Russell A. Berman, Karl Emil Franzos. Der Pojaz (1905). Aufklärung, Assimilation und ihre realistischen Grenzen, in: *Romane und Erzählungen des Bürgerlichen Realismus*, hg. von Horst Denkler, Stuttgart 1980, S. 378-392, hier S. 387; Fred Sommer, ›Halb-Asien‹. *German Nationalism and the Eastern European Works of Karl Emil Franzos*, Stuttgart 1984, S. 6, S. 17, S. 65 f., S. 160.

57 Vgl. Sammons (Anm. 10), hier S. 165-167.

der verzögerten Rehabilitierung Heines in der Bundesrepublik nach dem Zweiten Weltkrieg zu tun – das ist aber ein anderes Thema.

Selbstverständlich muß sich unser Verständnis von Heine von dem der Vergangenheit unterscheiden. Selbstverständlich muß es von dem katastrophalen Lauf der Geschichte, der zwischen ihm und uns liegt, beeinflußt und bedingt werden. Aber vielleicht geht die Zeit des auf Vernichtung zielenden Generationskampfes in der Heineforschung allmählich vorüber. Möglicherweise können wir unsere Distanz von der Heine-Rezeption der Vergangenheit bewahren, ohne sie ins schwarze Loch der Vergessenheit zu verweisen. Denn damit geht ein jüdischer Beitrag zur germanistischen Wissenschaftsgeschichte verloren, was bedeutet, ihm Gerechtigkeit zu verweigern. Daß bei einer erneuerten Beleuchtung der Heine-Rezeption der Grundlagenepoche etwas dazuzulernen wäre, ist nicht undenkbar.

Diskurse über das Judentum:
Fremd- und Selbstbestimmung

Wie jüdisch war die jüdisch-intellektuelle Kultur der Weimarer Republik?

MICHAEL BRENNER

Am Vorabend des 1. Weltkriegs sorgte der alarmierende Aufruf eines deutschen Zionisten für Aufsehen in der deutsch-jüdischen Öffentlichkeit und darüber hinaus. Der Arzt und Schriftsteller Felix Theilhaber betitelte seine soziologische Bestandsaufnahme: ›Der Untergang der deutschen Juden‹ (1911). Darin prophezeite er das Verschwinden der deutschen Juden innerhalb weniger Generationen, nicht etwa aufgrund des bedrohlichen Antisemitismus, sondern wegen der zunehmenden Assimilation und insbesondere der hohen Mischehenrate. Die Geschichtsschreibung ist bis heute von dieser Sicht beeinflußt, derzufolge *die* deutschen Juden so stark assimiliert waren, daß sie erst von Hitler wieder an ihr Judentum erinnert wurden. Der Jerusalemer Historiker Moshe Zimmermann gab dem ersten Kapitel seines enzyklopädischen Überblicks über ›Die deutschen Juden 1914-1945‹ den Titel ›Dreißig Jahre ‚Untergang'‹ und schreibt darin: »Die jüdische Gesellschaft befand sich in einem kontinuierlichen Prozeß der Assimilation«, um dann über *Mischehen* und die Gefahr einer *vollständigen Assimilation* zu berichten.[1] ›German Jews beyond Judaism‹ nannte der kürzlich verstorbene Historiker George Mosse jene Gruppe, für die Isaac Deutscher bereits den Begriff ›Non-Jewish Jews‹ geprägt hatte und an die wir bei Tagungen wie dieser immer wieder erinnert werden.

Daß es diese ›Jews beyond Judaism‹ gab, daran besteht kein Zweifel. Ganz unbekannt ist freilich auch nicht, daß sie nicht mit *dem* deutschen Judentum des späten 19. und frühen 20. Jahrhunderts identisch sind. So möchten wir dem Buch von Felix Theilhaber ein anderes Zeugnis entgegenstellen, das nur wenige Jahre vorher entstand und eine ganz andere Selbstdarstellung der deutsch-jüdischen Situation wiedergibt. Rosalie Perles, die Frau des Königsberger Rabbiners und selbst engagierte Verfechterin deutsch-jüdischer Kultur, sprach folgende Worte in einem Vortrag des Jahres 1904, der 1919 publiziert wurde:

> Stellen wir uns jetzt einmal vor, daß unsere Großväter, namentlich diejenigen, welche damals mit Recht ein allmähliches Aufgehen in die andersgläubige Umgebung befürchteten, heute aufstehen und unter uns treten würden. Wie würden sie staunen, welch durchgreifende Veränderung mit ihren Nachkommen vorgegangen ist! Wie würden sie staunen, daß das

---

[1] Moshe Zimmermann, *Die deutschen Juden 1914-1945*, München 1997, S. 1.

von ihnen befürchtete Aufgehen garnicht eingetreten ist, daß sogar das genaue Gegenteil davon sich vollzogen hat! [...] Was also würden unsere Großväter sehen? Die Heutigen tragen ihr Judentum stolz zur Schau, von allen Ständen, auf allen Gebieten wird es hervorgekehrt. Sogar die bildenden Künstler unter den Juden, die Maler und Bildhauer, stellen mit Vorliebe jüdische Stoffe dar, die sie aus der jüdischen Volksseele oder aus ihrer Geschichte oder auch aus der lebendigen Gegenwart schöpfen. Noch mehr tritt das jüdische Element im Musikleben hervor [...] Jüdische Gedichte und Sagen werden von den Vortragskünstlern dargeboten, dramatische Dichter gehen bis in die biblische Zeit zurück, lassen die alten Propheten über die Bühne schreiten, während Andere moderne Bilder aus dem Leben der Ostjuden oder der palästinensischen Kolonien dem Publikum darbieten.[2]

Weiterhin führt Perles die Aktivitäten jüdischer Jugend- und Studentenvereine an, die Erneuerung der hebräischen Sprache und die Gründung jüdischer Turn- und Sportvereine. »Unsere Großväter hätten sich nicht so schwerer Sorge hingegeben, wenn sie bei ihrem Leben in diese Zukunft hätten sehen können«, schließt sie ihre optimistische Analyse. Bei der von ihr angesprochenen jüdisch-kulturellen Renaissance handelte es sich um einen Begriff, den Martin Buber um 1900 erstmals ins Gespräch brachte und der in den folgenden drei Jahrzehnten in der Tat einen Teil, wenngleich gewiß nicht die Mehrheit der deutschen Juden, in ihren Bann ziehen sollte.

Diese beiden unterschiedlichen Selbsteinschätzungen aus dem deutschen Judentum zu Beginn unseres Jahrhunderts zeigen zwei Seiten derselben Münze. Dabei konnte der Riß zwischen den ›Jews beyond Judaism‹ und den ›jüdischen Juden‹ durch ein und dieselbe Familie gehen. Bekanntestes Beispiel hierfür ist gewiß der Fall Scholem. Werner Scholem war damals als kommunistischer Reichstagsabgeordneter der bekannteste der vier Brüder, während Gerhard bald zu Gershom wurde, nach Jerusalem auswanderte und heute als Begründer der modernen Forschung der jüdischen Mystik uns allen bekannt ist. Wie in vielen anderen Fällen war die Rückwendung zum Judentum Teil eines Generationenkonflikts. Scholems Vater Arthur sah den Weg in die Assimilation – ohne freilich zum Christentum zu konvertieren – als historisch gegeben an. Die Tatsache, daß Gershom Scholems Urgroßvater nur hebräische Buchstaben auf seinem Grabstein eingemeißelt hatte, sein Großvater deutsche und hebräische, sein Vater aber nurmehr deutsche, symbolisiert diesen Weg. Daß sein Sohn später einmal nur hebräische Buchstaben auf seinem Grabstein haben sollte, konnte Arthur Scholem gewiß nicht ahnen. Doch den Konflikt über das Judentum und insbesondere den Zionis-

2 Rosalie Perles, Unsere Großväter, in: *Jahrbuch für Jüdische Geschichte und Literatur* 22, 1919, S. 111-131, hier S. 129-131.

mus seines Sohnes erlebte Arthur noch sehr deutlich und verwies seinen Sohn während des Ersten Weltkriegs des Hauses.

Während Gershom Scholem bereits zu Beginn der zwanziger Jahre nach Palästina ging, war Franz Rosenzweig der neben Martin Buber vielleicht bekannteste Vertreter einer jüdischen Renaissance in Deutschland. An der Schwelle zur Konversion stehend, die einige seiner engeren Familienmitglieder bereits vollzogen hatten, entdeckte er seine eigene Religion. Gemäß der Devise, er möchte eine Religion, die er verlasse, doch zuerst kennenlernen, begann er während des Krieges mit dem systematischen Studium jüdischer Quellen. Es braucht in diesem Rahmen nicht darauf eingegangen werden, daß er mit Schriften wie dem ›Stern der Erlösung‹, mit seinem durchaus erfolgreichen Experiment eines ›Jüdischen Lehrhauses‹ und mit der gemeinsam mit Buber vorgenommenen neuen Bibelübersetzung zu dem bedeutendsten und vielseitigsten Repräsentanten jener deutsch-jüdischen kulturellen Renaissance während der zwanziger Jahre wurde, bevor ihn seine heimtückische Krankheit 1929 dahinraffte. Interessanter in unserem Zusammenhang sind vielleicht jene aufschlußreichen und für einen Nachruf sehr ungewöhnlichen Zeilen, die nach seinem Tode in der ›Historischen Zeitschrift‹ erschienen. Darin heißt es: »Der Weltkrieg machte ihn irre an dem zuerst verfolgten Wege, die Höhen der deutschen protestantischen Kultur zu erforschen; darum flüchtete er in die Welt seines Blutes.«[3]

Als Autor zeichnete kein Geringerer als der damals renommierteste deutsche Historiker, Friedrich Meinecke, Rosenzweigs Doktorvater. Meinecke hat nie verstanden, wie Rosenzweig eine akademische Stelle als sein Assistent ausschlagen konnte und sich statt dessen jüdischen Belangen widmete. Diese Entscheidung mußte aus der Sicht eines deutschen Universitätsprofessors in der Tat wie eine Zurückdrängung universalistischer Werte zugunsten eines beschränkten Partikularismus wirken. Für Rosenzweig und seine Mitstreiter der jüdischen Erneuerung dagegen war dies durchaus nicht der Fall. So plädierte Rosenzweig für die Einrichtung einer ›jüdischen Sphäre‹ – einer Teilkultur, wenn man so will –, die die Teilnahme an der allgemeinen Kultur keineswegs in Frage stellen sollte. »Ich glaube, die Verjudung hat aus mir keinen schlechteren sondern einen besseren Deutschen gemacht«, schrieb er im Januar 1923 an Rudolf Hallo.[4] Es wird hier ein pluralistisches Gesellschaftsverständnis vorausgesetzt, für das die Weimarer Gesellschaft noch nicht offen war. So ist es auch kein Zufall, daß andere Teilkulturen – etwa die

---

3 F. M. [d. i. Friedrich Meinecke], [Nachruf], in: *Historische Zeitschrift* 142, 1930, S. 219 f.

4 Franz Rosenzweig, *Der Mensch und sein Werk. Gesammelte Schriften*, Abt. 1: Briefe und Tagebücher, hg. von Rachel Rosenzweig und Edith Rosenzweig-Scheinmann, Den Haag 1979, S. 887.

russische – sich nach ihrer ersten Entfaltung zu Beginn der zwanziger Jahre aus Deutschland wieder zurückzogen und zumeist von Berlin in eine diesbezüglich freiere Gesellschaft nach Paris zogen.

Innerhalb jener russischen Kulturszene im Deutschland der frühen zwanziger Jahre gab es – und auch dies ist heute weitgehend vergessen bzw. war niemals sonderlich bewußt – ein bedeutendes osteuropäisch-jüdisches intellektuelles Milieu. Wenn man an Ostjuden in Deutschland denkt, so assoziiert man diese zumeist mit dem Berliner Scheunenviertel und seinen jüdischen Lokalen und Buchläden, zahlreichen Betstuben sowie den für das deutsche Judentum wenig repräsentativen Mitgliedern der kleinbürgerlichen bis proletarischen Schichten. Doch im Vergleich mit den großen Einwandererzentren wie dem Londoner White Chapel, dem Pariser Pletztl oder gar der New Yorker Lower East Side, fällt in Berlin und anderen deutschen Städten eher das Fehlen politischer, sozialer und kultureller Einrichtungen auf, die mit jenen Zentren vergleichbar wären. Das Besondere an Berlin in der ersten Hälfte der zwanziger Jahre lag eher im Bereich der *elitären Kultur*. Die damals bedeutendsten hebräischen Schriftsteller von Micha Josef Berdiczewski (Bin Gorion) über Chaim Nachman Bialik bis hin zu Saul Tschernichowsky und Samuel Josef Agnon lebten während dieser Jahre in Deutschland, und ein Gang über die Ehrenreihe des Berliner jüdischen Friedhofs Weißensee zeigt, daß nicht wenige von ihnen dort ihre letzte Ruhestätte fanden. In Berlin wie auch in Jerusalem mag diese kurze Episode heute vergessen sein. Doch es bleibt Historikern und Literaturwissenschaftlern noch immer vorbehalten, dieses Kapitel osteuropäischer jüdischer Intellektueller in Deutschland aufzurollen, jene Jahre, in denen Berlin das unbestrittene Zentrum hebräischer Literatur war, in denen in der preußischen Metropole zahlreiche hebräische und jiddische Verlage und Zeitschriften existierten, in denen in Berlin – und nicht, wie zumeist behauptet, in Wilna – das YIVO (Jüdisches Wissenschaftliches Institut) gegründet wurde – und in denen der damals bekannteste lebende jüdische Historiker, Simon Dubnow, nach seiner Flucht aus Rußland behaupten konnte: »Berlin ist der einzige Platz in der Welt, wo ich mein literarisches Schaffen in wenigen Jahren vollenden kann.«[5]

Gewiß hat uns dieser Exkurs ein wenig von unserem eigentlichen Thema, den deutsch-jüdischen Intellektuellen, weggeführt, aber dennoch gehörte auch dieser Aspekt zur jüdischen Kultur der Weimarer Republik, und – hier kommen wir zu unserem Thema zurück – er ist durchaus nicht von dem deutsch-jüdischen intellektuellen Leben zu trennen. Den expressionistischen hebräischen und jiddischen Dichter Uri Zwi Greenberg verband eine innige Freundschaft mit Franz Werfel und Else Lasker-Schüler, deren Gedichte er

---

5 Zit. in: Elias Hurwicz, Shai Ish Hurwicz and the Berlin He-Atid, in: *Leo Baeck Institute Year Book* 12, 1967, S. 85-102, hier S. 99.

für hebräische Zeitungen übersetzte. Else Lasker-Schüler, die von sich behauptete, ihre Gedichte seien eigentlich auf hebräisch abgefaßt – obwohl sie in Wirklichkeit so gut wie keine hebräischen Sprachkenntnisse besaß –, fand einen ihrer tüchtigsten Mitstreiter in Greenberg, der in der hebräischen Zeitung ›Davar‹ über eines ihrer Gedichte schrieb:»Der des Hebräischen nicht kundige Leser wird in ihrem Gedicht originale hebräische Sprache finde. Lebendiges Hebräisch des 20. Jahrhunderts.«[6] Greenberg führte Lasker-Schüler übrigens ebenso in ein jiddischsprachiges Publikum ein, als er sie in der von ihm herausgegebenen jiddischen Avantgarde-Zeitschrift ›Albatros‹ (1923) schreiben ließ:»Ich widme das Wappen meiner Stadt Theben dem Albatros.«

Chaim Nachman Bialik initiierte in seinem Dwir-Verlag die gleichnamige wissenschaftliche hebräischsprachige Zeitschrift, die von Professoren der Berliner Hochschule für die Wissenschaft des Judentums herausgegeben wurde. Der Hebraist Simon Rawidowicz begründete nicht nur einen hebräischen Verlag, sondern arbeitete auch als Bibliothekar der Jüdischen Gemeinde und war an der deutschsprachigen Moses-Mendelssohn-Jubiläumsausgabe beteiligt. Der im Grunewald lebende Historiker Simon Dubnow veröffentlichte seine monumentale ›Weltgeschichte des jüdischen Volkes‹ zuerst in deutscher Übersetzung, herausgegeben vom Berliner Jüdischen Verlag.

Soviel zu den direkten Zusammenhängen. Allgemeiner formuliert spielt freilich das osteuropäische Judentum eine noch viel bedeutendere Rolle in der jüdisch-kulturellen Renaissance. Angefangen von Martin Bubers ›Chassidischen Geschichten‹, die – wie Scholem es sarkastisch ausdrückte – die ›Bubertät‹ der deutsch-jüdischen Jugendbewegung prägten, über Franz Kafkas Begeisterung für das jiddische Theater bis hin zu den begeisterten Theaterkritiken Alfred Kerrs über Gastspiele jiddischer und hebräischer Theatergruppen aus dem Osten sind diese Aspekte heute mehr oder weniger bekannt und aufgearbeitet.

Freilich äußerte sich der Konflikt zwischen assimilierten und ›jüdischen‹ Juden nicht immer als Generationenkonflikt oder im Zusammenhang mit dem Ostjudentum. Es gab auch jüdische Intellektuelle, die aus orthodoxen Häusern stammten und selbst in der einen oder anderen Form Teil des deutsch-jüdischen intellektuellen Lebens der Weimarer Republik wurden. Eine der markantesten Figuren war der orthodoxe Frankfurter Rabbiner Nehemias Anton Nobel, in dessen Bann nicht nur Rosenzweig und seine Mitstreiter standen, sondern ebenso die Mitbegründer einer anderen Frankfurter Schule wie Leo Löwenthal oder der selbst aus orthodoxem Hause stammende Erich Fromm. Nobel sollte übrigens die erste Dozentur an einer deutschen Universität über das Judentum, eine Art Lehrauftrag an der Frankfurter Universität, erhalten, doch starb er in relativ jungen Jahren –

---

6 *Davar* (Musaf le-shabatot ve-lemo'adim), 12. Adar (= 8. März) 1925, S. 21.

1922 – bevor er die Stelle antreten konnte. Sein designierter Nachfolger, Franz Rosenzweig, war ebenfalls durch seine Krankheit verhindert, und so fiel die Stelle schließlich Martin Buber zu. In einer wiederum ganz anderen Frankfurter Schule großgeworden – nämlich in der von seinem Vater begründeten Frankfurter Jeschiwa, in der später auch Jakob Katz studieren sollte – war Isaac Breuer. Während der Weimarer Jahre war er der vielleicht bedeutendste intellektuelle Repräsentant der sogenannten Austrittsorthodoxie, die in der Mitte des 19. Jahrhunderts von seinem Großvater, Samson Raphael Hirsch, begründet worden war. Der zwar zum Rabbiner ausgebildete, aber als Rechtsanwalt wirkende Breuer ist für unseren Zusammenhang nicht zuletzt dadurch von Bedeutung, weil er aufgrund seiner schriftstellerischen Tätigkeit – Romane über jüdisches Leben sowie philosophisch angehauchte Schriften – gewiß auch zum deutsch-jüdischen intellektuellen Leben gezählt werden muß, freilich nicht zu jenem, das heute gemeinhin unter der deutsch-jüdischen Kultur verstanden wird.

Natürlich gab es neben der von den Antisemiten als ›Judenpresse‹ verschrienen liberalen Zeitungslandschaft der Mosses und Ullsteins auch noch eine sich selbst als ›jüdisch‹ verstehende Presse, die ein breites Spektrum von der zionistischen ›Jüdischen Rundschau‹ über den orthodoxen ›Israelit‹ und die liberale ›C.V.-Zeitung‹ bis hin zu den immer wichtiger werdenden Gemeindeblättern abdeckte. Bei letzteren handelt es sich keineswegs um eine Art provinzielle Kirchenzeitungen, sondern um Produkte wie den von Martin Buber herausgegebenen ›Juden‹, in dem etwa Kafka einige Tiergeschichten erstmals publizierte, oder den liberalen ›Morgen‹ von Julius Goldstein. Selbst in einer Zeitung mit wenig anspruchsvoll klingendem Titel wie der von Ludwig Feuchtwanger redigierten ›Bayerischen Israelitischen Gemeindezeitung‹ finden sich Beiträge von Hannah Arendt und Leo Löwenthal. Vorsicht ist also geboten bei einer säuberlichen Trennung von einer allgemeinen deutsch-jüdischen Intellektuellenschicht einerseits und jenen speziell innerhalb einer jüdischen Sphäre Wirkenden andererseits.

Hat sich die deutsch-jüdische Kultur selbst als jüdisch verstanden? Dies kommt natürlich auf jeden einzelnen Standpunkt an. Die Gruppe, die ich hier etwas verallgemeinernd als ›jüdische Juden‹ bezeichnete, gewiß. Doch auch darüber hinaus wohl eine eher wachsende Anzahl. Da gab es diejenigen, die – formal oder nicht formal – nach einer früheren Konversion nun wieder den Weg zurück ins Judentum suchten. Arnold Schönberg, der in jenen Jahren an die Berliner Musikhochschule berufen wurde, ist hierfür das wohl prominenteste Beispiel. 1898 zum protestantischen Glauben übergetreten, kehrte er im Zuge des erstarkenden Antisemitismus langsam wieder zum Judentum zurück, was durch sein unveröffentlichtes Stück ›Der biblische Weg‹ (1926/27) wie auch durch die damals entstandene Oper ›Moses und Aron‹ unterstrichen wird. 1933 schließlich vollzog er im Beisein Marc Chagalls vor einem Pariser Rabbiner den formalen Schritt der Rückkehr. Auch Emil Ludwig gehört in diese Kategorie: Seinen antisemitischen Kritikern erwiderte er, er hieße zwar offiziell nicht mehr Cohn, würde sich aber gerne wieder seinen ursprünglichen Namen zulegen. Mit 40 Jahren trat er aus dem Christentum, in das er als Kind aufgenommen wurde, wieder aus und sympathisierte nach dem Ersten Weltkrieg mit zionistischen Ideen.

Betrachtet man die Motive für ein derartiges neuerwachendes Interesse an der jüdischen Herkunft, so bieten sich mehrere Antworten an. Einerseits spielte sicherlich eine gewisse Sehnsucht nach den eigenen Wurzeln eine Rolle, wie sie zur gleichen Zeit von der neoromantischen Deutschtümelei vertreten wurde. Von dieser häufig mit völkisch-rassistischem Gedankengut durchsetzten Ideologie ausgeschlossen, wandten sich die deutschen Juden zwangsweise ihren jüdischen Wurzeln zu. Andererseits war das Erlebnis des Ersten Weltkriegs prägend für eine derartige Entwicklung. In deutscher Uniform begegneten viele Juden an der Ostfront zum ersten Mal einer lebendigen Form jüdischer Existenz, wie sie ihnen bisher allenfalls aus Martin Bubers chassidischen Schriften bekannt war: dem osteuropäischen jüdischen Schtetl. Nicht wenige der assimilierten deutschen Juden zeigten sich von dieser Begegnung entscheidend beeinflußt. Mindestens ebenso wichtig war die gleichzeitig erfahrene Ausgrenzung aus der ›Schützengrabengemeinschaft‹, die viele deutsche Juden erlebten. Mit Hoffnungen auf die endgültige soziale Gleichstellung in den Krieg eingetreten, mußten die deutschen Juden bald realisieren, daß der Antisemitismus sowohl auf staatlicher wie auch auf privater Ebene keineswegs geschrumpft, sondern sogar gewachsen war. In der Dolchstoßlegende der Nachkriegsjahre und in den ersten Erfolgen der Nationalsozialisten manifestierte sich nur, was sich bereits während des Krieges abzeichnete: daß deutsche Juden, so sehr sie sich auch assimilieren wollten, von außen immer wieder an ihr Judentum erinnert wurden. Georg Hermann, der Erfolgsautor des ›Jettchen Gebert‹, und einer jener Juden, die sich selbst als assimiliert betrachtet hatten, formulierte 1919 diese Erkenntnis in prägnanter Weise: »Ich glaubte, daß ich zuerst Deutscher wäre und nur aus alter Anhänglichkeit, [...] aus Pietät gleichsam noch so einen Rest von Judentum und ein paar letzte halbverschliffene Rasseeigenheiten mit mir durchs Leben trüge. In den vergangenen fünf Jahren hat sich das geändert. [...] Ob wir wollen oder nicht, wir mußten uns auf unser Judentum besinnen, denn der Krieg und die Grundanschauungen, die mit ihm Hand in Hand gingen, zeigten uns von Jahr zu Jahr mehr und stärker die Wesensfremdheiten, die uns von jenen trennten. Wir haben eine große Enttäuschung am Deutschen erlebt und wir erleben sie noch heute jede Stunde.«[7]

---

7 Georg Hermann, Zur Frage der Westjuden, in: *Neue Jüdische Monatshefte* 3, 1919, S. 399-405, hier S. 400.

Am Vorabend des Ersten Weltkriegs hatte der deutsch-jüdische Publizist Moritz Goldstein in einem aufsehenerregenden Beitrag für die konservative Zeitschrift ›Der Kunstwart‹ die starke Beteiligung der Juden an der deutschen Kultur kritisiert: »Die Juden verwalten den geistigen Besitz eines Volkes, das uns die Berechtigung und die Fähigkeit dazu abspricht«,[8] lautete sein harsches Urteil. Statt dessen, so forderte er, sollten sie eine jüdische Nationalkultur, auch in deutscher Sprache, verfassen. So radikal wie er dachten gewiß wenige Juden, und dementsprechend handelten noch weniger. Goldstein selbst relativierte später seine damaligen Äußerungen. Daß er ungewollten Beifall aus dem deutsch-völkischen Lager erhielt, kann ihn freilich wenig überrascht haben. Rassistisch denkende Literaturkritiker wie Adolf Bartels suchten die Juden von jeher zu kennzeichnen und zu brandmarken. Wer allerdings als ›Jude‹ definiert wurde, blieb in der Regel der Phantasie jener antisemitischen Kritiker und Wissenschaftler überlassen.

Ernst Bloch schrieb jene Beurteilung nieder, die auf viele, aber gewiß nicht alle jüdischen und nichtjüdischen Beobachter zutraf: »[...] daß Reinhardt oder S. Fischer oder auch Bruno Walter und Otto Klemperer oder Josef Kainz Juden waren, Piscator oder Rowohlt oder Furtwängler oder Bassermann keine, das interessierte, außer in schmutzigen Winkeln oder sinistren Organen, überhaupt niemand, die meisten wußten gar nichts davon. Wer auch entdeckte noch in der ›Dreigroschenoper‹ Weills Musik als jüdisch, Brechts Text dagegen als deutsch wie Wildenbruch?«[9] Und Lion Feuchtwanger bemerkte trocken über die Versuche, eine deutsch-jüdische Literatur konstruieren zu wollen, wie sie sich nicht nur bei Bartels und Kollegen, sondern auch in jüdischen Unterfangen finden lassen, wie etwa in dem 1922 von Gustav Krojanker herausgegebenen Sammelband ›Juden in der deutschen Literatur‹: »Was dabei herauskam, war, selbstverständlich, ein Turm von Babel, ein willkürliches, sinnloses Gebilde. Man hätte ebensogut eine Literatur der Schwarzhaarigen oder der Kurzsichtigen konstruieren können.«[10]

Und dennoch waren es nicht nur die Zionisten auf der einen Seite und die Antisemiten auf der anderen, die sich – jeder aus ganz anderer Perspektive und mit ganz anderen Motiven – um eine Definition deutsch-jüdischer Kultur bemühten und versuchten, Grenzlinien zu ziehen. Auch im etablierten deutschen Kulturbetrieb spielte es durchaus eine Rolle, ob der Autor einer Schrift Jude war oder nicht – und zwar auch hier sowohl auf jüdischer wie

---

8 Moritz Goldstein, Deutsch-Jüdischer Parnaß, in: *Der Kunstwart* 25, März 1912, S. 281-294, hier S. 283.

9 Ernst Bloch, Die sogenannte Judenfrage, in: ders., *Literarische Aufsätze*, Frankfurt am Main 1984, (Suhrkamp Taschenbuch Wissenschaft 480), S. 549-554, hier S. 553.

10 Lion Feuchtwanger, Die Verjudung der abendländischen Literatur, in: ders., *Centum Opuscula. Eine Auswahl*, Rudolstadt 1956, S. 443-448, hier S. 443.

auch auf nichtjüdischer Seite. Wie sonst ist jenes Briefzitat von Thomas Mann, den Bartels bekanntlich zu den jüdischen Autoren zählt, zu verstehen: »[…] weil wenn ich als Jude gälte, meine ganze Produktion ein anderes, falsches Gesicht bekommen würde. Was wäre das Buch, das meinen Namen bekannt gemacht hat, was wäre der Roman ›Buddenbrooks‹, wenn er von einem Juden herrührte? Ein Snob-Buch.«[11] Auf der anderen Seite steht Jakob Wassermanns bekannter Aufschrei aus dem Jahre 1922, ›Mein Weg als Deutscher und Jude‹, in dem er schreibt: »Ich bildete mir ein, den Deutschen ein wesentlich deutsches Buch gegeben zu haben, wie aus der Seele des Volkes heraus, ich bildete mir ein, da ein Jude es geschaffen, den Beweis geliefert zu haben, daß ein Jude nicht durch Beschluß und Gelegenheit, sondern auch durch inneres Sein die Zugehörigkeit erhärten, das Vorurteil der Fremdheit besiegen könnte. Aber in dieser Erwartung wurde ich getäuscht […] es durfte in der deutschen Öffentlichkeit nicht wahr sein, daß ein Jude ein so eigentümlich deutsches Buch schrieb.«[12]

So ist also die Wahrnehmung der deutsch-jüdischen Intellektuellen immer nur nach dem jeweiligen Standpunkt möglich. Dazu gehört selbstverständlich auch die Nachkriegswahrnehmung. Bei dieser fiel die *jüdische* Seite des deutsch-jüdischen intellektuellen Lebens oft unter den Tisch. Gershom Scholem faßte diese Erfahrung in seiner eigenen prägnanten Art zusammen: »Nachdem sie als Juden ermordet worden sind, werden sie nun in einem posthumen Triumph zu Deutschen ernannt, deren Judentum zu betonen ein Zugeständnis an die antisemitischen Theorien wäre. Welche Perversion im Namen eines Fortschritts, der den Verhältnissen ins Auge zu schauen nach Möglichkeit vermeidet!«[13] Mit anderen Worten: Man tut der deutsch-jüdischen Geschichte gewiß keinen Gefallen, wenn man die Leistungen deutscher Juden als *Beiträge* zur deutschen Kultur charakterisiert, ohne zu begreifen, daß gleichzeitig sehr häufig – wenn auch gewiß nicht immer – noch eine weitere Ebene, eine jüdische Ebene, vorhanden war. Andererseits lassen sich selbst die ›jüdischen‹ Juden nicht auf diese Ebene reduzieren. Franz Rosenzweigs Forderung nach einer ›jüdischen Sphäre‹ bei gleichzeitiger völliger Akzeptanz durch das allgemeine kulturelle und gesellschaftliche Leben der Weimarer Republik mutet aus dieser Sichtweise erschreckend modern an und erinnert an die heutigen Diskussionen über eine multikulturelle Gesellschaft. Vor sieben Jahrzehnten freilich sollten sich derartige Vorstellungen als illusorisch erweisen.

11 Thomas Mann, Brief an die Redaktion der Staatsbürgerzeitung, in: *Gesammelte Werke*, Bd. 11: Reden und Aufsätze 3, Frankfurt am Main 1974, S. 731.
12 Jakob Wassermann, *Mein Weg als Deutscher und Jude*, hg. von Rudolf Wolff, Berlin 1987, S. 82 und S. 87.
13 Gershom Scholem, Juden und Deutsche, in: ders., *Judaica II*, Frankfurt am Main 1970 (Bibliothek Suhrkamp 263), S. 20–46, hier S. 22.

Fritz Mauthners Spinoza-Bild

Carsten Schapkow

Fritz Mauthner, 1849 im böhmischen Horschitz geboren und 1923 in Meers-
burg am Bodensee gestorben, war nicht nur ein bedeutender Theaterkritiker
und Feuilletonist in Prag und später in Berlin, einen weitreichenden Einfluß
nahm er im besonderen Maße als Sprachkritiker.

Einschätzungen seiner literarischen Umgebung und das Selbstbild Mauthners sind von seinem autodidaktischen Herkommen geprägt, das in eine
grundsätzliche Kritik an der Sprache mündet. Seine Überlegungen haben auf
die Jugend großen Einfluß ausgeübt. So versieht Julius Bab Mauthners Persönlichkeit mit prophetischen Zügen: »Fritz Mauthner war ein sehr beschäf-
tigter und angesehener Tagesschriftsteller, zugleich spielte der riesengroße
schmale Mann – mit der mächtigen Hakennase und dem langen Bart wie ein
alter Prophet, wie ein Ahasver anzuschauen – eine nicht geringe Rolle in der
Berliner Gesellschaft. Obwohl – oder weil seine Gestalt so fremdartig auf-
reizend in ihr stand.«[1]

Seinem eigenen Judentum stand Mauthner, der Bismarck-Verehrer, un-
interessiert, ja ablehnend gegenüber. Die Assimilation der Juden an die deutsche Sprache und Kultur ist sein Ziel, das einhergeht mit einer strikten Ablehnung des Alten Testaments als Religionsgrundlage. In seinem erzählenden
Werk zeichnet Mauthner bewußt *jüdisch* erscheinende Charaktere, die den
assimilationswilligen, kulturell und sprachlich durch keine Besonderheiten
auffallenden deutschen Juden entgegenstehen. Zuordnungen dieser Art sind
zu lesen vor dem spezifischen Hintergrund in Böhmen, besonders aber in
Prag, in der Deutsch die Kultursprache war und das Tschechische, das von
der Mehrheit der Bevölkerung gesprochen wurde, den Status der Bauern-
und Dienstbotensprache hatte.[2]

Es sollte die Sprachphilosophie sein, die für Fritz Mauthner in der letzten
Konsequenz die Zerstörung jeder kanonisierten philosophischen Lehrmei-
nung mit sich bringt. Sprachphilosophie allein könne als einzige Geisteswissenschaft gegen die Naturwissenschaften Bestand haben.[3] Dieses Selbstverständnis erstreckt sich auf Mauthners Gesamtwerk, in dem er sich bewußt als
einen Dilettanten positioniert: »Wer Sprachwissenschaft treiben will, ernst-

---

1 Julius Bab, *Über den Tag hinaus. Kritische Betrachtungen*, hg. von Harry Bergholz,
   Heidelberg 1960, S. 327-333, hier S. 330 f.
2 Fritz Mauthner, *Erinnerungen. Bd. I: Prager Jugendjahre*, München 1918.
3 Fritz Mauthner, *Beiträge zu einer Kritik der Sprache*, Bd. 2: Zur Sprachwissenschaft, Stuttgart 1901, S. 19.

haft und radikal, den führen seine Studien unerbittlich zum Nichtwissen.«[4] Damit postuliert Mauthner seinen Ort des Wissens, der gleichsam der Entwurf zu einer Universalwissenschaft ist, als jenseits der Institutionen stehend. »Die Kritik der Sprache muß Befreiung von der Sprache als höchstes Ziel der Selbstbefreiung lehren. Die Sprache wird zur Selbstkritik der Sprache.«[5]

Diesen Grundgedanken hatte er bereits im Vorwort zu seinem Hauptwerk, er selbst nennt es sein »Lebenswerk«,[6] ›Beiträge zu einer Kritik der Sprache‹ – 1901-1903 in drei Bänden erschienen – artikuliert und gefordert: »Daß die Kritik der Sprache ein Beitrag zur Erkenntnistheorie, ein philosophisches Werk sei.«[7] Was Mauthner hier mit dem Blick auf das 20. Jahrhundert formuliert, verständigt sich über Mechanismen wie den jüdischen Selbsthaß. Es ist diese ›double-bind Situation‹, auf die besonders Gilman[8] aufmerksam gemacht hat, die den Juden die Wahl zwischen zwei unerreichbaren Zielen vor Augen führt: Hoffnung auf Teilhabe am Staat als gleichberechtigtes Mitglied und Manifestation der Außenseiterposition. Das Selbstbewußtsein, der erste Sprachkritiker zu sein, und das Leiden unter der Ignoranz der Fachwelt bilden die Grundlage seiner fruchtbaren Arbeit.

In die Vorstellung von einem Sprachkritiker fügt sich bei Mauthner die Figur des niederländisch-sephardischen Philosophen Baruch de Spinoza (1632-1677) ein.

Spinoza hat unterschiedliche Darstellungs- und Erklärungsformen hervorgerufen und damit eine umfangreiche und vielseitige Rezeption begründet. Vom Außenseiter, der verfemt, ohne wissenschaftliche Anerkennung sein Werk verfaßt, entwickelt sich Spinoza zum Hauptfeind der bestehenden gesellschaftlichen Ordnung und Garanten eines aufgeklärten Selbstbewußtseins. Spinozas Kritik an der Heiligen Schrift im ›Theologisch-politischen Traktat‹ ist zuallererst Kritik an Führungsanspruch und Selbstverständnis der dogmatischen Religion. In diesem Zusammenhang hebt Mauthner das Judentum Spinozas positiv hervor, wenn er betont, »schon im Mittelalter hatten jüdische Forscher [...] ganz verwegene Bibelkritik getrieben.«[9] Mauthner stellt Spinoza in die geistige Kontinuität eines kritischen europäischen Traditionsverständnisses. Fragestellungen der eigenen jüdischen Identität

4 Fritz Mauthner, *Beiträge zu einer Kritik der Sprache*, Bd. 1: Zur Sprache und zur Psychologie, 2. Aufl., Stuttgart 1906, S. XIV.
5 Ebd., S. 713.
6 Ebd., S. V.
7 Ebd., S. VIII.
8 Vgl. Sander L. Gilman, *Jüdischer Selbsthaß. Antisemitismus und die verborgene Sprache der Juden*, Frankfurt am Main 1993, S. 13. Zu Mauthner sind besonders die Seiten 131 bis 138 aufschlußreich.
9 Fritz Mauthner, *Der Atheismus und seine Geschichte im Abendlande*, Stuttgart 1922, Bd. 2, S. 353.

spielen für Mauthner scheinbar eine untergeordnete Rolle, sie werden jedoch im 19. und beginnenden 20. Jahrhundert von jüdischen Rezipienten wie Hermann Cohen und Heinrich Graetz am Beispiel Spinozas erörtert. Die Vernunftideen der Wissenschaft sollten dem Judentum Ansehen verleihen, es aus seiner Isolation zum »Licht der Wissenschaft«[10] führen. Deren Credo, die »Säkularisierung des jüdischen Lebens«,[11] bezieht sich ausdrücklich auf Spinoza.

Das Leben Spinozas verbindet sich mit seinem Werk zu einer allgemeinen Befreiung des Menschen von gesellschaftlichen Zwangsmechanismen. Spinoza fungiert bei Mauthner als ein Sprachkritiker und ist Bestandteil des eigenen sprachkritisch-philosophischen Werkes.[12] Im zweiten Band seiner Kritik der Sprache stellt Mauthner Spinoza als einen noch ganz in den scholastischen Denktraditionen verhafteten Philosophen dar. Dieses Herkommen bilde das Fundament für den innovativen Ansatz von Spinozas Philosophie, die deshalb nicht atheistisch sei. Am entscheidenden Begriff ›Gott‹ zeigt Mauthner das im Wörterbuch: »Das Wort Deus war für Spinoza noch ein Begriff aus der Welt des Denkens; es konnte ihm noch nicht einfallen, das Wort zu veräußern oder es wegzuwerfen wie einen alten Kaftan. Er hielt es für seine Pflicht, den Begriff zu verinnerlichen, ihn von abergläubischen Zutaten zu befreien, den Kaftan zu reinigen.«[13] Das den orthodoxen Juden vorbehaltene Kleidungsstück, der Kaftan, wird also von Spinoza im übertragenen Sinne gereinigt. Damit stellt Mauthner Spinoza weniger in die Tradition des orthodoxen Judentums als unter die strenge Observanz wissenschaftskritischen Vorgehens. Spinoza gehört in die Reihe der Vertreter einer Sprachanwendung jenseits etablierter Autoritäten und vertritt, »was wir in unserer bettlerfrechen Sprache Wahrheit nennen.«[14]

In dem auf vier Bände angelegten Alterswerk ›Geschichte des Atheismus im Abendland‹ identifiziert Mauthner Spinozas Gottesvorstellung als eine Liebeserklärung, »wie man die Geliebte lieben würde, wenn sie zeitlos und körperlos wäre«.[15] Gegen den Körper, die Institution der Kirche, wendet sich Mauthner scharf. Spinozas Außenseitertum spendet Identität, wenn auch

---

10 Michael A. Meyer, *Von Moses Mendelssohn zu Leopold Zunz. Jüdische Identität in Deutschland. 1749-1824*, München 1994, S. 201.

11 Vgl. Ismar Elbogen, Wissenschaft des Judentums, in: *Jüdisches Lexikon*, begründet von Georg Herlitz und Bruno Kirschner, Bd. IV/2, Berlin 1930 [Neudruck Frankfurt am Main 1982], S. 1461-1465, hier S. 1462.

12 Zu Fritz Mauthner vgl. auch Gershon Weiler, Fritz Mauthner. A study in Jewish Self-Rejection, in: *Leo Baeck Institute Yearbook* 8, 1963, S. 136-149.

13 Fritz Mauthner, *Wörterbuch der Philosophie. Neue Beiträge zu einer Kritik der Sprache*, Bd. 2, München 1910/11 [Neudruck Basel 1980], S. 434.

14 Ebd., S. 442.

15 Mauthner (Anm. 9), Bd. 2, S. 364.

kirchliche Freigeister Teilhaber an der »Unkirchlichkeit«[16] werden. Hier hat Spinoza das Judentum hinter sich gelassen, da »er der erste Jude war, der den Traum eines vermeintlich auserwählten Volkes nicht mehr träumte, der nach der Entdeckung des Menschen und seiner politischen Rechte die Herrschaft des Staates auch über sogenannte kirchliche Handlungen anerkannte«.[17] Damit ist Spinoza eine auf die europäische Geistesgeschichte ausgedehnte Wirkung beschieden. Mauthners Frage, »ob dieser Gott noch irgendeine Ähnlichkeit habe mit dem Gott der kirchlich Frommen«,[18] wird von ihm verneint und festgehalten, daß es auch Spinoza nicht vermochte, »uns von der Theologie zu befreien«.[19]

Spinozas Wirksamkeit zeigt sich über die Vorstellung von Wahrheit, wie sie Mauthner in dem Roman ›Der neue Ahasver‹ entwirft und ausdrücklich auf den aufkommenden Antisemitismus in Preußen ab 1880 bezieht. Spinoza hat eine tiefe Bedeutung für die Liebesgeschichte zwischen dem Protagonisten Heinrich Wolff und Clemence von Auenheim. Wolff steckt die Rose seiner Angebeteten Clemence in seine lateinische Ausgabe der ›Ethik‹ Spinozas. Liebe und Philosophie bilden eine Einheit und helfen, die Erinnerung an die Geliebte wachzuhalten, wenn es von Wolff heißt: »Er fand diese Art des Studiums sehr seelenberuhigend und fast noch tiefer ergreifend als den Text.«[20] Mauthner verleiht Heinrich Züge einer Spinoza-Figur, deren Weg zur Einsamkeit besonders eindrücklich geschildert ist: »Nur ein beinahe sentimentaler Zug seines Wesens, eine knabenhafte Scheu vor dem geschäftigen, modernen Treiben faßte den Arzt mit unter und führte ihn immer wieder zu seinem Spinoza mit dem welkenden Lesezeichen zurück.«[21] Allein im Rückzug vom hektischen Treiben zur innerlichen Lektüre Spinozas kann den Widrigkeiten des Lebens widerstanden werden.

Mauthner stilisiert *seinen* Spinoza im Spinoza-Roman von 1921 als einen Garanten für die Revision des bestehenden Bildungssystems und der aus ihm resultierenden Privilegien. So kann Spinoza als ein Beispiel eines vom Wissenschaftsbetrieb unabhängigen Philosophen dargestellt werden: »Ich kenne keinen vorbildlicheren Menschen in Westeuropa als den ›grenzenlos uneigennützigen‹ Spinoza.«[22] Das Ziel wissenschaftlicher Rezeption müsse sein,

---

16 Ebd., S. 354.
17 Ebd., S. 361.
18 Mauthner (Anm. 9), Bd. 2, S. 363.
19 Mauthner (Anm. 3), S. 620.
20 Fritz Mauthner, *Der neue Ahasver. Roman aus Jung-Berlin*, 2 Bde., 2. Aufl., Dresden 1882, Bd. 2, S. 101.
21 Ebd., Bd. 2, S. 103.
22 Fritz Mauthner, *Spinoza. Ein Umriß seines Lebens und Wirkens*, Dresden 1921, S. 11.

Spinoza breiten Volksschichten bekannt zu machen und gegen den traditionellen Bildungsapparat als ein Vorbild zu etablieren.

In diesem Kontext ist Leibniz nicht zufällig ein Plagiator Spinozas. Für Mauthner weist er alle Verhaltensweisen eines Vertreters des elitären Universitätsbetriebes auf, der seine dem Spinoza nachempfundenen und geglätteten Thesen unter den Schutz der Obrigkeit stellte. Die Ablehnung der Position Leibniz' erläutert Mauthner auch in einem Brief an Gustav Landauer vom 18.11.1906, in dem es heißt: »Daß nämlich Leibniz, seine ungeheure Begabung bei Seite, immer und besonders Spinoza gegenüber ein Halunke war. Während die offiziöse Wissenschaft nicht nur Rabbi Stein, ihre Begegnung mit Rührung begießt.«[23] Dabei geht auch der kritische Ansatz von Mauthners eigener Sprachtheorie mit ein, die ganz bewußt das Realitätsbewußtsein ausbildet: »Es fehlt nur ein Schritt zu der bescheidenen Lehre meiner Sprachkritik: daß die Sprache das einzige Werkzeug zur Erkenntnis der Natur ist, das wir besitzen, und daß diese Sprache ein untaugliches Erkenntniswerkzeug ist.«[24]

Mauthners Selbstverständnis als Systemkritiker zeigt sich, wenn er Spinoza eine Position zwischen Platon und Kant anweist: »Platon, Spinoza, Kant hören darum nicht auf, überlebensgroße Persönlichkeiten zu sein, weil ihre Systeme nicht lebendig geblieben sind.«[25] Fast scheint es, als weise Mauthner damit auf die Wirkungsgeschichte seines eigenen philosophischen Systems hin, die aber tatsächlich über seinen Tod hinaus reichen sollte.

---

23 Gustav Landauer, Fritz Mauthner, *Briefwechsel 1890–1919*, bearbeitet von Hanna Delf, München 1994, S. 154.
24 Ebd., S. 141.
25 Mauthner (Anm. 4), S. 700.

Jonas Fränkel

Ein ›jüdischer Philologe‹ und die säkulare Wissenschaft

KONRAD FEILCHENFELDT

Die Frage, inwiefern Jonas Fränkel (1879-1965) als jüdischer Intellektueller und Philologe bezeichnet werden kann, verweist auf ein Problem, mit dessen Auswirkungen er selbst schon im Umfeld seiner zeitgenössischen Kollegen konfrontiert war.[1] Unter dem Blickwinkel dieser – seiner persönlichen – Erfahrung mit einem zu seinen Lebzeiten noch epochentypischen Antisemitismus ist Fränkel aber auch heute, im Zeichen einer apologetischen Rückbesinnung auf sein Leben und sein Werk, dennoch der umstrittene germanistische Autor von ehedem geblieben. Zwar hat sich inzwischen eine Empörung breit gemacht, die in verschiedenen Publikationen über Fränkel gegen eine – wie auch immer zu definierende – antisemitische und damit auf jeden Fall unsachliche Beurteilung seiner Person ihre berechtigten Vorbehalte geäußert hat; zu einer Wiederentdeckung von Fränkels Veröffentlichungen ist es deswegen aber nicht gekommen.[2] Fränkels wissenschaftliche Leistungen als Germanist liegen im Bereich der Editionsphilologie, und sein germanistischer Schwerpunkt betrifft deswegen ein germanistisches Arbeitsgebiet, das seine Ebenbürtigkeit als Teildisziplin des Gesamtfaches erst in Ansätzen seiner eigenen Theoriebildung verdankt.[3] Der fachinterne Vorbehalt gegen Fränkel richtet sich daher zu seinen Lebzeiten sowohl gegen sein Judentum als auch gegen die noch aus dem Positivismus datierende Konzentration seiner Arbeit auf Bücher- und Quellenkunde. Seine editionsphilologischen Veröffentlichungen umfassen Textausgaben wie ›Goethes Briefwechsel mit

---

1 Die folgenden Ausführungen stützen sich vor allem auf das Buch von Julian Schütt, *Germanistik und Politik. Schweizer Literaturwissenschaft in der Zeit des Nationalsozialismus*, Zürich 1996, und das darin enthaltene Kapitel ›Der Emigrant blockiert unsere Nationaldichter‹. Zum Fall Jonas Fränkel vgl. ebd., S. 177-204.

2 Vgl. zur Literatur über Jonas Fränkel den biographischen Artikel, in: Salomon Wininger, *Große Jüdische National-Biographie mit mehr als 8000 Lebensbeschreibungen namhafter Männer und Frauen aller Zeiten und Länder. Ein Nachschlagewerk für das jüdische Volk und dessen Freunde*, Bd. 2, Czernowitz 1927, S. 289. Ferner Charles Linsmayer, *Literaturszene Schweiz. 157 Kurzporträts von Rousseau bis Gertrud Leutenegger*, Zürich 1989, S. 118 f. Weitere Nachweise bei Schütt (Anm. 1), S. 308.

3 Vgl. Anne Bohnenkamp, Textkritik und Textedition, in: *Grundzüge der Literaturwissenschaft*, hg. von Heinz Ludwig Arnold und Heinrich Detering, München 1996 (dtv 4704), S. 179-203.

einem Kinde‹, Romantiker-Briefe, die ›Lucinde‹, Goethes Briefe an Charlotte von Stein, aber auch seine Mitarbeit an Oskar Walzels Heine-Ausgabe.[4] Nicht enthalten sind in Fränkels Œuvre literaturwissenschaftliche Monographien, und es lag nahe, Fränkel deswegen »schlechterdings zu einem blossen *Herausgeber* herabzudrücken«.[5] Die gegen ihn formulierte antisemitische Polemik richtete sich aber nicht grundsätzlich gegen seine editionsphilologische Arbeit; erst, als es dabei um schweizerische Autoren ging, kam es zu antisemitischen Ausfälligkeiten. Fränkel wurde als »Literaturjude« und »hergewehter Asiate« öffentlich diffamiert, sobald mit einem Autor wie Gottfried Keller nationale Interessen der Schweiz betroffen seien.[6]

Die Tatsache, daß Fränkel in der Schweiz studieren konnte, erwies sich als der erste Schritt seiner akademischen Karriere. Fränkel stammte aus ärmlichen Verhältnissen. Er war in Krakau geboren. Seine Muttersprache war Polnisch. Deutsch lernte er als Autodidakt, und als Übersetzer bestritt er zunächst seinen Lebensunterhalt. 1898/99 kam er in die Schweiz und studierte in Bern. Der Philosoph Ludwig Stein verschaffte ihm ein Stipendium. Sein germanistischer Lehrer wurde Oskar Walzel. Seine Dissertation über Zacharias Werner veranlaßte Erich Schmidt, Fränkel als Autor für die ›Jahresberichte für neuere deutsche Literaturgeschichte‹ zu verpflichten. Damit erschloß sich Fränkel das auf seine Neigungen zugeschnittene Arbeitsfeld einer bibliographisch-positivistischen Materialaufbereitung. Noch einmal wurde er von befreundeter Seite unterstützt, als er an der Universität Bern auf Fürsprache von Carl Spitteler 1921 außerordentlicher Professor ad personam wurde.

Für Fränkels Karriere war das Extraordinariat äußerlich bereits der Abschluß, aber die Tatsache, daß er sich mehrfach ohne Erfolg um ein Ordinariat bewarb, lag nicht nur an seinem Judentum; denn als 1929 in Bern nicht er, sondern Fritz Strich auf den Lehrstuhl von Harry Maync berufen wurde, hatte sich für seinen erfolgreichen Mitbewerber dessen Judentum nicht als Ablehnungsgrund herausgestellt.[7] Wenn Fränkel daher im akademischen Wettbewerb nicht mithalten konnte, lag dies wohl zunächst an seinem methodischen Selbstverständnis als Editor und nicht an seinem Judentum; denn Fränkel vertrat die Auffassung, daß die eindringliche Kenntnis eines Autors bereits ausreichend sein müsse, um einen verderbt tradierten Text zu berichtigen, und daß dazu im Grunde nicht einmal eine ›Handschrift‹ überliefert zu sein brauche. Fränkel beanspruchte daher als Keller-Editor für sich eine Kennerschaft als Keller-Experte, mit der er die persönliche Feindschaft

---

4 Schütt (Anm. 1), S. 180. Vgl. ferner die Publikationsliste ebd., S. 315-317.
5 Ebd., S. 181 und S. 281, zit. aus einem Brief von Walzel an Strich.
6 Ebd., S. 181 f. und S. 282, zit. aus *Der Samstag*, Basel 1912.
7 Ebd., S. 178-182.

des noch dazu von ihm rezensierten Keller-Biographen Emil Ermatinger geradezu provozierte. Fränkels Haltung machte die Herausgeberschaft der historisch-kritischen Ausgabe zu einem nationalen Thema der schweizerischen Literaturszene.[8]

Der Konflikt zwischen Ermatinger und Fränkel konzentrierte sich nicht auf eine Kontroverse unterschiedlicher Forschungsmeinungen, sondern auf die Frage nach der philologischen Genauigkeit.[9] Fränkel bezweifelte an Ermatingers Arbeit die Korrektheit der aus Kellers Schriften zitierten Texte, deren Authentizität für ihn nicht nur die Echtheit des Werks, sondern auch des Autors zu garantieren hatte, und mit Keller als Autor identifizierte sich Fränkel als dessen Herausgeber voll. Keller wurde für ihn der Gewährsmann einer politischen Auseinandersetzung mit der Schweiz im Zeichen des Dritten Reiches, und er instrumentalisierte Keller zum Gewährsmann seiner eigenen politischen Auseinandersetzung mit seiner Umwelt. Fränkel interpretierte ihn nicht als Autor des 19. Jahrhunderts. Vielmehr wurde Keller für Fränkel zum Repräsentanten eines nationalen Selbstverständnisses, das sich in der Abgrenzung gegenüber Deutschland durch eine eigenständige schweizerische Identität definierte, und an dieser politischen Forderung entwickelte sich der Konflikt zwischen Fränkel und seinen Widersachern. Durch die Veröffentlichung seines Buches ›Gottfried Kellers politische Sendung‹ im Verlag Oprecht stellte sich Fränkel allerdings auch sichtbar auf die Seite der antideutschen, sozialdemokratischen Opposition in der Schweiz,[10] und dieser distanzierten Einstellung gegenüber Deutschland entsprach bei ihm auch sein Vorbehalt gegenüber jenen Kreisen, in denen aus deutschschweizerischer Sicht am Ideal einer reichsdeutschen Kulturtradition festgehalten wurde.[11]

Indem Fränkel sich als Sprecher einer schweizerischen Identität zu Worte meldete, die die Schweiz in ihrer politischen Eigenständigkeit als Nation

8 Vgl. Jonas Fränkel, Die Gottfried Keller-Ausgaben. Ein Kapitel neuester Philologie, in: *Euphorion* 29, 1928, S. 138-174, hier S. 140. Vgl. Schütt (Anm. 1), S. 182-192.

9 Jonas Fränkel, [Emil Ermatinger, Gottfried Kellers Leben, Briefe und Tagebücher], in: *Göttingische Gelehrte Anzeigen* 178, 1916, N. 12, S. 681-706. Eine methodisch vergleichbare Konfliktlage findet sich in den Wagner-Forschungen von Hartmut Zelinsky, besonders in seinem Aufsatz Rettung ins Ungenaue. Zu Martin Gregor-Dellins Wagner-Biographie, in: *Musikkonzepte* 25, Richard Wagner-Parsifal, 1982, S. 74-115.

10 Jonas Fränkel, *Gottfried Kellers politische Sendung*, Zürich 1939. Vgl. Peter Stahlberger, *Der Zürcher Verleger Emil Oprecht und die politische deutsche Emigration 1933-1945*, Zürich 1970, allerdings ohne einen Hinweis auf Fränkels Verlagsbeziehungen.

11 Vgl. dazu Eduard Korrodi, Der Verlag Teubner und die nichtarische Gottfried Keller-Ausgabe, in: *Neue Zürcher Zeitung*, 30.9.1935, Blatt 6, Abendausgabe N. 1690, S. 1 [unpaginiert].

gegen Deutschland deutlich abgrenzte, erneuerte er eine Position aus der Geschichte der schweizerischen Neutralität, die mit dem Namen von Carl Spitteler und damit einem weiteren schweizerischen Autor verbunden ist, mit dem Fränkel außerdem persönlich befreundet war. Was Spitteler in den ersten Monaten nach Ausbruch des Ersten Weltkriegs in seiner berühmt gewordenen Rede ›Unser Schweizer Standpunkt‹ bereits einmal formuliert hatte, indem er die kulturell und sprachlich voneinander getrennten Bevölkerungsteile an die staatspolitische Einheit der Schweiz erinnerte,[12] erwies sich unter der drohenden Gefahr eines neuen Weltkriegs als ein wieder aktuell gewordener politischer Gedanke, und es ist dabei komplex genug, daß in der Person von Fränkel ein Gelehrter an den sogenannten »Schweizer Standpunkt« appellierte, der 1914/15 noch zu den Gegnern Spittelers gehört hatte und selbst erst »1920 eingebürgert« wurde, also Schweizer geworden war.[13]

Für die Beurteilung Fränkels als jüdischer Intellektueller und Philologe ist seine Haltung im Konflikt um die Keller-Ausgabe insofern charakteristisch, als es sich bei Keller um einen Autor handelt, der weder selbst jüdisch gewesen ist noch in seinen Werken zentral jüdische Figuren oder Probleme thematisiert hat.[14] Unter der Voraussetzung, daß in der Affinität zum Stoff nicht nur beim Autor, sondern auch bei seinem Interpreten ein Indiz für eine literaturwissenschaftliche oder literaturwissenschaftsgeschichtliche Beurteilung versteckt sein kann, war Fränkel, auch wenn er an Walzels Heine-Ausgabe mitgearbeitet hatte, bis zum Ende des Zweiten Weltkriegs kein jüdischer Philologe. Jüdische Themen datieren in Fränkels Veröffentlichungen erst aus der Zeit nach 1945 und erklären sich wohl am ehesten aus der Konfrontation mit der Geschichte der Juden im Dritten Reich und der Tatsache ihrer systematisch geplanten Ermordung.[15] Als jüdischer Philologe hat sich Fränkel deswegen erst unter dem Eindruck dafür maßgeblicher Zeitereignisse und ihrer Verarbeitung mit vom Stoff her jüdischen Themen beschäftigt, während er von vornherein, sofern dies als jüdische Eigenschaft bezeichnet werden darf, im Konflikt um die Keller-Ausgabe im Gegensatz zur Mehrheit seiner schweizerischen Gegner, die sich an Deutschland orientierte, sein eige-

12 Carl Spitteler, *Unser Schweizer Standpunkt. Vortrag, gehalten in der Neuen Helvet. Gesellschaft, Gruppe Zürich, am 14. Dezember 1914*, Zürich 1915 (Schriften für Schweizer Art und Kunst 2).

13 Schütt (Anm. 1), S. 178. Vgl. Werner Stauffacher, *Carl Spitteler. Biographie*, Zürich, München 1973, S. 689 f.

14 Vgl. Jonas Fränkel, Gottfried Keller und die Juden, in: *Bulletin des Leo Baeck Instituts Tel Aviv* 5, 1962, N. 18, S. 77-97, hier S. 79 f.

15 Vgl. ebd.; ferner Jonas Fränkel, Spitteler und der Geist der hebräischen Sprache (nebst thematischen Seitensprüngen), in: *Festschrift des Schweizerischen Israelitischen Gemeindebundes*, Basel 1954, S. 3-14; ders., Heine, der Jude, in: *Israelisches Wochenblatt für die Schweiz*, 7.12.1956, N. 7.

nes Schweizertum im Gegensatz zu Deutschland definierte. Aus jüdischer Perspektive negativ konnotiert, aber dennoch bekanntermaßen als jüdisch zu bezeichnen ist dieses Verhalten, wenn man es als Assimilation versteht, und die Erfahrung ist nicht neu, daß das assimilierte Judentum die nationalen Eigenschaften jener Bevölkerung, in die es sich einzuleben entschließt, stärker und nicht selten auch besser repräsentiert, als es in der betreffenden Bevölkerung sonst der Fall wäre.[16] Mit religiösem Judentum hat die Beschäftigung mit jüdischen Themen bei Fränkel nichts zu tun. Vom Standpunkt der Nürnberger Rassengesetze aus wäre er übrigens seinem Herkommen nach zur Ausrottung bestimmt gewesen, und wenn er nach 1945 dazu bereit war, jüdische Themen germanistisch zu bearbeiten, so lag dazu die Veranlassung ebenso in den Zeitumständen, wie dies bei seinem Eintreten für Gottfried Keller im Interesse der schweizerischen Unabhängigkeit der Fall war.

Instrumentalisieren von historischen Gegenständen, Problemen oder Stoffen ist ein darstellerisches Verfahren, das in seiner Anwendung durch Fränkel zwar als Zeichen eines intellektuell durchdachten und damit strategisch geplanten publizistischen Engagements zu bewerten ist, und schon Bertolt Brecht hat 1926 auf die Verständlichkeit der Stoffe hingewiesen und darin eine dringliche Forderung an alle Autoren formuliert.[17] Um eine Typologie jüdischer Eigenschaften zu begründen, ist der instrumentelle Einsatz des Judentums als Stoff aber eine ungeeignete Voraussetzung, und Fränkel entzieht sich als jüdischer Intellektueller und Philologe einer durch die Rasse definierten Typologie schon aus grundsätzlichen Bedenken; auch in religiöser Hinsicht ist er als solcher – soweit bekannt – durch kein von ihm selbst formuliertes Bekenntnis bestimmt.[18] Fränkels Judentum ist in den antisemitischen Diffamierungen seiner Widersacher fremdbestimmt und in dieser Fremdbestimmung hinsichtlich des Verständnisses seiner sozialen Vernetzung innerhalb der publizistischen Öffentlichkeit und innerhalb des germanistischen Fachkollegiums eine wichtige Information. Jedoch in Fränkels Selbstverständnis als Germanist, wie es sich in seinen literaturwissenschaftlichen Publikationen darstellt, kann seine wissenschaftliche Arbeit – unter

16 Vgl. Konrad Feilchenfeldt, Nachwort, in: Sebastian Hensel, *Die Familie Mendelssohn 1729 bis 1847. Nach Briefen und Tagebüchern*, hg. von Sebastian Hensel, Frankfurt am Main, Leipzig 1995 (insel taschenbuch 1671), S. 887-897, hier S. 896 f.

17 Vgl. Bertolt Brecht und Bernhard Guillemin, *Was arbeiten Sie?* Berlin 1926; wieder in: *Brecht im Gespräch. Diskussionen, Dialoge, Interviews*, hg. von Werner Hecht, Frankfurt am Main 1975 (edition suhrkamp 771), S. 187-190, hier S. 188.

18 Zu Fränkels Stellung zum Judentum vgl. das Zitat über seinen Bruch mit dem religiösen Judentum in seiner ›Autobiogr. Skizze‹ aus dem biographischen Artikel, in: *Archiv Bibliographia Judaica. Lexikon deutsch-jüdischer Autoren*, redaktionelle Leitung: Renate Heuer, Bd. 7, München 1999, S. 224-236, hier S. 225.

der Voraussetzung, daß die Fragestellung überhaupt angemessen ist – nur dann als Zeugnis und Spiegel seines Judentums untersucht werden, wenn dieses Judentum nicht mehr religiös, sondern säkularisiert ist.

Was in der europäischen Wissenschaftsgeschichte spätestens seit der Aufklärung zu einer Zersplitterung der Disziplinen geführt hat, war von einem Autoritätsverlust der Kirche in wissenschaftlichen Fragen eingeleitet worden, an dessen Anfang die Erkenntnisse von Galilei, Kepler und Descartes gestanden hatten. Mit dem Fortschreiten der wissenschaftlichen Erkenntnis und der Polarisierung ihrer Ergebnisse als Kritik an der christlich-kirchlichen Überlieferung des Abendlandes war die Wirkung eine Säkularisation, die in alle Bereiche des Lebens und Denkens eindrang und auch die Universitäten nicht aussparte. Die Universitäten wurden aus dem christlich-kirchlichen Moralkodex entlassen und die Naturwissenschaften etablierten sich gegenüber der kirchlichen Lehre mit atheistischen Erkenntnissen.[19] Dabei wurde aber eine Konflikttradition fortgesetzt, die den Abtausch zwischen konfessionellem Glauben und wissenschaftlicher Erkenntnis bis heute als abendländisches Überlieferungsgut aufrecht erhält.

Von dieser Konflikttradition ist der jüdische Mensch im abendländisch-europäischen Wissenschaftsbetrieb ausgenommen. Auch wenn er sich von seiner eigenen jüdischen Tradition emanzipiert und sich säkularisiert hat, nimmt er an der beschriebenen Konflikttradition nicht teil, und darauf basiert der folgende Versuch einer Typologie, der die jüdische Qualität eines jüdischen Intellektuellen darin definiert, daß er sich im Gegensatz zu seiner nichtjüdischen Umwelt unmittelbar mit seinem Gegenstand beschäftigt, und für diese Unmittelbarkeit ist der unbeschränkte Zugriff auf die Substanz des Gegenstandes die Bedingung. Auf den Fall von Jonas Fränkel angewendet hieße dies: Indem er sich auf das Sammeln, Archivieren, Dokumentieren und Edieren konzentrierte und indem er mit zeitgenössischen Autoren wie Romain Rolland, Spitteler, Loosli und Humm in persönlichem Kontakt gestanden und sich damit für Gegenwartsliteratur engagiert hat, ist an Fränkel als Germanist ein typisch jüdischer Zug zu beobachten,[20] aber es schließt diese Feststellung mit ein, daß sie auch für Intellektuelle zutreffen kann, die nach den herrschenden Konventionen nicht als Juden bezeichnet werden.

19 Vgl. Hans Blumenberg, *Die Legitimität der Neuzeit*, Frankfurt am Main 1996 (suhrkamp taschenbuch wissenschaft 1268), S. 11-19 und S. 139-149.
20 Vgl. Schütt (Anm. 1), S. 178 und 180. – Der eine Teil der hier formulierten These deckt sich mit einer bereits älteren Beobachtung von Gert Mattenklott, *Über Juden in Deutschland*, Frankfurt am Main 1992, S. 72 f. Für den Hinweis danke ich Hans-Otto Horch.

Im Namen einer deutsch-jüdischen Symbiose:
Hermann Cohen

KAROL SAUERLAND

Heute, in der Epoche nach der Shoa, scheint es zur political correctness zu gehören, aus Hermann Cohens Schriften die »Zweideutigkeit deutsch-jüdischen Geistes«[1] herauszulesen und über dessen Aufforderung an die nichtjüdischen Deutschen, sich ihrer Verwurzelung im Judentum bewußt zu werden, hinwegzugehen. Immerhin stand hinter dieser Aufforderung die Überzeugung, daß die deutsch-jüdische bzw. jüdisch-deutsche Symbiose nur gelingen könne, wenn jede Seite in der anderen ein Stück ihrer selbst erkennt. Dies hatte Cohen bereits in seiner Schrift ›Ein Bekenntnis in der Judenfrage‹ 1880 zum Ausdruck gebracht, als er auf die gemeinsame Wurzel des Judentums und Christentums verwies. So schreibt er an einer Stelle, in einem seien »alle Christen Israeliten«, nämlich in dem, daß »bei aller notwendigen Humanisierung des Sittlichen doch ein der Vermenschlichung unzugänglicher Kern des alten Prophetengottes gewahrt bleiben muß: ›Wem wollt ihr mich vergleichen, daß ich gliche?‹«[2] Die Verwurzelung der Deutschen im Judentum hob Cohen auch in seiner Broschüre ›Deutschtum und Judentum. Mit grundlegenden Betrachtungen über Staat und Internationalismus‹, deren erste Auflage im Juli 1915 erschien, hervor. Es täte not zu erkennen, wie der deutsche Geist zugleich ein jüdischer sei. Die Verquickung beider habe in der Reformation eingesetzt. Ein Luther sei zutiefst im Judentum verwurzelt. Seine Begeisterung für die Psalmen, die er bewundernswert übersetzt habe, sei sicher kein Zufall. Er wäre durch sie in die jüdische Geisteswelt eingetaucht. Und seine Übersetzung sei, meint Cohen, die Quelle geworden,

> aus der das deutsche Gemüt die Reinheit seiner Liederkraft genährt, gestählt und von allen Zweideutigkeiten geläutert hat.[3]

Zugleich unterstreicht Cohen,

> wie die Verwandtschaft zwischen Deutschtum und Judentum hierdurch befestigt [wird]. *Die Psalmen haben demnach die Reinheit der deutschen*

---

1 Micha Brumlik, Zur Zweideutigkeit deutsch-jüdischen Geistes: Hermann Cohen, in: *Judentum im deutschen Sprachraum*, hg. von Karl E. Grözinger, Frankfurt am Main 1991, S. 371-382.

2 Hermann Cohen, *Jüdische Schriften*, hg. von Bruno Strauß, Bd. 2, Zur jüdischen Zeitgeschichte, Berlin 1924, S. 77.

3 Hermann Cohen, *Deutschtum und Judentum. Mit grundlegenden Betrachtungen über Staat und Internationalismus*, 2. Aufl., Gießen 1916, S. 14.

Liebe zur Vollendung gebracht. Die Psalmen konnten zu dieser Quelle werden, weil sie die Liebe zu Gott, nicht zu einem Menschen besingen, weil sie diese Liebe zu Gott mit einer Sehnsucht singen, wie kein Lyriker in der ganzen Welt diese Gewalt der Sehnsucht jemals überboten hat; weil sie aber auch diese Sehnsucht wahrlich nicht hemmen, aber zügeln durch *Ehrfurcht,* die das geistige Wesen des einzigen Gottes einflößt. Die Sehnsucht lechzt nach Gott, wie nur die Liebe sie entzündet; »die Eingeweide brennen«. Dieses gewaltige Bild hat Goethe von den Psalmen und von Jeremia entlehnt. Aber die Liebe zu Gott bedeutet ja zugleich die Erkenntnis Gottes, mithin die Verehrung Gottes. *Sehnsucht und Ehrfurcht schmelzen zusammen in der Psalmenliebe.*[4]

Die eigentliche Verwandtschaft zwischen Deutschtum und Judentum beruhe jedoch auf der Sittlichkeit, die an die Seite der Religion getreten sei. Und es gelte, daß Judentum und Christentum zu einer reineren Form von Religiosität und Sittlichkeit finden. Cohen glaubt als Neukantianer an eine solche Möglichkeit. 1880 sprach er noch von einer reineren Form des Christentums, zu der beide monotheistischen Religionen zu streben hätten. Später kam er zu dem Schluß, daß mit Kants Ethik eine reine Form der Vernunft gefunden worden sei. Seine Philosophie sei nicht zufällig von Juden mit Begeisterung an ein breiteres Publikum vermittelt worden. Mit Kants Lehre sei der Weg zu einem vernünftigen Einheitsstreben gebahnt.

Cohen mußte daran liegen, die deutschen Nicht-Juden von der Bedeutung des Judentums zu überzeugen, denn er war ein strikter Gegner einer vollkommenen Assimilation. Ihren Glauben könnten und dürften die Juden nicht aufgeben.[5] Wenn sie es täten, geschähe es nur zum Schaden der deutschen Kultur, des deutschen Geistes, wie er es nannte. Dieser habe schließlich dank der Verschmelzung von nicht-jüdischen Deutschen und deutschen Juden seine international bewunderte Höhe erreicht.

An Treitschkes Erklärung ›Unsere Aussichten‹[6] von 1879 störten Cohen daher nicht die nationalen Töne und das völkische Pathos,[7] sondern

4 Ebd. (Hervorhebungen im Original). Vgl. hierzu Cohens ausführliche Studie Über die Lyrik der Psalmen, in: Hermann Cohen, *Werke*, hg. von Helmut Holzhey, Bd. 16, Kleinere Schriften. 5. 1913-1915, bearb. und eingeleitet von Hartwig Wiedebach, Hildesheim 1997, S. 163-198.

5 Für die Konversion von Juden zum Christentum hatte er nur Verachtung übrig, vgl. Ulrich Sieg, Das Testament von Hermann und Martha Cohen, in: *Zeitschrift für neuere Theologiegeschichte* 4, 1997, S. 251-264, hier S. 253.

6 Erschienen in *Preußische Jahrbücher* 44, 1879, S. 559-576 (jetzt auch in: *Der Berliner Antisemitismusstreit*, hg. von Walter Boehlich, Frankfurt am Main 1988, S. 7-14).

7 Vgl. Wanda Kampmann, *Deutsche und Juden. Die Geschichte der Juden in Deutschland vom Mittelalter bis zum Beginn des Ersten Weltkrieges*, Frankfurt am Main

daß er uns [Juden] auf den Unterschied von Religion und Konfession hinweist, die weltgeschichtlichen Kämpfe der Konfessionen als »häuslichen Streit« schildert, das Judentum als »Nationalreligion eines uns [Deutschen] ursprünglich fremden Stammes« bezeichnet, und somit den messianisch-humanistischen Gedanken einer »reineren Form des Christentums« mit bestimmtester Ausdrücklichkeit gegen den israelitischen Monotheismus und seine Verschmelzbarkeit in jene »reinere Form« geltend macht.«[8]

Aber da 75 Notabeln unter der Führung Rudolf Virchows, des liberal gesonnenen Rektors der Berliner Universität, gegen Treitschkes Erklärung protestierten, konnte Cohen sich in der Gewißheit wiegen, die Vernunft werde siegen und die Vernünftigen werden ihre jüdischen Wurzeln nicht mehr verleugnen. Immerhin kam es um die Jahrhundertwende zu einer interessanten Auseinandersetzung mit dem Judentum auf nicht-jüdisch deutscher Seite. Man denke an Adolf Harnacks Vorlesungen über das Wesen des Christentums an der Berliner Universität im Wintersemester 1899/1900,[9] an die Abhandlung von Ernst Troeltsch im ›Logos‹[10] oder an Max Webers umfassende Studie über das antike Judentum.[11] Bei dieser Debatte wurde auch, wie es Jörg Hackeschmidt formulierte, »ganz konkret nach dem Kulturwert des Judentums gefragt«. Es sei eine Fragestellung gewesen, »die den Gegenwartsbezug in sich trug, zu einer weiterführenden Behandlung über die allgemeine Wertigkeit des Judentums einlud und damit auch in politischer Hinsicht eine Rückbindung an die weltanschaulich aufgeladene Debatte um die ›Judenfrage‹ darstellte«. Hackeschmidt meint jedoch, es sei eine »camouflierte

---

1979, S. 275. Zum historischen Kontext des Berliner Antisemitenstreits: Michael A. Meyer, Great Debate on Antisemitism. Jewish Reaction to New Hostility in Germany 1879-1881, in: *Leo Baeck Institute Year Book* 11, 1966, S. 137-170; Ulrich Sieg, Bekenntnis zu nationalen und universalen Werten. Jüdische Philosophen im Deutschen Kaiserreich, in: *Historische Zeitschrift* 263, 1996, S. 609-639.

8 Cohen (Anm. 2), S. 73 f.

9 Adolf Harnack, *Das Wesen des Christentums. Sechzehn Vorlesungen vor Studierenden aller Fakultäten im Wintersemester 1899/1900 an der Universität Berlin gehalten* (1900), Neudruck, Gütersloh 1985.

10 Ernst Troeltsch, Glaube und Ethos der hebräischen Propheten, in: *Logos. Internationale Zeitschrift für Philosophie der Kultur* 6, 1916/17, S. 1-28; leicht verändert und erweitert abgedruckt in: Ernst Troeltsch, *Gesammelte Schriften*, Bd. 4, Aufsätze zur Geistesgeschichte und Religionssoziologie, hg. von Hans Baron, Aalen 1981, S. 34-65.

11 Vgl. hierzu den ausgezeichneten Band Max Webers, *Studie über das antike Judentum. Interpretation und Kritik*, hg. von Wolfgang Schluchter, Frankfurt am Main 1981, sowie die entsprechenden Ausführungen in Schluchter, *Religion und Lebensführung*, Bd. 2, Studien zu Max Webers Religions- und Herrschaftssoziologie, Frankfurt am Main 1988, hier S. 127-196.

Debatte« gewesen,[12] was man aber bereits von Herders Beschäftigung mit der hebräischen Poesie und dem Judentum vor der Zerstörung des Tempels sagen könnte. Auch Herder interessierte vor allem, wie sich das Judentum als Volk herausbilden und gleichsam anachronistisch bis in die Gegenwart bestehen konnte. Er rechnet im 16. Buch der ›Ideen zur Philosophie der Geschichte der Menschheit‹ die Juden neben den Arabern, Türken, Zigeunern und anderen zu den fremden Völkern in Europa. Die Juden könnten insofern weiter in Europa verbleiben, als ihnen die Möglichkeit zur Assimilation gegeben wird. Sie werden nach »europäischen Gesetzen leben«.[13]

In der Debatte zu Beginn des 20. Jahrhunderts ist es Ernst Troeltsch, der sich in seiner Logos-Abhandlung ›Glaube und Ethos der hebräischen Propheten‹ direkt mit Cohen auseinandersetzt, obwohl er ihn namentlich nur einmal erwähnt,[14] aber wenn wir lesen, die Prophetie habe »in Wahrheit nichts zu tun mit [...] vernünftigem Einheitsstreben«;[15] oder: es handle sich nicht um »eine Art Kantischer Religionsphilosophie vor Kant und vor der Stoa, noch nationalistisch gebunden und in anthropomorpher Bildlichkeit und Gegenständlichkeit befangen, welche Hülle nur abgestreift zu werden braucht, um die reine sittliche Menschheitsreligion darunter hervortreten zu lassen,«[16] so ist damit Cohen gemeint. Troeltsch versucht, seine abweichende Sicht des hebräischen Prophetismus, den er den »Mutterschoß dreier Weltreligionen« nennt,[17] religionshistorisch zu begründen, indem er von der Geschichte des Judentums und seiner Umgebung, den konkreten Herausforderungen und zeitgebundenen möglichen Antworten auf sie ausgeht. Religionsgeschichtlich gesehen, erfolgten die jeweiligen Antworten keineswegs im Namen einer allgemeinen Vernunft oder aus dem Willen zur Rationalisierung der Welt heraus. Und die sich aus ihnen ergebende Ethik habe mit »Humanität und Freiheit oder Demokratie und Sozialismus im modernen Sinne

---

12 Jörg Hackeschmidt, Die hebräischen Propheten und die Ethik Kants. Hermann Cohen in kultur- und sozialhistorischer Perspektive, in: *Aschkenas. Zeitschrift für Geschichte und Kultur der Juden* 5, 1995, H. 1, S. 121-129, hier S. 127.

13 Johann Gottfried Herder, Ideen zur Philosophie der Geschichte der Menschheit, in: *Werke in zehn Bänden*, Bd. 6, hg. von Martin Bollacher, Frankfurt am Main 1989, S. 6-898, hier S. 702. Vgl. hierzu auch Karol Sauerland, »Die fremden Völker in Europa.« Herders unpolitische Metaphern und Bilder zu den höchst politischen Begriffen Volk und Nation, in: *Unerledigte Geschichten. Der literarische Umgang mit Nationalität und Internationalität*, hg. von Gesa von Essen und Horst Turk, Göttingen 1999, S. 57-61.

14 Ernst Troeltsch, *Gesammelte Schriften*, Bd. 4, Aufsätze zur Geistesgeschichte und Religionsphilosophie, 2. Aufl., Aalen 1981, S. 39.

15 Ebd., S. 43.

16 Ebd., S. 50.

17 Ebd., S. 42.

[…] keinen Faden gemeinsam«.[18] Das war eindeutig gegen Cohens Anschauungen, wenn auch nicht ausschließlich gegen sie, gerichtet. Aus der religionsgeschichtlichen Begründung, dem Faktum, daß der hebräische Prophetismus aus dem Material »einfacher bäuerlich-nachbarlicher Stammessitte und eines engsten Zusammenhangs von Gott und Stamm« erwachsen sei,[19] lasse sich allerdings nicht schließen, dieser habe nicht weiter wirken können. Im Gegenteil, man erkenne gerade am Christentum, daß es sich durch seine »Wurzelung im hebräischen Prophetismus in Richtung der Weltbejahung« zu bewegen vermochte.[20]

Daß es von Seiten der deutschen Juden zu einer Symbiose kommen werde, unterlag für Cohen keinem Zweifel. Ihn beunruhigte daher der Standpunkt eines Heinrich Graetz, den er als Nationaljuden begriff, nicht. Er wies ihn zwar energisch zurück, hielt ihn aber für eine Randerscheinung im deutschen Geistesleben. Erst als die zionistische Bewegung breitere Kreise unter den Jungen zu ziehen begann, schreckte er förmlich auf, was in seiner Auseinandersetzung mit Emil Fraenkel und vor allem mit Martin Buber seinen Niederschlag fand. Ausgangspunkt war eine Erklärung »zahlreicher jüdischer Notabeln gegen die Zionisten«, die im Februar 1914 in deutschen Tageszeitungen erschienen war und die auch Cohen unterschrieben hatte.[21] Dort wurde den Zionisten vorgeworfen, sie suchten »innerhalb des Judentums einen ›nationaljüdischen‹ Chauvinismus zu entfachen, der uns in schroffen Gegensatz zu unseren christlichen deutschen Mitbürgern bringen müßte, von denen uns nichts unterscheidet als unser Glaube«:[22] eine Zusammenarbeit mit den Zionisten sei daher unmöglich. Justizrat Emil Fraenkel entschloß sich daraufhin zu einem offenen Brief an »Herrn Geh. Regierungsrat Prof. Dr. Cohen in Berlin«. Er meinte, er habe diese Erklärung nur mit unterzeichnen können, da ihm »in der Studierstube die Entwicklung der jungjüdischen Ideen in den letzten 10 Jahren entgangen sein muß«. Die Jugend sei nun einmal »entweder vom traditionell-religiösen oder vom zionistischen Ideal begeistert […]«.[23] Cohen antwortete am 26.Februar im ›Hamburger

---

18 Ebd., S. 53.

19 Ebd., S. 57.

20 Ebd., S. 64.

21 Die Erklärung war u. a. im *Hamburger Israelitischen Familienblatt* 16, 1914, N. 7 vom 12.2.1914, S. 8, als ganzseitige Anzeige erschienen. Emil Fränkels Stellungnahme zu dieser Erklärung, Offener Brief an Herrn Geh. Regierungsrat Prof. Dr. Hermann Cohen in Berlin, in: *Jüdische Rundschau* 19, 1914, N. 7 vom 13.2. 1914, S. 1.

22 Cohen (Anm. 4), S. 113. Hermann Cohens ›Offener Brief‹ war sowohl im *Hamburger Israelitischen Familienblatt* 16, 1914, N. 9 vom 26.2.1914, S. 2 als auch in der *Jüdischen Rundschau* 19, 1914, N. 11, vom 13.3.1914, S. 2, erschienen.

23 Ebd., S. 116.

Israelitischen Familienblatt‹. Das Argument von der derzeitigen Überzeugung der Jugend konnte ihn nicht rühren, denn die genannte Alternative erkannte er prinzipiell nicht an. Die Zionisten hätten zudem nur eine Religion, die der nationalen Politik.[24]

Das Problem ließ ihm trotz seiner eindeutigen Stellungnahme offensichtlich keine Ruhe. Mitte 1916 publizierte er in den ›K. C.-Blättern‹ einen längeren Artikel ›Zionismus und Religion. Ein Wort an meine Kommilitonen jüdischen Glaubens‹, auf den Buber mit einem offenen Brief unter dem Titel ›Begriffe und Wirklichkeit‹ in seiner Zeitschrift ›Der Jude‹ reagierte.[25] Im gleichen Heft erschien ein noch deutlicherer kurzer Artikel ›Einige Worte über Hermann Cohen‹ von R. Seligmann.[26] Cohen antwortete Buber umgehend in den ›K. C.-Blättern‹, und dieser replizierte mit dem Aufsatz ›Zion, der Staat und die Menschheit. Bemerkungen zu Hermann Cohens *Antwort*‹ im Septemberheft des ›Juden‹.[27] Buber konstatierte in seiner ersten Antwort u. a.:

In der *messianischen* Menschheit mag das Judentum dereinst aufgehen, mit ihr verschmelzen; nicht aber vermögen wir einzusehen, daß das jüdische Volk in der *heutigen* Menschheit untergehen müsse, damit die messianische erstehe: vielmehr muß es eben darum mitten in ihr, ja mitten in dieser heutigen Menschheit zu verharren, aber nicht als eine stetig abbröckelnde Naturtatsache im Verein mit einer immer breiter konfessionalisierten Religion, sondern als ein sein Ideal um dieser Menschheit willen und ihr gegenüber frei und ungehindert verwirklichendes Volkstum. »Die jüdische Religion lehrte nicht wie das paulinische Christentum ein Hinaustragen der Botschaft der Völker, nicht wie der Islam ein Erobern der Welt für den Glauben, sondern die Einwurzelung im heimatlichen Boden, die Bewährung des rechten Lebens in der Enge, die vorbildliche Gestaltung einer Menschengemeinschaft auf der schmalen kanaanitischen Erde. Und die am tiefsten ursprüngliche Schöpfung des Judentums, der Messianismus, ist nur die gleiche Idee, als letzte Erfüllung gedacht, in die absolute Zukunft projiziert, da der Herr allen Völkern auf dem Berge Zion ein Mahl richten wird von reinem Wein, darinnen keine Hefe ist« (Buber, Vom Geist des Judentums, S. 38). Das Streben nach der »Heimstätte« ist ein nationales; ihr eigenes Streben, das Streben des jüdischen Gemeinwesens in Palästina wird ein übernationales sein müssen. Wir wollen Palä-

24 Ebd., S. 118.
25 Martin Buber, Begriffe und Wirklichkeit. Brief an Herrn Geh. Regierungsrat Prof. Dr. Hermann Cohen, in: *Der Jude* 1, 1916/1917, S. 281-289.
26 Rafael Seligmann, Einige Worte über Hermann Cohen, in: *Der Jude* 1, 1916/1917, S. 316-319.
27 *Der Jude* 1, September 1916, S. 425-433.

stina nicht »für die Juden«: wir wollen es für die Menschheit, denn wir wollen es für die *Verwirklichung* des Judentums.[28]

Cohen zitiert aus diesen Sätzen, die zum Teil unverständlich seien – was mag zum Beispiel die Wendung »abbröckelnde Naturtatsache im Verein mit einer immer breiter konfessionalisierten Religion« bedeuten –, aber insgesamt von einer »aktuell politischen Differenz« zeugten. Die Unterschiede zwischen ihm und Buber würden sich aus jeweils anderen Vorstellungen, die sie beide von Nation hätten, ergeben. Cohen spricht nicht wie Buber von Nationen, sondern von verschiedenen Nationalitäten, deren Vertreter als gleichberechtigte Bürger zusammenzuleben vermögen. Dies sei dank der Existenz eines Staates möglich. In ihm könnten die Nationalitäten, im konkreten Fall die Deutschen und Juden, eine Staatsnation bilden. Die Besonderheit der deutschen Juden als Nationalität wäre, daß sie sich mit ihrer Konfession identifizieren, ohne sich heimatlos zu fühlen. Dagegen stehe die zionistische These von der Heimatlosigkeit der Juden, die es den Zionisten erlaube, über das liberale Judentum, »das in den Kulturländern eine Heimatstätte zu besitzen« sich einbildet, hinwegzuschreiten,[29] es als Scheinjudentum abzutun. Gerade der Begriff des Scheinjudentums mußte Cohen tief treffen, zumal Seligmann erklärt hatte, er sei als Philosoph »der richtige Mann am richtigen Platz, der eigens dazu geschaffen scheint, die Entwurzelung [der westlichen Judenheit] zu sanktionieren und zu einem philosophischen Prinzip zu erheben [...]«.[30] Für Cohen handle es sich ja »eigentlich darum, alles Lebendige und Wurzelhafte, das einzelne Glied mit dem Ganzen Verbindende aus dem Judentum auszuschalten, um es zu einem wesenlosen Schemen zu verflüchtigen, in dem kein noch so geübtes Auge die Umrisse einer bestimmten Physiognomie zu entdecken imstande ist«.[31] Es war die Zeit, in der Cohen die zivilisierte Welt bis hin zu den Vereinigten Staaten zu überzeugen suchte, daß Deutschlands Juden die beste Lebensform gefunden hätten. Den Gegensatz dazu bildeten für ihn die Ostjuden, von denen er in seinem Artikel ›Der polnische Jude‹, welchen er im Juni 1916 im ›Juden‹ veröffentlicht hatte, schreibt, daß ihnen die »Einheit, die im großen und ganzen der deutsche Jude in sich behauptet«, abhanden gekommen sei, »oder vielmehr, er hat sie noch nicht gewonnen«.[32] Beim Ostjuden gäbe es keine Vermittlung zwischen den Extre-

---

28 Buber (Anm. 25), S. 287 (Hervorhebungen im Original).

29 Cohen (Anm. 2), S. 333.

30 Seligmann (Anm. 26), S. 317.

31 Ebd., S. 319.

32 Hermann Cohen, Der polnische Jude, in: *Der Jude* I, 1916/1917, S. 149-156, hier S. 153. Cohen nahm zum Ostjudenproblem in einer Zeit Stellung, in der dieses lebhaft diskutiert wurde. Die ›Süddeutschen Monatshefte‹ brachten im Februar 1916 sogar eine 170 Seiten starke Sondernummer hierzu heraus. (Vgl. darüber

men, die die Intelligenz dort spalteten: zwischen Orthodoxie und religiösem Indifferentismus. Der Kulturjude, insbesondere der deutsche, habe diese Kluft einigermaßen überbrückt:

> Moses Mendelssohn hat uns nicht nur die deutsche Sprache beigebracht und dadurch zum Mutterrecht für das deutsche Staatsbürgertum verholfen, sondern er hat uns auch das große Bollwerk gegen den Angriffskrieg der modernen Kultur in unserer Religion aufgerichtet. Alle Nebenerscheinungen, die dagegen zu sprechen scheinen, sind hinfällig gegenüber der historischen Tatsache, daß wir in unserem angeblichen Unglauben und bei der tatsächlichen Befreiung von manchem, keineswegs allem, ritualen Beiwerk dennoch, und zwar wir deutsche Juden beinahe allein, die *Wissenschaft des Judentums* erschaffen haben. Sie ist das große Ereignis des Mendelssohnschen Geistes und das unwidersprechliche Zeugnis seiner weltgeschichtlichen Bedeutung für die Erhaltung des Judentums überhaupt.[33]

Die Ostjuden könnten zwar, sollten sie in größerer Zahl nach Deutschland kommen, dank ihrer Opferbereitschaft und der Beherrschung der talmudschen Dialektik den deutschen Juden »einen neuen Schwung« geben, aber das, was ihnen wirklich vonnöten sei, müßten sie vom deutschen Juden lernen:

> So soll nun auch der polnische Jude nicht nur deutsche Wissenschaft und deutsche Art, Schlichtheit, Geradheit und strenge Gewissenhaftigkeit bei uns erlernen, die ihm unter den Schlichen und Ränken des Despotismus und der Verfolgungen abgeschwächt sein dürften: er soll auch in die jüdische Religiosität des deutschen Juden ernsthaft sich einfühlen, um sie für sein persönliches, wie für das Gemeindeleben, in Selbständigkeit und nach seiner Eigenart auszubauen. Er soll einsehen lernen, daß die wahre, die wissenschaftliche Philosophie, die nicht den Dilettantismus der Phantasie hegt, sondern mit den Wissenschaften methodisch verwachsen ist,

---

meinen Aufsatz Ostjuden als Thema der ›Süddeutschen Monatshefte‹, in: *Assimilation – Abgrenzung – Austausch. Interkulturalität in Sprache und Literatur*, hg. von M. K. Lasatowicz und Jürgen Joachimsthaler, Frankfurt am Main, Berlin, Bern u. a . 1999, S. 403-411). Adolf Friedemann hatte die Wahl dieses Themas in seinen einleitenden Worten damit begründet, daß die Eroberung weiter Teile von Rußland eine Herausforderung besonderer Art darstelle. Wir Deutschen, schreibt er, »müssen jetzt die Probe darauf ablegen, ob wir die Führereigenschaften besitzen, die zur Leitung anderer Nationen befähigen; denn es gilt nicht nur zu erobern und geordnete Verwaltungen zu schaffen, sondern auch Sympathien zu erwerben, Kultur zu verbreiten, Einfluß zu sichern«, in: *Süddeutsche Monatshefte*, Februar 1916, S. 647. Friedemann hatte u. a. 1904 zusammen mit Hermann Struck ›Reisebilder aus Palästina‹ bei Bruno Cassirer veröffentlicht.

33 Cohen (Anm. 32), S. 152 (Hervorhebung im Original).

den Glauben an den einzigen Gott zu rechtfertigen vermag. Dieser Glaube ist daher eine ethische Erkenntnis. Die deutsche Philosophie hat für diesen Begriff den Ausdruck des Vernunftglaubens. *Und auf dieser ethischen Begründung der religiösen Sittlichkeit soll auch die Staatsgesinnung der Ostjuden gegründet werden; aus ihr soll er auch subjektiv sein Staatsbürgerrecht herleiten.* Nicht nur Dostojewski, sondern auch Tolstoi gegenüber soll er ohne allen Anflug von Pantheismus in voller wissenschaftlicher Bestimmtheit und Unzweideutigkeit das Panier des einzigen Gottes hochhalten, die gedankliche Lehre des reinen Monotheismus.[34]

Mit einem Wort, es ist das deutsche Judentum, das etwas Vorbildliches geleistet hat, so daß von hier aus zu begreifen sei, daß es *»von zentralem Einfluß geworden und geblieben ist auf das Judentum aller Länder«*.[35] Diesen Einfluß habe es vor allem der *»*Wissenschaft des Judentums*«,*[36] die *»*überall auf deutsche Ußprünge zurückgeht*«,* zu verdanken.[37] Mittlerweile finde sie auf der ganzen Welt Nachahmer. 1912, nach der Pensionierung, sollte sich Cohen ganz in ihren Dienst stellen. Er zog von Marburg nach Berlin um, wo er an der Lehranstalt für die Wissenschaft des Judentums, dessen Kuratorium er angehörte, unterrichtete. Von der Wichtigkeit der Wissenschaft des Judentums hatte er auch auf seiner Vortragsreise in die russischen Gebiete, d. h. nach St. Petersburg, Moskau, Riga, Kowno und Warschau im Mai 1914 gesprochen. Unmittelbarer Anlaß dieser Reise war die Einführung der ›Prozentnorm‹ für die Aufnahme der Juden an höheren Schulen.[38] Und eines der Ziele der Reise war, bei der Errichtung von Lehranstalten für die Wissenschaft des Judentums, der *»*Organisation eines eigenen Schulsystems*«* Hilfe zu leisten.[39] Cohens Mission blieb jedoch durch den Kriegsausbruch folgen-

---

34 Ebd., S. 155 (Hervorhebung im Original).

35 Cohen (Anm. 3), S. 31 (Hervorhebung im Original).

36 Zu diesem Begriff vgl. u. a. Friedrich Niewöhner, Judentum, Wissenschaft des Judentums, in: *Historisches Wörterbuch der Philosophie*, Bd. 4, Basel und Stuttgart 1976, S.653-658; *Wissenschaft des Judentums. Anfänge der Judaistik in Europa*, hg. von Julius Carlebach, Darmstadt 1992; Christoph Schulte, Über den Begriff einer Wissenschaft des Judentums. Die ursprüngliche Konzeption der Wissenschaft des Judentums und ihre Aktualität nach 175 Jahren, in: *Aschkenas. Zeitschrift für Geschichte und Kultur der Juden* 7, 1997, H. 2, S. 277-302; aber auch Gershom Scholem, Wissenschaft vom Judentum einst und jetzt, in: ders., *Judaica 1*, Frankfurt am Main 1970, S. 147-164.

37 Cohen (Anm. 3), S. 33.

38 Vgl. Franz Rosenzweigs Vorwort zu Hermann Cohen, *Jüdische Schriften* (Anm. 2), Bd. 1, S. XL.

39 Vgl. ebd.; wie das rechtlich möglich gewesen wäre, erfahren wir aus Rosenzweigs Mitteilung nicht.

los, und seine Hoffnung, sie nach dem Krieg fortsetzen zu können, sollte sich nicht erfüllen. Er starb im April 1918. Sicher hatte er nicht mit einer schnellen Desaktualisierung seiner Ideen gerechnet. Daß die Ostjuden plötzlich von einem Tag auf den anderen lettische, litauische, polnische, tschechische oder auch sowjetische Staatsbürger werden sollten, hatte er in seine Vorstellung nicht einbezogen. Er sah nur die großen Kulturen, die eine Assimilation begehrenswert machen. Er hatte natürlich auch nicht damit gerechnet, daß die Christen, insbesondere die deutschen, weniger denn je bereit sein würden, sich ihrer Verquickung mit dem Judentum, dem jüdischen Geist, bewußt zu werden, und daß der deutsche Humanismus, an den so viele Intellektuelle in ganz Europa geglaubt hatten, keine wirklichen Wurzeln in Deutschland geschlagen hatte. Trotzdem müssen Cohens Gedankengänge ernst genommen werden; immerhin schrieb Kurt Blumenfeld am 1. Februar 1957 an Hannah Arendt (beide waren, wie aus ihrem Briefwechsel hervorgeht, geistige Antipoden Scholems):

> Was die letzten 150 Jahre der Entwicklung deutschen Judentums betrifft, sind wir einer Meinung. Ich versuche seit je zu erklären, daß diese, den jüdischen Historikern völlig unbekannte Zeit ein Höhepunkt nicht nur der jüdischen Geschichte, sondern der Geschichte der Menschheit sei. Wie wenig Glück ich damit habe, wird Dir die Abschrift des beiliegenden Briefes an Felix [...] zeigen.[40]

Es handelte sich um den Artikel ›The terms of emancipation 1781-1812‹ von H. D. Schmidt im Jahrbuch des Leo-Baeck-Instituts, in dem die oppositionellen Tendenzen in der Geschichte des deutschen Judentums, die der Assimilation skeptisch gegenüberstanden bzw. sie wie die zionistische Bewegung offen kritisierten, einseitig dargestellt seien.[41] In unserem Kontext hieße es, Cohens Anstrengungen sollten nicht nur als Zweideutigkeit deutsch-jüdischen Geistes abgewertet, sondern auch als das gesehen werden, als was sie gemeint waren: als Wegweiser für eine mögliche Symbiose, die hätte gelingen können, wenn sich beide Seiten zueinander bekannt hätten und bereit gewesen wären, zuzugeben, daß man sich gegenseitig braucht und sich gegenseitig ergänzt.

---

40 Hannah Arendt, Kurt Blumenfeld, »... *in keinem Besitz verwurzelt«. Die Korrespondenz*, hg. von Ingeborg Nordmann, Berlin 1995, S. 177.
41 Vgl. hierzu den Kommentar zu dem zitierten Brief, in: ebd., S. 322.

Methoden, Schreibweisen, Konstruktionen

Juden in der Klassischen Philologie vor 1933

JEAN BOLLACK

I.

Die Jahrhundertfeier, der hundertste Geburtstag des Heros Lachmann, bietet 1893, spät im Jahrhundert, fast schon vor Toresschluß, dem bereits getauften und integrierten jüdischen Nachfolger auf dem Göttinger Latein-Lehrstuhl, Friedrich Leo (1851-1914), in einer akademischen Rede die Gelegenheit, die Philologie als große nationale Errungenschaft darzustellen.[1] Er trug seine Laudatio ohne unangemessene Überschwenglichkeit vor, die Sprache wie die Situation professoral und auch modern bemeisternd. Der Heros hatte, sich selbst verdoppelnd, die deutsche Philologie aus dem Geist der Antike und vor allem des Griechentums geschaffen und das goethesche Ideal der Vermählung der beiden verwandten Kulturen auf dem Felde der Wissenschaft und der aktiven Pädagogik verwirklicht; mehr noch: Es ist ihm gelungen – dies ist die gebotene Vorgabe und die vorgetragene These –, von einer zentralen Stellung aus die von Heyne und Wolf im 18. Jahrhundert begründete Wissenschaft über die Zeiten hinweg in eine neue, wie es nun schien, unüberbietbare, totalisierende Einheit zu führen. Die Begriffe folgen in stringenter Logik aufeinander: »Die historische Wissenschaft […] weiß, daß die Ideen, aus denen sie in all ihren Verzweigungen emporgeschossen ist, im Erdreich der Romantik wurzeln [a.]. Ihr verdankt die klassische Philologie [nicht mehr ›Griechenland‹] die Erweiterung ihres Begriffs [als historische Wissenschaft] [b.], ihre eigenste Schöpfung ist die deutsche Philologie [in direkter Filiation entsprungen, schon deswegen mußte sie zuerst deutsch sein] [c.]«. Die Konstruktion der Heroisierung überbrückt die Gegensätze ein zweites Mal.[2] Lachmann hatte sich in seiner Jugend während seiner Göttinger Studienjahre von der Romantik forttragen lassen. Sie steht für das Dionysische; alles wird in dieser Weise eingebaut; sie bleibt eben Anfang aller

1 Rede zur Säcularfeier Karl Lachmanns am 4. März 1893, im Namen der Georg-Augusts-Universität gehalten (zuerst Göttingen, 1893), in: Friedrich Leo, *Ausgewählte kleine Schriften*, Bd. 2, hg. und eingeleitet von Eduard Fraenkel, Rom 1960, N. 37, S. 416-431. Zu Leo vgl. auch Wolfram Ax, Friedrich Leo, Professor der Klassischen Philologie 1889-1914, in: *Die Klassische Altertumswissenschaft an der Georg-August-Universität Göttingen. Eine Ringvorlesung*, hg. von Carl Joachim Classen, Göttingen 1989 (Göttinger Universitätsschriften, Serie A., Bd. 14), S. 149-177.

2 Leo spricht wiederholt von Lachmann als »dem Helden der Wissenschaft«; Leo 1960 (Anm. 1), S. 418.

Dinge – es ist der Weg in die Ferne, in die Anschauung des Unbekannten, des Unbestimmt-Geschichtlichen. Zu dieser ursprünglichen Erfahrung der Materie tritt nun die Schärfe des Geistes, nicht irgendeine freischwebende Intellektualität (die war verpönt), sondern die durch den Gegenstand gebotene, ihn überbietende Methode; es wäre der apollinische Gegenpol. »Ach finden Sie wirklich!«, reagierte Leo auf die Begeisterung seines Studenten Eduard Fraenkel, als dieser ihm von der ›Geburt der Tragödie‹ als von einem »wundervollen Buch« sprach.[3] Von der Editionstechnik und der Analyse der handschriftlichen Überlieferung hatte sich Lachmann hoch hinaufgeschwungen bis zur Genese der Werke und den Entstehungsbedingungen der ›Nibelungen‹ wie der ›Ilias‹ und von daher bis zur Rekonstruktion der geschichtlichen Umwelt.

Er interpretierte die Texte nicht um ihrer selbst willen; er hätte sich sonst selbst aufgegeben und sich einem Inhalt unterworfen oder sich gar an dessen eigenwillige subjektive Darstellung ausgeliefert. Er wollte es nicht, und hätte er es gewollt, hätte er anderer Mittel bedurft. Es ging ihm um den philologischen Akt, der sich im Laufe seines Vollzugs des Gegenstands historisierend bemächtigte.

Die historisierende Darstellung gelangte so zu den Sachen und auch zu der Geschichtsauffassung Karl Otfried Müllers (zu der sich auch Wilamowitz bekannte[4]); gleichzeitig aber war es die Kenntnis der Interpretationsweise Gottfried Hermanns, die zu ihnen geführt hatte; der Konflikt zwischen Sach- und Wortphilologie war nicht überwunden, jedoch weitgehend neutralisiert; er mußte es sein, wollte man aufgrund der Dokumente, der Lachmannschen Versionen und Textschichten, bis zur Wirklichkeit des in ihnen aufbewahrten geschichtlichen Lebens vordringen, wie das eben Wilamowitz nun seit den siebziger Jahren mit letzter Energie vorführte – auch dies also ließ sich von Lachmann herleiten, mehr noch das nordische (protestantisch-nordische) Pflichtgefühl, das moralische Prinzip, das jener als junger Königsberger Gymnasiallehrer, wenn auch unbewußt, von Kant und dessen Metaphysik der Sitten auf die philologische Praxis übertragen haben mußte.[5] Leo ist der getreue Schüler, wenn auch bei ihm nicht von Luther und vom Protestantismus die Rede ist. Daß die Kunst der Romantik in der preußisch organisierten Wissenschaft weiterlebt und sich in ihr erfüllt, ist paradoxerweise für ihn ein Stück Aufklärung. So konnte es gesehen, so mußte es dargestellt

---

3 Einleitung E. Fraenkels zu F. Leo, *Ausgewählte kleine Schriften* (Anm. 1), S. XLI f.

4 Siehe etwa das historische Aperçu am Anfang von *Der Glaube der Hellenen*, Bd. 1, Berlin 1931, S. 7, wo mit O. Müller, noch vor Welcker, die eigentliche Geschichte beginnt, die nun die Stelle der ›Mythologie‹ einnahm (an die sich etwa Lehrs gehalten hatte; vgl. unten S. 162 f.).

5 Zu Lachmanns Anfängen in Königsberg siehe S. 160.

werden. Daran glaubte vielleicht keiner; daran konnte sich einer, ein vielleicht trotz allem Außenstehender, ein sich selbst vergewissernder Registrator festklammern. Mit einer seiner Stimmen, in einem nicht protestantischen Teil seines Innern, mochte er fragen, wie er dazu kam, dazustehen und zur Säkularfeier im Namen der Georgia Augusta so zu sprechen. Er vermochte es. Es ging ja um Selbstaufgabe bei allen, und dann gleich zweimal bei den Juden – mit welchem Grad der Selbstwahrnehmung oder Verleugnung sie auch immer verbunden war. Die Lehrer waren erprobte, im Falle von Wilamowitz angeborene Meister der Verführung. Rattenfänger. Sie zogen die herausragenden jüdischen Studenten an, sie kannten die Macht, über die sie verfügten, d. h. welche Mittel ihnen die Möglichkeit, eine Integration herbeizuführen und ein Ausgeschlossensein aufzuheben, an die Hand gab. Die Kandidaten waren ihnen ausgeliefert; es war die Ausnutzung der auferlegten Dienstbarkeit. Sie wurden nicht nur in den Dienst der Wissenschaft gestellt, diese selbst wurde mit einer militaroiden Pflichterfüllung gleichgesetzt.

Worum es ging, war die Gestaltung der Universität und des Erziehungswesens insgesamt. Die Philologie stand seit Beginn des 19. Jahrhunderts im Zentrum des Bildungssystems; sie hat die Stellung lange behauptet, auch wo die Bedingungen dafür nicht mehr erfüllt wurden. Zum einen sollte seit Humboldts Reform die historische Wissenschaft die klassischen Werke in einen gerade aufgrund der Ferne neu angenäherten Zusammenhang stellen und dadurch deren Bedeutung legitimieren, zum andern erhielten die Schöpfungen der Weimarer Klassik selbst mit ihrem geistigen Gehalt eine erhöhte Gültigkeit, so als ob eine bewußtere Aktualisierung, als sie in der Vergangenheit möglich war, in ein historisch wahreres Licht gestellt worden wäre. Wilamowitz empfiehlt 1875 den um drei Jahre jüngeren, 1851 geborenen Leo dem allmächtigen Mommsen, seinem künftigen Schwiegervater. »Ich würde mich […] freuen, wenn Sie ihn beschäftigten, weil er ziemlich ohne Anhalt ist … Ich mache mich anheischig, daß er mit Freude nach jedem Auftrage von Ihnen greifen wird, zu verbürgen, usf. […]«.[6] Mommsen überträgt ihm die Aufgabe, die Gedichte des Venantius Fortunatus in den ›Monumenta Germaniae historica‹ herauszugeben.[7] Leo machte sich an die Arbeit, er hatte seine Mühe, der Gegenstand war ihm fremd. Beide, Mommsen und Wilamowitz, der sich für ihn eingesetzt hatte, redeten ihm eindring-

6 Theodor Mommsen und Ulrich von Wilamowitz-Moellendorff, *Briefwechsel 1872-1903,* mit zwei Bildnissen und zwei Schriftproben, hg. von Fr. Hiller von Gärtringen, Berlin 1935, Brief vom 15. Mai 1875, S. 22.

7 Die daraufhin erfolgte Empfehlung von Leo an die Herausgeber aufgrund von Wilamowitz' Angaben in: Paul Wendland, Gedächtnisrede auf Leo, in: *Geschäftliche Mitteilungen der Königlichen Göttinger Gesellschaft der Wissenschaften* 1914, Heft 1, S. 3-24; siehe auch Fraenkel 1960 (Anm. 1), S. XXI.

lich zu.[8] »Jeder Philologe, der des Namens wert ist«, schrieb Mommsen an Leo, »muß sich bescheiden Dinge von der formal kritischen und der sprachlichen Seite aus zu bearbeiten, denen er sachlich nicht vollständig gewachsen ist« – ein höchst bezeichnender Satz, der die Gewaltsamkeit des imperialen, auf der Philologie beruhenden Gesamtunternehmens in ein helles Licht stellt. Das unumstößliche Argument liegt bereit: »Lachmann war weder Feldmesser noch Jurist noch Theolog; daß er es nicht war, zeigen seine Gromatiker, sein Gaius und sein N.T.«. Die Philologie hat sich in den Dienst einer höheren Wissenschaft zu stellen. Die Pflicht ist der Arbeit eingezeichnet. So fährt denn auch Mommsen fort:

> Dennoch fast möchte ich sagen, dennoch hat unsere Epoche [der geschichtlichen Erforschung] keine großartigeren Leistungen im philologischen Gebiet aufzuweisen, gewiß wenigstens keine [wer möchte Lachmanns heroische Größe verkennen?], in denen neben dem Talent [das ja den Juden weiß Gott nicht aberkannt wird] die Einsicht und die Pflicht des Talents [da geht es schon um das Gewissen – ein verlagertes Gewissen] und der Mut [nun schon in Analogie zum militärischen Gehorsam und der Tugend], diese Pflicht zu erfüllen, so großartig bewährt sind.

Die vollbrachten Taten des Heros stellen ein absolutes Vorbild dar: »Nach diesem Muster [eben Lachmann]«, fügt Mommsen hinzu, »haben andere Leute [als er, der Judenjunge, nämlich er, Mommsen, und auch Wilamowitz] ihre Schuldigkeit gethan ...«. Das ist der verstaatlichte Luther im Gewande der Wissenschaft. Eduard Fraenkel erzählt auch, wie es ausging – so wie meistens und wie es auch vorauszusehen war. Was war da schon zu machen? »An Mommsens Seite nahm Wilamowitz mit der ihm eigenen Wucht den Kampf um Leos Seele auf. In wenigen Tagen war der Sieg gewonnen, denn den beiden Mahnern kam nicht nur Leos Pflichtgefühl zu Hilfe [das ist das erste: die vorausgehende und zugrundeliegende ›Hingabe‹], sondern auch seine tiefe Dankbarkeit für das Vertrauen, das Mommsen in ihn setzte [die Integration von Herrschers Gnaden], und seine Begeisterung für das Ideal philologischer Arbeit, das er [in der unübertrefflichen Inkarnation Lachmanns] ihm vorhielt«.[9] Es war nicht mehr der Geist, es war die Arbeit. Es ist wohl zu verstehen, auch wenn es nicht ausgesprochen wird, daß dieses Pflichtgefühl über der Wahrheit steht; es betrifft vorzüglich die Tätigkeit als solche, setzt die Selbstaufgabe voraus und verlagert die Berufung, die Wilamowitz mit letzter Unbekümmertheit zielgerichtet vindiziert: Es ist für »jeden Philologen [...]

---

8 Mommsen bat Wilamowitz um Hilfe (»[...] denn ich rechne sehr auf Sie«), vgl. Mommsen/Wilamowitz (Anm. 6), Brief vom 7. Januar 1877, S. 25.
9 Die zitierten Auszüge aus Briefen Mommsens bei Fraenkel (Anm. 1), S. XVII, nach Wendland (Anm. 7).

das Höchste«, und dies rückt ihm »das Gewissen zurecht«.[10] Die Taufe war eigentlich gar nicht mehr nötig. Die Bekehrung vollzog sich seit Lachmanns heroischer Epiphanie in der Philologie, man wäre aus der historischen Sicht versucht zu sagen: im philologischen Einsatz. Das Talent und die Intelligenz wurden in die vorgezeichneten Bahnen geleitet. Die Parolen und Verleumdungen der zeitgenössischen antisemitischen Hetzkampagnen von Dühring und den andern schwangen nicht weniger mit als anderswo, sie waren aber durch die pragmatische Verführungsstrategie überdeckt. Gerade dem Juden wurde gezeigt und vorgerechnet, worauf er zu verzichten hatte, um zwar nicht direkt in die Gemeinschaft des Volkes, aber in diejenige der von Preußen paramilitärisch sanktionierten Wissenschaft aufgenommen zu werden. Es wurde etwas angeboten und aufgetragen, von dem der Anwärter wissen mußte, daß es ihm von Haus aus nicht zukam.

Als der Kunsthistoriker Werner Weisbach (1873-1953), dessen Memoiren im ersten Band (›Und alles ist zerstoben‹)[11] 1937 noch in Österreich erscheinen konnten, im Hause Lepsius Stefan George begegnete, oder eher nicht begegnete, weil der Dichter in einem Nebenzimmer blieb und nur nach Aufforderung empfing, gibt er seiner Verwunderung Ausdruck, daß sich so viele Juden in diesem Kreise befinden.[12] Um Konversion ging es da nicht; es hätte sich um eine eigenartige Kreuzung von rheinischem Katholizismus und Heidentum gehandelt. Weisbach, selbst aus sehr reichem Hause, hatte sich aus gesellschaftlichen, kulturell-fortschrittlichen Gründen bekehrt, die er sich selbst verständlich macht. Es spricht somit ein bekehrter Jude über Juden –

---

10 Wilamowitz am 11.1.1877 an Mommsen, nach dem Erfolg des gemeinsamen staatlichen Drucks; Mommsen/Wilamowitz (Anm. 6), S. 27. In seiner Erwiderung auf den Brief Mommsens schrieb Leo, der Zuspruch »würde ihn noch zu ganz anderen [als den merovingischen, nationalen] Dingen bestimmt haben« (ebd.).

11 Bei Herbert Reichner (Wien, Leipzig, Zürich); mit dem Untertitel: ›Erinnerungen aus der Jahrhundertwende; geschrieben in den Jahren 1927-1934‹. Ein zweiter Band, ›Geist und Gewalt‹, mit den Ereignissen der folgenden Jahre, noch in Berlin vor und dann nach seiner Emigration in die Schweiz (1935) geschrieben, erschien 1956 bei Schroll (Wien, München); Rudolf Schottlaender hat breite Auszüge daraus in sein Buch: *Verfolgte Berliner Wissenschaft. Ein Gedenkwerk,* Berlin 1988, S. 50-60, aufgenommen. Weisbach legt im Vorwort zum ersten Band den Standpunkt seiner Schilderungen der Verhältnisse dar. Es geht ihm vornehmlich um eine Form von Wahrhaftigkeit, die an seine Person gebunden ist; er versucht, die Erlebnisse so wiederzugeben, wie sie sich in ihm psychologisch und historisch »im Zeitpunkt […] ihrer Aktualität« und nicht in der Rückschau gespiegelt haben (Weisbach 1937, S. 7). So rekonstruiert er sich in der Absicht, sich nicht zu rekonstruieren.

12 Zu George vgl. Weisbach 1937 (Anm. 11), S. 375-377; über die Juden im Kreis ebd., S. 376 f. (daraus im folgenden zitiert).

mit psycho-soziologischen Erklärungsmustern und einer kapitalistisch-groß-
bürgerlichen Überlegenheit im Stil von Walther Rathenaus ›Von kommenden Dingen‹. Die Funktionsanalyse des Betriebs ist aus dieser Sicht geschrieben (man muß sich in die neunziger Jahre zurückversetzen): »Nicht zu übersehen war, daß eine Anzahl Jünglinge jüdischen Stammes [so schreibt er, um
zu zeigen, wie frei er sich fühlt und wie fremd sie ihm sind] von bestimmter
Geistesrichtung [er denkt an Nietzsche, dessen Kunstbegriff und den Heroi-
sierungskult[13]] sich unter Georges Fittiche begab.« Nun versucht er, sich die
Hingabe der Jünger zu erklären, und geht dabei vom Interesse der sich Hin-
gebenden aus. Am Anfang steht »die Abkunft« und die »sich daraus ergeben-
den Behinderungen«, denen er, Weisbach, entkommen war, um sich der
Ungerechtigkeit zu entziehen. Die jungen Leute standen »unter seelischem
Drucke«, den er sozial motiviert: wegen ihres »Fortkommens« und der »Anerkennung« – »oder aus anderen [wohl psychologisch-affektiven] Gründen«.
Ins Zentrum der Analyse stellt er die Kategorie des Bundes, die gemein-
schaftliche, sektenhafte Tendenz: Die Gläubigen wurden zusammengeführt
und aufgenommen in eine »von ihrer Auserwähltheit durchdrungene Gemeinschaft«. Diese wiederum wird negativ vom Mangel und der Beeinträch-
tigung her verstanden; die Benachteiligten fanden in ihr »ein Abwehrmittel
gegen Minderwertigkeitsempfindungen« oder, in positiverem Licht, eine
»Erhebung des Selbstgefühls« [man sieht, welche Vorurteile sich dahinter
verbergen]; nun fügt Weisbach aber mit der Aufgeschlossenheit des Groß-
industriellen hinzu, daß sie auch »die Bestätigung« ihres »Leistungswerts«
erlangten. Der verehrte nichtjüdische Dichter stand in der Mitte des Juden-
clubs; er wurde verherrlicht; er war für die Analyse der befriedigten Interessen nicht wegen seiner Person entscheidend; die Zusammengehörigkeit der
Gruppe war bedeutsamer: Sie gewährte den Mitgliedern »für die Zusage un-
bedingter Gefolgschaft und Unterwürfigkeit Förderungen [er zählt sie auf:]
geistiger, seelischer und gesellschaftlicher Art«. Das eigentliche Privatleben
und die individuelle Freiheit waren aufgehoben, überhöht; die Preisgabe ließ
sich nur so erklären, daß man sie auf Kompensationen und Interessen zu-
rückführte, die durch eine gesellschaftlich gegebene, anfängliche Benachteiligung bedingt waren. Ohne Juden wäre im Grunde der Kreis gar nicht
erklärbar.

> Stellten Juden einen beträchtlichen Prozentsatz [sic] zu der Anhänger-
> schaft [man könnte auch sagen: Teilhaber], so traten auch die Universi-
> tätsdozenten jüdischer Abkunft: Richard M. Meyer, Max Dessoir, Georg
> Simmel zuerst in Berlin mit der Feder für George ein.[14]

---

13 Der Name Nietzsche fällt in dem Buch über die ›Jahrhundertwende‹ nicht.
14 Weisbach 1937 (Anm. 11), S. 377.

George selbst stützte sich für den Vertrieb seiner Bücher auf Juden.

Hätte Weisbach sich noch mehr oder freiere, unvoreingenommenere Gedanken gemacht, so hätte er herausgefunden, daß es sich auch hier um eine Verführungsstrategie handelte, die von der des in diesem Kreise nicht ignorierten, aber verhaßten Wilamowitz nicht weit entfernt war. Der Geheimrat hätte von keinem Jünger verlangt, sich nackt vor ihn hinzustellen, um Verse zu psalmodieren. Wilamowitz lebte nicht ganz in dieser Welt; aber man spürt trotz allem, wie leicht man von einem ›Staat‹ zum andern hinübergleitet, von der Politik der ›Blätter für die Kunst‹ zu derjenigen der ›Philologischen Untersuchungen‹. Es wird dasselbe Spiel mit einer – gewiß motivierten – kulturellen Bereitschaft getrieben. Ein Herrscherwille übt zu seinen eigenen Gunsten Druck aus. Eine Form von Ausgeliefertsein liegt schon voraus, es ist nicht die Hingabe selbst, diese überwindet sich gerade in der Steuerung durch das Verlangte, in der Zucht, die dem Hinzugekommenen auferlegt wird, ohne daß er selbst je wirklich dazugehört.

II.

Man darf die ungewöhnlich positive Bedeutung nicht aus den Augen verlieren, die der Bildung überhaupt und der akademischen Welt unter Juden beigemessen wurde, vor allem, wenn ein Sohn oder Söhne auf einem Gymnasium gewesen waren. Auch dieser letzte Umstand ist nicht entscheidend, wenn die prinzipielle Universalität, die Gleichheit als solche, im Mittelpunkt stand und die Religion von innen her schon überholt war.

Eine Grenze war überschritten, die den Verlust oder die Infragestellung der jüdischen religiösen Tradition potentiell zur Folge hatte, auch wenn die Trennung sich nicht wirklich vollzog. Wenn die Bekehrung einer Befreiung gleichkam, von einer zwar ehrwürdigen, aber altertümlichen, und, weil nicht ›aufgeklärten‹, überholten Religion und somit einer Loslösung von einer Religionszugehörigkeit und -gebundenheit, so mußte folgerichtig der neue ›Glaube‹ als etwas ganz anderes betrachtet werden, weniger als ein Gewissen von Schuldhaftigkeit denn als die bewußte Entscheidung und das Einstehen für eine Welt, die aus neuen, universellen und humanitären Ideen bestand. Der Nichtvollzug der Bekehrung setzte eine Art von Rückkehr und eine Gegenentscheidung voraus. Mit der akademischen Ausbildung und dem sozialen Aufstieg, den sie voraussetzte, war der Eintritt in eine andere Welt, die Welt der anderen, verbunden und damit eine Loslösung von der praktizierten Religion, wenn sie im Elternhaus auch unter Umständen noch fortbestand, und oft auch vom Beruf des Vaters. Das Fach der Philologie gab es vornehmlich, in erster oder zweiter Linie (wie man es nimmt und ansieht), für die Lehramtskandidaten, und die klassisch benannte blieb noch über die berühmte Schulkonferenz von 1900 hinaus vorrangig. Wie im kirchlichen Bereich die Vorbereitung zum weitaus einträglicheren Pastorenstand zusammenging mit einer dogmatischen und gelegentlich auch freien Betrachtung der Lehre, so bestimmte in der Philologie die Erforschung der Grundlagen die Ausübung des Berufs. Von höherer Warte gesehen war die Theologie die Hauptsache; selbst in der Philologie blieb sie es, da diese im Grunde ihr von Anfang an zugeordnet war. Man konnte eben viel mehr tun, als sich auf den Unterricht in den Schulen vorzubereiten, indem man sich an die Grundlagen hielt, die – im Prinzip wenigstens – zur Diskussion standen. Es gab ja diese eine Möglichkeit, die das deutsche System insgesamt auszeichnete. Ein Jude nun, der sich bekehrte, um in diese Welt aufgenommen zu werden, konnte, wenn er es gewiß auch des Berufs wegen tat, die Laufbahn darum nicht weniger aufgrund seiner aufgeklärten Gesinnung gewählt haben. Sowohl die Bildung als auch die Wissenschaft konnten die christliche Religion in den ersten Generationen trotz aller Ambiguitäten gleichsam vertreten.

Daß die Geistigkeit, wie oft beansprucht, oder gar der Geist selbst ein deutscher sei, ließ sich nicht leicht aufrecht erhalten; dagegen wurde die wissenschaftliche Forschung seit Anfang des 19. Jahrhunderts in vorbildlicher und im ganzen damals unvergleichlicher Weise gefördert, so daß die Juden, soweit sie zugelassen wurden, sich in nationaler, aber auch in einer übernationalen Sicht mit ihr identifizieren konnten; die freie Forschung ließ sich eben als Wissenschaft, wenn nicht mit der deutschen, so doch mit der protestantischen Tradition irgendwie gleichsetzen. Die Emanzipationen konvergierten dann.

Von diesem Gesichtspunkt aus waren die beiden Ausrichtungen, der humboldtsche Bildungshumanismus und das protestantische Christentum, nicht eigentlich geschieden – aus formal sehr positiven Gründen nicht. In der konkreten Realität ließ sich die Einheit gewiß nicht leicht wiederfinden; es war zwar zwangsläufig viel guter Wille oder Idealismus in den neuen Glauben der auch im banalen Sinn Um- oder Einkehrenden eingegangen; sie mußten ja daran glauben; sie hatten sich von ihrer eigenen Tradition völlig gelöst und die Werte einer anderen, nicht zuletzt ›die Götter Griechenlands‹ übernommen. Die Übernahme ergab sich aus der Identifikation mit der neu säkularisierten christlichen Bildung. Die Abgeschnittenen und neu Akkulturierten machten sie zu ihrer eigenen Sache. Sie erfanden sie neu und durchdachten sie auch neu; sie waren zugleich eigenständig und gebunden, mußten sie doch die Tradition zu ihrer Sache machen; sie hatten keine andere.

Manche Historiker würden nicht zugestehen, daß sich in dieser Haltung eine jüdische Identität definieren läßt. Sicher keine ethnische oder nationale. Die neuen Juden, wenn man sie trotzdem so nennen darf, lebten in einer fremden Umwelt, die sie aufnahm und ihre Verschiedenheit bis zu einem gewissen Grad anerkannte. Diese bestand aus nichts anderem als aus der neu verstandenen und aus der Distanz richtiger ausgelegten Bildung, d. h. der rationalen Beurteilung dessen, was sie zu sein vorgab. Die Neuaneignung beruht in Wirklichkeit auf viel mehr als auf einer Erwartung; es war doch alles erzwungen. Was stattfand, ist eine Identifikation mit etwas Neuem und Fremdem, mit etwas Deutschem gewiß, aber auch mit etwas Kritischem. So wurde Neustiftung trotz allen Erfahrungen hochgeschätzt und oft verabsolutiert, weil sie eine anfängliche Negativität zu überwinden half. In den betont positiven Einstellungen läßt sich oft ein schwer verständlicher Konformismus nicht verkennen. Er mag an ein masochistisches Verhalten gemahnen und eine Übernahme von fremder Unterwürfigkeit miteinschließen. Alles geschah aus Zwang und war darum zwangsgewollt. Der eigentümliche Habitus, die Angst vor dem Vorwurf des Sich-Vordrängens, das Unterdrücken der Überlegenheit, sie gehören zur fundamentalen Anerkennung eines freien und geistig fruchtbaren Raums im kulturellen und kulturell-wissenschaftlichen Bereich. Es mag aus heutiger Sicht als ein Irrtum oder als Verblendung erscheinen. Dem war nicht so. War es nicht ein Kampf, in dem die einen, die Aufgeklärten, unterlagen? Jeder tragische Konflikt hat eine Ausgangssituation. Man kann jetzt sagen, sie hätten anders reagieren sollen und sich als Juden – man fragt sich, auf welche Position? – zurückziehen sollen. Es gab – trotz den vielen Versuchen auf jüdischer Seite – keine Rückzugsmöglichkeit. Die Modernität war nicht auf ihrer Seite. Die Juden in der Wissenschaft hielten sich an sie von Anfang an und akzeptierten die ausgesprochenen, aussprechbaren, die künftig zu erwartenden, die erhofften Bedingungen. Jedem sein Deutschland; den Juden in ihrer Situation das ihre; viele unter ihnen sahen, was es war, sie sahen das Achtenswerte und, mehr noch, was dieses gerade dank ihrer Mitwirkung hätte sein können.

III.

Was die alte, die klassische Taufe war, läßt sich der Biographie von Karl Lehrs (1802-1878) entnehmen, die der Philologe Ludwig Friedländer nach dessen Tod für die ›Allgemeine Deutsche Biographie‹[15] geschrieben hat. Er nennt eingangs Lehrs zurecht »eine[n] der hervorragendsten Philologen dieses Jahrhunderts«.[16] Die betrachtete Periode des Kaiserreichs und der Weimarer Re-

---

15 Ludwig Friedländer, Lehrs, Karl L., in: *Allgemeine Deutsche Biographie*, auf Veranlassung seiner Majestät des Königs von Bayern hg. durch die historische Commission bei der königlichen Akademie der Wissenschaften, Bd. 18, Leipzig 1883, S. 152-166.

16 L. Friedländer 1883 (Anm. 15), S. 152; Glucker (John Glucker, Juden in der deutschen klassischen Philologie, in: *Juden in der deutschen Wissenschaft, Jahrbuch des Instituts für deutsche Geschichte*, Beiheft 10, Tel Aviv 1986, S. 96-110, hier S. 105) wird der Person und auch den Schriften nicht eigentlich gerecht, wenn er

publik fällt fast in ihrer ganzen Ausdehnung mit dem nicht leicht zu über-schätzenden Einfluß von Ulrich von Wilamowitz-Moellendorff (1848-1932) zusammen, der die Philologie, vor allem die klassische, aber nicht nur sie, entscheidend geprägt hat. Der imperiale und imperialistische Umschlag in der Wissenschaft, den sein Wirken auslöste, läßt sich erst im Vergleich mit der Situation in den vorausgehenden Jahrzehnten richtig verstehen. Lehrs in Königsberg, Gottfried Bernhardy (1800-1875) in Halle und Ludwig Friedlän-der (1824-1909), auch in Königsberg, wären die namhaftesten jüdischen Ver-treter in der klassischen Philologie, die es aufgrund der Konversion zu einem Lehrstuhl gebracht haben. Friedländer war der erfolgreichste, seine ›Darstel-lungen aus der Sittengeschichte Roms‹ wurden zum Bestseller. Lehrs ist viel-leicht an sich, gewiß aber aus der Sicht meiner Fragestellung, der interessan-teste.[17]

> Im December 1822 machte Lehrs das Gymnasiallehrerexamen [...] Kurz vorher war er zum Christenthum übergetreten. War der Zeitpunkt dieses Religionswechsels auch im Hinblick auf die [...] Laufbahn gewählt, so erfolgte er doch [...] aus innerem Drange. Das Judenthum war in seiner Familie durch die Nachwirkungen des Rationalismus des 18. Jahrhunderts zum Deismus abgeschwächt.[18]

Man muß diesen Verweis auf die innerjüdische Vergangenheit ernstnehmen. Der Rückblick wird zentral, wenn man die Aufklärungstendenzen innerhalb der jüdischen Gemeinden berücksichtigt und darin wiederum die Rolle Grie-chenlands als älteres, universelles, nicht-biblisches Ideal, das dem deutsch-christlichen gleichsam vorausging.

Lachmann war auf dem Friedrichs-Collegium in Königsberg, wo er von 1815 bis 1818 wirkte, Lehrs' Lehrer gewesen; er hatte dessen Entscheidung zum Übertritt befestigt.[19] Sie blieben miteinander durch einen regen Briefwechsel verbunden, »obwohl zwei verschiedenere Naturen kaum gedacht werden können«, doch hatte sich der Austausch mit »den großen politischen Diffe-renzen, die namentlich seit 1848 zwischen ihnen hervortraten«, abzufinden.[20]

---

schreibt, es gäbe »auf dem Gebiet der griechischen Philologie [...] keinen Gelehr-ten, der es mit [den Latinisten] Leo und Norden aufnehmen konnte [ich würde dies nicht behaupten], obwohl Karl Lehrs in seinem beschränkten Arbeitsbereich [?] sehr originell war«.

17 Neben den drei Philologen, wären auch die Namen der getauften Sprachforscher Theodor Benfey (1809-1881) in Göttingen und Karl Albert Agathon Benary (1807-1860) anzuführen.

18 L. Friedländer 1883 (Anm. 15), S. 154.

19 Vgl. ebd., S. 153 f.

20 Ebd.

Im Literarischen erschreckte ihn Lachmanns Homer; das war für ihn keine Volkspoesie; es war ihm nicht »möglich, sich [wie Lachmann] die Ilias als ein aus Einzelliedern entstandenes Conglomerat zu denken«. Er hielt fest an der »Planmäßigkeit eines großen Gedichts [...]«, wie sie sich dem antiken Menschen darbot, »[...] eine wohltätige Beruhigung«, in der sich »die Disharmonien unfreundlicher Erscheinungen [...] auflösen«.[21] Er wußte, daß das wirkliche Verständnis »nur Einzelnen, den Begabtesten [...]« vorbehalten war.[22] Auch von den Gymnasien war zu jener Zeit in Lehrs' Augen nicht mehr viel zu halten; an die Stelle der »griechische[n] Idealschule«, wie sie Wolf und Humboldt wollten, war eine »lateinische Trainirschule«[23] getreten. Das Humboldtsche Konzept entblößte sich gleich zweimal, was sich in paradoxer Weise ausdrücken ließ. Die »Wissenschaft«, d.i. der geistige Gehalt und Freiraum des Humanismus, galt auf der Schule nicht mehr; umgekehrt wurde auf den Universitäten gerade eine ›Wissenschaft‹ betrieben und in großer Breite propagiert, die sich durch kein Leitbild mehr gebunden fühlte; die Praxis hatte sich von ihm befreit. Lehrs' Analyse steht Nietzsches Kritik nicht fern – auch war er ›modern‹ zu nennenden Veränderungen aus Luzidität nicht abhold, die sich erst viel später, in einem andern Jahrhundert, verwirklichen sollten; es entsprach seinem Rationalismus. Wäre er nicht getauft gewesen, hätte er all dies nicht öffentlich sagen können. Er sprach als ein guter Christ, wenn auch nicht im Namen des Herrn. Im Grunde war er Materialist; er hatte nichts als Humboldts Griechenland.

Was von der »Neigung«[24] zu halten war, wird zu einem späteren Zeitpunkt seines Lebens ersichtlich: »Dem Christenthum entfremdete er sich erst in Folge der gewaltsamen und künstlichen Restaurationsversuche im Anfang der Regierung Friedrich Wilhelms IV., dann aber je länger je mehr, so daß er ihm zuletzt feindlich gegenüberstand«.[25] Der Pakt war gebrochen. Er »lebte sich allmählich in die Anschauungen [ein], aus denen heraus ›Die Götter Griechenlands‹ [nicht nur Schillers, sondern auch Heines] gedichtet sind.«[26] Friedländer fügt hinzu: »in einer Weise wie es wol selten ein moder-

21 Ebd., S. 161: Die religiöse und moralische Größe stand über der historischen Kritik.
22 Lehrs, zitiert ebd.; vgl. Karl Lehrs, Homerische Blätter, in: Ed. Kammer, *Die Einheit der Odyssee, nach Widerlegung der Ansichten von Lachmann-Steinthal, Koechly, Henning und Kirchhoff*, Leipzig 1873, besonders N. 8 und 9, S. 785-790.
23 Karl Lehrs, Erinnerungen an Christian August Lobeck, in: *Populäre Aufsätze aus dem Alterthum, vorzugsweise zur Ethik und Religion der Griechen* (1856), 2. vermehrte Aufl., Leipzig 1875, S. 479-497, hier S. 496.
24 L. Friedländer 1883 (Anm. 15), S. 154.
25 Ebd., S. 162.
26 Ebd.

ner Mensch vermocht hat«.[27] Lehrs' Kollege, der bedeutende Historiker Karl Wilhelm Nitzsch (1818-1880), Sohn des bekannten Homerforschers G.-W. Nitzsch (1790-1861) hielt ihn für einen pietistischen Heiden,[28] denn er vertrat die Absolutheit des griechischen Ideals.

Von Wolfs Arbeiten ist Lehrs zunächst ausgegangen. Sein wohl berühmtestes Buch, über den alexandrinischen Homerinterpreten Aristarch, noch lateinisch geschrieben, stand zwar in der Aura von Wolfs ›Prolegomena‹, war aber in der Durchführung stärker von der Philologie Gottfried Hermanns bestimmt. Er kannte die Welt der Scholien und wußte, wie man die klassischen Texte schon im Altertum aufnahm und auffaßte. Gegen Lachmann, vielleicht gegen Wolf selbst hatte er solide Argumente anzuführen. Aristarch war für ihn eine mit Bentley, dem Erneuerer, vergleichbare Figur.[29] Alles Englische, der Empirismus, waren ihm vertraut, wie ja überhaupt in dieser Zeit bei Außenstehenden der Ausblick auf eine der beiden westlichen Nationen und Kulturen noch mit ihrem Bedürfnis nach Unabhängigkeit einherging.

Er kam erst spät, nach langen, schwierigen Jahren des Gymnasialunterrichts, wohl erschöpft, wenn nicht gebrochen, 1845 zu seiner hohen Stellung in Königsberg; man hatte es ihm, wohl zu einem guten Teil auch als geborenem Juden, an den verschiedenen Anstalten nicht leicht gemacht.[30] Die Anerkennung blieb ihm andererseits nicht vorenthalten. Nach Gottfried Hermanns Tod wurde ihm 1849 dessen Lehrstuhl in Leipzig angetragen (er hat ihn ausgeschlagen); ein gewichtigeres Erbe gab es für dieses privilegierte Fach in Deutschland und überhaupt in Europa nicht. Wilamowitz fing nach dem Siegeszug und Sedan in Greifswald neu an, ab novo, unter preußischer Flagge. Das alte humanistische (seit der deutschen Klassik neuhumanistische) Ideal, dem man sich nach den Befreiungskriegen verschrieben hatte, war zerbrochen. Lehrs hielt sich an dieses griechische Ideal wie an ein Absolutum, vielleicht als Jude zum Trotz, wie Heine in seinem Gedicht, weil man sich in der pseudo-demokratischen, demagogisch das Deutschtum verherrlichenden Umwelt nicht mehr daran hielt – bei aller formalen Ähnlichkeit. Lehrs, der Aufklärer, mußte elitär und mit seinem intellektuellen, kritischen Anspruch aristokratisch erscheinen. Er hielt sich an den Geist, wie er sich in Griechen-

---

27 Ebd.

28 Vgl. ebd.

29 Vgl. Karl Lehrs, *De Aristarchi studiis homericis*, Königsberg 1833 (zweite Aufl. 1865; dritte 1882, beide vermehrt).

30 Vgl. zu Lehrs' Tätigkeit als Gymnasiallehrer in Danzig, Marienwerder und in Königsberg am Friedericianum (1823-1845) L. Friedländer 1883 (Anm. 15), S. 155-157. Nach der Berufung konnte er endlich »seine tief erschütterte Gesundheit wieder herstellen«. »Wie spät war er aus einer kaum noch erträglichen Lage [...] erlöst worden« (ebd., S. 156).

land geformt hatte, als eine philosophisch fundierte Norm, die, weil sie moralische und ästhetische Urteile gestattet, über die gemeinen Anschauungen hinausführt und somit auch die Kritik, auf die es Lehrs ankam, ja gar ein utopisches Moment miteinschließt. Die eigentliche Ursache, derentwillen es zu einer wirklichen Wortphilologie oder Texthermeneutik – was im Grunde dasselbe ist – nie gekommen ist, liegt, trotz aller Hinwendung zur Form der Aussage und der Grammatik, für die Gottfried Hermann ein Vorbild geschaffen hatte, in den vorgängig schon bekannten Vorstellungen und Erfahrungen, von denen man annahm, sie seien im Wortlaut der klassischen Texte in hervorragender Weise wiedergegeben, während doch die dichterische Sprache gerade imstande ist, mit ihnen zu spielen, sie zu verdrehen, und, wo sie es will, neue Gehalte durch neue Konstellationen zu schaffen. Eine solche Freiheit und Autonomie der Dichtung konsequent anzuerkennen, war nicht statthaft; sie widersprach den Prinzipien der Vernunft wie der Empfindung. Insofern triumphierten überall, auch in den Worten, die Sachen. Ohne Goethe und Winckelmann hatte das ganze Bildungsunternehmen seinen Sinn verloren; auch Nietzsche teilte diese Ansicht, nur meinte er, das klassische Ideal durch ein wahreres ersetzen zu müssen.

Für Wilamowitz existierte das Problem nicht mehr, er historisierte pragmatisch und benutzte die gängigen Vorstellungen, wie sie sich in seiner Arbeit einstellten, so wie er sie brauchte. Er konnte natürlich auf die mit der Darstellung verbundenen Anschauungen nicht verzichten; auch die Werte sind geschichtlich geworden und keinen Kriterien unterstellt. Er wußte es. Die Unmittelbarkeit der Einsicht war eben dem Philologen mitgegeben oder nicht. In der Tiefe war das geschichtliche Griechenland nur für den verwandten deutschen und nicht für den jüdischen Geist ein erkennbarer Gegenstand.

IV.

Zur neuen preußischen Form der Taufe gehörte zuerst der obligate Heeresdienst, auch wenn kein Jude den Zugang zur Reserve als Offizier erlangte, wie andere Aspiranten bürgerlicher Herkunft, die es bis zum Hauptmann bringen konnten, und dann die wissenschaftliche Dienstleistung im geistigen Bereich, ein Äquivalent des belastenden Schulunterrichts. Die Juden galten als klug und leichter als andere dem Freigeist verfallen, dieser natürliche und gefährliche Hang wurde durch das Arbeitsethos unterbunden. Die Intellektualität war integriert und, in Kanäle geleitet, auch kontrolliert. Was in die Gesamtorganisation eingefügt war, gehörte einem nicht mehr eigentlich. Die Zensuren waren im voraus verteilt. Unter den fast obligaten Riten hatte auch, nach dem Vorbild Winckelmanns, Goethes und Humboldts, der iter italicum, die Reise nach Italien, seinen Platz – nicht nur in der Archäologie

und Kunstgeschichte. Die Trias: Heer, Universität, Rom wird von Wilamowitz in der Grabrede auf Leo (1914) klar bezeichnet. Es gab zwar bei ihm eine
vorherige, ungeheuerliche Vorwelt, von der man nicht spricht: »Wie er ward,
wage ich nicht zu erzählen«, ganz pindarisch. Darauf aber folgen die Etappen
des Übertritts in die Gesellschaft und der Neugeburt; man beachte die Reihenfolge:

> Entscheidend war zuerst der große Eindruck des Krieges [1870/71], daß
> der Mann dem Vaterland gehört, mit allem was er ist und was er schafft.
> Dann Reisen [...], dann die Arbeit des Amtes, mit ihrer Schwere und ih-
> rem Segen [...], überall Erziehen, [...], vor allem sich selbst erziehen.[31]

Die trivialsten Phrasen können nicht vermieden werden, auch sie gehören
zur Strategie. Der Aufenthalt in Rom war die Ergänzung, das Zeichen einer
freieren, höheren Auserwähltheit und wiederum Zugehörigkeit. »Hinzu [in
Rom, zu Wilamowitz, Robert und Kaibel] kam Friedrich Leo aus Bonn [...].
Er war wohl schon als Kind im Elternhause [...] sehr verwöhnt worden und
kam sich fertiger vor als er war«. Aber »es war ihm mit der Wissenschaft und
dem Leben [in ihr] ernst und er hatte die Kraft auch den [jüdischen, unpreu-
ßischen] Ansatz zur Selbstgefälligkeit zu überwinden«.[32] Wilamowitz half
ihm dabei; es ist die Einweihung. Man stellte sich in die Kulturhegemonie,
in die koloniale Tradition des Reiches deutscher Nation. Nach Frankreich
und England ging man etwa einmal, um Handschriften zu lesen; der Aufenthalt in diesen Ländern, auf die einige trotz allem nicht verzichteten, hatte
keine legitime kulturelle und politische Bedeutung. Für Rom gab es Stipen-
dien; doch bestritt man die Reise häufiger aus eigenen Mitteln, man zeigte,
daß man über solche verfügte und in diesen geheiligten Zweck investierte.
Die Bedeutung des Landes, das ihm den Begriff der Tradition vermittelte, ist
zumal für Eduard Fraenkel nicht zu überschätzen. Die wirklich, materiell in
Stein existierenden Stadien der Vergangenheit waren noch manches mehr.
Die Aspiranten waren zwar auch hier im Süden unter Zitronen eingesperrt –
wie hätten sie untätig sein können? Sie bekamen ein Weltbild zu sehen und
legten es sich zurecht; sie ordneten sich selber ein.

Der für Wilamowitz kennzeichnende Widerspruch zwischen eigentlich
nicht zu vereinbarenden Haltungen, die hegemonische Rede bei der Schulkonferenz, bald darauf Kriegseinsatz derselben Wissenschaft[33] und dann
doch immer wieder eine liberale, moderate und sachbezogene Grundhaltung

---

31 Ulrich von Wilamowitz-Moellendorff, *Erinnerungen 1848-1914*, Leipzig 1928,
    S. 244.
32 Ebd., S. 167.
33 Siehe in der Wilamowitz-Bibliographie von William M. Calder III die Veröffent-
    lichungen zur Tages- und Kriegspolitik von 1914-1918. »Der Protest gegen die in-

– beides ging zusammen und verschränkte sich in der nicht wahrgenommenen Haltlosigkeit; man vernimmt den Wahn in den Äußerungen von Wilamowitz; er bezeichnet die Lage vor dem Weltkrieg, so wie sie war, als man sich weiter mit demselben Eifer auf Grenzen (und letztlich einen Sinn) bezog, die man schon längst umgestoßen hatte.

Die Juden, die später in der Klassischen Philologie im Gefolge von Leo ein Ordinariat erlangten, sind fast ausnahmslos Wilamowitzianer; einige werden schon vor dem Weltkrieg, die meisten nach dem großen Kriege, als der bewunderte Meister schon über siebzig war, berufen. Die veränderte politische Situation spielt eine Rolle, aber mehr noch in der Logik der waltenden Vorstellungen der Krieg selbst und die von Wilamowitz betriebene gezielte Personalpolitik, die auf seinem Instinkt und auf seiner Menschenkenntnis beruhte.[34] Weisbach beschreibt mit einiger Entrüstung, wie, als er bei dem »geheime[n] Kultusminister«, dem Ministerialdirektor Friedrich Althoff, vorsprach, dieser ihn stundenlang antichambrieren ließ. Der wußte, daß er etwas »von ihm wollte« und stellte ihn in den Kontext der Berliner Sozietät, die der Sohn Weisbach nolens volens repräsentierte, den Kreis des Geldes, der mächtigen Steuerzahler, der Sammler und Museumsdirektoren. Mit Wilamowitz oder Harnack trieb er dagegen Geschäfte ad majorem scientiae, i.e. imperii oder rei publicae gloriam; sie vertraten den Staat, sie standen über der Gesellschaft; sie waren die Herren, sie wurden zu ihm gebeten; wenn sie sich den Besuch auferlegten, sofort hineingeführt.

Paul Friedländer (1882-1968)[35] war ab 1920 Professor in Marburg; Eduard Fraenkel (1888-1970)[36] kam 1920 nach Kiel neben Felix Jacoby (1876-1959),[37]

fame Lüge von der deutschen Kriegsschuld [...] war durchaus gerechtfertigt.« (Wilamowitz 1928 (Anm. 31), S. 315); vgl. Michael Armstrong, Wolfgang Buchwald, William Calder III, *Ulrich von Wilamowitz-Moellendorff Bibliography*, 1967-1990, Hildesheim 1991.

34 Mitten unter den abgedroschenen Tönen der Trauerrede am Grabe Leos war Wilamowitz imstande, von der »Ausstrahlung seines inneren, diamantklaren und diamantfesten, sittlichen Lebens« zu sprechen – mit einer auszeichnenden Metapher, die er wohl für kaum einen anderen Menschen gebraucht hätte; Wilamowitz 1928 (Anm. 31), S. 244. Alles Augenblickliche steht, wie es kommt, nebeneinander, wahr und unwahr, wirksam und konform.

35 Nachruf auf Friedländer von Winfried Bühler, in: *Gnomon* 41, 1969, S. 619-623.

36 Nachruf auf Fraenkel von H. Lloyd-Jones; Hugh Lloyd-Jones, Eduard Fraenkel, in: *Gnomon* 43, 1971, S. 634-640, hier S. 635; auch in: ders., *Blood for the Ghosts. Classical Influences in the Nineteenth and Twentieth Centuries*, London 1982, S. 251-260: »In 1917 Fraenkel habilitated in Berlin [...]. In 1920 he became Professor Extraordinarius«.

37 Nachruf von Willy Theiler, *Gnomon* 32, 1960, S. 387-391: »Jacoby wurde [...] als Sohn von Eltern jüdischen Glaubens in Magdeburg geboren und besuchte dort

er lehrte später in Göttingen und Freiburg; Rudolf Pfeiffer (1889-1979) war 1923 in Hamburg, darauf in Freiburg und München; Paul Maas (1880-1964)[38] 1930 in Königsberg. Die Liste ist nicht vollständig; aber auch so schon instruktiv. Sie hatten sich alle in Berlin habilitiert, und auch schon dort das als ›Sprungbrett‹ bezeichnete Extraordinariat erhalten. Auch Friedrich Solmsen wurde noch vor Hitlers Regierungsantritt habilitiert; für sie alle hatte sich Wilamowitz eingesetzt.

Pfeiffer war kein gebürtiger Jude, sondern ein gläubiger Katholik aus Augsburg. Ich meine, ihn hier zu Recht der Gruppe zuordnen zu können (ja gar müssen), weil er dem hier definierten Typus des traditionsgebundenen Intellektuellen und Wissenschaftlers genau entspricht. Er verband seinen Glauben mit dem Humanismus der vorlutherischen Renaissance; er hatte sich Erasmus zum Vorbild genommen. 1920 kam er aus München nach Berlin, war von Wilamowitz aufs Tiefste beeindruckt, und auch er blieb seinem Ethos und Charisma endgültig als etwas Höherem hingegeben. Er war im Weltkrieg schwer verwundet worden. Seiner jüdischen Frau, Mina Beer, mit der er sich 1913 verheiratet hatte, verdankt er es vielleicht, ins Leben zurückgefunden zu haben. Ihretwegen wäre er aus dem Lehrstuhl entlassen worden,[39] wenn ihm seine Geisteshaltung nicht verboten hätte, weiter unter dem Nazi-Regime zu leben.[40] Vor der Machtübernahme hatte ihn Schadewaldt aufgesucht und ihn gefragt, warum er der »ehrenwürdigen [so, nicht »ehrwürdigen«] Gestalt des Führers« nicht mehr Respekt entgegenbringe.[41] In England lebte er in eher dürftigen Verhältnissen – schon weil die Sprache ihm, im Unterschied zu Fränkel, nicht geläufig war, brachte er es nicht zum

das Pädagogium zum Kloster unserer lieben Frauen [...] Sein Studium in Freiburg i. Br. und München wurde durch das Einjährig-Freiwilligen-Jahr beim I. Bayerischen Feld-Artillerieregiment unterbrochen. Die entscheidenden Anregungen erhielt er [...] 1896 von Diels und Wilamowitz« (ebd., S. 387; Wilamowitz war seit 1897 in Berlin). Nach Kiel wird er 1906 berufen. Er besaß eine Sonderstellung im Fach, vergleichbar derjenigen Nordens, mit dem er befreundet war und der nicht von Wilamowitz kam.

38 Nachruf auf Maas von H. Lloyd-Jones, in: *Gnomon* 37, 1965, S. 219-221; auch in: Lloyd-Jones 1982 (Anm. 36), S. 215-218. Privatdozent in Berlin 1910, außerordentlicher Professor 1920. 1934 in Königsberg abgesetzt. Auch er ist erst in letzter Stunde nach England entflohen.

39 Infolge des Beamtengesetzes vom 26. Januar 1937 wurden Hochschullehrer, die eine jüdische Frau hatten, als ›jüdisch versippt‹ entlassen; die Bezeichnung traf gut zu.

40 Lloyd-Jones (ebd., S. 265) stellt Pfeiffers Emigration mit Recht als eine Protestaktion dar.

41 Ebd.; Lloyd-Jones nennt Schadewaldts Namen nicht (»a younger scholar of great ability«), verzeichnet den Mann aber als Pfeiffers Nachfolger in Freiburg.

Professor –, konnte aber unter äußerst günstigen Arbeits- und Publikationsbedingungen seine Bücher zu einem Ende bringen.

Die Schwierigkeit beginnt dort, wo man diese auserwählten Philologen als Gruppe zu charakterisieren und die Zeit, in der sie sich durchsetzten, in ihrer Eigentümlichkeit als eine Einheit zu erfassen versucht. Sie zeichnen sich aus durch die Qualität ihrer Arbeit und den intellektuellen Anspruch im Rahmen des Vorhandenen; das ist schon viel. Sie waren weniger forsch und ungestüm, insgesamt bedachter, wissenschaftlicher und kompromißloser in ihrem Habitus. Zwangswissenschaftler, man könnte auch sagen: Zwangsjuden. Wilamowitz verfügte über eine andere interne Stoßtruppe, die etwa durch die Namen Karl Reinhardt (1868-1958), Werner Jaeger (1888-1961), Wolfgang Schadewaldt (1900-1974) gut repräsentiert wird. Sie gehörten in noch anderer Weise dazu, sie waren ein anderer Teil seiner selbst, ausgeschickt, wie er es selbst in seinen Reden getan hatte, die alten Sachen in anderer Zeit zu vergegenwärtigen, den Mythos und die heroische Vergangenheit, das Deutschtum und das Griechentum.[42] Alles Dinge, wovon die anderen, die Esoteriker, nicht sprachen, wenigstens nicht prinzipiell: Die Grenzlinie ist gut markiert; die Juden wußten doch oft, was zu sagen ihnen nicht zustand, wenn sich

---

42 Oder auch das Römertum: Die Grenze zwischen den Schülergruppen besteht mit allen Übergängen und Überschreitungen – schon von der Funktion und der mit ihr verbundenen oder auferlegten Identifikation her. So hat sich Eduard Fraenkel 1925 als junger, eben erst inthronisierter Ordinarius vor dem damals neu gegründeten Altphilologenverband der vorherrschenden Stimmung angepaßt und sich nicht zu gut befunden, bei dieser Gelegenheit das Römertum aus deutschnationaler Sicht zu feiern: Die römische ›virtus‹ in den Menschen, im Staat, in der Gesellschaft, nicht die Literatur – nichts einzelnes, nein, »Rom« liefert die »Bausteine zum Aufbau unseres deutschen Geistes«. Er sah nicht ein, warum er sich nicht selbst in dieser Situation darin erkennen sollte. Später stand er nicht mehr dazu; vgl. die treffenden Bemerkungen von Peter Lebrecht Schmidt, Zwischen Anpassungsdruck und Autonomiebestreben. Die deutsche Latinistik vom Beginn bis in die 20er Jahre des 20. Jahrhunderts, in: *Altertumswissenschaft in den 20er Jahren. Neue Fragen und Impulse*, hg. von Hellmut Flashar, Stuttgart 1995, S. 115-182, hier S. 175 f. Fraenkel hat die Rede, ›Die Stelle des Römertums in der humanistischen Bildung‹, damals separat erschienen in ›Das Gymnasium‹ von 1926, später nicht wieder veröffentlicht. Er hatte einer nicht nur vermeintlichen Erwartung und Verpflichtung entsprochen. Es spielte gewiß bei seiner Italienliebe der Aufstieg des neuen Roms unter Mussolinis Herrschaft eine entscheidende Rolle, wie auch die Wahrnehmung der Gelegenheit, dem von Jaeger propagierten ›Dritten Humanismus‹ von diesem nicht griechischen, politisierten Zentrum her entgegenzutreten. Das Staatsdenken war nicht griechisch-germanisch; es ließ sich besser auf römisch germanisieren. Die Konsequenzen solcher Tagesimprovisationen überschaute er nicht.

auch bei ihnen nicht immer klar das Hier der Wissenschaft vom Drüben der prophetischen Verkündung unterscheidet; waren doch die Anschauungen, von denen sie sich leiten ließen, selbst schon von Ideologie durchdrungen.

Die meisten hatten ein Lebenswerk, ein großes, legitimierendes Vorhaben zu einem Ende zu bringen, sie waren engagiert und pflichtgetreu. Pfeiffer schrieb an seinem Kallimachos,[43] Kurt Latte am Lexikon des Hesychius, Jacoby hatte sein Großunternehmen der Historikerfragmente;[44] Eduard Fraenkel arbeitete an einem in seiner Art einzigartigen Kommentar des ›Agamemnons‹ von Aischylos[45] in der Nacht, während er tagsüber in Freiburg seine lateinischen Vorlesungen vorbereitete; als er aus Freiburg verjagt wurde, schrieb er in Oxford in englischer Sprache daran weiter. Seine Frau half ihm dabei. Die Frauen spielten eine große Rolle bei der geistigen Askese. Als die seine starb, nahm er sich das Leben. All dies gehörte zur genannten Schuldigkeit; nicht minder relevant für die phrasenlose, trockene Ernüchterung und die wissenschaftliche Kompetenz waren die Spezialgebiete, die manche unter ihnen sich ausgesucht hatten – auch dies fast undenkbar für Reinhardt oder Schadewaldt, die sich mehr ans Allgemeine und an aktualisierbare Bedeutungen hielten, als wären sie die Künstler, kunstbeflissen und inspiriert. Paul Maas war Byzantinist, Metriker und Paläograph, Autor von abertausend Liliputaufsätzen; andere beherrschten das Gebiet der Rechtsgeschichte – eine besonders jüdisch geprägte Ausrichtung, will mir scheinen: klar und real, sachbezogen, interpretativ (Eduard Fraenkel studierte zu Beginn die Rechte, weil er selbst und wohl auch sein Vater dachten, mit der Philologie würde er es nicht bis zum Professor bringen[46] – das war noch, bevor Wilamowitz ihn gewonnnen hatte). Auf diesem Gebiet trafen sich manche: neben David Daube (1909-1999),[47] Victor Ehrenberg (1891-1976)[48] auch Kurt Latte (1891-

---

43 Bd. 1 mit den Fragmenten (Oxford 1949) und Bd. 2 mit den Hymnen und Epigrammen (Oxford 1951). Am Ende des Werks (im Vorwort zum 2. Band) steht das Bekenntnis zur Bescheidenheit: »studiorum Callimacheorum nihil nisi initia offero«.

44 *Die Fragmente der griechischen Historiker*, 13 Bde., Leiden, 1923-1958.

45 *Aeschylus: Agamemnon* (Ausgabe mit Übersetzung und zwei Bände Kommentar), Oxford, 1950.

46 In der Namenliste bei Schottlaender 1988 (Anm. 11), S. 121-131, ist die Zahl der Berliner Juden in den Geisteswissenschaften nicht nur im Vergleich etwa zur Medizin, wo die Zahl zwar erwartungsgemäß, aber doch auffallend groß ist, sondern auch proportional besonders gering.

47 *Collected Studies in Roman Law*, hg. von David Cohen und Dieter Simon, zwei Halbbände, Frankfurt am Main 1991 (Ius Commune – Max-Planck-Institut für Europäische Rechtsgeschichte 54), mit Aufsätzen aus fünfzig Jahren, 1936-1986.

48 Sein frühes Buch ›Die Rechtsidee im frühen Griechentum‹ erscheint 1921, ein Jahr nach Lattes Schrift ›Heiliges Recht‹.

1964)[49] etwa und besonders auch der Magdeburger Gymnasialprofessor Robert Philippson, ein Kenner der herculanenser Papyri und der epikureischen Philosophie.[50] Es ging um kritisches positives Wissen. Die Rationalität triumphierte. Entsprechend hat sich der jüngere Ludwig Edelstein ein besonderes Gebiet mit der antiken Medizingeschichte geschaffen und nach seiner Emigration in die Vereinigten Staaten in verschiedenen Institutionen die Fundamente für eine breite weiterwirkende Forschung gelegt.

Nicht minder bezeichnend scheint mir ein dritter Punkt, das stark betonte Verhältnis zur gelehrten Vergangenheit, die immer auch kritische, historische Erkenntnis dessen, was schon früher geleistet wurde, wie man verstand oder was man nicht verstand. Die Aufarbeitung der Geschichte des Verständnisses ist ein zentrales Anliegen im Werk von Jacob Bernays,[51] sie war auch schon für Lehrs von besonderer Bedeutung. Eduard Fraenkel verweist in seinem Agamemnonkommentar fortwährend und ostentativ (fast talmudisch) auf die Geschichte der Interpretation und die gelehrte Tradition. Rudolf Pfeiffer schließlich hat sich dem Gegenstand neben seinem Kallimachos mit großer Regelmäßigkeit gewidmet und das gesammelte Material in zwei Bänden seiner ›History of Classical Scholarship‹ veröffentlicht.[52] Zu dieser Ausrichtung gehört auch Richard Walzer (1900-1975), der die Geschichte der griechischen Autoren in der islamischen Welt ergründete.

Ich lasse jetzt das persönliche Engagement, die Hingabe im Unterricht an den Unterricht beiseite – das berühmte Göttingische, Leosche Seminar (von dem ich später bei Von der Mühll in Basel mittelbar eine Vorstellung erhielt[53]); Fraenkel hat es fortgeführt, er ist in Oxford, schon sechzigjährig,

---

49 *Kleine Schriften,* hg. von Olof Gigon, Wolfgang Buchwald, Wolfgang Kunkel, München 1968; Bd. 2, Rechtsgeschichte N. 18 bis 32; siehe den Nachruf von Rudolf Stark in: *Gnomon* 37, 1965, S. 215-219; vgl. auch Heinrich Dörrie, Latte, Kurt, in: *Neue deutsche Biographie,* hg. von der historischen Kommission bei der Bayerischen Akademie der Wissenschaften, Bd. 13, Berlin 1982, S. 685 f.

50 Die Rechtsphilosophie der Epikureer, in: *Archiv für Geschichte der Philosophie* 23, 1910, S. 289-337, 433-446; siehe auch *Studien zu Epikur und den Epikureern,* im Anschluß an Wolfgang Schmid hg. von Carl Joachim Classen, Hildesheim, Zürich, New York 1983; darin auch wieder abgedruckt der Nachruf Schmids von 1948 (S. 1-3).

51 Vgl. Jean Bollack, *Jacob Bernays, un homme entre deux mondes,* Lille 1998, S. 39-41.

52 *History of Classical Scholarship. Bd. 1: From the Beginnings to the End of the Hellenistic Age,* Oxford 1968; *Bd. 2: From 1300 to 1850,* Oxford 1976; auf deutsch erschienen als: Rudolf Pfeiffer, *Geschichte der Klassischen Philologie. Von den Anfängen bis zum Ende des Hellenismus,* 2., durchgesehene Aufl., München 1978 (Beck'sche Elementarbücher) und ders., *Die klassische Philologie von Petrarca bis Mommsen,* München 1982 (Beck'sche Elementarbücher).

53 Vgl. Jean Bollack, Durchgänge, in: *Zeitenwechsel. Germanistische Literaturwissenschaft vor und nach 1945,* hg. von Wilfried Barner und Christoph König, Frankfurt am Main 1996 (Fischer Taschenbuch 12963, Kultur und Medien), S. 387-403.

damit nicht durchgedrungen. Es war zu exotisch. Ich skizziere da meinerseits eine Geschichte der Philologie und beschreibe etwas Kollektives und gleichzeitig Individuelles, das auch einem damals erklommenen Höhepunkt gleichkommt – vor einem Ende. Die bevorzugten Gesichtspunkte der Forschung, von der Textgeschichte bis zur Geschichte der Philologie, stammen alle von Wilamowitz; sie leiten sich von ihm her. Und doch scheint es, als hätte er diese Themen, während er selbst an seinem ›Glauben der Hellenen‹ schrieb, in gutem Bewußsein Nichthellenen überlassen. Es waren keine Juden, sondern richtige Nichtarier, die man jenen dann gleichsetzen konnte. Ihm aber war klar, was sie aufgrund ihres eigenen rationalistischen, undeutschen – überdeutschen Erbes leisten würden. In diesem Sinne hatte er sie erst zu ›Juden‹ gemacht.

Das Vertrauen erklärt die Treue zu ihm und schließlich auch die Hilflosigkeit. Sie waren ihm ergeben und erlegen. Pfeiffers Luzidität und Pessimismus ist aufschlußreich.[54] Er spricht auch für die meisten der anderen. Der Perfektionismus war eine Illusion. Ein Prophet hatte sie aufgerufen, Unmögliches zu tun. Sie hatten es versucht. Es konnte nicht gelingen. Pfeiffer sah ein, daß sein Kallimachos nicht vollendet (nicht vollendbar) war; er sah die Lücken in seiner Geschichte der Gelehrsamkeit. Neben der Größe wurde auch das wahre Ausmaß des dargebrachten Opfers sichtbar.

Die Sache war tragisch, sie war auch grandios. Sie hatte etwas Erniedrigendes, etwas Erzwungenes und Brüchiges. Es stellt sich die schreckliche Frage: In welchem Verhältnis stand sie zum politischen Geschehen? Die zu Juden gemachten Wilamowitzianer wurden entlassen und verstanden oft nicht, warum. Die meisten retteten ihr Leben, wenn auch nicht selten verzweifelt und fassungslos im letzten Moment, sie emigrierten nach Amerika oder England. Einer, der alte Gymnasialprofessor in Magdeburg, blieb, er kam mit 84 Jahren nach Theresienstadt. Aus der philosemitischen Feder von Wolfgang Schmid, aus der restaurativen Nachkriegszeit, stammt folgende nekrologische Notiz, erschienen 1948 in der ›Zeitschrift für Philosophische Forschung‹:[55]

> Bis zuletzt hat Philippson so gearbeitet [die Pflicht] – unter den widrigsten Umständen [ein erster Euphemismus] eine Publikation nach der anderen – leider für ausländische Zeitschriften [warum: leider? Ist das unter den Umständen von Relevanz?] – fertigstellend. Aller Gram der letzten

---

54 Zur Einsicht in die Vergänglichkeit und Unzulänglichkeit der Arbeit und des Aufwandes, vgl. Winfried Bühler in: *Gnomon* 52, 1980, S. 402-409, hier S. 409 (insbesondere Pfeiffers Arbeit am Kallimachos betreffend).

55 Bd. 3, 1948, S. 113-115.

Jahre [neuer Euphemismus], die [sic] seine Familie sehr stark trafen, hat ihn [d.i. die Philologie] nicht niedergeworfen, sondern umso mehr der Autarkie [man kennt sie] des wahren Weisen angenähert.

Jetzt folgt ein Zitat Epikurs (auf griechisch): »Die Bildung ist im Glück eine Zierde, im Unglück ein Refugium«. Alfred Philippson aus Bonn [ein mit ihm verwandter Geograph] berichtet, er habe ihn nach der ersten im Massenquartier verbrachten Nacht – tags zuvor hatte der Vierundachtzigjährige eine besonders rücksichtslose Behandlung seitens ungeduldiger Gendarmen erfahren – fast heiter, geistig ungebrochen auf seinem Köfferchen sitzend gefunden« (ebd.). Es folgt jetzt eine Maxime Platons [wie auf der Schule]: »Es ist besser Unrecht zu erleiden als zu tun.« Grau und grausig liegt die Grabplatte der Gefühllosigkeit über dem Geschehen. Die Opfer wurden gut ausgebildet auch zur Opferstatt geführt; sie wußten sich nicht zu wehren, aber zu benehmen.

Aufklärungskulturgeschichte

Bemerkungen zu Judentum, Philologie und Goethe bei Ludwig Geiger

Christoph König

In Deutschland haben Wissenschaftler Hemmungen, von *jüdischen* Intellektuellen zu sprechen.[1] Das Motiv erscheint auf den ersten Blick lauter: Sie möchten nicht erneut Menschen ausschließen, die sich selbst allenfalls sekundär durch ihr Judentum bestimmten, und sie zu einem Untersuchungsgegenstand zusammenfassen, obwohl sie offenbar wenig eint. Die Nationalsozialisten stehen vor ihren Augen und wie sie 1933 viele Deutsche erst zu Juden gemacht haben. Gegen diese Haltung hat sich Gershom Scholem mit großer Entschiedenheit gewandt: »Nachdem sie als Juden ermordet worden sind, werden sie nun in einem posthumen Triumph zu Deutschen ernannt, deren Judentum zu betonen ein Zugeständnis an die antisemitischen Theorien wäre. Welche Perversion im Namen eines Fortschritts, der den Verhältnissen ins Auge zu schauen nach Möglichkeit meidet.«[2] Als ob es die Juden und ihre Schwierigkeiten nicht auf eine andere Weise gegeben hätte, als es die Deutschen damals durchsetzten.

Der Hemmung, über jüdische Intellektuelle zu sprechen, kommen die Forscher, die Scholem geißelt, argumentativ nach. Sie sagen: Aufgrund der Schwierigkeiten, die Juden zu definieren, kann man allenfalls die Art untersuchen, in der über sie gesprochen wurde und in der sie selbst über sich gesprochen haben, also die Fremd- und Selbstbestimmungen. Die Diskurs- und Systemtheorie läßt sich dafür benutzen. Sie unterscheidet zwischen den Diskursen und den Menschen. Doch eigentlich erkennt sie nur die Macht der Diskurse an und interessiert sich nicht dafür, ob die Menschen sich den Diskursen widersetzen. Die Menschen, die in den Diskursen (oder Systemen) agieren, tauchen als Größe nur auf, wenn sie sich als Gruppe den

---

1 Die Position, gegen die ich hier ausdrücklich und freundlich streite, vertrat auf dem Symposion etwa Jürgen Fohrmann, dessen Nähe zu Niklas Luhmann auch Jürgen Kaube (Jenseits der Identität, in: *Frankfurter Allgemeine Zeitung,* 30.6. 1999) teilt. Vgl. auch Christoph König, Jüdische Gelehrte und die Philologien. 1871-1933, in: *Mitteilungen. Arbeitskreis für Geschichte der Germanistik,* Heft 9/10, 1996, S. 10-16; ders., Gab es ›jüdische‹ Intellektuelle, in: *Mitteilungen. Arbeitskreis für Geschichte der Germanistik,* Heft 17/18, 2000, S. 1-3; darauf reagiert Henning Ritter in: *Frankfurter Allgemeine Zeitung* 6.9.2000.
2 Gershom Scholem, Juden und Deutsche, in: ders. (Hg.), *Judaica II,* Frankfurt am Main 1970, S. 22.

Diskursen fügen. Zur Vorstellung von der Macht des Diskurses tritt also die Vorstellung einer faktischen Identität des Gegenstands, ohne die es diesen Gegenstand nicht gibt. Von Juden kann man demzufolge nur sprechen, wenn der Antisemitismus sie durchgreifend und einheitlich geformt hat. Diese Trennschärfe gibt es natürlich nicht. Für diese Forscher schafft die Themenstellung erst den Gegenstand. Als kritische Geister fühlen sie sich verpflichtet, das Thema zu verhindern.

Zu dieser Verdrehung einer kritischen Position kann es nur kommen, wenn man an der *Identität* festhält und glaubt, die Menschen, die es nicht zu dieser Identität gebracht haben, vor den Historikern schützen zu müssen. Doch was tut man mit den Qualen dieser Menschen und ihren Lösungen? Ich bevorzuge daher eine dialektische Vorstellung: die Auffassung, daß auch die Negativität eine Realität hat. Alle diese jüdischen Intellektuellen, die im Kaiserreich und in der Weimarer Republik lebten, handelten in einer bestimmten kulturellen Situation, in der jüdische Traditionen deutschen gegenüberstanden, und sie entschieden sich auf eine bestimmte Weise. Ihre Entscheidungen rechtfertigen nicht, von einer jüdischen Identität zu sprechen, wohl aber ihre *Schwierigkeiten*. Das meine ich mit der Realität der Negation. Natürlich fallen diese Entscheidungen höchst unterschiedlich aus. Daher führen Untersuchungen auf diesem Feld (wie dieses Buch zeigt) zu lauter verschiedenen Biographien, zu Biographien von Menschen, die indes das Problem teilen.

Sind die Historiker, die die Themenstellung ablehnen, Wissenschaftshistoriker, so meinen sie, über ein drittes Argument (nach ›Diskurs‹ und ›Identität‹) zu verfügen: nämlich die Autonomie des Systems Wissenschaft, das ›jüdische‹ Prägungen ausschließe. Die Rede von den jüdischen Intellektuellen habe keinen wissenschaftshistorischen Wert, denn die Schwierigkeiten, die sie als Juden haben (wenn die Schwierigkeiten überhaupt anerkannt werden), prägen weder ihre wissenschaftlichen Methoden, noch ihren Stil, noch die Resultate. Man tritt, so diese Auffassung, in die Halle der Universität, und dort sei alles sehr hell. Auch hier muß man sich der Systemtheorie erwehren, die in Deutschland, mehr als in Frankreich, wo man das unter Wissenschaftssoziologen kaum versteht, das Sagen hat. Ihre Schwäche besteht darin, nicht erklären zu können, daß in dem einen System Elemente des anderen auftauchen und dort ihre Kraft entfalten. Ich spreche hier von kulturellen Werten und der Kultur im allgemeinen. Die Frage, die ich hier stellen möchte, lautet daher: Welchen Einfluß haben die Schwierigkeiten und die darauf antwortenden Entscheidungen, die die Gelehrten außerhalb der Universität fällen, auf ihr Tun innerhalb der Institution? Eine vorläufige Antwort möchte ich schon jetzt geben.

Die Wissenschaft bildet zu jeder Zeit Alternativen aus, die eine gewisse Festigkeit haben. In den Epochen, von denen ich hier spreche, steht einem philologischen Ansatz im engeren Sinn (den Editionen, biographischen Detailstudien etc.) eine Philologie im weiteren Sinn entgegen, der ich Wilhelm Dilthey und Wilhelm Scherer zurechnen möchte. Sie paarten die Materialkenntnis mit philosophisch-ästhetischen Reflexionen.[3] Daraus entwickelte sich dann auch die Geistesgeschichte zwischen 1910 und 1925.[4] Gleichfalls konnte man verschiedene Autoren zum Gegenstand nehmen (die Frauen, Heine, Goethe). Und im Verhältnis von Wissenschaft und Literaturkritik gab es alle Schattierungen.[5] Dieses Verhältnis war ein Spannungsverhältnis, denn die klugen Gelehrten wußten, daß es einen methodisch notwendigen Zusammenhang zwischen der Kritik (samt den zugehörigen Werten) und der Philologie gab. Die jüdischen Philologen bewegen sich in diesen Alternativen (selten gehen sie darüber hinaus, wie etwa Jacob Bernays[6]), doch welche Wahl sie treffen, geht stets auf ihre Biographie zurück. Jean Bollack zeigt, daß gerade die jüdischen Schüler von Wilamowitz dessen philologisches Programm in verzweifelten Anstrengungen exerzieren, während seine nicht-jüdischen Schüler sich genialisch-spekulative Züge gestatten.[7] Wenn Gelehrte Optionen ihrer Wissenschaft nutzen, so hat das, auch wenn es vorerst im Rahmen der Wissenschaft bleibt, Folgen für die weitere Geschichte dieser Wissenschaft.

Ludwig Geiger, auf den ich mich nun konzentriere, schrieb der deutschen Kultur universalisierende Kraft zu: Alles, dessen sie sich bemächtigt, verliere die Vorurteile, auch die antisemitischen. (Diese Naivität findet man noch in Marcel Reich-Ranickis Autobiographie ›Mein Leben‹. Die Hilflosigkeit des jüdischen Bildungsbürgers, der alles, was Kultur sei, akzeptiert, ist bestürzend.[8]) Die Kultur sieht Geiger auch in der Wissenschaft am Werk und kann daher keine rechte Dialektik von Kulturwerten und Wissenschaft entwickeln. Politisch gesehen, gehört er zu den ›Kulturtheoretikern der Assimila-

---

3 Vgl. Wilfried Barner, Literaturgeschichtsschreibung vor und nach 1945: alt, neu, alt/neu, in: *Zeitenwechsel. Germanistische Literaturwissenschaft vor und nach 1945,* hg. von Wilfried Barner und Christoph König, Frankfurt am Main 1997, S. 119-149; Nikolaus Wegmann, Was heißt einen ›klassischen Text‹ lesen? Philologische Selbstreflexion zwischen Wissenschaft und Bildung, in: *Wissenschaftsgeschichte der Germanistik im 19. Jahrhundert,* hg. von Jürgen Fohrmann und Wilhelm Voßkamp, Stuttgart, Weimar 1994, S. 334-450.

4 Vgl. *Literaturwissenschaft und Geistesgeschichte 1910 bis 1925,* hg. von Christoph König und Eberhard Lämmert, Frankfurt am Main 1993.

5 Vgl. Christoph König, *Hofmannsthal. Ein moderner Dichter unter den Philologen,* Göttingen 2001 (Marbacher Wissenschaftsgeschichte 2).

6 Vgl. Jean Bollack, *Jacob Bernays. Un homme entre deux mondes,* Villeneuve d'Ascq 1998 (Savoirs mieux 4).

7 Vgl. den Beitrag von Jean Bollack in diesem Buch.

8 Vgl. Marcel Reich-Ranicki, *Mein Leben,* Stuttgart 1999.

tion‹ (Andreas Kilcher).[9] Er wendet sich gegen die Antisemiten und gegen die Zionisten, die jeweils auf ihre Art das Jüdische zu isolieren suchen. Geiger ist mit seiner Leugnung des Antisemitischen in der deutschen Kultur fast ein Vorläufer der Diskurstheoretiker, zumindest hinsichtlich seines Programms. Doch man erkennt die Grenzen der Diskursanalyse, wenn sich Geiger in seinen Taten über sein Programm hinwegsetzt. Dazu zwingt ihn sein Gegenstand, die Literatur, die mit abfälligen Bemerkungen über die Juden nicht spart. Geiger rechnet sie generell der (universalisierenden) Kultur zu, doch bevorzugt er – darin besteht einer seiner Auswege – bestimmte Dichter wie Lessing und Heine. Mit Goethe tat er sich schwer.

Wenn man daran denkt, daß auch jüdische Intellektuelle innerhalb wissenschaftlicher Optionen sich bewegen, so gilt für Geiger, daß er gerade die *Trennung* von Wissenschaft und Öffentlichkeit, wo der unkultivierte Antisemitismus zuhause sei, benutzt. Fortschrittlichere Forscher suchen diese Trennung zu überwinden. Geiger bleibt methodengeschichtlich zurück, weil er sich schützen muß: sich und seine Treue zur jüdischen Konfession. Er tut dies innerhalb der Universität oder als Herausgeber einer wissenschaftlichen Zeitschrift (des ›Goethe-Jahrbuchs‹). Ich möchte das nun in vier Abschnitten zeigen: anhand 1. seiner Stellung zum Judentum, 2. des ›philologischen Dreiecks‹ von Wissen, Werten und Institutionen,[10] 3. seiner Strategien in der Wissenschaft, 4. seiner Studien zu ›Goethe und die Juden‹.

1. Judentum

Ludwig Geiger (1848-1919) veröffentlicht 1910, in der Tradition der Söhne berühmter Gelehrter, die Biographie seines Vaters, des Reformrabbiners Abraham Geiger. Er teilt darin einen Brief mit, den der Vater ihm, dem Siebzehnjährigen, 1866 schrieb, als er sich entschloß, das Studium der Theologie aufzugeben. »Deine Studien würden, wenn ich Deine Geistesrichtung nicht ganz und gar verkenne, doch keine anderen sein als: Philosophie, alte Sprachen, zumal als die lebendigste Äußerung ihres geistigen Lebens, Geschichte ihrer Literaturen, Geschichte überhaupt als die Entwicklung des Menschengeistes und zumal die geistige Bewegung, welche Juden und Judentum in die Menschheit gebracht. Das ist am Ende auch jüdische Theologie, ob sie theoretisch erkannt, ob sie praktisch geübt wird. Du hast sie in dieser Form nur kennen, wenigstens als berechtigt ehren gelernt.«[11] Weil Gott sich vorzüglich

---

9 Vgl. Andreas B. Kilcher, Was ist ›deutsch-jüdische Literatur‹? Eine historische Diskursanalyse, in: Weimarer Beiträge 45, 1999, H. 4, S. 485-517.

10 Vgl. Christoph König, Wissen, Werte, Institutionen, in: *Zeitenwechsel* (Anm. 3), S. 361-384.

11 Ludwig Geiger, *Abraham Geiger. Leben und Lebenswerk. Mit einem Bildnis*, Berlin 1910, S. 178 f.

in »großen Geistestaten« mitteile, und diese aufeinander aufbauen, besteht die neue jüdische Theologie auf einer aufgeklärten Geschichtsphilosophie, die – auch wenn die Nähe zum deutschen Idealismus groß ist – ihren Ursprung im Judentum habe, denn von da stamme der Gedanke einer »die Einheit der Welt gestaltenden und lenkenden Geistesmacht«.[12] Ohne diesen Gottesgedanken verliere die jeweilige Kultur ihren Sinn: Abraham Geiger spricht von den »Monstrositäten« im Pentateuch, wenn ihn Moses allein geschrieben hätte.[13] Daher seine Leichtigkeit, alte Ritualgesetze (Speisegesetze, die Beschneidung, oder Gebete wie das um eine Rückkehr nach Jerusalem[14]) abzulegen. Während der Rabbiner theoretische und praktische Theologie nicht trennen muß, wird Ludwig Geiger, als Historiker des Judentums und als Philologe, das Programm säkularisieren. Dabei hat er weniger den von Max Weber beschriebenen Prozeß einer Rationalisierung von Religion vor Augen, die in der Moderne sich zur Kultur wandle, als öffentlich der jüdischen Vernunft ihre sakralen Grundlagen zu nehmen,[15] ohne ihren Anspruch aufzugeben. In der Defensive bleibt der Gedanke einer sich selbst aufklärenden Kultur erhalten, wenn sie denn nur Kultur genug sei: am ehesten in der Dichtung und einer vorurteilslos registrierenden Wissenschaft. Kultur bestimmt Geiger nicht mehr als Ausprägung des universalen Gottesgedankens, zu dem der Abstand sich im Lauf der Geschichte verringere – entschieden wird ihr der (politische und schützende) Begriff der ›Konfession‹ entgegengehalten.

---

12 Ebd., S. 180; vgl. Ludwig Geiger, *Geschichte der Juden in Berlin. Festschrift zur zweiten Säkular-Feier. Anmerkungen, Ausführungen, urkundliche Beilagen*, Nachdruck d. Ausg. Berlin 1871, Berlin 1989; mit Vorwort von Hermann Simon und zwei Nachträgen 1871-1890; darin widmet sich Geiger ausführlich der Wissenschaft des Judentums und sagt über Immanuel Wolf: »Das Judenthum, so definirte er, bezeichnet die Idee der göttlichen Einheit, die während der alten Zeit und im jüdischen Volke lebendig war, wenn sie auch Einwirkungen von anderen Völkern erhielt und sich von hier aus anderen mittheilte. Die mosaische Theokratie war der Körper zu diesem geistigen Inhalt.« (S. 177).

13 Geiger 1910 (Anm. 11), S. 180.

14 Vgl. Ludwig Geiger über die zweite Rabbinerversammlung in Frankfurt am 21.7. 1845 (ders., Eduard v. Bauernfeld und die Frankfurter Rabbinerversammlung, in: *Allgemeine Zeitung des Judentums*, 1.11.1895), wo sein Vater den Vorsitz führte. A. Geiger unterschied ewige Sittengesetze von Ritualgesetzen, die Mittel zu religiösen Zwecken waren, jedoch kein Selbstzweck (d.i. Gottes Wille).

15 1910 warnt er etwa in einer öffentlichen Vorlesung vor Übertreibungen, die auf jüdischer Seite vorkommen, und meint unter anderem die »Überhebung der eigenen, d. h. der jüdischen Leistungen« (Ludwig Geiger, *Die Deutsche Literatur und die Juden*, Berlin 1910, S. 7).

Denn die Zeiten haben sich geändert. Geiger argumentiert wie die Mehrzahl der jüdischen nationalliberalen Intellektuellen zu Beginn des Kaiserreichs[16] und gebraucht für sich regelmäßig die Formel eines *deutschen Gelehrten jüdischer Konfession*.[17] Die Assimilation betreffe die Völker und nicht den Glauben. Juden unterschieden sich nicht von den Deutschen, sondern von den Christen. 1912 noch, als der Druck auf die Juden ungleich größer geworden war, antwortet er auf eine Umfrage zu *Judentaufen*,[18] die durch Werner Sombarts Buch ›Die Juden und das Wirtschaftsleben‹ (Leipzig 1911) ausgelöst wurde und sich an Wissenschaftler und Schriftsteller richtete, die einer anderen, der Generation der Moderne angehörten. Eine der Fragen lautete: »Welches sind die voraussichtlichen Folgen (in geistiger, politischer und wirtschaftlicher Beziehung oder einer dieser) im Falle der Assimilation sämtlicher Juden durch Uebertritte und Mischehen?«[19] Geiger bestritt entschieden, daß dies wünschenswert sei: »Energisch aber muss ich mich dagegen wenden, als wenn erst durch den Uebertritt oder durch die Mischehe eine Assimilation möglich wäre. Das ist ein Unding, eine schwere Beleidigung gegen alle die deutschen Juden, die, wie ihre Vorfahren es etwa seit einem Jahrhundert getan, Deutsche geworden sind, also gar nicht nötig haben, erst Deutsche zu werden. Ist Assimilation – und das kann doch nur der Sinn des Wortes sein – eine Deutschwerdung in Sitte, Sprache, Behaben, Gefühlen, so bedarf es dazu weder der Mischehe noch der Taufe.«[20] Indem Ludwig Geiger den reformjüdischen Gedanken einer aufgeklärten Geschichte des menschlichen Geistes auf die deutsche Kultur bezieht, gerät er in eine heillose Lage. Er verliert die Instanz, die das Antisemitische dieser Kultur als zeitweilige ›Monstrosität‹ ablehnte, und kann sich nur mit den bescheidenen Mitteln der Philologie gegen sie behaupten.

2. Das philologische Dreieck

Trennen! lautet seine methodische und seine wissenschaftspolitische Devise. Geiger steht in der Geschichte der deutschen Philologie, deren spezifische, seit ihren Anfängen um 1820 sich ausprägende Konstruktion im Dreieck von Wissen, Werten und Institution er – durchaus subversiv – nutzt.

16 Vgl. Jacob Toury, *Die politischen Orientierungen der Juden in Deutschland. Von Jena bis Weimar*, Tübingen 1966, S. 122. Sie hießen aufgrund konstitutioneller Zugeständnisse Bismarcks seine erfolgreiche Außenpolitik gut und durften national empfinden.
17 Vgl. z. B. Geiger 1910 (Anm. 15), S. 11.
18 Vgl. Werner Sombart u. a., *Judentaufen*, München 1912.
19 Ebd., S. 6.
20 Ebd., S. 45.

Wie Antisemitismus und Forschung zusammenhängen, ist oft untersucht worden; auf zwei Ansätze möchte ich besonders hinweisen: (a) Eine Soziologie der *Institution* erläutert, welche Werte, die in der Universität selbst vertreten wurden, den Zugang dorthin verlegten;[21] (b) die *Wissens*soziologie will die Entwicklung wissenschaftlichen Wissens erklären und hat etwa für die Naturwissenschaften erforscht, daß Spezialisierung Fortschritt bedeute und man zur Spezialisierung erst an der Peripherie der Institution (hierarchisch oder geographisch aufgefaßt) gezwungen werde.[22] Ich möchte die beiden Ansätze ausführlicher skizzieren, um zu zeigen, daß sie für eine Wissenschaftsgeschichte jüdischer *Philologen* nicht ausreichen. Man muß beherzigen, daß hier der Gegenstand sprachlich und damit kulturell verfaßt – und so den Werten der Interpreten ausgesetzt ist.

1. Sozialgeschichte. Monika Richarz wertet in ihrer Untersuchung zur ›Sozialgeschichte der jüdischen Intelligenz und der akademischen Judenfeindschaft 1780-1848‹ (1982) 280 Gutachten aus, in denen sich Wissenschaftler aller Fakultäten dazu äußern, wie die einzelnen preußischen Universitäten 1847 gerüstet wären, das im gleichen Jahr erlassene Judengesetz praktisch anzuwenden. Jüdische Privatdozenten, außerordentliche und ordentliche jüdische Professoren waren diesem Gesetzentwurf nach zuzulassen, sofern die Statuten einer Universität, namentlich die konfessionellen, dies erlaubten. Insgesamt erwiesen sich die Professoren konservativer als der Landtag und bestritten zur Hälfte, daß selbst eine begrenzte Zulassung mit dem konfessionellen Charakter der Hochschulen vereinbar sei. Ihre Argumente spiegeln die verbreiteten kulturellen Ängste (Konkurrenz, staatliche Mißachtung des eigenen Berufsstandes) und allgemeine Vorurteile, etwa den Vorwurf, daß es den Juden am wirklichen Willen zur Assimilation mangle. Ein Rechtshistoriker schreibt: »Seine [des Juden] Nationalität ist mit seiner Religion auf das engste verwebt, er kann sich jener nicht entäußern, solange er Jude ist; er wird nicht deutsche Volkstümlichkeit annehmen oder sich ihr bedeutend nähern und nicht die deutscher Volkstümlichkeit angehörigen Rechte mit gleicher Hingebung, Liebe und Fähigkeit wie der Deutsche ergreifen, pflegen und lehren«.[23] Gleichfalls auf die Kultur bezogen war die – mit einem Hinweis auf die zeitgenössische Literatur gewürzte – Warnung vor einer atheistischen, liberalen oder revolutionären Zersetzung der Universität

---

21 Vgl. Monika Richarz, Juden, Wissenschaft und Universitäten. Zur Sozialgeschichte der jüdischen Intelligenz und der akademischen Judenfeindschaft 1780-1848, in: *Gegenseitige Einflüsse deutscher und jüdischer Kultur von der Epoche der Aufklärung bis zur Weimarer Republik*, Tel-Aviv 1982, S. 55-73.

22 Vgl. Shulamit Volkov, Soziale Ursachen des Erfolgs in der Wissenschaft. Juden im Kaiserreich, in: *Historische Zeitschrift* 245, 1987, S. 315-342.

23 Richarz 1982 (Anm. 21), S. 70.

durch die Juden. So wollte man den Zugang zur Universität kontrollieren. Eine Soziologie der Institution kann das erkennen, doch sie tut sich schwer, wenn sie beschreiben will, was innerhalb der Universität mit jenen, der ›Zersetzung‹ wehrenden Werten geschieht. Denn die Werte regeln nicht automatisch auch die Forschung. Die Deutsche Philologie gibt sich nach außen als eine nationale Wissenschaft. Doch im Seminar sieht es oft anders aus, wilder. Die Deutsche Philologie gilt nicht unbedingt zurecht als das höchste Ziel der nationalen Assimilation.

2. Wissenssoziologie. Die Institution schafft einen Innenraum, den bestimmte Wissenschaften nutzen. Shulamit Volkov – sie widmet sich dem Erfolg der Juden in der Wissenschaft zu Zeiten des Kaiserreichs – geht von dem inneren Universalismus der Universität aus (den Robert Merton als oberste wissenschaftliche Norm formuliert hat) und erkennt darin ihre große Attraktivität für die Juden. »Aber auf Juden, deren Väter bereits die Spitze des Erfolgs erklommen hatten, schien die Wissenschaft doch eine spezielle Anziehungskraft auszuüben. In ihrem zumindest scheinbaren Universalismus und der Betonung von Verdienst und Talent lag das Versprechen einer Gemeinschaft ohne Schranken, in der durch Leistung alles erreichbar war und die keine rassischen oder religiösen Unterschiede kannte.«[24] Weil Volkov sich auf einzelne Naturwissenschaften beschränkt und auch nicht die Forschung selbst studiert, die Publikationen nicht liest, muß sie sich auf einen Mechanismus verlassen, auf ein institutionelles Gesetz, das man etwa so resümieren kann: Der Fortschritt einer Wissenschaft resultiert aus Spezialisierung. Spezialisierung gibt es nur an der Peripherie, die sich auf die Hierarchie beziehen oder geographisch gemeint sein kann. Die jüdischen Gelehrten waren zur Spezialisierung gezwungen. Sie mußten länger Privatdozenten sein als andere, und sie kamen, wenn sie überhaupt einen Ruf erhielten, selten an *große* Universitäten, sondern an kleine, wo man das eigene Spezialgebiet von früher, als man noch Privatdozent war, ohne große Hindernisse weiter kultivieren konnte.

Nochmals also die Frage: Gilt das auch für die Philologie? Ist Spezialisierung der Quell von institutionellem Erfolg? Trifft nicht vielmehr zu, daß die Überwindung der positivistischen Spezialisierung und die Einführung philosophischer oder kritischer Gesichtspunkte um 1900 den Fortschritt versprechen? Und daß diese Ansätze tatsächlich von den Rändern und Außenbezirken kommen, aber nicht innerhalb der Universität, sondern aus dem kulturellen Raum, den man nicht mehr von der Universität abschotten will? Mit der Philologie hat es eine eigene Bewandtnis, weil in ihr Wertvorstellungen (gewollt oder nicht) *methodisch* relevant sind. Außerdem prägen zwi-

---

24 Volkov 1987 (Anm. 22), S. 328 f.

schen 1910 und 1925 neue philosophische Gesichtspunkte die Wissenschaftsgeschichte (»Fortschritt« ist selten das richtige Wort), die gerade die Spezialisierung *überwinden* sollen.[25] Diese Ansätze kommen tatsächlich von den
Rändern und Außenbezirken, aber weniger innerhalb der Universitätsland-
schaft, sondern aus dem kulturell-literarischen Raum (etwa von einer allgemeinen Philologie Hugo von Hofmannsthals), den man nicht mehr von der
Universität abschotten will.[26]

Unter Philologen galt die wissenschaftliche Norm, man dürfe den eigenen
Werten und Überzeugungen nicht direkt Eingang in die Forschung gewäh-
ren. Im negativen Abdruck von Nietzsches Kritik liest sich das so: »Die historische Bildung ist vielmehr nur im Gefolge einer mächtigen neuen Lebens-
strömung, einer werdenden Cultur zum Beispiel, etwas Heilsames und
Zukunft-Verheissendes, also nur dann, wenn sie von einer höheren Kraft
beherrscht und geführt wird und nicht selber herrscht und führt.«[27] Programmatisch trennt man zwischen Fakt und Ordnung, ja im philologischen
Seminar werden gerne jene Werte (›Goethe der Olympier‹ etwa) aufgelöst,
die nach außen das Fach national legitimieren und die man in Festreden pro-
klamiert. Nietzsches ›Leben‹ verkommt früh schon national. Scheidet man
auch zwischen Universität und Öffentlichkeit, bleibt dies methodisch unbe-
friedigend, denn die kulturellen Werte finden sich da wie dort und müssen
sich, solange sie nicht auf den eigenen Gegenstand bezogen werden, im Innenraum der Institution, gegen ihre philologische Auflösung, unreflektiert
Geltung verschaffen, etwa in der Auswahl der Gegenstände. Im Zeitalter des
Historismus gilt es vor allem, das heterogene Wissen zu meistern: Geiger
vertraut auf eine nach Werten der Aufklärung ordnende Kultur in der Wissenschaft, so daß er die Dialektik einer bevorurteilten deutschen Kultur in
ihrem Verhältnis zu den philologischen Wissenschaften nicht erkennt.
Nicht, weil sie unwissenschaftlich sind, sondern weil sie die Wissenschaft für
ihn fundieren, geht er auf seine Werte nicht ein.

Wehrt Geiger sich gegen Antisemitisches, so *benutzt* er die Philologie (und
ihre Tricks: etwa die Kanonbildung) somit eher, als daß er sie samt den theoretischen Schwächen überwindet. Statt zu trennen, müßte er vermitteln. Sel-

---

25 Vgl. *Literaturwissenschaft und Geistesgeschichte 1910 und 1925* (Anm. 4).
26 Vgl. Christoph König, Wahrheitsansprüche. Goethes, Nietzsches und Hofmanns-
     thals Ideen für eine allgemeine Philologie um 1905, in: *Konkurrenten in der Fakul-
     tät. Kultur, Wissen und Universität um 1900,* hg. von Christoph König und Eber-
     hard Lämmert, Frankfurt am Main 1999, S. 44-58.
27 Friedrich Nietzsche, Unzeitgemäße Betrachtungen. Zweites Stück: Vom Nutzen
     und Nachtheil der Historie für das Leben, in: ders., *Werke. Kritische Gesamtaus-
     gabe,* hg. von Giorgio Colli und Mazzino Montinari, 3. Abt., Bd. 1, Berlin, New
     York 1972, S. 239-330, hier S. 253.

ten wird die für das Trennen erforderliche Disziplin deutlicher, als in seiner Rezension von Victor Hehns Buch ›Gedanken über Goethe‹ (Berlin 1887).[28] Geiger unterscheidet zwischen dem, was man im Fachblatt sagen kann, und dem, was vor einem größeren Publikum möglich sei. Nur in der ›Nation‹ könne er Kritik üben, wenn Werte – »Den Juden theilt er [Hehn] Schläge aus, wo er nur kann.« – Eingang in die Wissenschaft fänden, in einer wissenschaftlichen Zeitschrift hielte er sich zurück: »Ich selbst, wenn ich das Werk lobe, bin sehr weit davon entfernt, mich mit allen Ansichten desselben einverstanden zu erklären. Aber die Darlegung dieses Gegensatzes gehört mehr in ein Fachblatt.«

Doch auch dort könnte er nicht wissenschaftskritisch argumentieren. Denn ihm stehen, wenn die Gegenstände sich gegen ihn richten, nur zwei Auswege offen: der positive einer eigenwilligen Kanonbildung (so widmet Geiger sich früh den Frauen in der Dichtung) oder das simple Registrieren des Abfälligen, als könne er in vornehmer Distanz die Gegenstände kultivieren, die es von sich aus nicht vermochten. Auswahl der Gegenstände und blindes Vertrauen auf eine heteronome Macht der Kultur in der Wissenschaft gehören zu den Identifizierungsformen der sammelnden Philologen. Bei vielen Deutschen ist diese ›Kultur‹ national konnotiert, bei ihm rationalistisch. Geiger verläßt sich auf eine die Vorurteile quasi läuternde Vernunft seiner registrierenden Wissenschaft; ist die Wissenschaft selbst von negativen Stereotypen erfüllt, bleiben Hilflosigkeit und Trauer, denn an die läuternde Beobachtung einer bevorurteilten Wissenschaft glaubt auch Geiger offenbar nicht. »Stände eine solche Tirade in dem Zeitungsartikel eines konservativen oder antisemitischen Heißsporns, so würde man sie gleichmüthig ansehen, vielleicht kaum über dieselbe die Achsel zucken, in dem Buche eines Mannes von der Bedeutung Viktor Hehn's, den man gern voll und ganz verehren möchte, liest man sie mit tiefer Trauer.«[29]

3. Strategien/Habitus

Geiger hat sich als Historiker (über ›Urteile griechischer und römischer Schriftsteller über Juden und Judentum‹, 1873[30]) in Berlin habilitiert und verdankt den Zugang zur Universität und zur Germanistik im besonderen der ausdrücklichen Förderung Wilhelm Scherers, der von 1877 bis 1886 in Berlin lehrte und Geiger über sein doppeltes Außenseitertum als Jude und

28 In: *Die Nation* 4, 1886/87, N. 38, S. 569-570, hier: S. 570.
29 Ebd.
30 Ludwig Geiger, *Quid de Judaeorum moribus atque institutis scriptoribus Romanis persuasum fuerit. Commentatio historica*, Berlin 1873.

Fachfremder hinweghalf:[31] 1880 sorgt er für Geigers Ernennung zum außerordentlichen Professor.[32] Das war das Maximum für einen nicht konvertierten Juden. Mitten im Zentrum der Nationalphilologie, bei Goethe, verschafft Geiger sich im gleichen Jahr, außerhalb Berlins (in Frankfurt am Main, im jüdischen Verlag Rütten & Löning[33]) und außerhalb der Universität, mit der Gründung des ›Goethe-Jahrbuchs‹ seine Zitadelle.

Erst fünf Jahre später konstituiert sich die Goethe-Gesellschaft in Weimar und bestimmt notgedrungen das ›Goethe-Jahrbuch‹ zu ihrem Organ.[34] Auf den Inhalt hat man keinen Einfluß (immerhin veröffentlicht das Goethe- und Schiller-Archiv regelmäßig aus den Beständen) und gibt doch einen erheblichen Zuschuß. Es ist weniger der Vorstand als Erich Schmidt, Scherer-Schüler und Literarhistoriker in Berlin, der sich mit der so institutionalisierten Machtlosigkeit nicht abfinden kann; er greift Geiger mit über die Jahre hin zunehmender Schärfe an (»Das Jb ist bei Herrn Geiger nicht in den rechten Händen. Ihm fehlt dafür die Persönlichkeit, die Autorität, das Wissen, das Urteil, die Genauigkeit.«[35]) und erreicht 1913, wenige Wochen vor seinem eigenen Tod, daß Geiger auf der Jahresversammlung der Goethe-Gesellschaft das Jahrbuch verliert.

31 1877 möchte er ihn etwa als Beiträger zu der von Elias Steinmeyer gemeinsam mit ihm und Karl Müllenhoff herausgegebenen ›Zeitschrift für deutsches Alterthum und deutsche Literatur‹ gewinnen; er schreibt am 31.10.1877 an Steinmeyer: »Dr. Ludwig Geiger hat mich besucht, u. ich ihn. [...] Noch wichtiger schiene mir allerdings, wenn ihm ein regelmäßiger Bericht über humanistische Litteratur für den Anzeiger übertragen würde.« Zu Scherers kritischer Haltung im Antisemitismus-Streit vgl. Jürgen Sternsdorff, *Wissenschaftskonstitution und Reichsgründung. Die Entwicklung der Germanistik bei Wilhelm Scherer. Eine Biographie nach unveröffentlichten Quellen*, Frankfurt am Main 1979 (Europäische Hochschulschriften: Reihe 1, Deutsche Literatur und Germanistik 321), S. 215-217.

32 Geiger erinnert sich 1918, fast vierzig Jahre später: »Scherer [...] ging in seiner Liebenswürdigkeit, und ich darf wohl auch hinzufügen, in der Wertschätzung meiner Person und meiner Leistung, so weit, daß er, alsbald nach seiner Uebersiedlung, mir und andern erklärte, er wolle dafür Sorge tragen, daß mir eine Professur gewährt würde. Bei diesem wahrhaften und offenen Manne war Wort und Tat eins.« (Ludwig Geiger, Ranke und Scherer. Aus den Lebenserinnerungen, in: *Vossische Zeitung*, 20.6.1918).

33 Vgl. *Deutsch-jüdische Geschichte der Neuzeit*, Bd. 2, Emanzipation und Akkulturation 1780-1871, von Michael Brenner, Stefi Jersch-Wenzel und Michael A. Meyer, München 1996, S. 274.

34 Vgl. Norbert Oellers, Elf Bemerkungen zum Beitrag von Karl Robert Mandelkow, in: *Literaturwissenschaft und Geistesgeschichte 1910 bis 1925* (Anm. 4), S. 356-361.

35 Aus einem Antrag Erich Schmidts an die Goethe-Gesellschaft vom 4.4.1894 (Goethe- und Schiller-Archiv Weimar GSA 149/959, Bl. 313, Rückseite).

Die Attacken des modernen ›Damenprofessors‹ Schmidt fallen in eine antisemitische Welt; Schmidt selbst ist wohl freier von diesen Vorurteilen. Seine beinahe aristokratische Weltläufigkeit wird nach seinem Tod von Gustav Roethe dem jüdischen Kandidaten Richard Moritz Meyer entgegengehalten: Man tut so, als wolle man lieber einen Grafen als einen Juden, und Roethe nimmt – weil es einen zweiten Schmidt nicht gebe – selbst das Amt auf sich. Gustav Roethe schreibt an Wolfgang von Oettingen am 7.5.1913, als man ihm die Präsidentschaft erstmals angetragen hatte: »Lieber wäre es mir, Sie nähmen etwa Burdach. Daß Berlin im Vorstand vertreten sein muß, sehe ich ein; daß es durch Rich. Meyer vertreten werde, kann ich nicht wünschen, zumal in diesem Augenblick nicht; Sie verstehen das ohne Ausführungen. So will ich mich in den Vorstand wählen lassen.« Und am 10.5.1913: »Sie dürfen nicht vergessen, daß in Erich Schmidt doch auch ein gutes Stückchen, wenn nicht Hof., so doch Weltmann steckte, daß er die Leichtigkeit besaß, die da hin gehört, die aber wir Gelehrten mit gutem Grund in der Regel nicht besitzen.« In Wahrheit war Meyer zwar Weltmann, aber – als Jude, den Roethe selbst stets zu verhindern wußte – nicht Professor.[36]

Der Generationenkonflikt zwischen Geiger und Schmidt war zumindest in Teilen ein antisemitisches Artefakt, d. h. methodische Schwäche resultierte aus der Defensive gegen den Antisemitismus. Schmidt ist wegen seiner *Urbanität* bei der traditionsorientierten Gesellschaft, die Geiger stets in Schutz genommen hat, auf Widerstand gestoßen. Er fordert ein populäres Jahrbuch und einen Charakter als Herausgeber, denn die literarische (repräsentierende) Persönlichkeit vermag – so sein nie eingelöstes methodisches Programm – das philologische Wissen zu bündeln.[37] Solchen Charakter spricht er Geiger ab und greift ihn, der in einem philologischen Wahrheitspathos arbeitet, persönlich an. Geiger sucht seine Zitadelle unangreifbar zu halten, indem er auseinanderhält, was Schmidt zu verbinden sucht (auch innerhalb des Jahrbuchs, wo zwei Rubriken einander gegenüberstehen: der allgemeine Essay und die philologische ›Critische Untersuchung‹). Er hütet sich, offen seine Werte zu vertreten, oder Angriffen *grundsätzlich* zu begegnen und sich so zu schwächen: Das lehrt das Studium der Akten in Weimar. Geigers Verhaltensmaxime lautet, stets auf die spezifische Situation und auf die einzelne Sache bezogen zu antworten: Sie entspringt dem diszipliniert-defensiven Habitus des Trennens, der auch in der Rezension von Hehns antisemitischem Buch begegnet.

---

36 Beide Dokumente GSA 149/968. Vgl. Roland Berbig, ›Poesieprofessor‹ und ›literarischer Ehrabschneider‹. Der Berliner Literaturhistoriker Richard M. Meyer, in: *Berliner Hefte* 1, 1996, S. 37-99; vgl. auch den Beitrag von Hans-Harald Müller in diesem Buch.

37 Vgl. Volker Ufertinger, *Erich Schmidt. Philologie und Repräsentation im Kaiserreich*, Universität München, Magisterarbeit, 1995.

4. Goethe und die Juden[38]

Will Geiger *persönlich* über seine philologischen Gegenstände sprechen, drängt er nach außen. Zur Verteidigung erklärt er vorab: »Ich spreche nicht als Jude, sondern als Literarhistoriker. Als Jude bin ich Partei, als Literarhistoriker bin ich parteilos.«[39] Unausgesprochen bleibt seine Überzeugung, daß die Literatur die dumpfen Vorurteile läutere, die ihre Voraussetzungen bilden. Solche Universalität soll ihn über die Parteiungen hinwegheben. Doch der Gegenstand selbst leistet dem nicht Folge. Von dieser Diskrepanz zeugen Geigers Abhandlung über ›Faustsage und Faustdichtung vor Goethe‹, die 1889/90 in ›Westermanns Illustrierten Deutschen Monatsheften‹ erschien,[40] als auch die im Wintersemester 1904/05 an der Berliner Universität gehaltene öffentliche Vorlesung über ›Die deutsche Literatur und die Juden‹ samt dem Goethe gewidmeten Abschnitt.[41]

Der Gedanke einer allgemeinen ›Aufklärungskulturgeschichte‹, in die der Dichter tritt, prägt Geigers Methode. Das Werk sei nicht dem Autor und nicht seiner Kultur entgegenzusetzen, denn das Werk hebe den reinen und das heißt: vernünftigen Kern des Autors und seiner Kultur ans Licht. Weil Geiger Literatur mit Vernunft (in der Geschichte) gleichsetzt, kann er die ›Literatur‹ (im Sinn einer höheren Potenz) von den einzelnen Werken nicht unterscheiden. Weil er keinen Werkbegriff hat, kennt er keine unterschiedliche Ausprägung der Vernunft von Werk zu Werk, und – was die Autonomie des Werks angeht – jede Äußerung des Autors in seinen Werken muß ihm als wertvoll gelten. Gerade Geigers Universalitätswille verkennt, wie wenig ein ästhetischer Gegenstand partikular ist, wenn er sich dem allgemeinen Vorurteil nähert; mit anderen Worten: daß er nur als partikularer universal ist. Denn das ästhetisch Besondere ergibt sich aus vielen kleinen klugen Schritten. Noch ist es weit in der Wissenschaftsgeschichte, bis sich Vernunft solcherart ummünzen läßt in die Kritik einer ›Logik des Produziertseins‹ (Peter Szondi).[42]

---

38 Vgl. Wilfried Barner, Jüdische Goethe-Verehrung vor 1933, in: *Juden in der deutschen Literatur. Ein deutsch-israelisches Symposion,* hg. von Stéphane Moses und Albrecht Schöne, Frankfurt am Main 1986, S. 127-151.

39 Geiger 1910 (Anm. 15), S. 81.

40 Ludwig Geiger, Faustsage und Faustdichtung vor Goethe, in: *Westermanns Illustrierte Deutsche Monatshefte* 67, 1889/1890, S. 752-767; vgl. Hans Mayer, Faust, Aufklärung, Sturm und Drang, in: *Sinn und Form* 13, 1961, H. 1, S. 101-120.

41 Geiger 1910 (Anm. 15); das Kapitel ›Goethe und die Juden‹ S. 81-101.

42 Vgl. Christoph König, Loslösungsakte. Zur Vernunft in literarischen Werken, in: *Literaturwissenschaft und politische Kultur. Für Eberhard Lämmert zum 75. Geburtstag,* hg. von Winfried Menninghaus und Klaus R. Scherpe, Stuttgart, Weimar 1999, S. 268-273.

Von den Werken her kann man so weder ihre Vernunft noch ihre Unvernunft begründen. Dunkle Werke und dunkle Worte des Dichters muß Geiger daher exoterisch, das heißt von außen her, umdeuten oder rechtfertigen. Der Umdeutung und der Rechtfertigung gelten meine abschließenden Bemerkungen.

Umdeutung. Die ›Historia von D. Johann Fausten‹ gilt Geiger als Kompilation umlaufender Geschichten, schlecht komponiert und in barbarischer Sprache; die Puppenspieler schließlich haben einen herrlichen Stoff »dem niedrigsten Teile des Volkes« dargeboten, selbst »Komödianten der allertraurigsten Sorte, Menschen ohne Bildung und ohne Geist.«[43] Der Sinn des Stoffes liege im faustischen Charakter Fausts, den der Drang nach Wissen auszeichne; Geiger liest Goethes Faustdichtungen wie Lessings Faust-Fragmente (1759): Ein von oben bewirkter Untergang war auszuschließen. Etwas wissen wollen, durfte in der Aufklärung, wie Geiger betont, nicht mehr als Hybris bestraft werden. Lessing habe daher sein Stück mit der Rettung Fausts durch »eine Erscheinung der Oberwelt« beschließen wollen.[44] Doch Goethe hatte – wie wir wissen – anderes im Sinn als Lessing.

In seiner Naturtheologie hält Goethe die Wißbegier am Zügel, die eigene und die seiner Figuren. Er verfügt, darin ist er wie später Hofmannsthal ein moderner Dichter, frei über die Traditionen. Diese Freiheit verdankt er der spekulativen Konstruktion seiner Naturphilosophie. Der Freiheit hält er die Begrenzung entgegen, denn sein Ziel ist die individuelle Gestalt, die die Traditionen *meistert* und ihnen ›gemessenen‹ Sinn respektive *Berechtigung* gibt. Individualität setze, so der Gedanke, eine von der Natur gegebene Vielfalt voraus (das ist die Wißbegier), innerhalb derer bestimmte Züge privilegiert werden. Das geschieht auf Kosten von Wissensbeständen, die nicht bedacht werden. Denn alles zu wissen verhindert die Form. Die Entscheidung erzeugt die unterscheidbaren Gestalten. Die Grenzen (›Fortifikationen‹ sagt Goethe[45]) lassen sich von ihm hinausschieben. Daher ist die Geschichte Goethes Gegner: Sie hat für ihn keine Gestalt. Er rechnet sie zu dem dem Menschen fremden Großen, das außerhalb seiner Kreise bleibt und ihn zerstört. Um die Welt zu gestalten, unterstellt er die Traditionen aus dieser Welt seiner naturphilosophischen Konstruktion, die auch den ›Faust, Zweiter Teil‹ bestimmt: Treibt die Heteronomie auf einen Punkt zu, wo sie unlösbar wird, greift die *Natur* (als Schlaf, Ohnmacht, Tod) ein, die Szene wechselt, das

---

43 Geiger 1889/1890(Anm. 40), S. 765.
44 Mayer 1961, (Anm. 40), S. 112 f.
45 Johann Wolfgang von Goethe, *Goethes Briefe und Briefe an Goethe. Hamburger Ausgabe*, hg. von Karl Robert Mandelkow unter Mitarbeit von Bodo Morawe, 3. Aufl., München 1986-1988, Bd. 4, S. 370.

Geschehen geht anders weiter. Man denke an das Gespräch zwischen Helena und Phorkyas, die der Helena all die Geschichten vorhält, die von ihr im Umlauf sind: Helena klärt daraufhin nicht den Zusammenhang dieser Geschichten, sondern fällt in Ohnmacht. Das ist ein ästhetischer Akt des Autors, der so zu interpretieren ist: Goethe negiert das aufgeklärte Verlangen, *alles* mit den gehörigen Unterschieden hinzunehmen (und zu wissen).[46] Das hat Geiger nicht wahr haben wollen und liebt in Goethe seinen Lessing.

Rechtfertigung. In seiner Vorlesung über Goethe und die Juden registriert Geiger Einschlägiges:[47] Goethes Hebräischstudium, seine Bibelkenntnis, die eine oder andere Bekanntschaft, die Verehrung durch die Berliner Jüdinnen, des Dichters Respekt vor Spinoza und Mendelssohn, aber ebenso Goethes Zustimmung zu restriktiver Judengesetzgebung, die frühe ›Judenpredigt‹ und antijudaistische Äußerungen wie die in ›Wilhelm Meisters Wanderjahren‹. Geiger registriert und fragt nicht weiter, darauf vertrauend, daß allein die literarische Beschäftigung Goethes mit dem Judentum diesem schließlich zugute kommen werde; oder er schiebt es schlicht auf Goethes schlechte Laune, wenn der sich zornig gegen Juden geäußert hat.

Geiger stützt sich auf Goethe – und beide haben Unrecht. Denn die Kultur ist zu schwach, um sich gegen ihren eigenen Antisemitismus zu wehren. Tatsächlich trennt Goethe zwischen jüdischer Kulturtradition und Juden, denen er begegnet bzw. von denen er in der jüdischen Geschichte liest: »Jene Mythen, wahrhaft groß, stehen in einer ernsten Ferne respektabel da und unsere Jugendandacht bleibt daran geknüpft. Wie aber jene Heroen in die Gegenwart treten, so fällt uns ein, daß es Juden sind und wir fühlen einen Kontrast zwischen den Ahnherren und den Enkeln, der uns irremacht und verstimmt.«[48] Die jüdische Tradition ist in die deutsche Kultur abgesunken und kann so von Goethe akzeptiert werden. Zugrunde liegt der Gegensatz von menschlicher Beschränkung und kultureller Universalität. Doch bei ge-

---

46 Vgl. Christoph König, Wissensvorstellungen in Goethes ›Faust II‹, in: *Euphorion* 93, 1999, H. 2, S. 227-249.

47 Zu dieser Frage vgl. Julius Bab, *Goethe und die Juden*, Berlin 1926 (Die Morgen-Reihe 3); Heinrich Teweles, *Goethe und die Juden*, Hamburg 1925; Günter Hartung, Goethe und die Juden, in: *Weimarer Beiträge* 40, 1994, S. 398-416 (vgl. auch ders., Judentum, in: *Goethe Handbuch*, Bd. 4/1, Personen, Sachen, Begriffe A-K, hg. von Hans-Dietrich Dahnke und Regine Otto, Stuttgart, Weimar 1998, S. 581-590). Bab wendet sich als erster gegen eine aufgezwungene äußerliche Fragestellung; die Isolation eines Aspekts mißachte Goethe integrale Persönlichkeit. Doch das Leben Goethes ist ebenso exoterisch wie eine kulturgeschichtliche Idee.

48 An Carl Friedrich Zelter am 19. Mai 1812, in: Goethe, 1986-1988, (Anm. 45), Bd. 3, S. 193.

nauerem Hinsehen wird klar, daß Goethe die jüdischen Geschichten innerhalb seiner eigenen christlichen Kultur deutet, meist nach den Gegensätzen ›partikular vs. universal‹, ›Gesetz vs. Liebe‹, ›außen vs. innen‹.[49] Die Hierarchie steht für ihn – wie man in der Pädagogischen Provinz der ›Wanderjahre‹ (II/2) leicht nachlesen kann – fest. In Goethes Werken herrscht eine Konstruktion, ein Gedanke, der von der Beschränkung in der Vielfalt ausgeht. Gedanken sind universal, doch wenn aus ihnen literarische Werke geschaffen werden, kehrt das Leben mit seinen Vorurteilen wieder ein. Sie sind zu schwach, sich dagegen zu wehren. Heteronome kulturelle Werte, die in die Texte aufgenommen werden, behalten viel von ihrem alten Sinn.

Geigers Haltung in den Berliner Vorlesungen ist ebenso verzweifelt wie trotzig. Seine Überzeugung, die *Literatur* scheide den Dichter vom Pöbel, gilt selbst bei Goethe nur mit Einschränkungen.

---

49 Vgl. Johann Wolfgang Goethe, Zwo wichtige bisher unerörterte biblische Fragen (1772/73), in: ders., *Ästhetische Schriften 1771-1805*, hg. von Friedmar Apel, Frankfurt am Main 1998 (Bibliothek deutscher Klassiker 151), S. 131-140.

Agathe Lasch (1879-1942?)

Ulrike Hass-Zumkehr

1. Zuschreibungen

Dittmar/Schlobinski[1] bezeichnen Agathe Lasch in der Widmung als »Frau, die unter widrigsten Umständen erste deutsche Linguistikprofessorin wurde; [...] Soziolinguistin, die mit der Sprachgeschichte des Berlinischen das Paradigma der Stadtsprachenforschung mitbegründete; [...] Jüdin, die patriotisch Germanistik betrieb und ihr Lebenswerk der deutschen Sprachgeschichte widmete.« Ihr Selbstbild äußerte sich offensichtlich nur im persönlichen Gespräch, von dem nachträglich weniges veröffentlicht wurde:

> Ich habe niemals einen Menschen leidenschaftlich geliebt. Die zwei Abstrakta, die ich mit höchster Leidenschaft liebe, sind: Germanistik und Deutschland.[2]

> [...] ich bin jüdisch, und vor allem bin ich deutsch [...][3]

Agathe Lasch hat Standardwerke – Wörterbücher[4] und Grammatiken[5] – geschrieben, die bis heute zu den oft wenig beachteten Voraussetzungen literatur- wie sprachwissenschaftlicher Arbeit gehören. Die Person und ihre Leistung im Kontext der Zeit drohen dahinter und hinter den Gerüchten und Interpolationen zwischen Gerüchten zu verblassen, die zu ihrem Leben und vor allem zu ihrer tödlich endenden Deportation entstanden. Die moralischen Würdigungen, die Agathe Lasch postum erfahren hat, haben notwendigerweise versucht, ein möglichst geschlossenes biografisches Bild dieser Wissenschaftlerin zu entwerfen. Aber die Lage der Quellen zur deutsch-jüdischen Wissenschaftsgeschichte – mehr als anderswo ist vernichtet, zerstreut, verschollen, und zwar um so mehr, je ungesicherter eine berufliche Existenz

---

1   *Wandlungen einer Stadtsprache. Berlinisch in Vergangenheit und Gegenwart*, hg. von Norbert Dittmar und Peter Schlobinski, Berlin 1988.
2   Claudine de l'Aigles, Agathe Lasch. Aus ihrem Leben, in: *Jahrbuch des Vereins für niederdeutsche Sprachforschung* 82, 1959, S. 1-5, hier S. 3.
3   Ebd., S. 5.
4   Agathe Lasch und Conrad Borchling, *Mittelniederdeutsches Handwörterbuch*, 1928 ff. [Strecke A bis E von Lasch]. *Hamburgisches Wörterbuch. Aufgrund der Vorarbeiten von Christoph Walther und Agathe Lasch*, hg. von Jürgen Meier und Dieter Möhn, Neumünster 1985 ff.
5   Agathe Lasch, *Mittelniederdeutsche Grammatik*, Halle an der Saale 1914; 2. unveränd. Aufl. 1974.

und je weniger institutionalisiert diese war – erlaubt keine geschlossenen Bilder; sie ist als solche und nicht nur im 20. Jahrhundert spezifisch jüdisch. Um nicht erneut zu interpolieren, wird in meinem Beitrag der fragmentarische Charakter der Quellenlage durch starke Gliederung in Aspekte gespiegelt, deren Zusammenhang nur fragend und durch Leser wie Leserinnen herzustellen ist. Was angesichts der Quellensituation historiografisch geboten scheint, ist aus Umfangsgründen an dieser Stelle nicht zu leisten: die philologische Mikroanalyse der erhaltenen Quellen, die sich nicht nur für das historisch feststellbare Geschehen *hinter* den Quellen interessiert, sondern die Texte selbst als Instanzen wissenschaftlichen Handelns und als sozial wie kontextuell motivierte Akte liest. Z. B. ist an einem aktenkundigen Lebenslauf nicht nur das Gerüst der Daten wissenschaftsgeschichtlich relevant, sondern – und dies ist zumindest Philologen zugänglich – auch das, was da gesagt und nicht gesagt, akzentuiert und marginalisiert wird. Der nachfolgende Beitrag kann die Einlösung dieses Desiderats nur andeuten.

2. Biografische Daten

Luise Agathe Lasch wurde am 4. Juli 1879 in Berlin geboren. Zu den Eltern enthält das curriculum vitae in den Heidelberger Promotionsakten[6] wie der ›Biographische Bogen‹ in den Personalakten der Universität Hamburg[7] keine Angaben. Andere berichten, der Vater sei Kaufmann, Holzhändler[8] oder Arzt[9] gewesen; die Mutter stammte aus der Breslauer Familie Milch. Agathe Lasch sei als das dritte von fünf Geschwistern – eine Schwester wurde Künstlerin – »aus kinderreichem, unvermögendem Elternhaus«[10] gekommen. Zu schließen ist, dass die Familie dem liberalen Judentum angehörte.

Nach dem Besuch der höheren Mädchenschule in Berlin besuchte Agathe Lasch das dortige Lehrerinnenseminar und legte 1898 die Lehrerinnen- und Turnlehrerinnenprüfung ab. Zwischen 1899 und 1901 liegt ein halbjähriger Studienaufenthalt in Frankreich. Dann geht sie als Lektorin/Gewerbelehrerin an eine höhere Mädchenschule in Halle an der Saale und später an Fortbildungs- und Gewerbeschulen. Im September 1906 machte sie am Augusta-Gymnasium in Berlin-Charlottenburg ihr Abitur.

6 Universitätsarchiv Heidelberg H-IV-757/3.

7 Staatsarchiv Hamburg, Hochschulwesen, Dozenten- und Personalakten I 96, Bd. 1.

8 Vgl. de l'Aigles (Anm. 2).

9 Vgl. Conrad Borchling, Agathe Lasch zum Gedächtnis, in: *Niederdeutsche Mitteilungen* 2, 1946, S. 7-20.

10 Jürgen Meier, Agathe Lasch. Worte des Gedenkens zu ihrem 100. Geburtstag, in: *Jahrbuch des Vereins für niederdeutsche Sprachforschung* 103, 1980, S. 7-13, hier S. 8.

Das Studium nimmt sie im Sommersemester 1906 in Halle auf und hört zwei Semester bei Philipp Strauch und Otto Bremer. Ab dem Sommersemester 1907 studiert sie in Heidelberg bei Wilhelm Braune, der ihr auch zu einem Stipendium verhilft. Trotz brieflicher Bitte lässt Gustav Roethe sie in seinen Lehrveranstaltungen 1908 in Berlin nicht zu. Sie promoviert 1909 bei Braune an der Philosophischen Fakultät der Universität Heidelberg in den Fächern Deutsche Philologie, Altnordisch, Altfranzösisch. Als Dissertation reicht sie die ersten 74 Seiten der 1910 gedruckten, 350-seitigen ›Geschichte der Schriftsprache in Berlin‹ ein[11] und macht gleichzeitig, im März 1910, das (badische) Staatsexamen pro facultate docendi.

Ab Herbst 1910 wird Lasch Associate, ab 1913 Associate Professor in Teutonic Philology and German am Bryn Mawr College bei Philadelphia in Pennsylvania, USA.[12] Der drohende Kriegseintritt der USA führt 1916 zu ihrer Rückkehr nach Deutschland.[13] Im Herbst 1917 wird sie »wissenschaftliche Hilfsarbeiterin« von Conrad Borchling am Deutschen Seminar des Kolonialinstituts in Hamburg, wo sie eine Sammelstelle für das ›Hamburgische Wörterbuch‹ einrichtet. 1919 habilitiert sie sich an der neu gegründeten Universität Hamburg, wird 1923 zum Professor ernannt, erhält 1926 ein planmäßiges Extraordinariat für Niederdeutsche Philologie und wird (seit?) Juni 1927 Mitdirektor des Germanischen Seminars.[14] Nachdem ihre Entlassung 1933 zunächst durch eine Petition schwedischer Hochschullehrer und eine Eingabe Hamburger Kollegen und Schüler Agathe Laschs verhindert wurde,[15]

11 Agathe Lasch, *Geschichte der Schriftsprache in Berlin bis zur Mitte des 16. Jahrhunderts*, Dortmund 1910, Nachdruck Saendig 1972.

12 Vgl. Myra Richards Jessen, Agathe Lasch. 1879-1942, in: *Bryn Mawr Alumnae Bulletin*, July 1947, S. 8 f.

13 Vgl. *Bryn Mawr College Calendar*, Pennsylvania, 1912-1916. Zur antideutschen Stimmung in den USA um 1917 vgl. Jeffrey Sammons, The Tragical History of German in the United States: Some Scenes from Past and Present, in: *American Attitudes Toward Foreign Languages and Foreign Cultures*, hg. von Edward Dudley und Peter Heller, Bonn 1983, S. 23-34. Dazu Agathe Laschs Lebenslauf in den Personalakten, datiert 1921, fortgesetzt 1926, Staatsarchiv Hamburg I 96, Bd. 1.

14 Vgl. Wolfgang Bachofer und Wolfgang Beck, Deutsche und niederdeutsche Philologie. Das Germanische Seminar zwischen 1933 und 1945, in: *Hochschulalltag im Dritten Reich. Die Hamburger Universität 1933-1945*, hg. von Eckart Krause, Bd. 2, Hamburg 1991, S. 641-703.

15 In Agathe Laschs Personalakten im Staatsarchiv Hamburg (IV 596, Bl. 9-11) findet sich dazu nur ein Vorgang von August/September 1946, in dem Ernst Windler, 1927-28 studentische Hilfskraft am Mittelniederdeutschen Wörterbuch und später Mitglied der NSDAP, zum Zwecke seiner Rehabilitierung vom Hamburger Senat einen Nachweis erbittet, dass er 1933 oder 1934 eine »Eingabe« unterzeichnet habe, »deren Ziel es war, die Entlassung von Frau Professor Dr. Agathe Lasch

wird sie am 30.6.1934 zwangsweise in den Ruhestand versetzt. Ostern 1937 kehrt sie nach Berlin zu den Schwestern zurück. Es folgen die Konfiszierung ihrer Bibliothek[16] und die Einstellung der Pensionszahlung. Anfang 1939 erhält sie einen Ruf an die Universität Dorpat (Estland), später auch einen Ruf nach Oslo; die Rufannahme wird beide Male von deutscher Seite verhindert.[17] Im Dezember 1941 setzt sich Claudine de l'Aigles erfolglos für verbesserte Lebensbedingungen Agathe Laschs ein.[18] Am 12. August 1942 wird sie gemeinsam mit den Schwestern in Berlin festgenommen und drei Tage später ins »Reichsjudenghetto« Riga deportiert, wo sich ihre Spur verliert.[19]

3. Wissenschaftliches Profil

In Forschung und Lehre[20] setzte Agathe Lasch ihre Schwerpunkte in Sprachwissenschaft, speziell in Grammatik und Lexikografie des Mittelniederdeutschen, aber auch anderer Sprachstufen bzw. Regionalsprachen (älteres, mittleres und jüngeres Hochdeutsch und Niederdeutsch, Gotisch, Altnordisch, Altsächsisch, Altfriesisch). Hier verfasst sie sprachhistorische Standardwerke: eine mittelniederdeutsche Grammatik, zwei Wörterbücher zum Mittelniederdeutschen und zum Hamburgischen; beide Wörterbücher werden heute noch herausgegeben. Sie beteiligte sich somit aktiv an dem Versuch, die Philologie des Mittelniederdeutschen, der *Sprache der Hanse*, im Fächerkanon zu etablieren. Dies war nicht zuletzt wegen der nur wenig literarischen, vielmehr rechts- und wirtschaftssprachlichen Ausrichtung der mittelniederdeut-

---

zu verhindern«. Daraufhin wird die Existenz einer »Eingabe an den Präses der Hochschulbehörde« bestätigt, auch die Mitunterzeichnung des Petenten; weitere Unterzeichner oder der Text der Eingabe sind in der Akte nicht enthalten.

16 Vgl. Anja Heuß, Die Bibliothek der Professorin Agathe Lasch, in: *Displaced Books – Bücherrückgabe aus zweierlei Sicht. Beiträge und Materialien zur Bestandsgeschichte deutscher Bibliotheken im Zusammenhang von NS-Zeit und Krieg*, Hannover 1999, S. 80 f.; Vibeke Dalberg und Rob Rentenaar, Spuren der Bibliothek von Agathe Lasch in Dänemark, in: *Jahrbuch des Vereins für niederdeutsche Sprachforschung* 113, 1990, S. 157-162.

17 Staatsarchiv Hamburg, Hochschulwesen, Dozenten- und Personalakten (Agathe Lasch) IV 596, Bl. 5-6.

18 Staatsarchiv Hamburg, Schulwesen, Personalakten (Claudine de l'Aigles) A 1095.

19 Vgl. *Gedenkbuch. Opfer der Verfolgung der Juden unter der nationalsozialistischen Gewaltherrschaft in Deutschland 1933-1945*, bearb. vom Bundesarchiv Koblenz und dem Internationalen Suchdienst Arolsen, 2 Bde., Koblenz 1986, vgl. bes. Bd. 2, S. 1743, sowie Katja Krumm, Agathe Lasch im Spiegel der Forschung: Widersprüche und Desiderate, in: *Korrespondenzblatt des Vereins für niederdeutsche Sprachforschung*, H. 105, 2, 1998, S. 58-62.

20 Vgl. zum Folgenden Bachofer und Beck (Anm. 14), S. 676.

schen Quellen schwierig. Lasch hielt auch in den USA u. a. Lektüreseminare zu gegenwartssprachlichen Gebrauchstexten (z. B. von Treitschke; Zeitungen) ab.

3.1 Gegenstands- und Methodenwahl

Im Ganzen umfasst der Zeitraum der niederdeutschen Sprachgeschichte, den Lasch erforschte, 15 Jahrhunderte; hierin zeigt sich ein Vollständigkeitsanspruch, der dem Wunsch, das neue Fach zu etablieren, entspricht. Der Schwerpunkt *Mittelniederdeutsch* war um 1910 ein relativ unerforschtes Gebiet. Noch weniger erforscht war die Sprache Hamburgs ab 1600, mit der sich Agathe Lasch ab 1917 zu befassen begann. Insbesondere die mittelniederdeutsche Stadtsprache erfordert, nicht nur den Raum als die zentrale Kategorie der historisch-erklärenden Dialektforschung, sondern auch soziale Faktoren zu berücksichtigen. Der soziale Aufstieg des Stadtbürgertums, gerade im Falle Berlins und Hamburgs, steht in Zusammenhang mit überregionalen und weiträumigen Handelsbeziehungen. Lasch bezog sich auf unedierte Quellen nichtliterarischer Art: Rechtstexte wie den Sachsenspiegel und Texte von Stadtschreibern.[21] Ende der 20er Jahre begann Lasch, sich mit der ältesten Sprachstufe des Niederdeutschen, dem Altsächsischen, zu befassen, offensichtlich angeregt durch Runenfunde an der Unterweser, die öffentliche Aufmerksamkeit erregt hatten. 1931 besteht noch der schon von Braune befürwortete Plan einer neuen Bearbeitung der altsächsischen Grammatik, der aber nicht mehr ausgeführt wird. Bei Agathe Lasch paart sich ein unbedingtes Engagement für die Emanzipation ihres Gegenstands vom »Anhängsel« zu einem »eigenen Zweig der Philologie«[22] mit der Überzeugung, dass dieses Ziel nur auf dem Wege intensiver und detaillierter Quellenarbeit zu erreichen sei.

Als Schülerin Wilhelm Braunes zählte sich Agathe Lasch zu den Junggrammatikern, d. h. sie vertrat eine *strenge*, auf Lautlehre basierende Methode. Um Lautwandel zu erklären, griff sie jedoch auf »politische oder geistesgeschichtliche«, »kulturelle[] und praktische[]«[23] Faktoren zurück und ging

---

21 Agathe Lasch, *Aus alten Niederdeutschen Stadtbüchern. Ein mittelniederdeutsches Lesebuch*, Dortmund 1925 (Hamburgische Texte und Untersuchungen zur deutschen Philologie Reihe 1: Texte; 2); 2. Aufl. hg. von Dieter Möhn und Robert Peters, Neumünster 1987;.

22 Staatsarchiv Hamburg, Hochschulwesen, Dozenten- und Personalakten I 96, Bd. 1, ›Lebenslauf‹, S. 3-6.

23 Agathe Lasch, Vom Werden und Wesen des Mittelniederdeutschen, in: *Jahrbuch des Vereins für Niederdeutsche Sprachforschung* 51, 1925, S. 55-76, wiederabgedr. in: dies., *Ausgewählte Schriften zur niederdeutschen Philologie*, hg. von Robert Peters und Timothy Sodmann, Neumünster 1979, S. 232-253, hier S. 235 und S. 252.

damit weit über die eigentlichen Junggrammatiker hinaus, deren Forderungen nach einer kulturwissenschaftlichen Ergänzung der Sprach- bzw. Lautgeschichte programmatisch geblieben waren. Mit den abwertenden Begriffen ›Konstruktion‹ und ›konstruieren‹ bezeichnet Lasch wiederholt von ihr abgelehnte Methodiken; positiv stehen ihnen ›genaue Beobachtung‹ und ›Darstellung‹ gegenüber – ein junggrammatisches Methodenbekenntnis, das sich nahezu wörtlich auch bei Hermann Paul findet. »Was für ein Mangel an Methode! […] Es fehlt die Grundlage aller Wissenschaft, der Zweifel«, so lautet eine kritische Randnotiz Laschs in einem 1937 erschienenen Buch von Rehder Heinz Carsten, einem Borchling-Schüler.[24]

3.2 Innovationen, Theorien, Thesen

Laschs Wahl des Gegenstands Stadtsprache liegt *vor* dessen eigentlicher, kurzfristiger Etablierung Mitte der 20er Jahre und, erneut, in den 60er Jahren. Das bis dahin vorherrschende Desinteresse der Dialektologie an Stadtsprachen gründete sich auf deren Einschätzung als unreine Mischprodukte, die zu Verarmung und Schwund der traditionsreichen Mundarten beitrügen. Demgegenüber steht die von Lasch und Borchling gleichermaßen vertretene Notwendigkeit einer ›kulturellen‹ Deutung der Quellen. Schon in der Druckfassung der Dissertation von Agathe Lasch tritt die typisch junggrammatische Beschreibung von ›Laut- und Formenlehre‹ hinter der sozialhistorischen Erklärung von Sprachwandelphänomenen im Zusammenhang von ›Kulturströmungen‹ deutlich in den Hintergrund. Es ist jedoch nicht die kulturwissenschaftliche Erweiterung des junggrammatischen Ansatzes, mit der Lasch im Kollegenkreis Diskussionen auslöst, sondern es sind zwei innerhalb des junggrammatischen Paradigmas angesiedelte, thematisch eng begrenzte Thesen. In der ›Mittelniederdeutschen Grammatik‹ schlägt sie 1914 eine »Lösung des Umlautproblems« vor und findet damit Bestätigung bei den Fachkollegen. Mit der zweiten, der so genannten »Zerdehnungsthese«,[25] setzte sich Lasch in Gegensatz zu den mächtigen Vertretern (Theodor Frings, Hermann Teuchert) des Deutschen Sprachatlasses in Marburg, die sie erwartungsgemäß nicht überzeugen kann. Daraus kann verallgemeinernd der Schluss gezogen werden: In der Funktion *Autor(in) von Standardwerken* steht die deskriptive Leistung (Bestandsaufnahme und Dokumentation) von bleibendem Wert im Vordergrund; die kreative Individualleistung verschwindet dahinter. Falls in einem Standardwerk innovative Ideen enthalten sind, fallen sie in der wissenschaftlichen Tradierung weitgehend unter den Tisch.

24 Dalberg und Rentenaar (Anm. 16), S. 162.
25 Robert Peters und Timothy Sodmann, Agathe Lasch. Leben und Werk, in: Peters und Sodmann (Anm. 23), S. IX-XXI, hier S. XV.

3.3 Gesellschaftsbezug

Agathe Lasch war langjähriges Vorstandsmitglied im 1874 gegründeten Verein für niederdeutsche Sprachforschung; dieser war wohl keine exklusiv wissenschaftsinterne Vereinigung, sondern versammelte u. a. viele Lehrer. In diesem Rahmen gehaltene Vorträge Laschs enthalten an Laien adressierte Informationen, auf die sie in den Schriftfassungen der Vorträge, die in einer fachintern rezipierten Zeitschrift erschienen, dann ausdrücklich verzichtet. Insbesondere die Arbeit am ›Hamburgischen Wörterbuch‹ war von öffentlichem Interesse begleitet. Lasch hatte sich in der Korrespondenz auch immer wieder mit den Anfragen von Kollegen wie von Laien bezüglich einzelner Wörter zu befassen. Entsprechendes gilt für das populäre ›Berlinisch-Buch‹ von 1928, das »im Hinblick auf sein Publikum eine feuilletonistische Ausdrucksweise haben musste«.[26]

Gemäß ihrer *strengen* philologischen Methode findet sich nicht die kleinste Bemerkung, die eine ideologisch verwertbare Deutung philologischer Befunde nahegelegt hätte. Sie schreibt, als gälte das gesellschaftliche Interesse an sprachgeschichtlichen Themen einzig und allein der erwiesenen Wahrheit. Das gesellschaftliche Interesse an den Eigentümlichkeiten regionaler und lokaler Sprache korrespondierte eher mit föderalistischen als mit zentralistischen Tendenzen und geriet daher schon vor 1933 politisch in Misskredit.

4. Spezifisch Jüdisches oder spezifisch Weibliches?

Alle veröffentlichten wie unveröffentlichten autobiografischen Texte von Agathe Lasch erwähnen Eltern, Herkunft, Konfession mit keinem Wort. Als Motiv kommen die antisemitischen Haltungen infrage, die sich in Hamburg sicher nicht erst bei der Rektoratsübergabe an Ernst Cassirer 1929/30 zeigten.[27] Dass an ihren Arbeiten irgendetwas *Jüdisches* gewesen sei, hätte sie natürlich entschieden zurückgewiesen. Mit Bezug auf die Gegenstandswahl stellt Möhn fest, dass ein Jahr nach Agathe Laschs ›Berlinisch-Buch‹ Döblins ›Berlin Alexanderplatz‹ erschien: »Dem jüdischen Literaten und der jüdischen Sprachwissenschaftlerin eignet eine besondere Sensibilität für das Verstehen und die Darstellung einer komplexen städtischen Gesellschaft.«[28] Die

---

26 Agathe Lasch am 20.5.1928 brieflich an unbekannt, Autographensammlung Staatsbibliothek Preußischer Kulturbesitz Berlin, Nachlaß Bolte; dies., *Berlinisch. Eine berlinische Sprachgeschichte*, Berlin 1928, Neudruck Darmstadt 1967.

27 Vgl. Peter Freimark, Juden an der Hamburger Universität, in: Krause (Anm. 14), Bd. 1, S. 126-254.

28 Dieter Möhn, Denken an Agathe Lasch, in: *Niederdeutsche Tage in Hamburg 1979. 75 Jahre Vereinigung Quickborn*, hg. von Friedrich W. Michelsen, 1979, S. 140-144, hier S. 141.

Beschäftigung mit der städtischen Gesellschaft muss aber wohl eher aus der Vertrautheit mit eben dieser Gesellschaft erklärt werden als mit der jüdischen Herkunft.

Scheint es problematisch, das, was jüdische Wissenschaftler *getan* haben, spezifisch aus ihrem sozial-kulturellen Background zu erklären, so lässt sich das, was sie *nicht getan* haben, schon eher mit diesem Background in Zusammenhang bringen, wobei auch die Unterlassungen keineswegs exklusiv jüdisch sind: Bei Agathe Lasch werden fremde bzw. fremdsprachliche Einflüsse auf das Deutsche tendenziell positiv bewertet; dies lief der nationalistischen Grundhaltung im Hinblick auf Sprachkontaktphänomene zuwider. Auch »französische Bevölkerung« und »jüdische Mitbürger« haben, so stellt Agathe Lasch fest, den Wortschatz der Berliner Volkssprache beeinflusst (*Budike, botten; meschugge, pleite*).[29]

Hat Agathe Lasch sich öffentlich niemals als jüdisch bezeichnet, so nahm sie zumindest einmal explizit Bezug auf den Faktor Geschlecht und seine Rolle für die wissenschaftliche Laufbahn.

»Man weiß heute nichts mehr von den Schwierigkeiten, die noch vor gar nicht einmal sehr langer Zeit für die Frau zu überwinden waren, die an Studium dachte. Schwer schon war es, sich den Weg zur Universität zu bahnen. [...] Da es damals [=1910] in Deutschland Frauen noch nicht möglich war, in eine wissenschaftliche Laufbahn einzutreten, nahm ich eine Berufung an die führende amerikanische Frauenuniversität, Bryn Manz [sic!] College bei Philadelphia, an.«[30]

Faktisch war die Minderheit der Frauen in einer noch schlechteren Lage als die Minderheit der jüdischen Wissenschaftler/innen: Im Januar 1933 standen im wissenschaftlichen Personal der Universität Hamburg 22 Frauen 330 männlichen Kollegen gegenüber. »Der Großteil arbeitete an der Philosophischen Fakultät und war dort vor allem im Sprachunterricht sowie in der Lehrer/-innenausbildung tätig.«[31]

Dequalifizierung durch Abdrängung in *weiblich-angemessene*, Hilfs-, pädagogische und lexikografische Tätigkeiten ist schon für die Zeit vor 1933 offensichtlich. Die Frauen selbst individualisierten ihr Karriererisiko, d. h. sie führten es auf individuelle Leistungsstärken oder -schwächen zurück, nicht auf die nach 1933 greifbarer werdenden objektiven Faktoren.

---

29 Agathe Lasch, Die Berliner Volkssprache, in: *Brandenburgia* 20, 1911 f., S. 127-142, wieder abgedr. in: Peters und Sodmann (Anm. 23), 471-486, hier S. 484.

30 Agathe Lasch, Mein Weg, in: *Hamburger Nachrichten*, 4.1.1927, in: Staatsarchiv Hamburg, Zeitungsausschnitt-Sammlung zu Agathe Lasch A 761.

31 Astrid Dageförde, Frauen an der Hamburger Universität 1933 bis 1945: Emanzipation oder Repression?, in: Krause (Anm. 14), Bd. 1, S. 255-270, hier S. 256 f.

Maas[32] ordnet »das große Bemühen um methodische Kontrolle« als etwas in dieser Wissenschaftlerinnengeneration spezifisch Weibliches ein. Ein hier nicht reflektierter Faktor ist aber das Interesse der Doktorväter, deren weibliche Promovenden sich gewagte Themen und Thesen weit weniger leisten konnten als männliche und die daher geneigter waren, die Theorien und Methoden ihrer Doktorväter zu validieren und somit zu stärken.

Ob sie selbst ihre jüdische Herkunft auch deshalb verborgen gehalten hat, weil das Geschlecht als Quelle für Diskriminierungen nicht zu verbergen war und sie sich allein mit letzterer auch öffentlich auseinandersetzte, kann aufgrund dieser einzelnen Biografie nicht beantwortet werden. Ihr ursprünglicher Berufswunsch, Bibliothekarin, sei unerfüllbar gewesen: »für mich als Frau nicht und als Jüdin schon gar nicht«.[33] Hier erscheint die jüdische Herkunft gegenüber dem Geschlecht als die sehr viel schwerere Bürde.

5. Quellen und Literatur

Aus Platzgründen seien einige summarische Hinweise erlaubt: Außer den genannten, wesentlichen Archivalien existieren einige kleinere Konvolute, die, ebenso wie Literatur *über* die Wissenschaftlerin, im Artikel »Agathe Lasch« im ›Marbacher Germanistenlexikon‹ aufgeführt werden. Eine vollständige Werkbibliografie Laschs findet sich in: Peters und Sodmann (Anm. 23), S. 487-494. Eine Übersicht über Nachrufe und spätere Würdigungen Agathe Laschs bietet Krumm (Anm. 19).

---

32 Utz Maas, Die erste Generation der deutschsprachigen Sprachwissenschaftlerinnen, in: *Zeitschrift für Phonetik, Sprachwissenschaft und Kommunikationsforschung* 44, 1991, 12, S. 61-69, hier S. 64-66.
33 Zit. in de l'Aigles (Anm. 2), S. 2.

Henri Weil als Sprachwissenschaftler

Erika Hültenschmidt

Henri Weil wurde im Jahr 1818 in Frankfurt am Main als Heinrich Weil geboren. Seine Lebensspanne reichte bis in den Beginn unseres Jahrhunderts: Er starb 1909 in Paris. Sein Vater, Jakob Weil (1797-1864), war selbst eine nicht unbedeutende Persönlichkeit, denn er spielte eine wichtige publizistische Rolle in den Bemühungen um jüdische Emanzipation.[1] Er war Lehrer am 1804 gegründeten Frankfurter Philanthropin sowie Gründer und Direktor einer jüdischen Realschule in Frankfurt. Über die Mutter ist, wie so häufig bei jüdischen Frauen, nichts bekannt. – Nach einer häuslichen Elementarerziehung trat Heinrich Weil in die Tertia des Frankfurter Gymnasiums ein. Nach dem Abschluss seiner Schulzeit im Alter von 16 Jahren ging er nach Heidelberg, um dort das von angehenden jüdischen Akademikern bevorzugte Studium der Medizin aufzunehmen, wandte sich aber rasch wieder von diesem Studium ab, um zunächst bei Gottlieb Welcker in Bonn, dann bei August Boeckh in Berlin und schließlich bei Gottfried Hermann in Leipzig das Altertum zu studieren. In Berlin war er Mitglied des philologischen Seminars von Boeckh, in Leipzig promovierte er 1838 mit einer Dissertation ›Über Thucydides als Geschichtsschreiber‹.[2] Der Weg, der ihn von dem einen zum anderen der beiden Kontrahenten im Streit um die Sach- und Sprachphilologie führte, war weniger wissenschaftlichen Interessen als vielmehr politischen Umständen geschuldet. Wegen der Teilnahme an einer Kundgebung zugunsten der ›Göttinger Sieben‹ vor dem Hause von Eduard Gans im Jahr 1837 wurde er von der Universität und dann auch aus der Stadt Berlin verwiesen. Während seiner Berliner Studienzeit bewegte Weil, der keineswegs speziell philosophische Neigungen hatte, sich im Umkreis des Hegelianers und Rechtsphilosophen Gans, da dieser für jüdische Studenten eine zentrale Gestalt, eine Art Mentor im akademischen Leben war. Vor allem aber blieb Weil mit Boeckh in besonderer Weise intellektuell verbunden.[3] Er beendete sein Studium nicht mit dem Staatsexamen, sondern mit dem Dok-

1 Jakob Weil, *Bemerkungen zu den Schriften der Herren Professoren Rühs und Fries über die Juden und deren Ansprüche auf das deutsche Bürgerrecht*, Frankfurt am Main 1816.

2 Heinrich Weil, *Über Thucydides als Geschichtsschreiber*, Darmstadt 1838.

3 Ich beziehe mich u. a. darauf, daß er z. B. seine 1855 zusammen mit einem anderen nach Frankreich emigrierten jüdischen Studenten Boeckhs, Louis Benloew, verfaßte Schrift ›Histoire générale de l'accentuation latine‹ (Paris) August Boeckh und dessen französischem Korrespondenten Joseph Guigniaut gewidmet hat.

torgrad, da ihm als Mitglied einer nicht-christlichen Konfession der Zugang zu den staatlichen Karrieren verwehrt war.

Da niemand alleine von einer Berufung leben kann, war der Schritt in den Beruf für Weil gewissermaßen ein Schritt zurück: Er wurde Lehrer und Ko-Direktor an der jüdischen Realschule seines Vaters in Frankfurt. Hier aber ließ er es sich nicht nehmen, seiner Berufung zu folgen und eine Schrift zur Verbreitung der antiken, griechischen und lateinischen Literatur unter jenen zu verfassen, die selbst nicht in der Lage waren, die alten Sprachen zu erlernen und so einen direkten Zugang zu den Quellen dessen zu erhalten, was Weil als einen »seelischen Jungbrunnen« für die Modernen betrachtete. Es waren z. B. seine jüdischen Realschüler oder auch, wie er explizit in der Einleitung schreibt, Frauen. Diese Schrift trägt den Titel ›Das klassische Alterthum für Deutschlands Jugend‹[4] und enthält im wesentlichen Übersetzungen antiker Schriftsteller durch Weil selbst.

Im gleichen Jahr wie dem der Publikation von ›Das klassische Alterthum‹ (1843) emigriert Heinrich Weil nach Frankreich, um zu versuchen, aus seiner Berufung auch seinen Beruf zu machen. Hier, in Frankreich, waren seit der Revolution von 1789 Kirche und Staat getrennt, so daß konfessionelle Fragen in Bezug auf öffentliche Ämter keine rechtlich relevante Rolle spielten. Empfehlungsschreiben, die er mit sich führte, richteten sich an Mitglieder der Sorbonne, wie etwa Saint-Marc-Girardin, der ungefähr zu dieser Zeit das Vorwort für die französische Übersetzung eines Hauptwerks des 1839 gestorbenen Eduard Gans verfaßte,[5] oder an Joseph Guigniaut, den großen Kenner der deutschen Philologie und Geschichtswissenschaft in Frankreich.[6] Ihnen und einigen anderen widmete Weil rückblickend auch die zweite Ausgabe seiner Dissertation ›De l'ordre des mots‹,[7] die 1869 erschien. 1845 erhielt Henri Weil den französischen Doktorgrad von eben diesen Mitgliedern der Faculté des Lettres der Universität Paris. Den Regeln der von Napoleon I. ins

---

4 *Das klassische Alterthum für Deutschlands Jugend. Eine Auswahl aus den Schriften der alten Griechen und Römer*, übers. von Heinrich Weil, Berlin 1843.

5 Eduard Gans, *Histoire du droit de succession en France, au moyen-âge*, précédée d'une notice sur la vie et les ouvrages de Gans par M. Saint-Marc-Girardin, Paris 1845.

6 Über Joseph Daniel Guignaut und Deutschland vgl. Pierre Judet de La Combe, Eigentliche oder symbolische Namen. Die Streitfrage der griechischen Mythologie in Leipzig und Paris zu Beginn des 19. Jahrhunderts, in: *Von der Elbe bis an die Seine. Kulturtransfer zwischen Sachsen und Frankreich im 18. und 19. Jahrhundert*, hg. von Michel Espagne und M. Middell, Leipzig 1993, S. 314-329 (französische Fassung in: *Revue germanique internationale* 4, 1995, S. 55-67).

7 Henri Weil, *De l'ordre des mots dans les langues anciennes comparées aux langues modernes. Question de grammaire générale. Thèse*, Paris 1844; 2. Aufl., Paris 1869 (Collection philologique. Recueil de travaux originaux ou traduits relatifs à la philologie et à l'histoire littéraire 3).

Leben gerufenen Université de France entsprechend verfaßte Weil zwei Dissertationen (›thèses‹), eine lateinische und eine französische. Die lateinische befaßte sich mit der Funktion der griechischen Tragödie im öffentlichen Leben ihrer Zeit,[8] was, wie mir scheint, ein durchaus Boeckh'sches Thema war. Die französische war eben jene Schrift über die Wortfolge, ›De l'ordre des mots‹, um die es in meinem Beitrag über Henri Weil als Sprachwissenschaftler geht. Im Revolutionsjahr 1848 konnte Weil sich naturalisieren lassen und daraufhin der Prüfung der Agrégation, d. h. dem französischen Staatsexamen für Lehrer an den Lycées, unterziehen. Auf rechtlicher Ebene (Staatsbürgerschaft, Diplome) stand einer Staatsdienst-Karriere von Weil in Frankreich nun nichts mehr entgegen.

Seine institutionelle Karriere machte Henri Weil zuerst zum Vertreter der Professur für lateinische Literatur in Straßburg (1846), zum Vertreter und dann Inhaber des Lehrstuhls für griechische und lateinische Literatur in Besançon (1848), zum »königlichen Korrespondenten« der Académie des Inscriptions et Belles-Lettres (1866), zum Dekan der Faculté des Lettres in Besançon (1871), zum Maître de Conférences für Griechisch an der Ecole Normale Supérieure in Paris, zum Studiendirektor für Griechisch in der historisch-philologischen Sektion der 1868 neu gegründeten Ecole Pratique des Hautes Etudes (1876) und schließlich zum ständigen Mitglied der Académie des Inscriptions et Belles-Lettres (1882). Er bekleidete niemals eine Funktion an der Sorbonne und kam auch nicht ans Collège de France.

Henri Weil war nicht nur der bedeutendste unter den französischen Gräzisten im 19. Jahrhundert, er spielte auch eine gewisse, wenn auch durch eine Anpassung an die französischen Umstände beschränkte Rolle als Repräsentant des ›preußischen Modells‹ in Frankreich. Denn während der langen Jahre, die er in Besançon verbrachte (1848-1876), leitete er eine Art philologisches Seminar, in dem, nach dem Vorbild des philologischen Seminars August Boeckhs in Berlin, professionelle Philologen ausgebildet wurden.[9] Für die französischen Verhältnisse, die von der Tradition der Belles-Lettres geformt waren, war diese Art von moderner Gelehrsamkeit äußerst ungewöhnlich. Allerdings war das Seminar auf die Provinz beschränkt, was im damaligen Frankreich hieß, daß es keine Rolle als Modell spielen konnte. Zusammen mit Michel Bréal, Charles Thurot und anderen hat er an der ›Revue critique‹ (seit 1866, nach dem Modell des Leipziger ›Litterarischen Centralblatts‹ ge-

---

8 Henri Weil, *De tragoediarum graecarum cum rebus publicis conjunctione. Thèse*, Paris 1844.

9 Ich beziehe mich auf Aussagen von George Perrot, Notice sur la vie et les travaux de Henri Weil, in: *Comptes rendus de l'Académie des Inscriptions et Belles-Lettres*, Paris 1910, S. 708-762. Eine Untersuchung über das Seminar in Besançon und den Verbleib seiner Mitglieder existiert nicht.

schaffen[10]) mitgearbeitet und sich ausschlaggebend an der Förderung der ›Gesellschaft zur Ermutigung der griechischen Studien in Frankreich‹ (›Association pour l'encouragement des études grecques en France‹) beteiligt, die 1867 ins Leben gerufen wurde und deren Präsident er ab 1881 war.

George Perrot, langjähriger Freund und Weggefährte Weils, der 1910 in seiner Funktion als Sekretär der Académie des Inscriptions et Belles-Lettres den offiziellen Nachruf auf das verstorbene Akademiemitglied verfaßte, sagt dort explizit: »Quant à l'autre mémoire [›L'ordre des mots‹], il était déjà sur chantier, quand Weil résolut de l'utiliser pour obtenir le titre qu'il ambitionnait«.[11] Weil hatte also, als er nach Frankreich ging, den Text, oder zumindest einen Textentwurf, schon im Gepäck, so daß er der Pariser Faculté des Lettres für den juristischen Akt der Graduierung zwecks Aufnahme in diese französische Staatskorporation einen Text zumutete, der faktisch einem gänzlich anderen, nämlich deutschen Kontext entsprungen war. Dies ist um so frappierender, als gerade im philologisch-literarischen Bereich gänzlich gegensätzliche Werte und Stile jeweils dominierten.[12]

Unmittelbar vor seiner Emigration nach Frankreich im Jahr 1843 hatte Heinrich Weil seinen die antike Literatur popularisierenden Sammelband ›Das klassische Alterthum für Deutschlands Jugend‹ verfaßt. Fast alle in diese Schrift aufgenommenen Texte sind von ihm selbst übersetzt worden. In der Einleitung findet man eine knapp formulierte Übersetzungstheorie, die für einen Schüler Boeckhs und damit auch für einen indirekten Rezipienten Schleiermachers durchaus charakteristisch sein dürfte und uns einen Schlüssel zu den Grundlagen von Weils Reflexion über das Verhältnis von alten und modernen Sprachen liefert. Alte Sprachen sind in ›De l'ordre des mots‹ das Griechische und das Lateinische, moderne Sprachen sind vor allem das Französische und das Deutsche. Das linguistisch-übersetzungspraktische Problem, über das Weil reflektiert, ist das Folgende: Wie kann man alte Texte in eine moderne Sprache, das Deutsche etwa, übersetzen und dabei zugleich »die ursprüngliche Gestalt der Quellen«[13] bewahren? Was sind die Vorausset-

---

10 Vgl. Michael Werner, A propos des voyages de philologues français en Allemagne avant 1870. Le cas de Gaston Paris et de Michel Bréal, in: *Les échanges universitaires franco-allemands du moyen âge au XXe s.*, hg. von Michel Parisse, Paris 1991, S. 139-155, hier S. 146-148.

11 Perrot (Anm. 9), S. 725.

12 Während dieser Tagung hat Jean Bollack die Vermutung geäußert, daß Henri Weil von Guigniaut und anderen eher wie ein politischer Emigrant behandelt wurde, dem eine Existenzmöglichkeit verschafft wurde. Dies würde bedeuten, daß er bei seiner Graduierung nicht vorrangig als ein Gelehrter betrachtet wurde, dessen Arbeiten als Beitrag zu französischen Interessen im Bereich der Lettres betrachtet werden könnten.

13 *Das klassische Alterthum* (Anm. 4), S. IV.

zungen einer »treuen Übersetzung«? Unter »Treue« versteht er nicht nur die exakte Übermittlung der objektiven Bedeutung, die er hier »Gedanken des Schriftstellers« nennt, sondern auch die exakte Übertragung eines subjektiven Sinns, den er hier »Stil« und »Färbung« nennt. Wenn die Übersetzung der objektiven Bedeutung gut ist, wird sie »treu« genannt, wenn die Übersetzung des subjektiven Sinns gut ist, ist das eine »höhere Treue«.[14] Man versteht, wie groß die Bedeutung des Subjektiven im Denken Henri Weils war. Die zwei Bücher, ›Das klassische Alterthum‹ (1843) und ›De l'ordre des mots‹ (1844), von denen das eine in Frankfurt, das andere in Paris publiziert wurde, sind miteinander verbunden als Praxis und theoretische Reflexion. Sie bilden beide zusammen eine Einheit.

Henri Weil stellt seine Untersuchung über die Wortfolge in den theoretischen Zusammenhang der allgemeinen Grammatik. Gegenstand der allgemeinen Grammatik war die Beziehung zwischen Sprache und Denken. Der wichtigste praktische Grund für die Existenz der allgemeinen Grammatik lag in der Kontrastierung von Sprachen mit Flexionsmorphologie (Latein, Griechisch) und Sprachen (fast) ohne eine solche (vor allem das Französische, in gewissem Maße aber auch das Deutsche) seit dem 17. Jahrhundert. ›Allgemein‹ waren diese Grammatiken, weil, wie man meinte, allen Sätzen aller Sprachen ein gemeinsames Drittes zugrunde liege, nämlich der menschliche Geist, der überall und immer nach den gleichen Regeln operiere. Dieser universelle Geist war ein logisch-objektiver Geist. Henri Weils Untersuchung allerdings weicht durch die Heraushebung des Subjektiven von dieser Konzeption deutlich ab.

Der Text der Dissertation, der 131 Seiten plus zwei die Thesen auflistende Seiten umfaßt, ist *philosophisch* aufgebaut. Die Argumentation wird vom Allgemeinen zum Speziellen, vom Prinzip zu seinen Manifestationen im Konkreten fortgeführt. Die Neuausgaben der Thèse (1869, 1879) sind im Haupttext unverändert, haben aber einige erweiternde Fußnoten.

Ich will mich hier nur auf einen einzigen Punkt aus den Ausführungen Weils konzentrieren. Henri Weil, im *kritischen* Geist der norddeutschen Philologie seiner Zeit ausgebildet, betrachtet es nicht nur als problemlos, in seiner Thèse die zwei großen zeitgenössischen Gestalten der deutschen Grammatik, K. F. Becker[15] und S. A. H. Herling,[16] zu kritisieren. Die Spitze seiner Kritik richtet sich vor allem gegen die ›Grammaire générale‹ von Nicolas

---

14 Ebd., S. X f.

15 Konrad Ferdinand Becker, *Ausführliche deutsche Grammatik als Kommentar der Schulgrammatik. Statt einer zweiten Auflage der deutschen Grammatik*, Frankfurt am Main 1836-1839.

16 Simon Adolf Heinrich Herling, *Die Syntax der deutschen Sprache*, 2 Bde., Frankfurt am Main 1830-1832.

Beauzée,[17] einem der Grammatiker der ›Encyclopédie‹ von Diderot und d'Alembert, der als der bedeutendste französische Grammatiker des 18. Jahrhunderts gilt.[18] Beauzée spielte eine zentrale Rolle in der vor allem von Ulrich Ricken[19] dokumentierten und untersuchten Debatte um die Wortfolge, die der Verteidigung des Französischen als zugleich *klassischster* und *modernster* Sprache galt. Vor allem kann man sagen, daß Weil, wenn er seine Spitze gegen Beauzée richtet, zwar durchweg höflich, aber dezidiert ablehnend mit einem grundlegenden Konzept des französischen national-kulturellen Selbstbewußtseins umgeht: Für Beauzée war der analytische Satzbau des klassischen Französischen (die feste Wort- bzw. besser Satzgliedfolge SVO) unmittelbarer Ausdruck logisch-rationalen Denkens. Im Hintergrund stand immer noch die aus dem 17. Jahrhundert herkommende Debatte um den Vorrang von *anciens* und *modernes*. Die weniger fest geordnete Wortfolge in den alten Sprachen erschien dagegen als Ausdruck eines weniger logisch-rationalen Geistes. Wenn Weil Beauzée kritisierte, so kritisierte er damit nicht nur Auffassungen eines bedeutenden Grammatikers, sondern darüber hinaus auch eine bestimmte Art der Instrumentalisierung der allgemeinen Grammatik für nationale Zwecke.

Der Satz, das Produkt eines Aktes des denkend-sprechenden Subjekts, ist für Weil nicht, wie für Beauzée, Ausdruck eines logisch-rationalen Urteils, sondern Narration, Erzählung von Handlungsabläufen. Die *Natur* des Satzes (und damit der Sprache) ist für beide grundlegend verschieden. Bei Beauzée findet das logische Urteil seinen direkten Ausdruck in der linearen Abfolge SVO (ich verkürze etwas), so daß die Syntax (des Französischen) direktester Ausdruck des rationalen Denkens ist. Bei Weil liegt zwischen dem Akt des Denkens (das logisch-rationale Denken ist dabei nur ein Sonderfall) und dem Akt seines Ausdrucks im Satz ein Satzbauschema (er nennt es in seinem französisch geschriebenen Text »moule de la phrase«[20]), das zwar die Elemente (oder Konstituenten) S, V, O umfaßt, aber nicht deren Reihenfolge determiniert. Dieses Schema nennt er auch die »Form« oder den »Prototyp«[21] des

---

17 Nicolas Beauzée, *Grammaire générale ou exposition raisonnée des éléments nécessaires du langage, pour servir de fondement à l'étude de toutes les langues*, Paris 1767; Nouv. impr. en fasc. de l'éd. de 1767, 2 Bde., Stuttgart 1974 (Grammatica universalis).

18 Diese kritische Ausrichtung von ›De l'ordre des mots‹ läßt Zweifel an dem Bericht von George Perrot aufkommen, Weil habe seinen Text in Frankfurt schon vollständig konzipiert und in Paris nur die Beispiele ausgewechselt.

19 Ulrich Ricken, *Sprache, Anthropologie, Philosophie in der französischen Aufklärung. Ein Beitrag zur Geschichte des Verhältnisses von Sprachtheorie und Weltanschauung*, Berlin 1984.

20 Henri Weil, *De l'ordre des mots dans les langues anciennes comparées aux langues modernes. Question de grammaire générale*, 3. Aufl., Paris 1879, S. 16.

21 Ebd., S. 15.

Satzes. Einer anderen philosophischen Zeit und einem anderen Ort als Beauzée angehörend, formuliert er eine genetische Erklärung dieses Satzbauschemas, für die Ursprung und Natur oder Wesen einer Sache gleich sind. Man kann seine genetische Erklärung zunächst charakterisieren durch den Grund-Satz: ›Am Anfang war die Sinneshandlung [*action sensible*] des menschlichen Subjekts.‹ Am Anfang war die Narration von einem *objektiven* Handlungsverlauf, so daß im Satzbauschema die Komponenten des Handlungsverlaufs: das handelnde Subjekt, die Handlung, das Objekt der Handlung, die Umstände der Handlung, reflektiert werden. Dieses Schema, das die syntaktischen Komponenten S, V und O umfaßt, ist im Verständnis Weils mit der menschlichen Sprache entstanden und bildet seitdem die immer gleichbleibende Grundform aller satzförmigen Äußerungen in allen Sprachen. Dieses Satzbauschema zeugt von den Anfängen (der Urzeit) und bleibt sich durch die Zeit hindurch immer gleich. Es ist die grundlegende und zugleich geschichtslose allgemeine Form des Satzes. Es ist das syntaktische Urschema des Griechischen, des Lateinischen, des Deutschen, des Französischen und so weiter.

Das Satzbauschema ist die Grundform des Satzes. Es unterscheidet sich essentiell vom *Inhalt* des Satzes, dem Gedanken des sprechenden Subjekts. Wie sonst wäre es möglich, daß die individuellen Akte des freien, kreativen Denkens im notwendigen und allgemeinen Schema des Satzes Ausdruck finden können? Ein Beispiel Weils mag andeuten, welche Art sprachlicher Erscheinungen er hier im Blick hat: Der Satz »Le lion déchire sa proie« repräsentiert unmittelbar das Satzbauschema S, V, O. Aber das gilt auch für den Satz »Le lion a une crinière«.[22] Semantisch handelt es sich im ersten Fall bei V in der Tat um den Ausdruck einer Handlung, im zweiten Fall aber nicht: Dort wird eine *essentielle Zugehörigkeit* ausgedrückt. Das Satzbauschema ist, wie Weil sagt, zwingend wie ein Gesetz, die Gedanken aber sind unabhängig von der sprachlichen Form. Genetisch gesehen, waren in der Urzeit Satzbauschema und Gedanke identisch – solange der Gedanke nichts als die Reflexion einer Sinneshandlung war. Aber in allen Weil zugänglichen Sprachen sind beide voneinander essentiell unabhängig. Die Gedanken sind freie Aktionen des Subjekts – doch um sie auszudrücken, bedarf es notwendigerweise des Satzbauschemas.

Weils Konzeption des Satzbauschemas (»moule de la phrase«), die sich so nicht bei Herling oder Becker findet, ist in philosophischer Hinsicht[23] auf jeden Fall postkantianisch, bei genauerem Hinsehen möglicherweise hegelia-

22 Ebd.
23 Weil war kein Philosoph, sondern Philologe und hatte auch keine tiefergehenden philosophischen Interessen. Aber es gibt keine Ansichten zur allgemeinen Grammatik, die nicht in Bezug zu philosophischen Reflexionen über das Verhältnis von Sprache und Denken stünden.

nisch – was bei ihm, der während seines Studiums in Berlin sich auch im Umkreis des Hegelianers Eduard Gans bewegte, nicht verwundern würde. Zwar wird der freie Gedanke des Subjekts in der *Zwangsjacke* des Satzbauschemas ausgedrückt, aber es bleibt dennoch auf der Ebene der Sprache, genauer des Satzes, ein Rest von Freiheit: Dies ist die Rolle, die der Wortstellung zufällt. Die Wortstellung ist der Ort der Freiheit, die Syntax ist der Ort der Notwendigkeit oder Unfreiheit. Im Hintergrund seiner Thèse findet sich somit ein philosophisches Konzept, das dem deutschen Idealismus entspringt, nämlich die Unterscheidung von Subjekt und Objekt, von Freiheit und Notwendigkeit, sowie deren Dialektik.

Weils Kritik an Beauzée ist daher eine *deutsche*: Ist bei Beauzée die obligatorische Wortstellung SVO im Französischen Ausdruck einer der Sprache inhärenten Rationalität, so ist sie für Weil ein Zwangskorsett, das der Kreativität des Geistes wenig Spielraum läßt. Schreibt Beauzée Römern und Griechen ein Defizit an Rationalität zu, weil in ihren Sprachen eine *freie*, nicht obligatorische und daher nicht immer analytische Wortstellung möglich sei, so sind dies für Weil gerade Sprachen, in denen der freie Geist sich mehr oder weniger unmittelbar ausdrücken könne. Dies gilt im höchsten Maße für das Griechische: So ist Weils Thèse zugleich auch eine Manifestation der von Winckelmann ausgehenden deutschen Graecomanie im Inneren der Sorbonne.

Henri Weil hat mit diesem Text, von dem hier nur ein geringes, aber grundlegendes Element präsentiert werden konnte, 1845 den Grad eines docteur ès lettres erworben. Zu den Mitgliedern der prüfenden Fakultät in Paris gehörten auch Saint-Marc-Girardin und Guigniaut, die aufgrund ihres Interesses für den deutschen *Geist* möglicherweisen den Gehalt dieses Textes verstehen und schätzen konnten. Im Kreise der französischen Grammatiker aber ist Weils Untersuchung über die Wortstellung nicht rezipiert worden. Die Barriere der Fremdheit dürfte allzu groß gewesen sein. Von den zwei philologischen Optionen, die Weil hatte, nämlich die einer Erforschung der Werke der antiken Autoren in ihren Kontexten, wie er sie in seinen zwei philologischen Dissertationen betrieben hatte, und der der Konjekturalkritik in der Textedition, die er als Schüler Hermanns beherrschte, wählte Weil für seine spätere, *französische* Produktion als Gräzist die letztere und hat sich so einen durch seine französische Umwelt akzeptierten Platz geschaffen. Die Option einer Erforschung der Werke ließ er nach seiner Graduierung in Frankreich fallen: »Henri Weil avait opté pour la seconde [die Konjekturalkritik], par goût, et sans doute par instinct, sentant que la seconde était plus sérieuse, et que la première [die Untersuchung der Werke] allait contre le bon sens et choquerait en France.«[24] Auch zur allgemeinen Grammatik hat er nicht mehr geschrieben.

24 Jean Bollack, La référence allemande dans les études philologiques à l'Ecole normale, in: *L'Ecole normale supérieure et l'Allemagne*, hg. von Michel Espagne, Leipzig 1995, S. 23-38, hier S. 34.

1869 ist der Text der Thèse von Weil in Frankreich wieder veröffentlicht worden, diesmal von einem anderen jüdischen Wissenschaftler, nämlich Michel Bréal. Er hatte, wie Weil, in Berlin studiert, war aber kein Emigrant, sondern Sohn französischer Bürger. Er spielte eine entscheidende Rolle bei der Einführung von Forschung in das französische Hochschulwesen ab 1868 (Gründung der ›Ecole pratique des hautes études‹). In Bréals Hauptschrift, dem ›Essai de sémantique (science des significations)‹, die 1897 in erster Auflage erschien,[25] bezieht er sich auch auf Weils Grundthese in ›De l'ordre des mots‹, nämlich die Frage von Freiheit und Zwang in Bezug auf Syntax und Wortstellung.[26] Bréal kann dieser sehr globalen und philosophischen Frage keinen Geschmack mehr abgewinnen. Seine Wiederveröffentlichung von Weils Schrift zielte mit Sicherheit nicht darauf, deren sachlichen Inhalt als eine seinen eigenen Überlegungen analoge Konzeption vorzustellen. Es ging Bréal darum, einem französischen Publikum Texte in französischer Sprache zur Verfügung zu stellen, anhand derer man sich über etwas informieren konnte, was außerhalb Frankreichs, speziell in Deutschland, in der linguistischen Forschung vor sich ging oder gegangen war.

1879 wurde ›De l'ordre des mots‹ noch einmal aufgelegt. In den 1880er Jahren diente dieser Text, zusammen mit der ›Griechischen Grammatik‹ von Curtius und verschiedenen Texten von Madvig, der Vorbereitung von Eleven der E. N. S. auf die grammatische Agrégation.[27]

Es wäre nicht uninteressant zu wissen, wie die französischen Eleven der 80er Jahre des 19. Jahrhunderts diesen deutschen Text der 40er Jahre gelesen und wie sie ihn eventuell weiterverarbeitet haben. Weil hat zeitlebens an der »Richtigkeit« seines Textes, auch gegenüber späteren Forschungen zur Wortfolge durch andere, festgehalten.[28]

Abschließend ist zu bemerken, daß Henri Weil, der nach Frankreich emigrierte, um als Jude einen staatlichen Beruf ergreifen zu können, in doppelter Hinsicht etwas von dem Interessantesten mitbrachte, was die wissenschaftliche Kultur des nördlichen Deutschland hervorgebracht hatte, nämlich die Lehrform des philologischen Seminars und eine Philologie von weitem Horizont, in der auch philosophisch-sprachwissenschaftliche Forschung einen Platz hatte. Mit beidem aber stieß er in Frankreich auf deutliche Grenzen der Rezeption: Das eine praktizierte er in der Provinz, das andere wurde zunächst nicht rezipiert. Erst eine allgemeinere Rezeption des ›preußischen Modells‹ in Frankreich seit den späten 1860er Jahren begann, an den Rezeptionsbedingungen etwas zu ändern.

25 Michel Bréal, *Essai de sémantique (science des significations)*, Paris 1897; hier: 6. Aufl., 1913.
26 Vgl. ebd., S. 219.
27 A.N. 61 AJ 45, p. 439.
28 Weil 1879 (Anm. 20), S. VIII.

Sprache als Ort der Auseinandersetzung mit Juden und Judentum in Deutschland, 1780-1933

Shulamit Volkov

I.

Die frühen 1780er Jahre werden gewöhnlich als Ausgangspunkt moderner jüdischer Geschichte in Deutschland betrachtet. Der erste Band von Christian Wilhelm Dohms Werk ›Über die bürgerliche Verbesserung der Juden‹ erschien 1781, gefolgt von einer europaweiten Diskussion.[1] 1782 erließ Kaiser Joseph II. seine Toleranzpatente für die Juden in den verschiedenen Provinzen des Habsburgerreichs, und obwohl keineswegs so unzweideutig oder umfassend wie die bürgerliche Gleichstellung der Juden im revolutionären Frankreich, so gingen sie ihr fast ein ganzes Jahrzehnt voraus, und schon damals sahen in ihnen viele Zeitgenossen ein Zeichen für weitere, tiefgreifende Veränderungen.[2] Dann – 1783 – veröffentlichte Mendelssohn sein ›Jerusalem‹.[3] Durch die erregte Öffentlichkeit ins politische Rampenlicht gezerrt, legte er nun seine Ansichten über die Bedeutung des ›ursprünglichen‹ Judentums und dessen Status in seiner Zeit dar. Die damalige Kulmination der Reformbestrebungen – unterstützt durch eine Mischung aufgeklärten Wohlwollens und kalkulierter Staatsraison einerseits und die offenbare Bereitschaft der Juden, in die bürgerliche Gesellschaft ›einzutreten‹ andererseits – rechtfertigt diese Periodisierung. Selbstverständlich bestimmt sie auch den Charakter der nachfolgenden Narrative. Der Doppelbericht über eine neu auftauchende, offene, vielleicht selbst ›halb-neutrale‹, deutsche Gesellschaft und eine für die Integration in dieser Gesellschaft begeisterte jüdische Bevölkerung richtet sich nur zu natürlich nach den Einleitungsakkorden des sogenannten ›Zeitalters der Emanzipation‹.[4]

Interessanterweise kann auch eine alternative historische Linie von diesem Zeitpunkt ausgehen und sich auf dieselbe Periodisierung stützen. Dem-

1 Christian Wilhelm Dohm, *Über die bürgerliche Verbesserung der Juden*, 2 Bde., Berlin und Stettin 1783.

2 Vgl. Joseph Karniel, *Die Toleranzpolitik Kaiser Josephs II.*, Gerlingen 1986 (Schriftenreihe des Instituts für Deutsche Geschichte, Universität Tel Aviv 9), S. 378-474.

3 Moses Mendelssohn, *Jerusalem oder über religiöse Macht und Judentum*, Berlin 1783.

4 Zu dieser Entwicklung und zum Begriff ›halb-neutrale Gesellschaft‹, vgl. vor allem Jacob Katz, *Aus dem Ghetto in die Bürgerliche Gesellschaft. Jüdische Emanzipation 1770-1870*, Frankfurt am Main 1986; David Sorkin, *The Transformation of German Jewry 1780-1840*, New York und Oxford 1987.

gemäß sei die Geschichte des Antisemitismus wichtiger als die der Emanzipation.[5] Die erste weltliche Opposition gegen jüdische Teilnahme an der bürgerlichen Gesellschaft wurde ja als direkte Antwort auf den Aufruf für gleiche Rechte für die Juden ausgesprochen – und dies zu genau derselben Zeit. Sie entstammte – ziemlich unerwartet – der Feder eines namhaften Sachverständigen in jüdischen Angelegenheiten dieser Zeit, Johann David Michaelis, einem weltberühmten Philologen und Orientalisten.[6] Michaelis' bissige Rezensionen, zuerst von Lessings ›Der Jude‹ und dann von Dohms »Verbesserungs«-Vorschlägen und Mendelssohns ›Jerusalem‹, wurden in seiner ›Orientalischen und Exegetischen Bibliothek‹ veröffentlicht – die beiden letzten 1782-83. Von hier an kann man leicht den Trend verfolgen, Michaelis mit Fichte, Friedrich Rühs und Richard Wagner zusammenbringen und die Kontinuität des deutschen Antisemitismus, der im Rassismus und der ›Endlösung‹ endete, unmittelbar zeigen. Dadurch entsteht eine zweite, ebenso legitime Narrative der deutsch-jüdischen Geschichte, vom Antisemitismus überschattet, eine Gegen-Geschichte zum Emanzipationsprozeß.

Das Jahr 1783 aber weist auf eine weitere, dritte Version jüdischer Geschichte hin. In diesem Jahr – parallel mit der Publikation von Dohms Buch, Mendelssohns Œuvre und Michaelis' Rezensionen – wurden auch die Bausteine für eine dritte Narrative gelegt. Der Cotta-Verlag brachte Johann Gottfried Herders ›Vom Geist der hebräischen Poesie‹ heraus. Dies ist keinesfalls eines von Herders größeren philosophischen Werken, aber gerade in unserem Kontext von besonderer Bedeutung. Während Herder die Kontroverse über den Status der Juden in Deutschland offenbar noch nicht zur Kenntnis nahm, fand er hier schon seinen eigenen Weg, die Juden sowohl zu bewundern als auch zu diffamieren, sie zu akzeptieren und gleichzeitig abzulehnen. Herders grundlegender kultureller und linguistischer Nationalismus erlaubte ihm in seinen späteren Werken auch, das Judentum zu rühmen und gleichzeitig die Juden als permanente Fremde zu brandmarken, ihre antike Geschichte als Vorbild zu benutzen, doch sie selbst dazu aufzurufen, der höheren Zivilisation des modernen Europa beizutreten.[7] Wenn wir die Ent-

5 Vgl. Shulamit Volkov, Antisemitismus als Problem jüdisch-nationalen Denkens und jüdischer Geschichtsschreibung, in: *Geschichte und Gesellschaft* 5, 1979, S. 519-544, oder in: dies., *Jüdisches Leben und Antisemitismus im 19. und 20. Jahrhundert*, München 1990, S. 88-110.

6 Hier stütze ich mich vor allem auf Anna-Ruth Löwenbrück, *Judenfeindschaft im Zeitalter der Aufklärung. Eine Studie zur Vorgeschichte des modernen Antisemitismus am Beispiel des Göttinger Theologen und Orientalisten Johann David Michaelis*, Frankfurt am Main 1995.

7 Zu Herders Auffassung vom Judentum vgl. Ze'ev Levy, *Judaism in the Worldview of J. G. Hamann, J. G. Herder and W. v. Goethe* [Hebräisch], Jerusalem 1994, S. 93-

wicklungen aus dieser Perspektive betrachten, können wir vielleicht den einseitigen Narrativen über Emanzipation einerseits und Antisemitismus andererseits ausweichen. Der Diskurs über Sprache – der so sehr im Mittelpunkt der Philosophie Herders steht – mag der gewöhnlichen Geschichte der Aufklärung und ihrer Gegner beigefügt werden und er mag uns wieder auf ihre immanente Dialektik aufmerksam machen.

II.

Die wahre Bedeutung der Heiligen Schrift zu entdecken, war immer »die grundlegende Substanz christlicher Gelehrsamkeit«, schreibt Frank Manuel in einer umfassenden Studie, ›Judaism through Christian Eyes‹.[8] Während der Reformation wurde das Interpretieren hebräischer und aramäischer Texte zum Mittel im Kampf zwischen den Konfessionen. Und es war schließlich gegen Mitte des 18. Jahrhunderts, als Philologen und Philosophen zu der Ansicht gelangten, die Bibel sei als ein säkulares Dokument, nicht nur als ein Stück heiliger Geschichte zu betrachten. Weithin bekannt sind die antijüdischen Folgerungen, die zuerst die englischen Deisten und dann einige der französischen Philosophen aus dieser Position zogen.[9] Besonders effektiv war Voltaire, der die Geschichte des antiken Judentums als Fallstudie der Barbarei und Unmenschlichkeit sah, Jahrhunderte des rabbinischen Judentums ignorierte und genauso schnell bereit war, auch das zeitgenössische Judentum abzulehnen. Er verachtete das antike Judentum ebenso wie dessen zeitgenössische Version.[10]

Später aber versuchten gelehrte Hebraisten – eher Sprachforscher als Philosophen –, die säkulare, ›wissenschaftliche‹ Methode für andere Zwecke anzuwenden. Es war wieder Michaelis, der sich bemühte, das antike Judentum

---

213; Frederick M. Barnard, Herder and Israel, in: *Jewish Social Studies* 28, 1966, S. 25-33; Liliane Weissberg, Juden oder Hebräer? Religiöse und politische Bekehrung bei Herder, in: *Johann Gottfried Herder. Geschichte und Kultur*, hg. von Martin Bollacher, Würzburg 1994, S. 191-211.

8 Frank E. Manuel, *The Broken Staff. Judaism Through Christian Eyes*, Cambridge, Mass. und London 1992, S. 7.

9 Vgl. ebd., S. 192-221. Dazu auch: Arthur Herzberger, *The French Enlightenment and the Jews*, New York 1964; Shmuel Ettinger, The Beginning of the Change in the Attitude of European Society towards the Jews, in: *Scripta Hierosolymitana* 7, 1961, S. 193-219; ders., Jews and Judaism in the Eyes of the English Deists [Hebräisch], in: *Modern Anti-Semitism. Studies and Essays*, Tel Aviv 1978, S. 57-88.

10 Über Voltaire vgl. außer Herzberger (Anm. 9) besonders Peter Gay, *The Party of Humanity. Essays in French Enlightenment*, New York 1964, S. 97-108 und Jacob Katz, *Vom Vorurteil zur Vernichtung. Der Antisemitismus 1700-1933*, München 1989, Kapitel 4.

gerade mit Hilfe der säkularen Vernunft zu verteidigen. Sein sechsbändiges ›Mosaisches Recht‹ versuchte, das alte jüdische Recht in den Kontext des antiken Ägypten zu stellen und mit den Lebensumständen von Nomadenstämmen im ständigen Kampf gegen die Natur zu erklären.[11] Seine immensen Kenntnisse erlaubten es ihm, den uralten christlichen Respekt vor dem antiken jüdischen Monotheismus zu bewahren, selbst außerhalb des Paradigmas religiöser Offenbarung. Und während er zuerst vor den Juden in seiner Nachbarschaft Ehrfurcht empfand, so schien er später – wie Voltaire – von ihrem völligen Anachronismus überzeugt zu sein, von ihrer Unfähigkeit, sich zu modernisieren, von ihrem immanenten Anderssein. Das mosaische Gesetz, so verkündete er mit der ganzen Kraft seiner philologischen und historischen Gelehrsamkeit, zwingt die Juden zur gesellschaftlichen Isolation. Ihre Hoffnungen, eines Tages nach Palästina zurückzukehren und ihr tief verwurzelter Nationalstolz erklären die »Tatsache«, so Michaelis, daß sie niemals »die Liebe gegen den Staat« oder »das volle, mit Stolz auf ihn […] durchdrungene Bürgerherz« besitzen können. Deshalb könnten sie auch niemals »in gefährlichen Zeiten« zuverlässig genug sein – verurteilt dazu, verdächtige Außenseiter zu bleiben.[12]

Um ungefähr dieselbe Zeit aber entwarfen Robert Lowth in Oxford und Herder im weitentfernten Ostpreußen einen anderen Zugang zum Bibelstudium. In Anbetracht des wachsenden Interesses an alten Mythen und der damaligen Anziehungskraft von Sprache- und Literaturstudium wählten sie einen anderen Weg. Bestrebt, die religiöse Bedeutung der Heiligen Schrift zu bewahren, empfahlen sie, sie nicht nur als Sammlung historischer Dokumente zu betrachten, sondern vor allem als antike poetische Texte. Hier handle es sich um ein Beispiel primitiver Poesie von tiefgründigem ästhetischem Wert, argumentierten sie, ein Spiegelbild authentischer Religiosität. Die Sprache der Bibel – sowohl ihre Form wie auch ihr Inhalt – sei menschlich, so Herder, und der in dieser Sprache zum Ausdruck kommende Geist sei der einzigartige Genius eines einzigartigen Volkes. Wenn auch andere primitive Nationen ihre Poesie hatten, so war Hebräisch offenbar das perfekte Medium zur Übermittlung religiöser Wahrheit, die einzige Sprache, der es gelinge, das Echo des Göttlichen zu bewahren.[13]

Herder bewunderte nicht nur die hebräische Sprache und Poesie. Er sang auch das Lob der Patriarchen. Der gesamte biblische Text, der die Geschichte Israels beschreibt, war für ihn ein Muster nationaler Historiographie, durchdrungen von einem tiefen Sinn für Patriotismus und dem Mut zur Erhaltung

---

11 Johann David Michaelis, *Mosaisches Recht*, 6 Bde., Frankfurt am Main 1770-1775, und weitere, verm. Auflagen 1775-1780, 1780-1793, 1793-1803.

12 Zit. nach Löwenbrück (Anm. 6), S. 158.

13 Vgl. Manuel (Anm. 8), S. 263-272; vgl. Johann Gottfried Herder, *Herders Sämmtliche Werke*, hg. von Bernhard Suphan, 33 Bde., Bd. 10, Berlin 1879, S. 7.

von Gruppeneinzigartigkeit und Exklusivität. Herders Menschheit bestand – wie bekannt – aus einem Kollektiv solcher durch Sprache und Geschichte verbundener Nationen. Doch schon für ihn erschwerte die Betonung der Grenzen innerhalb dieser Menschheit die Aufrechterhaltung aufgeklärter Prinzipien. Er war sich sicherlich klar über die ungerechte Behandlung der europäischen Juden, doch in seinem Blick auf die Zukunft gab es keinen Raum für jüdische Individualität. »Es wird eine Zeit kommen, da man in Europa nicht mehr fragen wird, wer Jude oder Christ sei«, sagte er voraus, »denn auch der Jude wird nach europäischen Gesetzen leben und zum besten des Staats beitragen«. Es war wirklich »eine barbarische Verfassung«, die seinen Fähigkeiten überall in Europa schadete, leider aber habe das jüdische Volk inzwischen seine frühere Vitalität verloren, »weil es nie zur Reife einer politischen Kultur auf eignem Boden, mithin auch nicht zum wahren Gefühl der Ehre und Freiheit gelangte«.[14]

Wie viele andere Aufklärer konnte auch Herder mit solch einer Dissonanz wohl leben. Aber als in Deutschland seine eigene Art Nationalismus immer dominanter wurde, und als die Sprache – seiner eigenen Lehre gemäß – sich als hauptsächliches Hindernis bei der Verwirklichung eines utopischen Staatensystems erwies, trat diese Dissonanz immer wieder auf. Während Juden von dem halb-offenen Weg zum deutschen Staat und zur deutschen Gesellschaft Gebrauch machten, erwies sich Herders linguistischer Nationalismus als permanentes Hindernis zu ihrem Erfolg.[15] Ihm zufolge gründet sich jede Sprache auf ein Substrat sinnlicher Eindrücke und Reaktionen, und seit die Menschen sich über die ganze Erde verstreut und in einzelne Familien, Stämme und Nationen geteilt haben, tragen ihre Sprachen das Gepräge ihrer verschiedenen Verhältnisse und ihrer eindeutigen Identität.[16] Eine fremde Sprache zu sprechen, erklärte Herder, heiße, ein künstliches Leben zu führen, den spontanen, instinktiven Ursprüngen der Person entfremdet zu sein. Nur eine einzige Sprache ist nach Schleiermacher fest einem Individuum eingepflanzt. Nur einer gehört es ganz und gar, wieviel andere es auch später lernen mag. Fichte bearbeitete und betonte die politischen Folgerungen dieser Position, und am bekanntesten ist diesbezüglich zweifellos Arndts Definition des deutschen Vaterlandes als der Ort, wo allein »die deutsche Zunge klingt«.

14 Johann Gottfried Herder, *Ideen zur Philosophie der Geschichte der Menschheit*, Wiesbaden o.J., S. 437, S. 316.

15 Zu dieser Problematik vgl. Shulamit Volkov, Die Verbürgerlichung der Juden in Deutschland als Paradigma, in: dies., *Jüdisches Leben und Antisemitismus* (Anm. 5), S. 111-130, oder in: *Bürgertum im 19. Jahrhundert. Deutschland im europäischen Vergleich*, hg. von Jürgen Kocka, München 1988, Bd. 2, S. 343-371.

16 Dafür und für die folgende Zitate vgl. Elie Kedouri, *Nationalismus*, München 1971, S. 65-69.

III.

Der Platz der Sprache im deutschen Nationalismus war natürlich nicht einfach das Resultat irgendeines theoretischen Konstrukts. Schließlich war Deutsch die hauptsächliche Verbindung zwischen national orientierten Männern (und auch einigen Frauen) im Heiligen Römischen Reich. Gemeinsame Literatur, gemeinsames Theater, das Netz der Tageszeitungen und Zeitschriften – die bürgerliche Öffentlichkeit als solche hing von dieser gemeinsamen Sprache ab. Auch anderswo in Europa waren sich die Reformer und Revolutionäre der Tragweite solch eines allgemeinen Mittels zu Gedankenaustausch und Kommunikation wohl bewußt. Während der Französischen Revolution wurden Kommissare beauftragt, Daten über den tatsächlichen Gebrauch des Französischen in allen Provinzen zu sammeln. Ausführliche Berichte wurden abgegeben und harte legislative Schritte unternommen, um die nationale ›Sprache der Freiheit‹ auch in den entlegensten Winkeln Frankreichs zu verbreiten. Örtliche Dialekte galten als konterrevolutionär; sie würden die eine einzige, unteilbare Nation unterminieren.[17] Aber die Bemühungen, linguistische Gepflogenheiten zu vereinheitlichen, waren keineswegs eine revolutionäre Erfindung. Die französische Verwaltung unter der Monarchie, die für einen immer stärkeren Zentralismus kämpfte, hatte ein ebenso starkes Interesse an einer solchen Einheitlichkeit, und auch in Deutschland war damals linguistische Uniformität eine offizielle Politik der verschiedenen Regierungen – konterrevolutionär und antinational zugleich.

Bereits 1739 ordnete ein Befehl des Fürstentums Hessen-Kassel an, daß Juden kein Jiddisch oder Hebräisch in ihrer Geschäftskorrespondenz benutzen dürften.[18] Das Josephinische Toleranzpatent befahl den Juden, innerhalb von zwei Jahren die deutsche Sprache zu erlernen; und das besondere Patent für Galizien verbot ihnen auch den Gebrauch des Polnischen.[19] In Baden wurde der Erfolg des Konstitutionsedikts von 1809 hauptsächlich an seinem Einfluß auf die Einführung deutscher Familiennamen unter den Juden und an der Benutzung der deutschen Sprache in ihrem täglichen Umgang gemessen.[20] Und dies war ebenso ein Hauptthema bei den preußischen Gesetzgebern, als sie das sogenannte ›Emanzipationsedikt‹ von 1812 entwarfen. Dieses legte be-

17 Zu dieser Episode vgl. Michel de Certeau, Dominique Julia, Jacques Revel, *Une politique de la langue. La révolution française et les patois*, Paris 1975.

18 Vgl. Jacob Toury, Der Eintritt der Juden ins deutsche Bürgertum, in: *Das Judentum in der Deutschen Umwelt 1800-1850. Studien zur Frühgeschichte der Emanzipation*, hg. von Hans Liebeschütz und Arnold Paucker, Tübingen 1977, S. 139-242, hier S. 177.

19 Für die Einzelheiten vgl. Karniel (Anm. 2).

20 Vgl. Reinhard Rürup, Die Emanzipation der Juden in Baden, in: ders., *Emanzipation und Antisemitismus. Studien zur ›Judenfrage‹ der bürgerlichen Gesellschaft*, Göttingen 1975, S. 37-73, hier S. 49.

sonderes Gewicht auf deutsche Familiennamen und erklärte unzweideutig, daß Juden die »deutsche oder eine andere lebende Sprache« in allen öffentlichen und privaten Dokumenten benutzen müßten. Weiterhin erklärte man diejenigen, die diese Regel nicht befolgten, für »fremde Juden« ohne »bürgerliche Rechte und Freiheiten«.[21]

Auch Juden betrachteten dies als ein wichtiges Thema. Der Berliner Kreis der ›Maskilim‹ ereiferte sich gegen den Gebrauch des »korrupten Jargons« und sah die Wiederbelebung des Hebräischen als sein Hauptprojekt. Mendelssohns Bibelübersetzung präsentierte jüdischen Lesern einen deutschen Text zusammen mit dem hebräischen Original, als werde ihnen die Wahl zwischen zwei legitimen Versionen überlassen und in der Tat mag das, was so oft als Versuch angesehen wird, Juden mit der deutschen Sprache vertraut zu machen, auch ein Weg gewesen sein, ihr Hebräisch aufzufrischen.[22] Die erste aufgeklärte hebräische Zeitschrift, ›Ha-Meassef‹, bemühte sich, Hebräisch in eine moderne Sprache umzuwandeln, eine Sprache für wissenschaftlichen und literarischen Diskurs. Doch die Zahl der Abonnenten, offensichtlich nie mehr als 150, bedeutete auch für diese Zeit nur eine armselige Leistung.[23] Seit 1806 war ›Sulamith‹ – ein deutschsprachiges Journal – das Sprachrohr des progressiven Judentums und in den 1840er Jahren druckte selbst die in Altona erscheinende, *orthodoxe* hebräische Wochenzeitung eine parallele deutsche Ausgabe unter dem charakteristischen Titel ›Der treue Zionswächter‹.[24]

1781 gründete David Friedländer, einer der vertrautesten Anhänger Mendelssohns, die erste ›Freie Schule‹ in Berlin. Hier sollte eine Mischung von religiösem und weltlichem Unterricht mit dem gründlichen Erlernen der deutschen Sprache gekrönt werden.[25] In anderen Schulen – in Frankfurt am

---

21 Edikt vom 11. März 1812 betreffend die bürgerlichen Verhältnisse der Juden in dem preußischen Staate, in: Ismar Freund, *Die Emanzipation der Juden in Preußen*, 2 Bde., Berlin 1912, Bd. 2, S. 455-459.

22 Zu diesem Thema vgl. Julius Carlebach, Deutsche Juden und der Säkularisierungsprozess in der Erziehung. Kritische Bemerkungen zu einem Problemkreis der jüdischen Emanzipation, in: *Das Judentum in der Deutschen Umwelt* (Anm. 18), S. 55-94, hier S. 67-76.

23 Vgl. Tsemah Tsamaryion, Ha-Meassef, in: *Encyclopaedia Judaica*, Jerusalem 1971, Bd. 11, S. 1161 f.; Walter Röll, The Kassel Ha-Meassef of 1799, in: *The Jewish Response to German Culture. From the Enlightenment to the Second World War*, hg. von Jehuda Reinharz und Walter Schatzberg, Hanover und London 1985, S. 32-50.

24 Vgl. Judith Bleich, The Emergence of an Orthodox Press in Nineteenth Century Germany, in: *Jewish Social Studies* 42, 1980, S. 323-344.

25 Über Friedländer vgl. vor allem Michael A. Meyer, *The Origins of the Modern Jew. Jewish Identity and European Culture. 1749-1824*, Detroit 1967, Kapitel 2; David Friedländer, *Lesebuch für jüdische Kinder*, neu hg. und mit Einleitung und Anhang versehen von Zohar Shavit, Frankfurt am Main 1990.

Main, Breslau, Dessau und Hamburg – war das Deutschlernen ebenso ein
Hauptfach, sogar seit 1822 in der höchst traditionellen Talmud-Thora-Schule
in Hamburg. Offensichtlich war dies damals eine absolute Vorbedingung zur
Akkulturation – sowohl für das jüdische Bürgertum wie eigentlich auch für
viele nichtjüdische soziale Aufsteiger in dieser Zeit. Bezeichnend für die besondere Position der Juden in Deutschland aber war die Tatsache, daß ihr
›Jargon‹, im Gegensatz zu anderen Mundarten, selbst unter dem Einfluß der
Romantik, seinen Rang nicht mehr zurückgewann. Das kärgliche Ansehen,
das die neue historische Philologie des frühen 19. Jahrhunderts den Juden
zugestand, erstreckte sich nie auf das Jiddische. Dieser Dialekt wurde mit
besonderer Geringschätzung betrachtet. Er galt als äußerlich auffallendes
Merkmal jüdischer Minderwertigkeit, als unangebrachte Sprache für Menschen mit Sittlichkeit und Bildung – ein Hindernis zum Erlangen von beidem.

Vor etwa 20 Jahren publizierte Peter Freimark im ›Leo Baeck-Jahrbuch‹
einen interessanten Essay über dieses Thema.[26] Dort zitiert er aus einem
Magazinartikel, ›Der Zustand unserer Judenschaft‹, der 1804 in dem Hamburger ›Journal zur Geschichte der Zeit, der Sitten und des Geschmacks‹ erschienen war. Es lohnt sich, ihn auch hier – wenigstens teilweise – wiederzugeben:

> Von jeder Seite betrachtet, ist es mir in der Tat unbegreiflich [schreibt der
> entsetzte Beobachter] warum unsere Juden in der bei weitem grösseren
> Zahl, noch immer so fest dabei beharren, die Sprache des Landes, in wel-
> chem sie einheimisch geworden sind, die für sie Muttersprache geworden
> ist, verstümmelt, und zwar für das Ohr äußerst unangenehm verstümmelt,
> zu sprechen; und selbst wenn sie dieselbe auch ohne fremde Beimischung
> und rein sprechen, es in einem Ton thun, der abermals so unangenehm als
> die Verstümmelung der Sprache selbst ist, und den man gemeiniglich den
> jüdischen Dialekt nennt […].[27]

Tatsächlich ist das Jiddische nie vollkommen aus der jüdischen Umgebung
in Deutschland verschwunden. Besonders in ländlichen Gegenden wurde es
weiter benutzt und durch Binnenwanderung kam es immer wieder auch in
die Städte. Wiederholt ergänzten die ständig aus Osteuropa, meist aus Posen
und Galizien kommenden Neueinwanderer den Wortschatz der jiddischsprechenden Juden in den deutschen Großstädten. Die in Deutschland

---

26 Peter Freimark, Language Behaviour and Assimilation. The Situation of the Jews
    in Northern Germany in the First Half of the Nineteenth Century, in: *Yearbook of
    the Leo Baeck Institute* 24, 1979, S. 157-177.
27 Ebd., S. 164.

geborenen Juden, die sich zuerst so bemüht hatten, ihr Deutsch zu vervoll-
kommnen, empfanden diese jiddischsprechenden Ostjuden als akute Be-
lästigung, schlimmer noch: als etwas andauernd Peinliches. Es handelte sich
natürlich nicht allein um die Sprache; doch sie symbolisierte am besten den
Status derjenigen, die nicht dazugehörten, die immer am Rande lebten – die
Fremden par excellence.[28]

IV.

Im Prozeß des Deutschlernens wurde auch der Status des Hebräischen, sogar
als Gebets- und Ritualsprache, heftig angegriffen. Schon die allerersten Re-
formbemühungen sollten seine Rolle bei religiösen Zeremonien beschrän-
ken. Im ersten sogenannten ›Tempel‹, der in Seesen unter napoleonischer
Herrschaft in Westfalen errichtet worden war, wurde der Sabbat-Gottes-
dienst gelegentlich auf deutsch abgehalten. Etwas später stellte die Reform-
gemeinde in Hamburg zwei hervorragende Prediger zur Erbauung an, und in
der alten Synagoge der Stadt hielt Isaac Bernays – ein bedeutender Altphilologe – seine wöchentlichen Predigten auf deutsch, wie auch Leopold Zunz in
der damaligen Reformsynagoge Berlins.[29]

Zu wirklichen Auseinandersetzungen kam es erst, als man in einigen Re-
formgemeinden das Hebräische als Sprache der Liturgie durch das Deutsche
vollständig zu ersetzen versuchte. Die gemäßigten Reformrabbiner der sogenannten ›positiv-historischen‹ Richtung, von der orthodoxen nicht zu sprechen, betrachteten dies als Verstoß der schlimmsten Art. Zacharias Frankel
verließ die Rabbinerversammlung in Frankfurt im Juli 1845 aus Protest, als
sie entschied, über die Sprache des Gebets nicht zu entscheiden.[30] Sein Be-

---

28 Zum Verhältnis zwischen den ansässigen Juden und den sogennanten Ostjuden
   vgl. Steven Aschheim, *Brothers and Strangers. The East-European Jews in German
   and German-jewish Consciouness. 1800-1923*, Madison, Wis. 1982; Shulamit Volkov,
   Die Dynamik der Dissimilation. Deutsche Juden und die ostjüdischen Einwan-
   derer, in: dies., *Jüdisches Leben und Antisemitismus* (Anm. 5), S. 166-180.
29 Für das frühere Reformjudentum vgl. Michael A. Meyer, *Response to Modernity. A
   History of the Reform Movement in Judaism*, Oxford 1988, Kapitel 1 und 2; Katz
   (Anm. 4), Kapitel 8.
30 Für seine Rede dort vgl. *Protokolle und Aktenstücke der zweiten Rabbiner Versamm-
   lung*, Frankfurt am Main 1845, S. 18-22; über Frankel vor allem Ismar Schorsch,
   Zacharias Frankel and the European Origins of Conservative Judaism, in: ders.,
   From Text to Context. The Turn to History in Modern Judaism, Hannover und
   London 1994, S. 255-265, auch passim in anderen Aufsätzen; Michael A. Meyer,
   (Anm. 29), S. 105-121; Rivka Horwitz, *Zacharias Frankel and the Beginnings of
   Positive-Historical Judaism* [Hebräisch], Jerusalem 1984, S. 9-41.

harren auf der Beibehaltung des Hebräischen beruhte sicherlich auf seinem prinzipiellen Traditionalismus und vorsichtigen Charakter. Doch seine Argumentation verdankte vieles dem rechtswissenschaftlichen Historizismus Savignys und dem linguistischen Nationalismus Herders. Wie Herder glaubte auch Frankel, Hebräisch sei besonders geeignet, jüdische Religiosität auszudrücken; es bringe die sonst im Judentum so seltenen Elemente der Hingabe und Erhebung zur Geltung, meinte er. Doch wichtiger noch – und wiederum nach Herder: Frankel sah im Hebräischen einen Schlüssel zum inneren Leben des ›Klal Israel‹, der allgemeinen Gemeinschaft der Juden, vom Altertum an und überall auf der Welt. Trotzdem war Frankel kein jüdischer Nationalist. Immer wieder betonte er die echte Verbindung zwischen Christen und Juden in ihrem deutschen Vaterland. Hebräisch, versicherte er, habe die Juden nie davon abgehalten, loyale Patrioten zu sein und ihre Bürgerpflichten vollständig zu erfüllen. Das ›Volk‹ war Frankels Hauptbegriff, mit der ganzen Vielfalt seiner kulturellen Bedeutung, nicht die ›Nation‹, damals schon vor allem ein politisches Konzept.

Wie auch immer, seine Ansprache in der Rabbinerversammlung hielt Frankel – ebenso wie seine wöchentlichen Predigten – selbstverständlich in perfektem, fließendem Deutsch. Auch die jungen Akademiker aus dem ›Verein für die Kultur und Wissenschaft der Juden‹ in Berlin um 1820 und die späteren Vertreter der ›Wissenschaft des Judentums‹ in Deutschland schrieben gewöhnlich auf deutsch. Schließlich bildeten auch sie einen Bestandteil der historisch-philologischen Schule, wo die Altertumskunde ein Rüstzeug bei der Gestaltung einer neuen deutschen nationalen Identität war. Doch die jüdischen Gelehrten fühlten sich sowohl angezogen wie abgestoßen von den aufstrebenden Geisteswissenschaften. Sie waren bereit, sogar die radikalsten Konzepte des Historismus zu übernehmen, und wie ihre christlichen Zeitgenossen waren auch sie von der Leidenschaft besessen, »die 7 Daten zu datieren«.[31] Wie jene wollten auch die Juden durch linguistische Analyse die verschiedenen chronologischen und literarischen Schichten des Bibeltextes darstellen und benutzten eine Vielfalt von weiteren nichtjüdischen Quellen, um die Vergangenheit zu rekonstruieren – wie sie »eigentlich gewesen«. Dennoch – für sie bedeutete das nochmalige Überdenken des Judentums »im Sinne des historischen Kanons der deutschen Universität« einen tiefen Bruch mit der Tradition. Außerdem schien ihnen der Zugang christlicher Gelehrter zum jüdischen Altertum grundsätzlich mangelhaft: Erstens konzentrierten sich die christlichen Gelehrten immer wieder auf die Spannung zwischen Judentum und Christentum und machten sich so die jüdische Vergangenheit

---

31 Für die kurzen Zitate und die folgende Diskussion vgl. Ismar Schorsch, The Ethos of Modern Jewish Scholarship, in: *From Text to Context* (Anm. 30), S. 158-176.

nur für ihre eigenen ideologischen Zwecke zunutze. Zweitens verhielten sie sich gleichgültig gegenüber späteren Abschnitten dieser Vergangenheit und gingen auch meist nicht weiter zurück als bis zur Zeit des Zweiten Tempels. Durch solche Einschränkungen, meinten die jüdischen Wissenschaftler, könne man nicht eine fortlaufende aufschlußreiche Narrative der jüdischen Vergangenheit konstruieren, sicherlich nicht eine Narrative, die auch Bedeutung für zeitgenössische Juden hätte. Während Mitte des Jahrhunderts Juden wie Christen Sprachwissenschaft, Archäologie und Bibelexegese zu Hilfe nahmen, arbeiteten sie nun gewöhnlich aneinander vorbei.

V.

Jedenfalls erwiesen sich die Bemühungen, Hebräisch innerhalb des deutschen Kontexts wiederzubeleben, als völliger Mißerfolg, und auch das Jiddische schien dort allmählich zu verschwinden. Trotzdem sind hier zwei weitere Kommentare notwendig. Erstens ist es interessant zu notieren, daß das Gebet in fast allen Synagogen in Deutschland bis ins 20. Jahrhundert hinein weiter auf hebräisch gesprochen wurde – sogar in vielen reformierten Gemeinden. Der Übergang zur ›Landessprache‹ – sozusagen – vollzog sich erst während der späteren Phase des Reformjudentums, hauptsächlich in den Vereinigten Staaten.[32] Zweitens sollte man die wiederholten Behauptungen über das völlige Verschwinden des Hebräischen wie auch des Jiddischen in er deutschsprachigen Welt mit einiger Skepsis betrachten. Dies wurde sicherlich zuviel beteuert. Ein gutes Beispiel brachte vor kurzem Josef Haim Yerushalmi in seiner Studie ›Freud's Moses. Judaism Terminable and Interminable‹.[33] Sigmunds Vater, erzählt er, kannte sich im Hebräischen sehr gut aus, denn er war in seiner kleinen mährischen Geburtsstadt lange ein ›Jeschiwe-Bocher‹ (Talmud-Schüler) gewesen. Das Bestehen seines Sohns darauf, er kenne die alte Sprache überhaupt nicht, ist wenig überzeugend. Als Kind unterrichtete ihn sein Vater im Lesen mit Hilfe der zweisprachige Bibelübersetzung Ludwig Philippsons, und zu seinem 35. Geburtstag schenkte er ihm diesen anscheinend hochgeschätzten Band; er war neu in Leder gebunden mit einer Widmung auf der Titelseite – 15 Zeilen auf hebräisch. Es ist schwer anzunehmen, der Sohn hätte die rührenden Worte nicht einmal lesen können. Freud stritt ja seine jüdische Identität nie ab. Sein hartnäckiges Beharren darauf, er verstehe kein Hebräisch, deutete aber auf seinen innersten Beschluß hin, trotz allem zur deutschen Kultur zu gehören, seine vollkommene Akkulturation unzweideutig zu beweisen.

---

32 Vgl. wieder Michael A. Meyer (Anm. 29), S. 210-221 und die folgenden Kapitel.
33 Vgl. Josef Haim Yerushalmi, *Freud's Moses. Judaism Terminable and Interminable*, New Haven und London 1991, besonders S. 71-74.

Noch verbreiteter war unter den Juden die Behauptung, Jiddisch überhaupt nicht zu verstehen. In diesem Zusammenhang ist es lehrreich, Kafkas
sarkastischen Kommentar zu wiederholen, als er einem jüdischen Publikum
in Prag einen berühmten jiddischsprechenden Schauspieler vorstellte: »Vor
den ersten Versen der ostjüdischen Dichter«, bemerkte er, »möchte ich Ihnen, sehr geehrte Damen und Herren, noch sagen, wieviel mehr Jargon Sie
verstehen als Sie glauben.«[34]

Die vollkommene Beherrschung der deutschen Sprache – mit oder ohne
Ablehnung des Hebräischen, des Jiddischen oder beidem – wurde also zum
Wesen der jüdischen Akkulturation. Es war der auffallendste Aspekt ihres
Erfolgs und gleichzeitig der empfindlichste Ort für Kritik und Angriff gegen
sie.

Am besten kann man das im Zusammenhang mit dem außerordentlichen
Bestreben der deutschen Juden, Bildung zu erwerben, beobachten. Ebenso
wie der Gebrauch der deutschen Sprache nur für diejenigen, die ›dazugehörten‹, als authentischer Akt galt, so war ›wahre Bildung‹ nicht einfach eine
Frage des Wissens und der Erziehung; nicht einmal eine simple Angelegenheit des Charakters. Da nie Übereinstimmung hinsichtlich der Vorbedin-
gungen für Bildung herrschte, war es immer möglich, ›Ver-bildung‹ oder
›Über-bildung‹ zu attackieren, doch am leichtesten die höchst gefährliche ›undeutsche Bildung‹ – eine Art betrügerischer, fehlerhafter Bildung, einen ein-
fachen Schwindel.[35]

Heinrich Heine und Felix Mendelssohn-Bartholdy dienen als beste Beispiele für diese Taktik der Ausschließung. Beide hatten schon früh im Leben
die Grundlagen zur Bildung erworben; dazu gehörte auch naturgemäß die
perfekte Beherrschung des Deutschen. Beide hatten sich einen Namen gemacht.[36] Beide wurden auch aus demselben Grund angegriffen: Ihre Kultur,
so wurde ständig wiederholt, sei nicht die *wahre*. Weder Heines Sprache
noch Mendelssohns Musik seien etwas anderes als eine schändliche, geistlose
Kopie des Echten – nicht mehr, als von Juden zu erwarten sei. Es war ein
unbekannter Gymnasiallehrer aus Hamburg, ein gewisser Eduard Meyer, der

---

34 Zitiert nach Max Brod, *Über Franz Kafka*, Frankfurt am Main 1974, S. 101.

35 Ausführlicher dazu Shulamit Volkov, The Ambivalence of Bildung. Jews and
Other Germans, in: *The German-Jewish Dialogue Reconsidered. A Symposium in
Honor of George L. Mosse*, hg. von Klaus L. Berghahn, New York 1996, S. 81-98.

36 Die Literatur über Heine ist unübersichtlich; vgl. die neue Biographie von Jan-
Christoph Hauschild und Michael Werner, »*Der Zweck des Lebens ist das Leben
selbst.« Heinrich Heine – eine Biographie*, Köln 1997. Zu Felix Mendelssohn vgl.
Heinrich Eduard Jacob, *Felix Mendelssohn und seine Zeit. Bildnis und Schicksal
eines Meisters*, Frankfurt am Main 1959; R. Larrz Todd, *Mendelssohn's Musical Edu-
cation. A study and edition of his exercises in composition*, Cambridge 1983.

Börne und Heine als weder Deutsche noch Juden bezeichnete.[37] Doch gleich danach folgten andere seinem Beispiel: Juden wurden wegen ihrer angeblichen Tarnung als Patrioten angegriffen. Weder ihre Dichtung noch ihre Kunst sei echt, da nichts die Tatsache widerlegen könne, daß sie Außenseiter seien. Zweifellos hätten sie alle notwendigen Fähigkeiten, doch ihr *Stil* verriete sie, ihre *Sprache*, allein ihr *Tonfall*.

Der klassische relevante Text ist natürlich Wagners ›Das Judentum in der Musik‹.[38] Nachdem er seinen Widerwillen gegenüber der äußeren Erscheinung der Juden kundgetan hat, die etwas »unüberwindlich unangenehm Fremdartiges« habe, wendet sich Wagner nicht direkt der Musik zu, sondern der Sprache. Dies ist, was er dazu zu sagen hat:

> Ungleich wichtiger, ja entscheidend wichtig, ist aber die Beachtung der Wirkung, die der Jude durch seine Sprache auf uns hervorgibt. Der Jude spricht die Sprache der Nation, unter der er von Geschlecht zu Geschlecht lebt, aber er spricht sie immer als Ausländer. Zunächst muß im allgemeinen der Umstand, daß der Jude die moderne europäische Sprache nur wie eine erlernte, nicht angeborene redet, ihn von allen Fähigkeiten, in dieser Sprache sich seinem Wesen eigenthümlich und selbstständig kund zu geben, im höheren Sinne gefaßt, ausschließen. Eine Sprache, ihr Ausdruck und ihre Fortbildung ist nicht das Werk Einzelner, sondern eine geschichtliche Gemeinsamkeit: nur wer unbewußt in dieser Gemeinsamkeit aufgewachsen ist, nimmt auch an ihren Schöpfungen Theil. Der Jude stand aber außerhalb einer solchen Gemeinsamkeit, einsam mit seinem Jehova, in einem zersplitterten, bodenlosen Volksstamme, dem alle Entwicklungen aus sich versagt bleiben mußten, wie selbst die eigenthümliche [hebräische] Sprache dieses Stammes ihm nur als eine todte erhalten ist![39]

Seit Johann David Michaelis hatte das niemand besser ausgedrückt.

Nun, es ist oft bemerkt worden, daß Wagner – merkwürdigerweise – Heine von seinen häßlichen Attacken ausgenommen hat. Er fand in ihm einen unheimlichen Verbündeten. In einem Artikel, den Heine in Paris Mitte April 1842 schrieb, verglich er eine Aufführung von Mendelssohns ›Paulus‹ mit Rossinis ›Stabat Mater‹. Hier weist er – anonym – darauf hin, man könne Mendelssohns fehlenden Sinn für die wahre Christlichkeit nicht übersehen,

---

37 Vgl. Jacob Katz (Anm. 10), Kapitel 15.
38 Zuerst unter Pseudonym veröffentlicht in *Neue Zeitschrift für Musik* 19, 3. September 1850, S. 3-57, dann Richard Wagner, *Das Judentum in der Musik*, Leipzig 1869.
39 *Neue Zeitschrift für Musik* (Anm. 38), S. 15.

»die weder angetauft noch anstudiert werden kann«, wie er es ausdrückte.[40] Das jüdische Element in Mendelssohns Kunst, argumentiert er, könne niemals weggewischt werden. Es werde bestehen bleiben trotz des Erfolgs des Komponisten und seines unleugbaren Weltruhms. All dies, beeilt sich Heines Biograph uns zu versichern, sei nie eine völlige Reproduktion der damaligen antisemitischen Attacken gewesen.[41] Doch zweifellos spiegelte es den vorherrschenden Diskurs der damaligen Zeit wider, einen Diskurs, der sich auf die Unterschiede zwischen ›echter‹ und ›unechter‹ Bildung konzentrierte, zwischen authentischer und erworbener Kultur, zwischen wahrer deutscher Kunst und dem, was nichts weiter als eine zweitklassige Kopie sei. Der Ort dieses Diskurses war vor allem die Sprache. Heine mag es vorgezogen haben, sich mit Musik und den schönen Künsten zu befassen, doch es war vor allem in der Literatur, wo die angebliche Unzulänglichkeit der Juden immer wieder angegriffen wurde. Heine selbst war oft gezwungen, sich mit ähnlichen Attacken zu befassen, und diese Art der Kritik hat ihn sicherlich an einem wunden Punkt getroffen – trotz seines Sarkasmus und trotz seiner beispiellosen Selbstironie.

VI.

Mit der Zeit wurde diese antijüdische Argumentation durch eine neue ›linguistische Wende‹ bestärkt. Während der zweiten Hälfte des 19. Jahrhunderts, diesmal unter dem Einfluß von Renan und Gobineau, wurde die Sprache sogar noch betonter zum Kennzeichen des Dazugehörens.[42] Der Begriff ›Semiten‹ wurde vermutlich von August Ludwig Schlößer geprägt, und es war ein Student von Michaelis, Johann Gottfried Eichhorn, der im späten 18. Jahrhundert die Sprachen der Hebräer, Phönizier, Karthager, usw. ›semitisch‹ nannte.[43] Dann, während des frühen 19. Jahrhunderts, wurde der Be-

---

40 Zitiert nach S. S. Prawer, Heine's Portraits of German Jews on the Eve of the 1848 Revolution, in: *Revolution and Evolution 1848 in German-Jewish History*, hg. von Werner Mosse, Arnold Paucker und Reinhard Rürup, Tübingen 1981, S. 352-383, hier S. 360.

41 Vgl. ebd., S. 363-366.

42 Ernest Renan, *De l'origine du langage*, Paris 1848; ders., *Histoire général et système comparé des langues sémitiques*, Paris 1858; ders., *De la part de peuple sémitique dans l'histoirede la civilisation*, Paris 1862; ders., *Vie de Jésus*, Paris 1863. Joseph Arthur de Gobineau, *Essai sur l'inégalité des races humaines*, Paris 1853-55.

43 Vgl. Thomas Nipperdey und Reinhard Rürup, Antisemitismus, in: *Geschichtliche Grundbegriffe. Historisches Lexikon zur politisch-sozialen Sprache in Deutschland*, Bd. 1, Stuttgart 1972, S. 129-153, hier S. 130; und Frank E. Manuel (Anm. 8), S. 306

griff ›Arier‹ dem philologischen Diskurs in Deutschland beigefügt, und schließlich, als Gruppenunterscheidung durch Sprache mit Gruppenunterscheidung durch Rasse in Verbindung gebracht wurde, wechselte ›Semitismus‹ – und insbesondere der ›Anti-Semitismus‹ – vom wissenschaftlichen in den wenig differenzierten gesellschaftlichen Bereich über. Unterstützt durch den neuen Rassismus, bestimmte nun die Philologie das Schicksal dieser Begriffe. Schon in seinem 1848 erschienenen ›De l'origine du langage‹ unterstrich Renan den Unterschied zwischen Semiten und Ariern.[44] 1899, als Houston Stewart Chamberlains ›Grundlagen des 19. Jahrhunderts‹ erschien,[45] wurde Sprachwissenschaft zusammen mit Altertumskunde und christlicher Theologie zum Werkzeug des schlimmsten Antisemitismus. In einem einmaligen Zusammenhang festigte nun die Theorie die tägliche Praxis, und dabei wurden die Juden wieder als die vollkommen Fremden klassifiziert und die Sprache als der hauptsächliche Ort ihres hoffnungslosen Fremdseins fixiert.

Seit Rahel Varnhagen empfanden gebildete deutsche Juden immer wieder Unbehagen an ihrem Deutsch. Das Bedürfnis, ihre Liebe und Loyalität zu dieser Sprache zu beweisen, mag zu den Ursachen für das außergewöhnliche Interesse gehören, das sie immer wieder an deutscher Literatur zeigten – an Goethe, zum Beispiel, dem Symbol ihrer Vollkommenheit.[46] Auch für sie wurde die Sprache allzu oft als die Stelle identifiziert, wo ihre Unfähigkeit, dazu zu passen, am leichtesten ausfindig gemacht werden konnte. Und während wirtschaftlicher und selbst sozialer Aufstieg sich als erreichbare Ziele erwiesen, blieb die Akkulturation – trotz aller Erfolge – ein wunder Punkt. Um das Ende des Jahrhunderts war Rathenau verzweifelt über das öffentliche Image der Juden und peinlich berührt wegen ihrer Sprache.[47] In Wien ereiferte sich Herzl gegen ihr vermeintliches Mauscheln.[48] Und schließlich tat Fritz Mauthner in seiner ›Sprachkritik‹ kund: »Der Jude wird erst dann Volksdeutscher, wenn ihm Mauschel-Ausdrücke zu einer fremden Sprache geworden sind, oder wenn er sie nicht mehr versteht.«[49]

44 Vgl. Jacob Katz (Anm. 10), Kapitel 11.

45 Houston Stewart Chamberlain, *Die Grundlagen des neunzehnten Jahrhunderts*, München 1899.

46 Vgl. Wilfried Barner, *Von Rahel Varnhagen bis Friedrich Gundolf. Juden als Goethe-Verehrer*, Göttingen 1992.

47 Walter Rathenau, Höre Israel, in: *Die Zukunft*, 6.3.1897, später in ders., *Impressionen. Gesammelte Aufsätze*, Leipzig 1902, S. 1-15.

48 Vgl. Theodor Herzl, Mauschel (1897), in: ders., *Zionistische Schriften*, Berlin 1920, S. 172-176.

49 Zitiert nach Gershon Weiler, Fritz Mauthner. A Study in Jewish Self-Rejection, in: *Yearbook of the Leo Baeck Institute* 8, 1963, S. 136-148, hier S. 142.

Zum Abschluß kann man nichts Besseres tun, als Kafka zitieren. In einem Brief an Max Brod vom Juni 1921 schreibt er das Folgende:

> In dieser deutsch-jüdischen Welt [kann] kaum jemand etwas anders als mauscheln [...], das Mauscheln im weitesten Sinne genommen, in dem allein es genommen werden muß, nämlich als laute oder stillschweigende oder auch selbstquälerische Anmaßung eines fremden Besitzes [...]

Trotz alledem, überlegt Kafka weiter, sind Juden so unwiderruflich von dieser Sprache angezogen, so ununterbrochen von dieser Literatur gefesselt.

> Weg vom Judentum meist mit unklarer Zustimmung der Väter [...] wollten die meisten, die Deutsch zu schreiben anfingen, sie wollten es, aber mit den Hinterbeinchen klebten sie noch am Judentum des Vaters und mit den Vorderbeinchen fanden sie keinen neuen Boden. Die Verzweiflung darüber war ihre Inspiration [...] also war es eine von allen Seiten unmögliche Literatur, eine Zigeunerliteratur, die das deutsche Kind aus der Wiege gestohlen, und in großer Eile irgendwie zugerichtet hatte, weil doch irgendjemand auf dem Seil tanzen muß. (Es war ja nicht einmal das deutsche Kind, es war nichts, man sagte bloß, es tanze jemand).[50]

Hier bricht der Brief ab. Es gibt wirklich nicht viel mehr hinzuzufügen.

---

50 Franz Kafka, *Briefe 1902-1924*, hg. von Max Brod, Frankfurt am Main 1975, S. 337 f.

Fast eine vierte Unmöglichkeit
Responsion zu Shulamit Volkov

BARBARA HAHN

Shulamit Volkov beginnt ihren Text mit der Frage, ob es an der Wende zum 19. Jahrhundert eine dritte Möglichkeit zwischen jüdischer Emanzipation und Antisemitismus gegeben habe und endet mit einem Brief Franz Kafkas von 1921, der eine ganze Serie von Unmöglichkeiten entwirft, denen sich Juden im 20. Jahrhundert ausgesetzt sahen, wenn sie sich in der deutschen Sprache und Literatur bewegten. Zwischen der Suche nach einer dritten Möglichkeit und Kafkas »fast« vier Unmöglichkeiten möchte ich meine Überlegungen aufspannen.

In seinem Brief an Max Brod schreibt Kafka an der von Volkov markierten Auslassung von den deutschsprachigen Juden seiner Zeit: »Sie lebten zwischen drei Unmöglichkeiten, (die ich nur zufällig sprachliche Unmöglichkeiten nenne, es ist das Einfachste, sie so zu nennen, sie könnten aber auch ganz anders genannt werden): der Unmöglichkeit, nicht zu schreiben, der Unmöglichkeit, deutsch zu schreiben, der Unmöglichkeit, anders zu schreiben, fast könnte man eine vierte Unmöglichkeit hinzufügen, die Unmöglichkeit zu schreiben.«[1] Wie »anders« hätten die Unmöglichkeiten denn benannt werden können, wenn sie nicht »sprachlich« sind? Kulturell, historisch, politisch oder sozial? Kafkas »fast« vier Unmöglichkeiten entwerfen den Rahmen, in dem das Projekt *deutsch-jüdisch*, wie auch immer man es bestimmen will, in seiner ganzen Problematik aufscheint. Das beginnt schon mit seiner ersten Unmöglichkeit, der Unmöglichkeit nicht zu schreiben, die in ihrer doppelten Verneinung gerade nicht in eine Möglichkeit umschlägt. In Kafkas Bild hängen deutschschreibende Juden in der Luft – die Hinterbeinchen kleben am Judentum, die Vorderbeinchen finden keinen neuen Halt. Sie sind wie der Bindestrich in »deutsch-jüdisch«, sofern er nicht als Summenformel, zum Beispiel als »deutsch-jüdisches Gespräch« gelesen wird. Man könnte ihn mit Gershom Scholem eher als Zeichen eines »Schreis ins Leere« lesen.[2] Als graphische Markierung von etwas, das im deutschen Sprachraum im kurzen Zeitalter der Emanzipation keine Realität fand.

---

1 Franz Kafka, *Briefe. 1902-1924*, hg. von Max Brod, Frankfurt am Main 1958, S. 337 f.

2 »Ich bestreite, daß es ein deutsch-jüdisches Gespräch in irgendeinem echten Sinne als historisches Phänomen je gegeben hat. Zu einem Gespräch gehören zwei, die aufeinander hören, die bereit sind, den anderem in dem, was er ist und darstellt,

Der Bindestrich. Er signalisiert zuerst die Unmöglichkeit, nicht zu schreiben. Unmöglich also, ihn nicht zu bearbeiten, die unüberbrückbare Leerstelle zu versetzen, zu verrücken. Unmöglich, dies auf Deutsch zu tun, weil diese Sprache immer schon eine Seite dieses spannungsreichen Verhältnisses besetzt hält, das andere und nie erreichbare Ufer sozusagen. Unmöglich gleichzeitig, diese Sprache zu vermeiden und sich einer anderen zu bedienen. Denn die deutsche Sprache läßt sich nicht auf der einen Seite des Striches lokalisieren. Sie ist über die Leerstelle gewandert, wohnt auch auf der anderen Seite. Aber sie gewährt kein UND. Nicht deutsch UND jüdisch. Nicht einmal sowohl als auch. Sondern nur diese Spannung. Ein Abgrund mit einem Strich darüber oder vielleicht einem Strick? Am Ende seines Briefes spricht Kafka von einem Seil, auf dem jemand tanzen muß. In einem Einschub im Brief wird auf einen anderen Strick angespielt und zwar im Anschluß an die vierte Unmöglichkeit – die Unmöglichkeit zu schreiben. In Klammern gesetzt heißt es: »[…] das Schreiben war hier nur ein Provisorium, wie für einen, der sein Testament schreibt, knapp bevor er sich erhängt«.

Ein Seil, ein Strick und ein Strich. Bereits in ›Zarathustras Vorrede‹ waren diese Wörter auch inhaltlich ganz dicht aneinander gerückt: »Der Mensch ist ein Seil, geknüpft zwischen Thier und Übermensch, – ein Seil über einem

wahrzunehmen und ihm zu erwidern. Nichts kann irreführender sein, als solchen Begriff auf die Auseinandersetzungen zwischen Deutschen und Juden in den letzten 200 Jahren anzuwenden. Dieses Gespräch erstarb in seinen ersten Anfängen und ist nie zustande gekommen. […] Gewiß, die Juden haben ein Gespräch mit den Deutschen versucht, von allen möglichen Gesichtspunkten und Standorten her, fordernd, flehend und beschwörend, kriecherisch und auftrotzend, in allen Tonarten ergreifender Würde und gottverlassener Würdelosigkeit, und es mag heute, wo die Symphonie aus ist, an der Zeit sein, ihre Motive zu studieren und eine Kritik ihrer Töne zu versuchen. Niemand, auch wer die Hoffnungslosigkeit dieses Schreis ins Leere von jeher begriffen hat, wird dessen leidenschaftliche Intensität und die Töne der Hoffnung und der Trauer, die in ihm mitgeschwungen haben, gering schätzen. […] Niemals hat etwas diesem Schrei erwidert, und es war diese einfache und ach, so weitreichende Wahrnehmung, die so viele von uns in unserer Jugend betroffen und uns bestimmt hat, von der Illusion eines Deutsch-Judentums abzulassen. […] Es ist wahr: daß jüdische Produktivität sich hier verströmt hat, wird von den Deutschen jetzt wahrgenommen, wo alles vorbei ist. Ich wäre der letzte zu leugnen, daß darin etwas Echtes – Ergreifendes und Bedrückendes – in einem liegt. Aber das ändert nichts mehr an der Tatsache, daß mit den Toten kein Gespräch mehr möglich ist.« Gershom Scholem, Wider den Mythos vom deutsch-jüdischen Gespräch. An Manfred Schlösser, in: *Auf gespaltenem Pfad. Für Margarete Susman,* hg. von Manfred Schlösser, Darmstadt 1964, S. 229-232.

Abgrunde.«[3] Als der Seiltänzer auf dem Seil zu tanzen beginnt, stürzt er sofort ab. Dem Seiltänzer wird in Kafkas Brief eine Wiege zugesellt, aus dem das deutsche Kind gestohlen wird. Doch dann ist sie am Ende plötzlich leer – schon vor dem Raub: »(Aber es war ja nicht einmal das deutsche Kind, es war nichts, man sagte bloß, es tanze jemand)«.

Eine leere Wiege, jemand tanzt – aber nur in der indirekten Rede. Vielleicht läßt sich die leere Wiege als Hinweis auf Herder lesen, der in seinen ›Volksliedern‹ die Wiege der Literatur mit Texten in deutscher Übersetzung gefüllt hatte. Mit Liedern, in denen nur einmal auf Jüdisches verwiesen wurde – travestiert aber, antisemitisch. Herder integriert ein schottisches Liedchen über eine Jüdin, die ein Christenkind schlachtet. Übrig bleibt eine weinende christliche Mutter und Kafkas trauriger Kommentar: »es war ja nicht einmal das deutsche Kind«.

Von Kafka aus gelesen treten auch Herders Reflexionen über jüdische Traditionen und Überlieferungen in ein anderes Licht, und ihm ein Bemühen um einen ›dritten Weg‹ zu attestieren, wird schwieriger, um nicht zu sagen unmöglich. In seinem Text zur »Ebräischen Poesie«, auf den Shulamit Volkov verweist, wird ein Verhältnis zum Hebräischen etabliert, das nicht so weit von Luthers Ausführungen zu dieser Sprache entfernt ist. Luther hatte die fatale Metapher von Kuckuck und Nachtigall geprägt, um das Verhältnis von Hebräisch und Deutsch zu beschreiben.[4] Eine als eintönig abgeurteilte Sprache sollte in der Übersetzung allererst zum Klingen gebracht werden. Doch damit wurde eine Tradition des Übersetzens etabliert, bei der hebräische Texte im Unterschied zu Texten aus anderen Sprachen in deutscher Literatur nicht durchklingen konnten. Als sich um 1800 der Blick auf andere, auch außereuropäische Literaturen öffnete, blieben diese Texte in eine deutliche Hierarchie eingebunden. Was in Goethes ›West-östlichem Divan‹ mit persischer Dichtung gelingen konnte, war mit hebräischer offenbar nicht möglich. Zwar spricht Herder programmatisch von »Ebräische[r] Poesie« und skizziert Möglichkeiten säkularisierter Lektüren, doch diese Säkularisierung ist eine christliche, in der der alte feindliche Gegensatz zwischen dem

---

3   Friedrich Nietzsche, Also sprach Zarathustra. Ein Buch für Alle und Keinen, in: Friedrich Nietzsche, *Sämtliche Werke. Studienausgabe*, hg. von Giorgio Colli und Mazzino Montinari, München 1988, Bd. IV, S. 16. Und bereits hier war das Seil über den Abgrund mit vier Unmöglichkeiten verbunden worden: »Ein gefährliches Hinüber, ein gefährliches Auf-dem-Wege, ein gefährliches Zurückblicken, ein gefährliches Schaudern und Stehenbleiben.«

4   Diesem Zusammenhang bin ich genauer in meinem Aufsatz ›Hiobs-Geschichten. Übersetzungen und Umschriften von Martin Luther bis Martin Buber‹, in: *Deutsche Vierteljahrsschrift für Literaturwissenschaft und Geistesgeschichte* 71, 1997, S. 146-163, nachgegangen.

Christentum des Neuen Testaments und dem Judentum des Alten Testaments nicht aufgegeben, sondern in den von deutscher Dichtung und »ebräischer« Poesie umgeschrieben wird.[5] Die Schönheit hebräischer Texte scheint erst in der Übersetzung richtig zum Tragen zu kommen. Denn gegenüber dem »schnellen und heftigen Sinn« der Morgenländer ist »unser poetischer Sinn mehr langsam und überlegend, als brausend ... Wir bleiben selbst im Poetischen Fluge wie die Strauße dem Boden des Wahren treuer, und kommen zur Rührung oft durch den Weg der Ueberlegung.«[6] Hebräische Poesie zu übersetzen, bedeutet bei Herder, mit der Übertragung die Spuren einer anderen Sprache, einer anderen Religion und Kultur zu tilgen. Der vorausgesetzte Unterschied der Sprachen und Kulturen wird durch die Übersetzungen nicht bearbeitet, verschoben, versetzt, sondern bestätigt. Die doppelte Bewegung des Übersetzens geht nur noch in eine Richtung, die beide Sprachen in ihrer Besonderheit festschreibt. Nichts Fremdes darf durchscheinen, und gerade dadurch werden hebräische Texte Teil deutscher Literatur. Implantiert in eine andere Tradition, entwendete, gestohlene Literatur.

Da dieser Strang der Tradition schon so früh abgeschnitten wurde, da sich kein lebendiges Verhältnis zwischen dem Deutschen und einer der Sprachen des Judentums etablieren konnte, ist umgekehrt in die Texte deutsch-jüdischer Schriftsteller »die laute oder stillschweigende oder auch selbstquälerische Anmaßung eines fremden Besitzes« eingeschrieben, eines Besitzes, »den man nicht erworben, sondern durch einen (verhältnismäßig) flüchtigen Griff gestohlen hat und der fremder Besitz bleibt, auch wenn nicht der einzigste Sprachfehler nachgewiesen werden könnte«, wie Kafka schreibt.[7]

Und andere Sprache der Juden, das Jiddische zum Beispiel? Shulamit Volkov weist darauf hin, daß das Jiddische nie vollkommen verschwand. Mir scheint bedeutend, wann und wie es auftaucht. Zumindest im ersten Drittel des 19. Jahrhunderts verschwindet die Sprache nicht aus den Briefwechseln, die deutschsprachige Juden miteinander führen. Jiddische Termini kursieren als Erkennungszeichen, als Bestätigungen eines gemeinsamen kulturellen Kontextes, der nicht vergessen oder gestrichen werden soll. Wird von nicht-jüdischen Freunden ein jiddisches Wort eingeflochten, dann führt das durchaus nicht immer zu Distanzierung. Im Gegenteil. In einem Brief vom 18. September 1827 schreibt Rahel Levin an ihren Ehemann Karl August

---

5 Vgl. Johann Gottfried Herder, Vom Geist der Ebräischen Poesie. Eine Anleitung für die Liebhaber derselben und der ältesten Geschichte des menschlichen Geistes (1782), in: Herder, *Sämtliche Werke*, hg. von Bernhard Suphan, Bd. 11, S. 284.

6 Ebd., S. 272.

7 Kafka (Anm. 1), S. 336.

Varnhagen, ein Freund »sagte vorgestern – es entzückte mich – ›Sie sind aber jetzt sehr wohl; unbeschrieen!‹ Unbeschrieen. Das ist als wenn meine Freunde beim Datum das Wetter setzten. Ist das Herrschsucht? *Gar* nicht; ein Bedürfniß nach Liebesbeweisen; die *aus* mir immer heraus*strömen.*«[8]

Das jiddische Wort wird hier nicht etwa als peinliches Zeichen gelesen, das wie die Wiederkehr des Verdrängten wirkt. Daß ein Freund ihr dieses Wort im Gespräch gibt, ist für Rahel Levin eine Antwort auf ihr »Bedürfniß nach Liebesbeweisen«. Sie liest es als Zeichen dafür, daß dieser Freund den Preis kennt, den Akkulturation in Deutschland erfordert. Daß er auf die Zumutung reagiert, zu vergessen, wer man ist und woher man kommt. Ein hoher Preis, wie die Passage zeigt. Ein Preis aber, der ein klein wenig leichter zu entrichten ist, wenn jemand um ihn weiß. Ein dritter Weg ist damit noch lange nicht gegeben. Eher ein Eintauchen in Kafkas vierte Unmöglichkeit. In die zu schreiben.

---

8 Rahel Varnhagen, *Rahel-Bibliothek. Gesammelte Werke*, hg. von Konrad Feilchenfeldt, Rahel E. Steiner und Uwe Schweikert, München 1983, Bd. VI/2, S. 182.

(Neue) Gegenstandsfelder

Altorientalistik und jüdische Gelehrte in Deutschland – Deutsche und österreichische Altorientalisten im Exil[*]

JOHANNES RENGER

Dieser Bericht ist der eines Außenseiters in einem Kreis, der wesentlich von der Germanistik geprägt ist und damit auch von einer anderen Wissenschaftskultur. Dem hermeneutischen Diskurs steht eine vorrangig historisch und sprachwissenschaftlich orientierte Disziplin gegenüber. Das spiegelt sich auch wider in anders oder unterschiedlich verlaufenen Biographien und Schicksalen von Wissenschaftlern und Gelehrten, deren Forschungsgegenstand der Alte Orient war und ist. Der Verlauf der Tagung und die Diskussionen haben gezeigt, daß die Germanistik oder die germanistisch bestimmte Literaturwissenschaft einen besonderen, ideologischen Prämissen unterliegenden Stellenwert innerhalb der deutschen Universitäten bzw. ihrer philosophischen Fakultäten eingenommen hat. Die Fachrichtungen, die sich mit den Sprachen und Kulturen des Orients von den Küsten des Mittelmeers bis zum Gelben Meer beschäftigen und die man sehr undifferenziert unter dem Terminus Orientalistik zusammenfaßt, haben eine höchst unterschiedliche Genese, die damit natürlich auch den Charakter der einzelnen Fachrichtung geprägt hat. Dies gilt auch für die Altorientalistik, die sich selbst von den nahe verwandten Disziplinen Arabistik und Semitistik in wesentlichen Aspekten deutlich unterscheidet.[1]

Die Altorientalistik ist eine recht junge Wissenschaft, die ihre Ursprünge im letzten Jahrhundert hat. Napoleons Expedition nach Ägypten und die danach einsetzende Ägyptomania, die universalhistorische Bewegung im 19. Jahrhundert mit ihrem Streben, die Geschichte der Menschheit über die Grenzen der klassischen Antike hinaus zu verfolgen, allgemeines romantisches Vergangenheitsinteresse und daraus resultierende Freude am Entschlüsseln unbekannter Schriften haben hier Pate gestanden. Am Anfang

---

[*] Brieflich und mündlich erhielt ich wichtige Informationen und die Bestätigung eigener Erinnerungen von Hans-Gustav Güterbock † und Erica Reiner in Chicago, von Hans-Siegfried Schuster (Köln) sowie Hayyim Tadmor (Jerusalem), denen ich dafür zu großem Dank verpflichtet bin.

[1] Zur Geschichte der Altorientalistik vgl. Johannes Renger, Altorientalische Philologie und Geschichte, in: *Der Neue Pauly. Enzyklopädie der Antike*, hg. von Manfred Landfester, Bd. 13: Rezeptions- und Wirkungsgeschichte, Stuttgart 1999, Sp. 101-113; ders., Die Geschichte der Altorientalistik und vorderasiatischen Archäologie in Berlin von 1875 bis 1945, in: *Berlin und die Antike*, hg. von Willmuth Arenhövel, Berlin 1979, S. 151-192.

stand die Entzifferung der altpersischen Keilschrift durch Georg Friedrich Grotefend im Jahre 1802. Der eigentliche Beginn der Disziplin – zu diesem Zeitpunkt kann man noch nicht von einem akademischen Fach sprechen – liegt in der Mitte des 19. Jahrhunderts. Damals haben englische und franzö-sische Gentleman-Archäologen, als Diplomaten im Dienst ihrer Regierungen im Iraq stationiert, durch Ausgrabungen in den assyrischen Kapitalen Ninive, Nimrud und Khorsabad (alle im Bereich des heutigen Mossul) das Interesse einer gebildeten Öffentlichkeit in Europa geweckt.

Dieses Interesse hatte verschiedene Ursachen. Zum einen war es begründet in der schon genannten Suche nach den Wurzeln der Menscheitsgeschichte. Dies wurde sehr bald ergänzt durch die sichtbar werdenden Verbindungen mit der Überlieferung des Alten Testaments: durch die Bestätigung biblischer Berichte über das historische Geschehen im syrisch-palästinensischen Raum zwischen dem 9. und dem frühen 6. Jahrhundert v. Chr., aber auch durch die Entdeckung der babylonischen Erzählung von der großen Flut, die erstaunliche Parallelen mit der Sintfluterzählung des Buches Genesis aufweist. Aus diesem Grund hat sich die junge Disziplin sehr stark aus den Reihen von Theologen und theologisch beeinflußten Personen rekrutiert. Genauer gesagt hat die sich entwickelnde protestantische historisch-kritische Wissenschaft vom Alten Testament hier die wesentlichen personellen Impulse gegeben. Das gilt in erster Linie für Deutschland, aber auch für England und die USA. In Frankreich ist die Entwicklung der Disziplin durch die für Frankreich traditionelle institutionelle Konzentration von Wissenschaft und Bildung auf Paris bestimmt – die Akademie und der Louvre spielen hier die entscheidende Rolle. Auch in England hat das Britische Museum eine über das Land hinausgehende Rolle gespielt und tut das noch heute.

Jüdische Gelehrte in der Altorientalistik sind in Deutschland im 19. und frühen 20. Jahrhundert selten gewesen. Zu nennen sind hier v. a. Julius Oppert (1825-1905), aus hamburgischem Bürgertum stammend, dessen akademische Laufbahn untrennbar mit Paris und der französischen Altorientalistik verbunden ist, und Felix Peiser (1862-1921), Sohn eines Berliner Verlagsbuchhändlers. Seine akademische Karriere führte ihn von Berlin über Breslau (Habilitation 1890 bei Friedrich Delitzsch[2]) nach Königsberg. Peisers Name ist in besonderem Maße mit der ›Orientalistischen Literatur-Zeitung‹, einem bis heute bestehenden Rezensions-Blatt von internationaler Reputation, verbunden, deren Begründer und Verleger er war. In akademischen Kreisen zeichnete sie sich durch eine höchst engagierte Auseinandersetzung mit den Neuerscheinungen des Faches aus. Peiser zeigte aber auch ein über die engen Grenzen der Disziplin hinausgehendes Engagement in allgemein politischen

---

2 Vgl. zu diesem unten S. 235-237.

Fragen, etwa wenn er in einem ›Leitartikel‹ kritisch zum deutschen Engagement beim Bau der Baghdadbahn Stellung nimmt. Insofern steht er hier im Kontext einer kritischen liberalen Öffentlichkeit im wilhelminischen Deutschland.[3]

In der zweiten Hälfte des 19. Jahrhunderts spielte sich in Frankreich eine heftige Kontroverse ab, in der es letztlich darum ging, ob das System der Keilschrift von einer nichtsemitischen Bevölkerung, den Sumerern, geschaffen und später von den semitischen Babyloniern übernommen worden sei – wie es sich dann gegen Ende des 19. Jahrhunderts zeigte, oder ob Semiten die Keilschrift erfunden hätten. Die beiden hauptsächlichen Kontrahenten in diesem Disput, an dem bald auch Gelehrte aus anderen Ländern teilnahmen, waren Joseph Halévy (1827-1917) und Jules Oppert, Juden, beide aktiv in jüdischen Angelegenheiten, wobei Halévy sein Bekenntnis zum Judentum auch ganz offen im Zusammenhang mit seiner wissenschaftlichen Tätigkeit demonstrierte. Für Halévy waren die Semiten, nicht die Sumerer, die Erfinder der Keilschrift. In die über viele Jahre geführte Kontroverse mischten sich im Verlauf der Debatte auch Töne, die Halévy des »rassischen Patriotismus« beschuldigten (F. Lenormant).[4] Aber dies war sicher eine Halévy eigene Einstellung, die sein jüdischer Opponent Oppert heftig attackierte. Hier spielte unterschiedliches Herkommen eine Rolle – Oppert mit einer deutschen Gymnasial- und Universitätsbildung, assimiliert im Paris seiner Zeit, mit 44 Jahren (seit 1869) Professor am Collège de France; Halévy dagegen eher ein Außenseiter, aus dem ottomanischen Adrianopel stammend, Autodidakt, aktiv in der jüdischen Aufklärungsbewegung (haskalah) und leidenschaftlich der Sache der jüdischen Vergangenheit und der Semiten generell verpflichtet.

Eine vergleichbare Diskussion hat es unter den deutschen Gelehrten nicht gegeben, wohl hauptsächlich aus Mangel an entsprechenden Kontrahenten. Auch antisemitische Äußerungen, wie sie in den Streit zwischen Halévy und Oppert von anderen zuweilen hineingetragen worden sind, lassen sich in der deutschsprachigen Fachliteratur kaum finden. Lediglich von Friedrich Delitzsch (1850-1922) – Sohn des vom konservativen Luthertum geprägten Alttestamentlers Franz Delitzsch, Gründer des Institutum Judaicum – einem der bedeutendsten Altorientalisten seiner Zeit, weit über die Grenzen Deutschlands hinaus bekannt, Ordinarius an der Berliner Universität und Direktor des Vorderasiatischen Museums, sind antisemitische Äußerungen

---

3 Vgl. [F. Peiser], Eine Ansicht über die Bagdadbahn, in: *Orientalistische Literatur-Zeitung* 5, 1902, Sp. 86-90; vgl. hierzu auch Johannes Renger, Geschichte der Altorientalistik (Anm. 1), S. 166 f.

4 Jerrold S. Cooper, Posing the Sumerian Question. Race and Scholarship in the Early History of Assyriology, in: *Aula Orientalis* 9, 1991, S. 47-66, hier S. 56.

aus seinen letzten Lebensjahren bekannt. Sie finden sich in seiner Schrift
›Die große Täuschung‹.[5] Sicher nicht ganz bedeutungslos erscheint die Tatsache, daß diese Schrift bei der Deutschen Verlagsanstalt, also einem renom-
mierten, nicht auf Theologisches spezialisierten Verlag erschienen sind. Man
wird diesen Schriften meines Erachtens aber nicht gerecht, wenn man nicht
auch Delitzschs Rolle im Babel-Bibel-Streit und seine Herkunft aus einem
orthodoxen lutherischen Elternhaus berücksichtigt,[6] wie dies schon Hermann Gunkel in einer Rezension zur ›Großen Täuschung‹ getan hat.[7] So
mischen sich hier theologisch-exegetische Argumente, also eine Frontstellung
gegen eine Art von biblischem Fundamentalismus, mit einem anscheinend
aus anderen Wurzeln genährten Antisemitismus.[8] Die ›Große Täuschung‹ ist
in der Öffentlichkeit zwar als antisemitische Kampfschrift[9] verstanden worden, im Lichte einer differenzierten Betrachtung sollte ein solcher Begriff
aber mit Vorsicht angewendet werden.[10] Auf Grund der gleichen Quellen-
und Erkenntnissituation, wie sie die junge Wissenschaft Assyriologie unter
maßgeblicher Beteiligung von Delitzsch vermittelte, ist dessen Berliner Kollege, der Althistoriker Eduard Meyer, zu einem gänzlich anderen, nüchter-
nen Bild von der Geschichte Israels und des Judentums gekommen. Für
Meyer, der sich selbst als der Kirche »völlig fern« stehend bezeichnet, ist das
Alte Testament eine Quelle, die wie jede andere mit den Werkzeugen des
Historikers kritisch zu betrachten und zu verwenden ist. Für Meyer stellen
die Berichte im Alten Testament weder eine Enttäuschung oder gar eine gro-

---

5 Vgl. Friedrich Delitzsch, *Die große Täuschung*, Stuttgart 1920-1921 [im Manuskript bereits 1914 vollendet], Bd. 1, S. 6.
6 Es stellt sich hier durchaus die Frage, inwieweit Delitzschs Position im Babel-
   Bibel-Streit und sein religiöses Ringen (vgl. dazu Reinhard Lehmann, *Friedrich
   Delitzsch und der Babel-Bibel-Streit*, Freiburg/Schweiz 1994 (Orbis biblicus et
   orientalis 133), S. 75-79) auch als *Abnabelungsprozeß* von seinem Vater zu sehen ist.
7 Vgl. Hermann Gunkel, in: *Frankfurter Zeitung* 64, Nr. 390 vom 30. Mai 1920;
   K. Marti in: ebd., Nr. 745/0.3 vom 8. Oktober 1920.
8 Zu Delitzschs Antisemitismus vgl. ausführlich Lehmann (Anm. 6), S. 268-271
   (Kapitel ›Rassismus und Antisemitismus‹).
9 So etwa in dem Beitrag von Almut Todorow in diesem Buch.
10 Vgl. Friedrich Delitzsch, in: *Frankfurter Zeitung* Nr. 402/0.1 vom 3. Juni 1920.
   Dieser Beitrag, von einem Leser der Frankfurter Zeitung zur Kenntnis gebracht
   und dort unter der Überschrift »Der andere Delitzsch« zur Information der Leser
   abgedruckt, stammt schon aus dem Jahr 1914, also der gleichen Zeit, in der die
   ›Große Täuschung‹ entstanden ist. Er zeigt in der Tat einen anderen Delitzsch. Es
   fällt insofern schwer, eine Entwicklung zwischen beiden Äußerungen zu konstruieren.

ße Täuschung dar.[11] Andererseits wird aus Briefen und anderen Äußerungen Meyers außerhalb seiner historischen Schriften dessen negative Einstellung zu Juden und zum Judentum deutlich, ohne allerdings den polemischen Ton anzunehmen, der in Delitzschs ›Großer Täuschung‹ herrscht.[12]

Soweit sich sehen läßt, hat Delitzschs antisemitische Einstellung aber keine Auswirkungen auf die Verhältnisse im Fach gehabt; und es lassen sich keine Anzeichen für eine Ausgrenzung jüdischer Wissenschaftler im Fach Altorientalistik finden. Ähnliches muß man von der Semitistik und der Ägyptologie sagen, in denen zahlreiche Gelehrte jüdischer Herkunft eine bedeutende Rolle gespielt haben: Mark Lidzbarski, Franz Rosenthal u. a. in der Semitistik, Georg Ebers, Wilhelm Spiegelberg, Walter Wreszinski, Georg Steindorff, Ludwig Borchardt, Hermann Ranke u. a. in der Ägyptologie. Von Hindernissen seitens philosophischer Fakultäten bei Berufungsverfahren ist nichts bekannt,[13] ganz anders als im Falle von Germanisten, die an den gleichen philosophischen Fakultäten nicht geduldet, nicht berufen worden sind.

Die folgende Darstellung konzentriert sich auf die Jahre von 1933 bis 1938, als erst in Deutschland, später auch in Österreich Altorientalisten, d. h. Philologen und Archäologen, aus ihren akademischen Positionen vertrieben und zur Emigration gezwungen wurden, bzw. solche, die gar nicht erst die ihnen zustehende akademische Laufbahn einschlagen konnten.

11 Vgl. dazu Christhard Hoffmann, *Juden und Judentum im Werk deutscher Althistoriker des 19. und 20. Jahrhunderts*, Leiden 1988, S. 162-173, bes . S. 167.

12 Vgl. dazu Hoffmann (Anm. 11), S. 173-189, insbesondere die folgenden Bemerkungen in einem Brief an Dietrich Schäfer vom 28. Februar 1889: »[...] Es giebt hier an der ganzen Universität [Tübingen] keinen Juden [...] Man vermeidet hier auch offenbar absichtlich, Semiten in die Univ. hineinzuziehen.« Ebd., S. 181, Anm. 136.

13 Der Verlauf der akademischen Karriere von Mark Lidzbarski in der Zeit vor dem 1. Weltkrieg könnte befördert worden sein durch seinen Übertritt zum evangelischen Glauben im Jahre 1892: Lidzbarski habilitierte sich 1893 in Kiel, wurde 1907 zum ordentlichen Professor für Semitische Philologie in Greifswald, 1917 zum ordentlichen Professor in Göttingen berufen; vgl. *Neue Deutsche Biographie*, Bd. 15, Berlin 1987, S. 470; *Deutsche Biographische Enzyklopädie*, Bd. 5, München 1997, S. 377 f. – In der Kunstgeschichte etwa wurde der erste (rein) kunsthistorisch definierte Lehrstuhl Deutschlands in Halle von Adolf Goldschmidt bekleidet (habilitiert 1892, 1903 ao. Professor in Berlin, 1904 o. Professor in Halle, seit 1912 Ordinarius in Berlin, 1929 emeritiert, 1939 Emigration nach Basel). Goldschmidt war nicht zum Protestantismus konvertiert. – Nach Auskunft von Notker Hammerstein sind die Bedingungen für die Berufbarkeit bzw. Nicht-Berufbarkeit von Juden seit alters in den Statuten der Universitäten verankert, aber wohl auch von Fall zu Fall interpretiert und fachspezifisch angewandt worden. Vgl. auch den in Anm. 12 zitierten Brief von Eduard Meyer.

Es geht in der folgenden Darstellung darum
- persönliche Schicksale kurz zu skizzieren,
- die negativen Auswirkungen der Vertreibung auf die akademische Disziplin in Deutschland und Österreich zu benennen und
- schließlich auch darum, zu zeigen, welch befruchtenden Einfluß diese Gelehrten auf die Entwicklung der Altorientalistik in ihren jeweiligen Gastländern genommen haben.

Vor allem der zweite und dritte Punkt erscheinen von besonderer Bedeutung, weil, anders als in einer durch zahlreiche Gelehrte vertretenen Disziplin, in einem kleinen Fach wie der Altorientalistik die Folgen der Vertreibung bedeutender Wissenschaftler erheblich spürbarer gewesen sind. Dies dürfte cum grano salis auch für andere kleine Fächer gelten – wie z. B. Arabistik (u. a. Leslau, Rosenthal, Schacht, Uhlendorff) oder Sinologie.[14]

Die folgende Darstellung beruht zu einem erheblichen Teil darauf, daß ich die wichtigsten der betroffenen Gelehrten noch persönlich erlebt habe. Als Student bin ich ihnen auf Kongressen begegnet. Vor allem aber haben mich einige von ihnen während meiner zehnjährigen Arbeit am Oriental Institute der University of Chicago entscheidend geprägt.

Zu nennen sind vor allem Benno Landsberger, der Ordinarius für Assyriologie an der Universität Leipzig, und seine Schüler Fritz Rudolf Kraus und Hans-Gustav Güterbock; Martin David aus der Leipziger Schule des Rechtshistorikers Paul Koschaker; Julius und Hildegard Lewy aus Gießen; Felix Peiser in Königsberg; Edith Porada und Leo Oppenheim aus Wien; Ernst Herzfeld und Hermann Pick in Berlin.[15] Ich konzentriere mich auf vier von ihnen: Landsberger, Oppenheim, Güterbock und Kraus.

Benno Landsberger (1890-1968)[16] kann mit Recht als der einflußreichste Altorientalist des 20. Jahrhunderts bezeichnet werden. Er stammt, »Sohn des

14 Zur Sinologie vgl. M. Kern, The Emigration of German Sinologists, 1933-1945: Notes on the History and Historiography of Chinese Studies, in: *Journal of the American Oriental Society* 118, 1998, S. 507-529. Kern bestätigt diesen Eindruck expressis verbis, indem er verschiedene Sinologen dazu zitiert; vgl. dazu auch unten S. 246.

15 Kurze biographische Abrisse finden sich in: *Neue Deutsche Biographie*, hg. von der Historischen Kommision bei der Bayerischen Akademie der Wissenschaften, Berlin 1953 ff. und in: *Biographical Dictionary of Central European Emigrés 1933-1945*, Bd. 2, München 1983.

16 Die umfangreichste Darstellung von Landsbergers wissenschaftlichem Werdegang und seiner akademischen Karriere bis zum Jahre 1935 bei M. Müller, Die Keilschriftwissenschaften an der Leipziger Universität bis zur Vertreibung Landsbergers im Jahre 1935, in: *Wissenschaftliche Zeitschrift der Karl-Marx-Universität Leipzig* 28, 1979, S. 67-86, insbes. S. 76-86; zu den in *Neue Deutsche Biographie*, Bd. 13, Berlin 1982, S. 516 genannten Nachrufen, von denen der von H. Petschow

Fabriksteilhabers Leopold Landsberger«,[17] aus Friedeck in Österreichisch-Schlesien (heute Frydek in Tschechien). Wie von ihm selbst berichtet,[18] hat er sich schon in jugendlichen Jahren für die Assyriologie interessiert und sich noch vor seinem Studium in Leipzig die Grundlagen der Keilschrift angeeignet; auch lernte er Hebräisch, das in vielen deutschsprachigen Gymnasien angeboten wurde. Er studierte seit 1908 Semitistik und Assyriologie bei A. Fischer und H. Zimmern[19] in Leipzig, das damals neben Berlin mit F. Delitzsch das bedeutendste Zentrum altorientalistischer Studien war. Nach seinem Dienst als Offizier in der österreichischen Armee im 1. Weltkrieg kehrte er hochdekoriert (Goldenes Verdienstkreuz) nach Leipzig zurück, habilitierte sich, intensiv gefördert von seinem Lehrer H. Zimmern, der Landsbergers wissenschaftliches Potential frühzeitig erkannt hatte, und wirkte dort seit 1920 als Privatdozent. In den frühen zwanziger Jahren wurde ihm angetragen, sich der Gruppe von Gelehrten anzuschließen, die sich anschickte, das Department of Oriental Studies an der Hebrew University zu Jerusalem zu gründen.[20] Ganz offensichtlich hat er dieses Angebot nicht angenommen. Er blieb in Leipzig und wirkte dort als außerordentlicher Professor (1926-1928). Nach einer kurzen Zeit als Ordinarius in Marburg (1928-1929) wurde er auf den Lehrstuhl seines Lehrers Heinrich Zimmern wieder nach Leipzig beru-

der ausführlichste und informativste ist, vgl. noch W. von Soden, Benno Landsberger zum 75. Geburtstag (21. April 1965), in: *Forschungen und Fortschritte* 39, 1965, S. 125 f. sowie W. J. Martin, Obituary: Prof. Benno Landsberger. Noted Oriental Scholar, in: *The Times*, London, Nr. 57, 245 vom 12. Mai 1968, S. 12 und vgl. außerdem H. G. Güterbock, Benno Landsberger 1890-1968, in: *Remembering the University of Chicago*, hg. von Edward Shils, Chicago 1991, S. 267-275.

17 Vgl. den Lebenslauf, der in den Pflichtexemplaren seiner Dissertation *Der kultische Kalender der Babylonier und Assyrer* abgedruckt ist, in der Publikation der Dissertation in Leipziger Semitistische Studien 6/1-2 (Leipzig 1915) aber fehlt.

18 Brieflich Hayim Tadmor, Jerusalem, 15. März 1999.

19 Leonore Goldschmidt nennt in dem Kapitel ›Philologie‹, in: *Juden im deutschen Kulturbereich. Ein Sammelwerk*, hg. von Siegmund Kaznelson, 2. Aufl., Berlin 1959, S. 328 auch Zimmern unter den jüdischen Assyriologen. Hier scheint ein Irrtum vorzuliegen. Es mag sein, daß einer von Zimmerns Vornamen (Friedrich David Heinrich) Grund für diese Annahme gewesen ist. Zimmern, Sohn eines protestantischen Geistlichen im Badischen, studierte selber evangelische Theologie, war Vikar und wandte sich danach der Assyriologie zu. – Keiner der befragten Altorientalisten, die sich an ihn erinnern können, bestätigt die Behauptung von Zimmerns jüdischer Herkunft.

20 Tadmor (Anm. 18). Meines Wissens ist auch kein anderer jüdischer Assyriologe damals nach Jerusalem gegangen. Anders Polotsky, Ägyptologe und Semitist. Hermann Pick, schon in Deutschland in der zionistischen Organisation Misrachi tätig (u. a. als Leiter des Einwanderungsdepartments) kam erst 1934 nach Palästina.

fen. Daß er als Jude erst 1935 entlassen wurde, verdankte er dem Umstand, daß er als Frontoffizier im 1. Weltkrieg gedient hatte.

Von Leipzig führte Landsbergers Weg im Herbst 1935 nach Ankara. Bekanntlich bildeten die in Deutschland auf Grund des ›Gesetzes zur Wiederherstellung des Berufsbeamtentums‹ vom 7. April 1933 sofort entlassenen Professoren jüdischer oder halbjüdischer Herkunft bzw. diejenigen, die mit jüdischen Ehefrauen verheiratet waren, in der Schweiz die Notgemeinschaft deutscher Wissenschaftler im Ausland, die sich um ihre berufliche und akademische Zukunft in anderen Ländern bemühen sollte und bis 1937 etwa 1700 Wissenschaftler an ausländische Hochschulen vermitteln konnte.

Landsberger hat schwer unter seiner Entlassung aus der Leipziger Universität gelitten, was sein Leben in diesen Jahren in vielerlei Hinsicht belastet hat. Das hat ihn aber nicht daran gehindert, in einem Hilfskomitee für die im deutschen Staatsdienst stehenden Deutschen, die nach Abbruch der diplomatischen Beziehungen das Land verlassen mußten, tätig zu werden.

1948 wurden die meisten der deutschen Emigranten erneut entlassen – diesmal von der türkischen Regierung. Landsberger wurde nach Chicago berufen, wo er neben A. L. Oppenheim, T. Jacobsen und I. J. Gelb zum Leitungsteam des Chicago Assyrian Dictionary gehörte.

Im Falle Landsbergers läßt sich der Verlust für das von ihm vertretene Fach in Deutschland besonders eindrücklich zeigen. In den zwanziger Jahren gab der damals noch junge, in Leipzig lehrende Benno Landsberger mit seinen grundlegenden grammatischen und heuristischen Erkenntnissen der Altorientalistik einen bis zum heutigen Tag wirksamen Anstoß. Richtungsweisend war v. a. die Schrift ›Die Eigenbegrifflichkeit der babylonischen Welt‹.[21] Landsberger bereitete damit einerseits dem sogenannten Panbabylonismus ein Ende und stellte andererseits das z.T. unreflektierte Übertragen von alttestamentlicher Begrifflichkeit auf religiöse Phänomene Mesopotamiens in Frage. Um es verkürzt zu sagen: Die Vorstellungen über das alte Mesopotamien und seine Kultur waren – ganz anders als die Auffassung des alten Ägyptens im Bewußtsein des 20. Jahrhunderts – von der christlich-abendländischen Begriffswelt (Bußpsalmen, Sünde etc.) und von ihr geprägten Erklärungskonzepten und -modellen bestimmt. Er wies den Weg, wie die der mesopotamischen Kultur eigenen Denkkategorien und Wertvorstellungen auf methodisch stringente Weise zu erschließen seien. Er nahm damit auch die Diskussion um Eigenbegrifflichkeit und Wissenschaftsbegrifflichkeit vorweg, die später in Linguistik und Sozialanthropologie unter dem Begriffspaar ›emisch/›etisch‹ Bedeutung erlangte.[22]

---

21 Benno Landsberger, Die Eigenbegrifflichkeit der babylonischen Welt, in: *Islamica* 2, 1926, S. 355-371; Neudruck als Monographie Darmstadt 1965.

22 Abgeleitet aus der Opposition phon*emisch* versus phon*etisch*.

Landsbergers Ausstrahlungskraft als Lehrer hat in den wenigen Jahren seines Leipziger Ordinariats zahlreiche Studenten angezogen. Die, die unter ihm promoviert worden sind, haben selbst das Fach ganz wesentlich beeinflußt. Die von Zimmern begründete und von Landsberger beeinflußte ›Leipziger Schule‹, von der Landsberger schreibt, daß sie »in jenen Jahren, d. h. von 1920 bis 1935 blühte«,[23] hat dann später, sicher in anderer Weise geprägt, in Heidelberg und Münster ihre Fortsetzung gefunden; heute sind fast alle Professuren in Deutschland von seinen ›Enkeln‹ besetzt. Landsbergers Wirken ist nicht – wie das an anderen Beispielen für die Germanistik beschrieben worden ist – im Sinne einer fundamentalen Gegenposition zur herrschenden Lehre im Fach zu sehen. Er hat vielmehr die moderne Altorientalistik aus sich selbst heraus in einer Weise definiert, die für das Fach bis heute bestimmend ist.

Leo Oppenheim (1904-1974),[24] Sohn eines Möbelfabrikanten aus Mähren, arbeitete nach seiner Promotion zunächst in der väterlichen Firma, ein Umstand, der sicher dafür verantwortlich zu machen ist, daß er sich zeitlebens einen Sinn für die praktischen Dinge des Lebens bewahrte. Oppenheim stand am Anfang seiner wissenschaftlichen Karriere, als er im März 1938 sofort nach dem sogenannten ›Anschluß‹ Österreichs an das Deutsche Reich als Assistent und Bibliothekar am Orientalischen Institut der Universität Wien entlassen wurde. Im Mai 1938 emigrierte er nach Frankreich, wo er ein vorläufiges Auskommen in einem Forschungsprojekt am Collège de France in Paris fand. Bei Ausbruch des Krieges wurde er zunächst interniert, diente dann von Mai bis Juli 1940 als prestataire im corps de savants in der französischen Armee. Schließlich gelang ihm im April 1941, in fast letzter Minute, durch Vermittlung des Mathematik-Historikers Otto Neugebauer, der 1933 aus Göttingen über Dänemark in die USA emigriert war, via Spanien und Portugal der Weg in die USA. Zunächst – bis 1947 – war er an der New York Public Library und am Asia Institute tätig, von wo er ans Oriental Institute der University of Chicago berufen wurde. An diesem Institut, der weltweit am besten ausgestatteten und renommiertesten Forschungsstätte des Faches, war er bis zu seinem Tod 1974 tätig. Er war berufen worden, um an dem 1922 begründeten Projekt eines Wörterbuches der akkadischen Sprache mitzuwirken. Verschiedene Umstände, zuletzt auch der Kriegseinsatz einiger Forscher des Oriental Institutes im militärischen Geheimdienst der USA, hatten das

---

23 Unpubliziertes Manuskript Landsbergers im Besitz des Verfassers.
24 Für Nachrufe vgl. *Neue Deutsche Biographie*, Bd. 19, Berlin 1998, S. 567; insbesondere Erica Reiners biographische Skizze in: *Remembering the University of Chicago* (Anm. 16), S. 374-382, in der sie nachdrücklich die intellektuelle Breite, das Programmatische seiner Arbeiten und seine eindrucksvolle sprachliche Gewandtheit hervorhebt.

Unternehmen zu fast gänzlichem Stillstand gebracht. Zusammen mit dem ein Jahr später berufenen Benno Landsberger war er die treibende Kraft, als es darum ging, vom Stadium des Sammelns von Belegen Abschied zu nehmen und die Phase des Publizierens einzuleiten. Oppenheims Bedeutung als einem der einflußreichsten Vertreter des Faches in diesem Jahrhundert beruht sicher auf seiner Arbeit in Chicago, erst als Mitherausgeber, später für viele Jahre als der ›editor-in-charge‹ des ›Chicago Assyrian Dictionary‹, eines bisher 22 (von insgesamt 26 geplanten Bänden) umfassenden thesaurusartigen Wörterbuches einer der ältesten bezeugten Sprachen der Menschheit. Es handelt sich dabei – nach Oppenheims Worten – nicht lediglich um ein simples Wörterbuch, sondern um ein Kompendium, das die Kultur Mesopotamiens durch die seiner Sprache eigene Begrifflichkeit darstellt. Dies ist in besonderem Maße seinem und dem Einfluß Benno Landsbergers zu verdanken.

Oppenheims Wirkung als Gelehrter liegt ganz maßgeblich auch in dem Vorbild, das er als editor-in-charge des ›Chicago Assyrian Dictionary‹ gab, sehr unmittelbar für die, die zeitweilig oder über viele Jahre hin in Chicago unter und mit ihm gearbeitet haben; seit etwa 1950 waren es auch zahlreiche jüngere europäische und darunter eine ganze Reihe deutsche oder österreichische Assyriologen, zu denen ich auch selbst gehörte.

Hans-Gustav Güterbock (1908-2000)[25] ist in einem großbürgerlichen Elternhaus in Berlin-Nikolassee aufgewachsen und von der Atmosphäre Berlins im ersten Drittel des 20. Jahrhunderts geprägt worden. Sein Vater, aus einem jüdischen Elternhaus stammend, aber zum Protestantismus konvertiert, war eine der führenden Persönlichkeiten der Deutschen Orient-Gesellschaft, befreundet mit James Simon, dem großen Mäzen der Berliner Museen. So war es fast natürlich, daß die Entdeckungen der Deutschen Orient-Gesellschaft den jungen Güterbock in ihren Bann gezogen haben. Nach dem Abitur und verschiedenen Versuchen, sich für ein Studienfach zu entscheiden, machte ihm Hans Ehelolf, der damals weltweit führende Vertreter des Faches in der sich gerade entwickelnden Hethitologie (Hethitisch ist die älteste bezeugte indo-europäische Sprache – 17.-13. Jahrhundert v. Chr.) einen Vorschlag, den Güterbock so beschreibt: Hier sei eine Sprache, bei der er alles von Anfang an neu machen könne. Wenn er es nicht zur Universitätskarriere schaffe, fände er immer noch am Museum seinen Unterhalt. »Ich ging«, schreibt Güterbock, »darauf ein und Ehelolf gab mir ein ganzes Jahr lang privaten Unterricht (meinem Vater zu Liebe). Danach studierte ich in

---

25 Für viele Einzelheiten vgl. seine autobiographische Skizze Resurrecting the Hittites, in: *Civilizations of the Ancient Near East*, hg. von Jack M. Sasson, Bd. 4, New York 1995, S. 2765-2777, bes. S. 2771.

Berlin Sanskrit und Arabisch als Anfänger, als Beispiele einer indogermanischen und einer semitischen Sprache. Ehelolf wollte nicht, daß ich in Berlin Akkadisch studieren sollte und schickte mich nach Leipzig.«[26] So wuchs Güterbock mit dem Fach auf und wurde selbst zu einem der bedeutendsten Vertreter der Disziplin. Er konnte 1933 gerade noch in Leipzig bei Landsberger seine Promotion abschließen, fand aber danach in Deutschland keine Zukunft: Als Ehelolf ihn als Assistent am Museum haben wollte, erklärte das der Generaldirektor der Museen wegen Güterbocks jüdischer Herkunft für unmöglich. Zunächst arbeitete Güterbock dann, von der Deutschen Orient-Gesellschaft bezahlt, im Team der deutschen archäologischen Expedition in der alten Hethiterhauptstadt Hattuscha (Boghazköy). Nach seiner Rückkehr nach Berlin im Herbst 1933 gab es einen neuen Generaldirektor, der, obwohl Mitglied der NSDAP, bereit war, Güterbock einen Werkvertrag zu geben, unter der Voraussetzung, daß sich daraus keine permanente Anstellung an den Museen ergeben dürfe.[27] Güterbock war dann bis 1935 – unterbrochen von seiner Tätigkeit als Philologe bei der Ausgrabung in Boghazköy in den Sommermonaten 1934 und 1935 – am Vorderasiatischen Museum mit Katalogisierungsarbeiten von hethitischen Texten betraut. 1936 wurde er als Professor der Hethitologie an die Universität Ankara berufen.

Nachdem 1948 auch Güterbocks Vertrag nicht verlängert worden war, wurde auch er – nach einem einjährigen Intermezzo in Uppsala – 1949 an das Oriental Institute der University of Chicago berufen. Einen später ergangenen Ruf an die Freie Universität Berlin hat er aus familiären Gründen abgelehnt. Seine Verbindungen mit Berlin und dessen Forschungsinstitutionen (u. a. als ordentliches Mitglied des Deutschen Archäologischen Instituts) in beiden Teilen der geteilten Stadt aber hat er bis in die letzten Jahre aufrecht erhalten. Sein Gesundheitszustand erlaubte es ihm nicht, die ihm von der Freien Universität 1998 verliehene Ehrendoktorwürde – eine Auszeichnung, die ihm eine ganz besondere Freude und Genugtuung bedeutete – selbst in Berlin entgegenzunehmen.

Fritz Rudolf Kraus (1910-1991)[28] – geboren in Spremberg (Brandenburg) als Sohn eines Textilfabrikanten jüdisch-österreichischer Herkunft, der zum Protestantismus konvertiert war, ist in Spremberg, Görlitz, Berlin-Charlottenburg und Templin aufgewachsen. Er war ein weiterer bedeutender Schüler von Benno Landsberger. 1935 gelang es ihm gerade noch, unter großen Schwierigkeiten in Leipzig promoviert zu werden. 1937 schließlich folgte er seinem Lehrer Landsberger in die Türkei, auf dessen Initiative hin er als

---

26 Brieflich H.-G. Güterbock.

27 Bis 1934 war Wilhelm Waetzoldt Generaldirektor, ihm folgte 1934 Otto Kümmel.

28 Vgl. auch den Nachruf von K. R. Veenhof, in: *Archiv für Orientforschung* 38/39, 1991/92, S. 262-265, mit Verweis auf weitere Nachrufe.

Kustos der Tontafelsammlung am Museum in Istanbul angestellt wurde. Seine Position in der Türkei war wesentlich weniger gesichert als die seines Lehrers Landsberger und die seines früheren Kommilitonen Güterbock. 1949 wurde er auf das Extraordinariat für Alte Semitische Philologie und Orientalische Archäologie an der Universität Wien berufen und trat die Stelle im Januar 1950 an. Bereits 1953 erhielt er einen Ruf auf den Lehrstuhl in Leiden. Kraus hat in Leiden eine überaus fruchtbare Tätigkeit entfaltet und die niederländische Altorientalistik durch eine Zahl hochbegabter Schüler bleibend geprägt.

Ich habe mich auf vier Fachvertreter konzentriert. Ich glaube, die kurze Darstellung ihres jeweiligen Lebensweges und die Hinweise auf ihre Bedeutung für das Fach haben gezeigt, welchen Verlust ihre Vertreibung bedeutet hat, welchen Gewinn ihre jeweiligen Gastländer aus ihrer Tätigkeit gezogen haben. Für den Fall der deutschen Sinologie hat Martin Kern den Verlust durch die Vertreibung von Wissenschaftlern aus Deutschland und Österreich mit der Bemerkung gewertet, daß es sich dabei nicht nur um den Exodus einzelner Gelehrter gehandelt habe, »but of whole fields and new approaches of scholarship«.[29] Dies wird, was die Altorientalistik betrifft, besonders schmerzlich an der Vertreibung Landsbergers aus Leipzig deutlich. Aus der Sicht eines amerikanischen Altorientalisten stellt sich der Gewinn durch die Emigration deutscher Wissenschaftler nach den USA so dar: Er schreibt von Albrecht Goetze (Yale University), der als politisch engagierter und äußerst aktiver Gegner der NSDAP 1933 unmittelbar nach Hitlers Machtergreifung aus Marburg fliehen mußte, daß er und die jüdischen Emigranten, die später in die USA kamen – Landsberger, das Ehepaar Lewy, Oppenheim und Güterbock – die Altorientalistik in den USA revolutioniert, belebt und zu neuer Bedeutung geführt hätten.[30] Man muß diese Wertung insofern etwas relativieren, als daran auch eine Reihe europäischer Altorientalisten teil hatten, die in den zwanziger Jahren nach den USA gekommen waren.[31]

Wie dies auch für andere Disziplinen gilt, hat sich die deutsche akademische Welt auch im Falle der Altorientalistik zuweilen schwer getan, mit der Verstrickung ihrer Vertreter mit dem NS-Regime und dem Phänomen der Emigration offen umzugehen. Selbst Adam Falkenstein, dem man in keiner Weise eine Affinität zum NS-Regime nachsagen kann, spricht in der Denkschrift der Deutschen Forschungsgemeinschaft zur Lage der Orientalistik (1960) nur sehr allgemein von den »schweren personellen Verluste[n] nach

---

29 Vgl. Kern (Anm. 14), S. 508.

30 Vgl. B. R. Foster, [Albrecht Goetze], in: *American National Biography*, hg. von John A. Garraty und M. C. Carnes, Bd. 9, New York 1999, S. 167.

31 E. Chiera, F. W. Geers, I. J. Gelb, T. Jacobsen, A. Poebel (alle am Oriental Institute der University of Chicago), dazu S. N. Kramer (University of Pennsylvania, Philadelphia).

1933«,[32] die die Orientalistik stärker als andere Fächer betroffen hätten. Wesentlich deutlicher äußert sich Paul Koschaker in seiner Autobiographie, wenn er sagt, daß »der Bericht über das Leben eines deutschen Professors, das die Jahre des Nationalsozialismus umfaßt, [...] an seinem Verhältnis zu ihm nicht vorbeigehen« könne.[33]

Wenn es um die Frage geht, in welchem Maße die Herkunft aus dem Judentum für einzelne Vertreter des Faches bei der Wahl der Altorientalistik als Studiendisziplin bestimmend gewesen sein könnte – wie dies als Frage von den Organisatoren der Konferenz formuliert worden ist – fällt die Antwort schwer. Sicher könnte man zum Beispiel für Landsberger darauf verweisen, daß er bereits auf dem Gymnasium Hebräisch lernte. Aber Hebräisch wurde schließlich auf vielen humanistischen Gymnasien gelehrt – wohl zumeist als Angebot an zukünftige Theologen und nicht als ein Entgegenkommen an Schüler aus jüdischen Elternhäusern. Meines Erachtens ist die Herkunft aus einem bestimmten religiösen Umfeld – hier also dem Judentum – nicht gewichtiger gewesen als für viele Altorientalisten, die aus einer christlichen Tradition heraus über die Theologie und besonders über das Alte Testament den Zugang zum Alten Orient gefunden haben.[34] Es spielt hier sicher das allgemeine Interesse an den Entdeckungen im Vorderen Orient eine Rolle. Populäre Bücher für Kinder und Jugendliche regten zum Lernen ägyptischer Hieroglyphen an. Vermutlich gab es Ähnliches auch für die Keilschrift. Die Faszination, die die Keilschrift und die mesopotamische Kultur auf die gebildeten Schichten zur Jahrhundertwende ausübten, zeigt sich deutlich am Beispiel Strindbergs,[35] der sich zahlreiche Grammatiken der babylonischen

32 Adam Falkenstein (Hg.), *Denkschrift zur Lage der Orientalistik*, Wiesbaden 1960, S. 2.

33 Paul Koschaker, in: *Österreichische Geschichtswissenschaft der Gegenwart in Selbstdarstellungen*, hg. von Nikolaus Grass, 2. Aufl., Innsbruck 1951, S. 117.

34 Bei Lidzbarski, der aus einem traditionellen jüdischen Milieu in Russisch-Polen stammt, ist das Interesse an den (semitischen) Sprachen schon in sehr jungen Jahren durch die Lektüre etwa von Geigers ›Zur Entwicklungsgeschichte der Menschheit‹ oder Whitneys ›Leben und Wachstum der Sprache‹ ebenso wie durch Publikationen des Indologen Max Müller geweckt worden. Ganz wesentlich war die Entdeckung und Publikation der Inschrift des Moabiterkönigs Mescha, in der von Auseinandersetzungen mit Israel berichtet wird, die ebenfalls im Buch der Könige Erwähnung fanden. In den Jahren 1885/86 beschäftigte er sich mit dieser Inschrift, die ihn veranlaßte, sich weiteren semitischen Sprachen (und auch der Keilschrift) zu widmen; vgl. dazu Lidzbarskis anonym erschienene Autobiographie *Auf rauhem Weg. Jugenderinnerungen eines deutschen Professors*, Göttingen 1927, S. 172, 175, 190.

35 Vgl. dazu V. Haas, Die literarische Rezeption Babylons von der Antike bis zur Gegenwart, in: *Babylon. Focus mesopotamischer Geschichte, Wiege früher Gelehrsamkeit, Mythos in der Moderne*, hg. von Johannes Renger, Berlin 1999, S. 523-552.

Sprache hat kommen lassen und darüber in seinen Tagebüchern räsoniert. Und es sei daran erinnert, welch dankbar verwendetes Objekt die Keilschrift und die Keilschriftforscher für die zeitgenössische Karikatur abgegeben haben. Wenn man berücksichtigt, daß es zum Beispiel auch in der deutschen Sinologie zahlreiche jüdische Gelehrte gegeben hat,[36] bei denen eine Affinität zwischen Studium und der Herkunft aus jüdischem Milieu nicht gegeben ist, so stellt sich mir eher die Frage nach einem allgemein wissenschaftssoziologisch relevanten Phänomen, das es zu untersuchen gilt, wozu ich mich allerdings nicht berufen fühle. Dabei wäre sicher zu beachten, daß einige der in Frage Kommenden (Güterbock, Kraus) in christlichen Elternhäusern aufgewachsen sind, Landsberger und Oppenheim andererseits aber meines Wissens ihr Judentum nicht praktiziert haben. Hayyim Tadmor (Jerusalem), ein Schüler Landsbergers, schreibt mir dazu:»As far as I know, all three of them [Landsberger, Levy und Oppenheim] were highly assimilated in the German culture and had little, if any, Jewish involvement. As a result I doubt if there was any conscious effort on their part ›to look for their own past‹ via Assyriology.«[37] Ich kann keine Äußerungen Landsbergers und anderer Altorientalisten finden, in denen sie ihre jüdische Herkunft thematisiert hätten.

Die Entwicklung altorientalistischer Studien in Deutschland an der Wende vom 19. zum 20. Jahrhundert und bis zum 1. Weltkrieg 1914 ist in besonderem Maße von den Aktivitäten der Deutschen Orient-Gesellschaft (DOG) bestimmt worden, die die großen deutschen Grabungen im vorderen Orient (insbesondere Assur, Babylon) und in Ägypten (Amarna – Nofretete) in den Jahren 1899 bis 1917 betrieb. Paris und London waren in der Lage, in ihren Museen bedeutende Kunstwerke aus ihren Grabungen in Mesopotamien zu zeigen, Kunstwerke, denen die Königlichen Museen Berlins nichts Ebenbürtiges gegenüberstellen konnten. Die in London und Paris der Öffentlichkeit zugänglichen Reliefdarstellungen aus den Palästen der assyrischen Herrscher führten einem gebildeten Publikum – neben dem alten Ägypten – eine weitere vorklassische Hochkultur mit Kunstwerken von beeindruckender Ausstrahlungskraft vor Augen. In einer für die damalige Zeit charakteristischen Weise haben sich die bürgerlichen, intellektuellen und politischen Eliten aller Couleur (Rudolf Virchow ebenso wie Wilhelm II.) Deutschlands und besonders Preußens in den neunziger Jahren des 19. Jahrhunderts darauf verständigt, ebenfalls Grabungen in Mesopotamien durchzuführen und in den Ber-

---

36 Vgl. M. Kern (Anm. 14).

37 Brieflich, 15.3.1999; vgl. auch *Biographical Dictionary* (Anm. 15). Güterbock schreibt dazu, »daß für die meisten jüdischen Orientalisten ihre eigene Religion [hinsichtlich der Zuwendung zur Orientalistik, J. R.] nicht bestimmend war. Landsberger war gegen die Forschung, die sozusagen die Bibel bestätigen sollte, vom jüdischen wie vom christlichen Standpunkt aus ablehnend.«

liner Museen altorientalische Altertümer in gleicher Weise wie im Louvre und im British Museum zu präsentieren. Die Initiative zur Gründung einer Gesellschaft, die dieses Bestreben unterstützen sollte, ging ganz wesentlich von dem Berliner Mäzen und Philanthropen James Simon aus. Für sein Engagement für die Erforschung des Alten Orients scheint seine jüdische Herkunft nur in geringem Maße verantwortlich gewesen sein.[38] Es stellt sich aber auch die Frage, inwieweit sein Engagement zusätzlich auch auf dem Hintergrund eines wachsenden Interesses der gebildeten Kreise der Zeit an den alten Kulturen des Orients zu sehen ist. Überdies hat James Simon auch andere Teile der Museen durch sein persönliches Mäzenatentum und seinen Einsatz maßgeblich gefördert. Herausragendes Beispiel ist sein Wirken – mit Wilhelm von Bode als dem Direktor der Gemäldegalerie – für den Kaiser-Friedrich-Museums-Verein, dem die Gemäldesammlung der Staatlichen Museen viel von ihrem heutigen Glanz verdankt.

James Simon war durch seine weitreichenden geschäftlichen Beziehungen in der Lage, zahlreiche fördernde Mitglieder aus dem Bereich des industriell und gewerblich tätigen Bürgertums für die Arbeit der DOG zu gewinnen. Darunter befanden sich auch sehr viele Persönlichkeiten jüdischer Herkunft (z. B. Paul Schwabach aus dem Bankhaus Bleichröder, der Reeder Albert Ballin u. a.). Die Gesellschaft war aber auch durch zahlreiche Personen aus dem Umkreis des Hofes (Admiral Hollmann, Freund des Kaisers und Vorsitzender der Gesellschaft) vertreten. Wilhelm II. setzte sich persönlich für die Aktivitäten der Gesellschaft ein und unterstützte die Grabungen in Babylon und Assur laufend durch hohe Beiträge aus der kaiserlichen Privatschatulle. Wie sehr das jüdische Bürgertum und Großbürgertum, sicher als Ergebnis der Überzeugungskraft von James Simon, in der Deutschen Orient-Gesellschaft vertreten war, zeigt zu einem gewissen Maße der Mitgliederschwund, den die Gesellschaft nach 1933 erlitten hat: Im Jahr, als Hitler die Macht in Deutschland an sich riß, hatte die Gesellschaft noch etwa 1000 Mitglieder (1913/14 waren es ca. 1500), 1945 war die Zahl der Mitglieder auf ca. 300 gesunken! Wie alle Vereine und Organisationen stand auch die Deutsche Orient-Gesellschaft unter dem Druck von Partei und Regierungsstellen, jüdische Mitglieder auszuschließen. So hat die Deutsche Orient-Gesellschaft ihre jüdischen Mitglieder brieflich aufgefordert, ihren Austritt zu erklären, um das Fortbestehen der Gesellllschaft zu ermöglichen. Das hat auch viele nicht-jüdische Mitglieder zum Austritt veranlaßt. Ein beträchtlicher Teil der Mitgliederschaft ist den Weg in die Emigration gegangen; wie viele der Mitglieder der Deutschen Orient-Gesellschaft in den Vernichtungslagern ermordet wurden, ist nicht bekannt.

---

38 Vgl. S. O. Matthes, *James Simon – Mäzen im Wilhelminischen Zeitalter*, Berlin 2000, S. 276 f.

Jüdische Intellektuelle
und die Forschung zum Alten Orient vor 1933

Responsion zu Johannes Renger

DIRK NIEFANGER

Der Beitrag von Johannes Renger scheint etwas aus dem Rahmen der Tagung herauszufallen. Er nimmt nicht das Verhältnis jüdischer Intellektueller zu den Philologien bis 1933 in den Blick, sondern vor allem die Folgen des Exils altorientalistischer Forscher für die Entwicklung der Fachwissenschaft. So kann Renger zeigen, welchen Verlust die Emigration wichtiger jüdischer Wissenschaftler für die deutsche Altorientalistik bedeutet hat und welchen Gewinn sie seit den vierziger Jahren für die Forschung in den Gastländern darstellte. Dieser Tatbestand ist auf alle Philologien nach 1933 übertragbar. Die Vertreibung bedeutet einen herben Verlust an wissenschaftlicher Kompetenz in Deutschland und verlagert Innovationsleistungen in die Exilländer. Insofern öffnet der Beitrag eine generelle Perspektive auf die wissenschaftsgeschichtliche Entwicklung der Philologien nach 1933.

Doch Rengers Beitrag geht auch kurz auf die Fachgeschichte vor 1933 ein. Im Zentrum stehen hier drei Gelehrte, die sich besonders in der Assyrologie, also einem zentralen Gebiet der Altorientalistik, hervorgetan haben.[1] Die Biographien von Adolf Leo Oppenheim, Benno Landsberger und Hans-Gustav Güterbock verdeutlichen die persönlichen Schicksale jüdischer Wissenschaftler vor und nach 1933. Sie zeigen, wie in Deutschland Forschungstraditionen abbrechen und in den Exilländern neu entstehen. Vor 1933 prägten zweifellos jüdische Intellektuelle die altorientalistische Forschung.

Leonore Goldschmidt, die allerdings auch die Ägyptologie und die vorderasiatische Archäologie zur Orientalistik rechnet, konstatiert sogar, daß »jüdische Gelehrte auf dem Gebiet der Orientalistik führend« gewesen seien.[2] Jules Oppert und Felix Ernst Peiser könnte man hier nennen, die Renger anführt. Er konzentriert sich bei seiner Darstellung auf die Assyrologie, also eine Altorientalistik im engeren Sinne, und läßt angrenzende Wis-

---

1 Der Name Assyrologie stand früher für das ganze Gebiet der Altorientalistik, heute ist Assyrologie ein zentrales Teilgebiet; vgl. Johannes Renger, Altorientalische Philologie und Geschichte, in: *Der neue Pauly. Enzyklopädie der Antike*, hg. von Hubert Cancik […], Bd. 13, Stuttgart 1999, Sp. 101-113.

2 Leonore Goldschmidt, Philologie, in: *Juden im deutschen Kulturbereich. Ein Sammelwerk*, hg. von Siegmund Kaznelson, 2. Aufl., Berlin 1959, S. 323-348, hier S. 325.

senschaftsbereiche, die sich mit der Kultur des Alten Orients beschäftigen (Semitistik usw.), beiseite. Im Sinne einer erweiterten Altorientalistik wären zu ergänzen: der 1933 von den Nationalsozialisten entlassene Gießener Professor Julius Lewy (1895-1963), der 1934 emigrierte preußische Bibliotheksrat und Professor Hayyim Herman Pick (1879-1952), der Königsberger Professor Felix Perles (1874-1933), der Berliner Moritz Sebastian Sobernheim (1872-1933) und der in Göttingen verstorbene Professor für orientalische Philologie Mark Lidzbarski (1868-1928).

Nach diesen kleinen Ergänzungen richtet sich meine Responson auf zwei Diskussionspunkte: (1) auf Benno Landsbergers Karriere vor seiner Emigration und (2) auf jüdische Intellektuelle im Bereich der Alten Geschichte bis 1933, die man zu einer weiter gefaßten Altorientalistik rechnen könnte.

(1) Für das zur Diskussion stehende Teilfeld der Wissenschaftsgeschichte ist Benno Landsberger zweifellos die interessanteste Figur. Er hat die Entwicklung seines Faches schon in der Weimarer Republik geprägt, ja gilt als der Begründer der modernen Assyrologie. Seine jüdische Herkunft war seinen Fachkollegen durchaus bekannt und wurde bei Versuchen seiner wissenschaftlichen Etablierung (z. B. an der Hebräischen Universität in Israel) mitbedacht. Sie war schon aus seiner 1915 erschienenen Dissertation über den kultischen Kalender der Babylonier und Assyrer ersichtlich, die einen selbst verfaßten Lebenslauf mit einer Pflichtangabe zur Konfession enthält: Er bekennt sich hier zur »jüdischen Glaubenszugehörigkeit«.[3] Landsberger hat nicht viel publiziert; auf der Kenntnis seiner wenigen Artikel und vor allem auf Hörensagen beruhte sein Ruf bis 1935. Von seiner Sprachbegabung, seinem phänomenalen Gedächtnis und seiner Diskussionsfreudigkeit berichten sogar biographische Nachschlagewerke.[4] Der wissenschaftliche Erfolg bis 1935 wurde durch seinen jüdischen Glauben offenbar nicht eingeschränkt, obwohl es möglicherweise Vorbehalte des bedeutenden Lehrstuhlinhabers für Assyrologie in Berlin, Bruno Meissner, gegeben hat. Dieser unterstand aber einem anderen Landesministerium. Für die sächsische Behörde scheint die Glaubenszugehörigkeit keine Rolle gespielt zu haben.

Damit mag ein Phänomen angedeutet sein, auf das der Beitrag Rengers nicht zu sprechen kam, obwohl es für die Beurteilung der universitären Karrieren in der Zeit zwischen 1871 und 1933 von zentraler Bedeutung ist. Allerdings ist es schwer zu fassen und nur selten über Universitätsakten, besser vielleicht über Briefe und Tagebuchaufzeichnungen erschließbar. Man hat es

---

3 Vgl. Gustav Landsberger, *Der kultische Kalender der Babylonier und Assyrer*, Leipzig 1915, S. [92].

4 Etwa Wolfram von Soden, Benno Landsberger, in: *Neue deutsche Biographie*, hg. von der Historischen Kommission bei der Bayerischen Akademie der Wissenschaften, Bd. 13, Berlin 1982, S. 516-517, hier S. 516.

nach dem zuständigen preußischen Beamten als ›System Althoff‹ bezeichnet.[5] Friedrich Althoff, der zur Zeit der Jahrhundertwende für die Besetzung der Professorenstellen in Preußen zuständig war, hatte ein Netz persönlicher Bekanntschaften im Universitätsbereich aufgebaut. Zu diesem Netz gehörten im hier diskutierten Feld Theodor Mommsen, Eduard Meyer, Eduard Zeller und Ulrich von Wilamowitz-Moellendorff. Diese Peergroup bestimmte offenbar wesentlich die Besetzungen im Bereich der Alten Geschichte und der Klassischen Philologie an den preußischen Universitäten. Auf die Altorientalistik, wissenschaftsgeschichtlich gesehen eine Schwester der Alten Geschichte, hatte dieses oder ein ähnliches System sicher auch Einfluß. Persönliche Bekanntschaften und informelle Netze werden bei der Besetzung von Universitätsstellen in den anderen Ländern und in der Zeit nach dem Ersten Weltkrieg ebenfalls relevant gewesen sein.

Aus dieser Perspektive müßte man fragen, wie es möglich war, daß sich Landsberger in Leipzig durchsetzen konnte. Entscheidend unterstützte ihn sicher sein Lehrer und Vorgänger auf dem Leipziger Ordinariat, Heinrich Zimmern (1862-1931). Er war zur Zeit von Landsbergers Promotion Prokanzellar. Heinrich Zimmern, bis 1929 Professor in Leipzig, wuchs – wie Landsberger – in einer jüdischen Familie auf. Er hat sich, vermutlich um an der Universität arbeiten zu können, taufen lassen. 1885 legte er das theologische Staatsexamen ab und bekleidete 1885-1887 sogar eine Stelle als Pfarrvikar. Trotzdem war bekannt, daß der in der Universität und unter Kollegen hochangesehene Gelehrte einer jüdischen Familie entstammte.[6] Die jüdische Religionszugehörigkeit Benno Landsbergers dürfte vor 1933 an der Universität Leipzig also keine absolute Barriere gewesen sein. Zu fragen wäre, in welcher Beziehung sein Förderer und Lehrer Heinrich Zimmern zu den entscheidenden Behörden in Sachsen stand und ob hier die Religionszugehörigkeit Landsbergers diskutiert wurde. Vermutlich spielte sie – anders als im Berliner ›System Althoff‹ vor 1918 – keine große Rolle.

---

5 Vgl. *Das ›System Althoff‹ in historischer Perspektive*, hg. von Bernhard vom Brocke, Hildesheim 1991; und Bernhard vom Brocke, Hochschul- und Wissenschaftspolitik in Preußen im Deutschen Kaiserreich 1882-1907. Das ›System Althoff‹, in: *Bildungspolitik in Preußen zur Zeit des Kaiserreichs*, hg. von Peter Baumgart, Stuttgart 1980, S. 9-118.

6 Vgl. etwa Felix Goldmanns Artikel zu Heinrich Zimmern, in: *Jüdisches Lexikon. Ein enzyklopädisches Handbuch des jüdischen Wissens in vier Bänden*, begründet von Georg Herlitz und Bruno Kirschner, Bd. IV/2, Berlin 1927 [Neudruck Königstein 1982], S. 1571. Dort wird auf die jüdische Familie von Zimmern verwiesen. Zimmern wird auch in Leonore Goldschmidts Liste jüdischer Gelehrter der Orientalistik genannt; vgl. Goldschmidt (Anm. 2), S. 328.

(2) Die 1988 erschienene Monographie von Christhard Hoffmann macht in einem Kapitel auf eine Reihe von jüdischen Wissenschaftlern im Bereich der Alten Geschichte aufmerksam.[7] Diese widmen sich – ihr Fach weiter auslegend als bislang üblich – einem möglichen Teilgebiet der Altorientalistik: nämlich der Sprache und Geschichte des antiken Judentums und seiner Nachbarländer. Dieses Gebiet wird vor dem 1. Weltkrieg entweder von der orthodoxen jüdischen Forschung, im Universitätsumfeld aber ausschließlich von der nicht-jüdischen Forschung bestimmt. Die Ergebnisse der ›Wissenschaft des Judentums‹ (Immanuel Wolf, später Leopold Zunz usw.) wurden innerhalb der Alten Geschichte offenbar nur selten zur Kenntnis genommen. Ein Grund war die isolierte Stellung jüdischer Wissenschaftler in Deutschland, ein anderer der Vorbehalt gegen die ›konfessionelle‹ Forschung. Die alte jüdische Geschichte im Kontext ihrer Nachbarländer und Kulturen wurde nach dem Ersten Weltkrieg zum wichtigen Forschungsgebiet jüdischer Wissenschaftler auch im universitären Umfeld. Gerade die Alte Geschichte bot Raum für eine originäre Forschung am Judentum, die die Ergebnisse der ›Wissenschaft des Judentums‹ berücksichtigen konnte. Die jüdische Kultur konnte in einer weit gefaßten und historisch arbeitenden Orientalistik in ihre eigenen kulturgeschichtlichen Kontexte eingeordnet werden.

Man muß drei herausragende Forscher hervorheben: Eugen Täubler (1879-1953), ab 1925 Ordinarius für Alte Geschichte in Heidelberg, Isaak Heinemann (1876-1957), ab 1930 Honorarprofessor für die Geistesgeschichte des Hellenismus in Breslau, der sich mit dem antiken Antisemitismus beschäftigt hat, und Elias Bickermann (1897-1981), seit 1929 in Berlin Privatdozent im Fach Alte Geschichte.

Betrachtet man die doch recht große Zahl jüdischer Intellektueller unter den Altorientalisten, bietet sich folgende These an: Das kleine Fach bot ein Reservoir, ja ein besonders geeignetes und goutiertes Rückzugsgebiet für jüdische Forscher. Innerhalb der Altorientalistik konnte der historische Kontext jüdischer Identität wissenschaftlich und im Austausch mit nicht-jüdischen Wissenschaftlern bis 1933 offenbar relativ frei (von religiösen und von ethnischen Vorbehalten) erforscht werden.

---

7 Vgl. Christhard Hoffmann, *Juden und Judentum im Werk deutscher Althistoriker des 19. und 20. Jahrhunderts*, Leiden 1988, S. 200-245.

Jüdischer Kulturprotestantismus
Jüdische Literatur und Literaturvereine im Kaiserreich

Gerhard Lauer

Jüdische Literatur wurde nicht unter die Gegenstände der universitären Philologien in Deutschland gezählt – das galt mehr als ein Jahrhundert lang und sollte sich erst ändern, als in den achtziger Jahren des 20. Jahrhunderts das Interesse an jüdischer Kultur sprunghaft anwuchs. Die Ausgliederung der jüdischen Literatur aus dem Gegenstandskanon der literaturwissenschaftlichen Disziplinen war nicht zwingend. Sie ist das Resultat des modernen Antisemitismus an den deutschen Universitäten. Denn die ›Historia literaria‹, deren klügste Köpfe ja keineswegs frei von Vorurteilen gegenüber Juden waren, hatte noch selbstverständlich Manuskripte und Bücher der jüdischen Minderheit verzeichnet, übersetzt und kommentiert.[1] Natürlich sind hebräische, aramäische oder etwa auch arabische Texte in den jeweiligen Fachphilologien und theologischen Fächern behandelt worden.[2] Aber ein gemeinsames Gegenstandsfeld, das den nationalphilologischen Gegenstandskonstitutionen vergleichbar wäre, bildeten sie nicht. Wer sich im 19. und noch im 20. Jahrhundert mit jüdischer Literatur befaßt hat, tat dies außerhalb der Universitäten, und ›Wissenschaft des Judentums‹ war der Name für diese Forschungsarbeit.

Zwei Momente haben die Erforschung der jüdischen Literatur geprägt, die bildungsbürgerliche Selbstverständigung und der Historismus. Mein Beitrag untersucht die Auswirkungen dieser Prägungen auf die Konzeptualisierung des Gegenstandes ›jüdische Literatur‹ und fragt nach den institutionellen Konsequenzen.[3] Ausgewählt wurden theoretische Gegenstandsbestimmungen ebenso wie praktische Durchführungen in Form von Jahrbüchern und Lehr-

---

1 Vgl. stellvertretend Stephen G. Burnett, *From Christian Hebraism to Jewish Studies. Johannes Buxtorf (1564-1629) and Hebrew Learning in the Seventeenth Century*, Leiden, New York, Köln 1996.

2 Vgl. z. B. Franz Delitzsch, *Zur Geschichte der jüdischen Poesie vom Abschluss der Heiligen Schriften Alten Bundes bis auf die neueste Zeit*, Leipzig 1836; Hermann L. Strack, *Einleitung in Talmud und Midrasch*, Leipzig 1887.

3 In zeitlicher Hinsicht untersucht mein Beitrag die Vorgeschichte zum Begriff der deutsch-jüdischen Literatur, wie ihn Hans Otto Horch und Itta Shedletzky entwickelt haben: vgl. dies., Die deutsch-jüdische Literatur und ihre Geschichte, in: *Neues Lexikon des Judentums*, hg. von Julius H. Schoeps, Gütersloh, München 1992, S. 291-294.

büchern zur jüdischen Literatur. Der vorgegebene Rahmen setzt der Materialerschließung Grenzen, so daß sich nicht immer vermeiden ließ, daß Schlußfolgerungen in einem eher spannungsvollen Verhältnis zu ihrer historischen Verifikation stehen. Die dabei leitende Überlegung ist die, daß der Umgang mit der jüdischen Literatur und ihrer Geschichte erst vor dem Hintergrund der Neubestimmung des Verhältnisses von Kultur und Konfession im nationalen Zeitalter zu verstehen ist.

I

1850 erscheint in der ›Allgemeinen Encyklopädie der Wissenschaften und Künste‹ von Ersch und Gruber der erste ausführliche Artikel ›Jüdische Literatur‹. Abgefaßt hat ihn Moritz Steinschneider. »Die Literatur der Juden im weitesten Sinne«, so definiert Steinschneider einleitend, »begreift eigentlich Alles, was Juden von den ältesten Zeiten an bis auf die Gegenwart, ohne Rücksicht auf Inhalt, Sprache und Vaterland geschrieben haben«.[4] Die Definition bleibt betont offen, und Steinschneider wußte als Bibliograph, daß schon diese Eingrenzung nicht in jedem Fall stimmig sein konnte.[5] Allerdings ging es ihm auch ›nur‹ um eine handhabbare Definition, die dann Ausgangspunkt weiterer Forschungen sein sollte. Deshalb genügt ihm die Feststellung: »Gewiß bildet aber dieses anscheinende Aggregat von Schriftthum einen stetigen Organismus, in sofern die Träger desselben ein eigenthümliches Ganzes bilden, welches mit dem Namen: Religionsgenossenschaft nicht erschöpfend, mit der der Nationalität nur annäherungsweise bezeichnet ist«.[6] Jüdische Literatur wäre demnach alles das, was einen jüdischen Autor hat und zugleich für jüdische Leser bestimmt ist. Das Wort »Organismus« deutet diesen engen Zusammenhang an, der freilich nur für jene Epochen der Literaturgeschichte gilt, deren Erschließung sich Steinschneider zur Aufgabe gemacht hat, also vor allem die Literatur des Mittelalters und der Frühen Neuzeit.

---

4 Moritz Steinschneider, Jüdische Literatur, in: *Allgemeine Encyklopädie der Wissenschaften und Künste*, hg. von J. S. Ersch und J. G. Gruber, II. Section H – N, hg. von A. G. Hoffmann, 27. Teil: Juden – Jüdische Literatur, Leipzig 1850, S. 357-471, hier S. 357. Ergänzend wäre noch Steinschneiders Verzeichnis der westjiddischen Literatur zu berücksichtigen: Jüdisch-deutsche Literatur, nach einem handschriftlichen Katalog der Oppenheim'schen Bibliothek (in Oxford), mit Zusätzen und Berichtigungen, in: *Serapeum* 9, 1848, S. 313-336, S. 344-352, S. 363-368 und S. 375-384.

5 So rechnet er etwa Johann Christoph Wolfs ›Bibliotheca hebræa‹ und andere christliche Hebraistik selbstredend zur jüdischen Literatur, vgl. Steinschneider, Jüdische Literatur (Anm. 4), S. 468 f.

6 Ebd., S. 357.

Steinschneiders provisorische Definition folgt der Benennung, wie sie innerhalb der Wissenschaft des Judentums seit Leopold Zunz' Aufsatz ›Etwas über die rabbinische Literatur‹ von 1818 in Gebrauch war und wie sie Zunz wiederum aus der Tradition der frühneuzeitlichen Hebraistik übernommen hatte. Verwendete Zunz die Benennung anfangs noch synonym für die neuhebräische Literatur,[7] so faßte er sie 1845 in seinem Lexikon-Artikel ›Juden und die jüdische Literatur‹[8] so weit, daß alle Sprachen und Textgattungen, in denen jüdische Autoren schreiben, darunter zu zählen sind. Auch hier ist ›jüdische Literatur‹ eher ein Sammelname denn ein Begriff.

Problematisch wird die Bezeichnung ›jüdische Literatur‹ erst von dem Moment an, wo es um die neuere und neueste Literatur geht. Denn hier fehlt die kulturelle Geschlossenheit, welche die Zirkulation der Literatur so abschirmt, daß vernünftigerweise von einer jüdischen Literatur in Abgrenzung von anderer Literatur gesprochen werden kann. Die konzeptuelle Problematik wird aber durch Begriffserweiterungen abgeschwächt, die deutlich über ein primär philologisches Verständnis von jüdischer Literatur hinausgehen, für das Steinschneiders Arbeiten einstehen. Für diese andere Konzeptualisierung sind Bernhard Beers ›Jüdische Literaturbriefe‹ von 1857 exemplarisch und zwar ähnlich beispielhaft, wie es Steinschneiders Arbeiten für die philologische Auffassung der jüdischen Literatur bis zum Beginn des I. Weltkriegs blieben, nur hier für die geschichtsphilosophische Auffassung der jüdischen Literatur. Definitionsumfang und Semantik ändern sich bis 1914 nur unwesentlich gegenüber diesen Untersuchungen.

Beer teilt auf den ersten Blick die Definition von ›jüdischer Literatur‹, wie sie im Umkreis der Wissenschaft des Judentums und in den Arbeiten seines Freundes Zacharias Frankel üblich war. Von dieser Gegenstandsdefinition weicht Beer allerdings dort ab, wo es um die neuere Literaturgeschichte geht. So gehören für ihn die in deutsch abgefaßten Schriften Moses Mendelssohns und Hartwig Wesselys ebenso zur jüdischen Literatur wie Saul Aschers ›Leviathan‹ von 1792, Friedländers ›Sendschreiben‹ von 1799, die Publikationen der Wissenschaft des Judentums, aber auch Wörterbücher wie etwa Buxtorfs ›Lexicon hebraicum et chaldaicum‹.[9] Der gemeinsame Nenner ist

---

7 Leopold Zunz, Etwas über die rabbinische Literatur [1818], Neudruck in: ders., *Gesammelte Schriften*, 3 Bde. in einem Band, Bd. 1, Hildesheim 1976, S. 1-31, S. 3: »Man müßte unter dieser Bezeichnung [rabbinische Literatur] nur solche Schriften verstehen, deren Verfasser oder deren Inhalt rabbinisch ist; und im Grunde hat Rabbi, das die Höflichkeit jedem erteilt, weniger zu bedeuten als Doctor. Warum nicht neuhebräische oder jüdische Litteratur?«

8 Leopold Zunz, Juden und jüdische Literatur [Berlin 1845], Neudruck in: ders. (Anm. 7), S. 86-114.

9 Vgl. Bernhard Beer, *Jüdische Literaturbriefe*, Leipzig 1857, S. 44 f.

hier sehr viel kleiner, weil weder eine Sprache beziehungsweise Sprachfamilie, noch die Autorschaft als ausreichende Definitionskriterien gelten.

Bernhard Beer hat diese Unschärfe bewußt in Kauf genommen, weil er sich einer geschichtsphilosophischen Vorannahme verpflichtet wußte: Das Judentum, so schreibt er, habe einen welthistorischen Auftrag, der »darin bestehet, das Geistige von dem Materiellen zu sichten, [...] Ersteres festzuhalten und zur Herrschaft zu bringen bis es einst die ganze Menschheit erfüllet«.[10] Alle jüdische Literatur ist diesem ethischen Prinzip verpflichtet, und es ist dann auch klar, warum Beer die Bücher des als Materialisten und Atheisten stereotyp verurteilten Spinoza nicht als jüdische Literatur auffaßt, Friedländers gewiß nicht orthodoxes Konversionsangebot an Probst Teller aber dazu zählt.[11] Beers Begriff der jüdischen Literatur verknüpft ethische Wertungen und geschichtsphilosophische Annahmen über den Begriff des ›Geistigen‹. Das Geistige, und hier ist Beer dann Kind des Hegelianismus seiner Zeit, ist der positiv bewegende Grund der Geschichte.

> Soll aber die Literatur so zu sagen eine schriftliche Interpretation des Geistes darstellen, so darf sie keine abgeschlossene sein. [...] Jeder Zeitraum in der jüdischen Geschichte hatte darum seine Literatur, die das Gepräge ihrer Zeit an sich trug und von der vorangegangenen und nachfolgenden sich unterschied. Wie schon die Talmudisten bemerken, daß zwei Propheten nicht in derselben Weise ihre Visionen wiedergeben, so ist dies in noch höherem Maße hinsichtlich der Zeitperioden der Fall.[12]

Alles, was den geistigen Grund zum Ausdruck bringt, muß zur jüdischen Literatur gerechnet werden: »Es gibt daher kein abgeschlossenes Judenthum in dem Sinne, daß selbst der Orthodoxeste sollte behaupten können, ›Die alten Bücher genügen‹«.[13] Das setzt, wenn auch unausgesprochen, voraus, daß jedes *Volk* sein je eignes Prinzip hat, unter dem es in der Weltgeschichte antritt.

So zu argumentieren, kommt einer revolutionären Umdeutung des jüdischen Traditionsbegriffs gleich, weil es die Geschichte als Ganzes der Offenbarung gleichsetzt. Jede Epoche ist gleich nah zu Gott, und jede ihrer Schriften ist gleichermaßen legitimer Ausdruck des jeweiligen Zeitalters. Versteht man unter Historismus die Perspektivierung heterogenen historischen Materials durch die rhetorisch immer wieder beschworene Kraft einer übergeschichtlichen, meist ethisch aufgeladenen Idee, dann sind auch Beers ›Jüdische Literaturbriefe‹ ein Manifest des Historismus. Denn Beer entwirft

10 Ebd., S. 9.
11 Vgl. ebd., Fußnote S. 26 und S. 34.
12 Ebd., S. 9 f.
13 Ebd., S. 14.

das Bild von einer weltgeschichtlichen Rolle des Judentums, das es als Tradition legitimieren und dabei zugleich das konstruktive Moment dieser ›Erfindung‹ abblenden soll. Das entspricht dem neuen, bürgerlichen Traditionsverständnis nicht nur im deutschen Judentum und macht deutlich, daß auf Augenhöhe der historischen Akteure wie Beer ›Assimilation‹ nur die Angleichung an diese spezifisch moderne Gedächtniskultur meint, das Zu-sich-selbst-Kommen auch des Judentums, nicht Anpassung an die nicht jüdische Umwelt. In diesem Sinn sind die ›Literaturbriefe‹ dann ›Jüdische Literaturbriefe‹.

Die ›Jüdischen Literaturbriefe‹ exponieren besonders deutlich das Problem der Gegenstandskonstitution. Wie nämlich läßt sich jüdische Literatur auch über die Grenze zur Neuzeit hinweg als ein Kontinuum von Texten begreifen, das über die Jahrhunderte und Sprachen hinweg einen philologisch präzisierbaren Gegenstand bildet? Beer und Steinschneider geben darauf unterschiedliche, aber auch vergleichbare Antworten. Während Steinschneider, dem die deutsche Literatur nicht interessanter ist als die chaldäische, an der mikrologischen Erfassung der älteren Literatur arbeitet, ist Beer vor allem an der neueren und neuesten Literatur interessiert, insbesondere an der Geschichte der deutschen Literatur. Fokus seiner Darstellung ist das überhistorische *Prinzip*, das immer neue und andere Literatur hervorbringt. Und er sucht die Öffentlichkeit, nicht nur die gelehrte wie Steinschneider.[14] So hat er 1824 einen Verein junger Juden in Dresden gegründet, 1829 zum hundertjährigen Geburtstag Mendelssohns einen Mendelssohn-Verein zur »Förderung von Wissenschaft, Kunst und Gewerbe bei der israelitischen Jugend«. Beers philologische Arbeiten stehen damit im Dienst der Emanzipationsbestrebungen seiner Zeit,[15] während sich Steinschneider dem philologischen Ethos der »Selbstverleugnung und Ausdauer der wenigen an Willen und Kraft Tüchtigen«[16] verpflichtet fühlt. Gemeinsam ist beiden die historistische Grundüberzeugung, daß die Erforschung der jüdischen Literatur durch eine ihr vorausliegende Ethik abgesichert ist. Der Forschungsgegenstand hat einen Wert aus sich selbst heraus, so daß das historische Verstehen und die historische Einstellung nicht fehlgehen können – daher dann auch die wiederkehrenden Klagen über das Desinteresse an der jüdischen Litera-

---

14 Das ist natürlich eine vereinfachende Entgegensetzung. Steinschneider hat sich sehr wohl um eine Popularisierung seiner Forschungen bemüht, wie etwa die zwei Vorträge vor dem Verein junger Kaufleute in Berlin belegen, abgedruckt als Moritz Steinschneider, *Über Sprachkenntnis und Sprachkunde*, Hamburg 1899.

15 Vgl. Zacharias Frankel, Dr. Bernhard Beer. Ein Lebens- und Zeitbild, in: *Monatsschrift für Geschichte und Wissenschaft des Judentums* 11, 1862, S. 41-56, S. 81-101, S. 121-143, S. 174-191, S. 245-266, S. 285-312, S. 325-344, S. 365-391 und S. 405-430.

16 Steinschneider, Jüdische Literatur (Anm. 4), S. 471.

tur, daher auch die ostentativen Hinweise, auf das »Heil für die israelitische Religion«,[17] das aus der Beschäftigung mit dieser Literatur erwachse. Diese historistische Grundüberzeugung bleibt bis etwa 1914 für das Feld der jüdischen Literaturgeschichte bestimmend. Erst dann kommt es zu einer Modifikation des Konzepts durch die jüngere, expressionistische Generation.

Die Verbindung der ethischen Vorannahme mit der Gegenstandskonstitution enthält ein für die Disziplingeschichte entscheidendes Problem. Wenn es keine institutionalisierte Anbindung an das Erziehungssystem gibt,[18] über die etwa die philologische Forschung zur deutschen Literatur in der zweiten Hälfte des 19. Jahrhunderts verfügt hat, dann teilt die Erforschung der jüdischen Literatur das Schicksal der Literaturgeschichte: Ihr glückte im 19. Jahrhundert nicht die Etablierung als wissenschaftliche Disziplin. Das hat drei Gründe. Zunächst tat sich die jüdische nicht anders als die deutsche Literaturgeschichte schwer damit, anzugeben, was allen Literaturdenkmälern als gemeinsames Merkmal zuzusprechen sei, und zwar besonders dann, wie Jürgen Fohrmann gezeigt hat, wenn sie die neuere Literatur berücksichtigen will.[19] Zum anderen braucht es für die Etablierung einer Disziplin, wie Rudolf Stichweh hervorgehoben hat, eine Reihe von institutionellen Voraussetzungen wie etwa disziplinspezifische Karrierestrukturen und Sozialisationsprozesse.[20] Diese Bedingungen konnte die Erforschung der jüdischen Literatur kaum erfüllen. Dafür war nicht zuletzt der Antisemitismus an

---

17 Beer (Anm. 9), S. III; vgl. zum Kontext Wolfgang Hardtwig, Geschichtsreligion – Wissenschaft als Arbeit – Objektivität. Der Historismus in neuer Sicht, in: *Historische Zeitschrift* 252, 1991, S. 1-32.

18 Während im Kaiserreich etwa 90 % der katholischen und sogar 95 % aller evangelischen Schulkinder den Unterricht in ihren jeweiligen konfessionellen Volksschulen erhielten, waren jüdische Kinder in der Regel auf die Schulen der anderen Konfessionen angewiesen, ein Gegensatz, der sich erst auf den höheren Schulen abschwächen sollte, vgl. Marjorie Lamberti, *State, Society, and the Elementary School in Imperial Germany*, New York u. a. 1989.

19 Jürgen Fohrmann, *Das Projekt der deutschen Literaturgeschichte. Entstehung und Scheitern einer nationalen Poesiegeschichtsschreibung zwischen Humanismus und Deutschem Kaiserreich*, Stuttgart 1989.

20 Rudolf Stichweh, Differenzierung der Wissenschaft (1979), in: ders., *Wissenschaft, Universität, Professionen. Soziologische Analysen*, Frankfurt am Main 1994, S. 15-51, S. 17: »1) einen hinreichend homogenen Kommunikationszusammenhang von Forschern – eine ›scientific community‹; 2) einen Korpus wissenschaftlichen Wissens, der in Lehrbüchern repräsentiert ist, d. h. sich durch Kodifikation, konsentierte Akzeptation und prinzipielle Lehrbarkeit auszeichnet; 3) eine Mehrzahl je gegenwärtig problematischer Fragestellungen; 4) ein ›set‹ von Forschungsmethoden und paradigmatischen Problemlösungen; 5) eine disziplinspezifische Karrierestruktur und institutionalisierte Sozialisationsprozesse«.

deutschen Universitäten zu stark. Und schließlich drittens befand sich die Literaturgeschichte in Konkurrenzlage zur Geschichtswissenschaft. Die gängige Zusammenstellung ›Geschichte und Literatur der Juden‹ markiert, daß hier die Literaturgeschichte im gleichen Objektbereich wie die Geschichtswissenschaft operiert und von ihr her auch die eigene Professionalität über den Umgang mit den Quellen definiert. Zugleich aber pflegt die Geschichtswissenschaft viel stärker als die Philologie die Kunst der Darstellung und sucht die politische Öffentlichkeit.[21] Die Literaturgeschichte versucht beiden Standards gerecht zu werden und verliert gerade darüber, wie Michael Ansel und Holger Dainat vorgeführt haben,[22] die Fähigkeit, sich als eigenständige Fachwissenschaft konturieren zu können. Übrig blieb die Alternative, entweder Verwissenschaftlichung mit Philologisierung gleichzusetzen, ohne damit Zugang zu den universitären Philologien zu erhalten – dies ist der Weg Steinschneiders –, oder die außerakademische Popularisierung[23] der jüdischen Literatur in Literaturgeschichten, Zeitschriften und Jahrbüchern, wie es Beer mit seinen ›Jüdischen Literaturbriefen‹ als einer der ersten unternommen hat. So ist im 19. Jahrhundert ›jüdische Literatur‹ – wie man mit Wittgenstein sagen kann – ein Begriff mit Familienähnlichkeitsstruktur,[24] und seine Erforschung ist wissenschaftlich, ohne universitär sein zu dürfen.

II

Die Popularisierung der Geschichte und Literatur der Juden fand ihren Ort in den Literaturvereinen, die in großer Zahl das Leben im Kaiserreich bestimmt haben.[25] Mit mehr als 12 000 Mitgliedern in über 130 Gesellschaften

---

21 Vgl. Wolfgang Hardtwig, Die Verwissenschaftlichung der Historie und die Ästhetisierung ihrer Darstellung, in: *Formen der Geschichtsschreibung*, hg. von Reinhart Koselleck u. a., München 1982, S. 147-191.

22 Vgl. Michael Ansel, Literaturgeschichtsschreibung als Überbietung der Philologie, und Holger Dainat, Überbieten? Immerzu! Zum Beitrag von Michael Ansel, in: *Euphorion* 90, 1996, S. 445-462 und S. 463-468.

23 Die Ausweitung des Prinzips Öffentlichkeit auf die Wissenschaft ist bislang wenig untersucht, vgl. Andreas Daum, *Wissenschaftspopularisierung im 19. Jahrhundert. Bürgerliche Kultur, naturwissenschaftliche Bildung und die deutsche Öffentlichkeit 1848-1914*, München 1998.

24 Das heißt auch, daß Texte mit germanischen Stoffen und Sagenfiguren als jüdische Literatur zählen können, vgl. z. B. Bernhard Placzek, Dichterblut, in: *Jahrbuch für Jüdische Geschichte und Literatur* 1, 1898, S. 223-227.

25 Zum Forschungsstand vgl. Jacob Borut: Vereine für Jüdische Geschichte und Literatur at the End of the Nineteenth Century, in: *Leo Baeck Institute Year Book* 41, 1996, S. 89-114.

waren die ›Vereine‹ die größte jüdische Organisation in Deutschland um 1900. Am 26. Dezember 1893 wurde in Hannover ein Dachverband der ›Vereine für jüdische Geschichte und Literatur‹ gegründet, der ›Verband der Vereine für jüdische Geschichte und Literatur in Deutschland‹. Sein führender Kopf war Gustav Karpeles. Karpeles blieb bis 1909 Vorsitzender des Verbandes; ihm folgte Ismar Elbogen nach. Dem Verband gehörten vor dem I. Weltkrieg mehr als 200 Vereine an, und sein ›Jahrbuch für Jüdische Geschichte und Literatur‹[26] erreichte Auflagen von mehr als 5000 Exemplaren.[27] Das ›Jahrbuch‹ und auch sein gelehrtes Frankfurter Gegenstück[28] verstehen sich als Forum für Forschungsaufsätze vor allem zur älteren Literatur- und Sprachgeschichte, für Rezensionen und Literaturanzeigen; in einigen Fällen werden auch Gedichte oder Erzählungen abgedruckt. Das variiert je nach Zielsetzung der einzelnen Periodica.[29] Was kaum variiert, sind die Predigten und ethischen Abhandlungen, ohne die kaum eines der Jahrbücher auskommt. Im Verbands-Jahrbuch finden sich religiöse Tischreden ebenso wie Artikel über »Seelsorge«.[30] Die gleiche Verbindung von Wissenschaftsethos, Wissenschaftspopularisierung und Erbauung findet sich auch etwa im Frankfurter ›Jahrbuch der jüdisch-literarischen Gesellschaft‹. Das Jahrbuch wird signifikanterweise durch eine Gedenkrede auf Israel Hildesheimer, den Begründer des Berliner Rabbinerseminars, eröffnet. Zugleich legt man Wert auf die Einhaltung wissenschaftlicher Standards. Die »populär gehaltenen Arbeiten sollen auf streng wissenschaftlichen Grundlagen beruhen und die

26 *Jahrbuch für Jüdische Geschichte und Literatur* 1, 1898 ff.

27 Vgl. Ismar Elbogen: Verband der Vereine für jüdische Geschichte und Literatur in Deutschland, in: *Jüdisches Lexikon*, begründet von Georg Herlitz und Bruno Kirschner, Bd. IV/2, Berlin 1927 (Neudruck Frankfurt am Main 1982), Sp. 1169; ein Verzeichnis der Vereine für jüdische Geschichte und Literatur in Deutschland, Stand 1917/18, findet sich im Anhang des *Jahrbuchs für Jüdische Geschichte und Literatur* 22, 1919; dort auch Angaben über Mitgliederzahlen, Bibliotheksumfänge und Vortragsthemen.

28 *Jahrbücher für jüdische Geschichte und Literatur* 1, 1874 ff.

29 Vgl. auch das wöchentlich erscheinende *Jüdisches Literaturblatt* 1, 1873 ff., den *Centralanzeiger für jüdische Literatur* 1, 1891 ff. oder die Bibliographien von Chaim David Lippe, *Bibliographisches Lexicon der gesammten jüdischen Literatur der Gegenwart und Adress-Anzeiger*, Wien 1879 und ders., *Bibliographisches Lexicon der gesammten jüdischen und theologisch-rabbinischen Literatur der Gegenwart mit Einschluß der Schriften über Juden und Judenthum*, Wien, Frankfurt am Main 1899.

30 Vgl. Moritz Lazarus, Aus einer Tischrede am Szeder-Abend, in: *Jahrbuch für Jüdische Geschichte und Literatur* 1, 1898, S. 101-108 und Bernhard Breslauer, Seelsorge, in: *Jahrbuch für Jüdische Geschichte und Literatur* 22, 1919, S. 53-68.

Popularität nicht auf Kosten der Wissenschaftlichkeit zu erreichen suchen«.[31]
Daß die überwiegende Mehrheit der Autoren dieser Jahrbücher ›Rabbiner
Dr. phil.‹ waren, ist schon den Zeitgenossen aufgefallen.

Die Ethisierung des Umgangs mit jüdischer Literatur ist nicht nur für
die Periodica typisch, sondern auch in Literaturgeschichten und literaturgeschichtlichen Handbüchern zu finden. Wenn 1894 Moritz Lazarus einen
Vortrag hält ›Was heisst und zu welchem Ende studirt man jüdische
Geschichte und Litteratur?‹, dann ist sein Begriff der ›jüdischen National-
Litteratur‹ ohne die ethische Aufladung über den Begriff des ›Geistes‹ eigentümlich konturlos.[32] Auch dieser Vortrag wurde vor dem Berliner Verein für
jüdische Geschichte und Literatur gehalten. Und viele der wiederholt aufge-
legten Literaturgeschichten zur jüdischen Literatur sind ebenfalls aus solchen
Vereinsvorträgen hervorgegangen, etwa David Cassels unvollendet geblie-
bene ›Geschichte der jüdischen Literatur‹ von 1872/73, Gustav Karpeles'
zweibändige ›Geschichte der jüdischen Literatur‹, erschienen in erster Auflage 1886, Meyer Kayserlings Buch ›Die jüdische Literatur von Moses Mendelssohn bis auf die Gegenwart‹ von 1896 oder auch Ludwig Geigers ›Die
Deutsche Literatur und die Juden‹ von 1910, ein Buch, das aus Vorträgen für
die »zahlreichen, in Deutschland bestehenden Vereine für jüdische Geschichte und Literatur«[33] und einer Vortragsreihe an der Berliner Universität
hervorgegangen ist. Ähnliches läßt sich auch an den Lehrbüchern zur jüdischen Literatur beobachten. Das Hecht-Kayserlingsche ›Lehrbuch‹ zum Beispiel versteht sich als Schulbuch, das auch den Vereinen für jüdische Literatur bei ihrer Aufgabe, »für Verbreitung der Kenntnis des Judentums, seiner
Geschichte und Literatur«[34] zu sorgen, zur Hand gehen will. Die beigefügten
Literaturproben umfassen talmudische Texte ebenso wie Proben der mittel-
alterlichen Philosophie, Texte moderner Autoren wie Riesser, Zunz, Hirsch
oder Graetz. Es ist nicht nur der Textgattung Lehrbuch geschuldet, wenn

---

31 *Jahrbuch der Jüdisch-Literarischen Gesellschaft* 1, 1903/5664, S. V.

32 Vgl. Moritz Lazarus, *Was heisst und zu welchem Ende studirt man jüdische Geschichte und Litteratur? Ein Vortrag*, Leipzig 1900; Hans Otto Horch, Was heisst
und zu welchem Ende studiert man Deutsch-jüdische Literaturgeschichte? Prolegomena zu einem Forschungsprojekt, in: *German Life and Letters* 49, 2, 1996,
S. 124-135, bes. S. 124 f.

33 Ludwig Geiger, *Die Deutsche Literatur und die Juden*, Berlin 1910, S. VII.

34 *Lehrbuch der jüdischen Geschiche und Literatur*, ursprünglich bearbeitet von E.
Hecht und Dr. M. Kayserling, neu bearbeitete neunte Auflage von Dr. Max Doctor, Landesrabbiner in Cassel, Ausgabe für Deutschland, Leipzig 1914, S. 196; vgl.
auch das *Lehrbuch für jüdische Geschichte und Literatur*, Leipzig 1879 von David
Cassel, das ebenfalls die Literatur vom Altertum bis zur modernen »jüdischen
Journalistik« darstellt, wobei unter Journalistik auch die Publikationen der Wissenschaft des Judentums zu zählen sind.

unter den Beispieltexten Auszüge aus Lazarus' ›Ethik des Judentums‹ und aus Hermann Cohens ›Gesinnung‹ zu finden sind[35] oder »hervorragende Männer« als Organisationsprinzip für Literaturgeschichten angeführt werden.[36]

Beispiele dieser und ähnlicher Art lassen sich leicht vermehren,[37] zumal, wenn man die Publikationen der studentischen Vereine, der Fördergesellschaften und die große Zahl der Zeitschriften miteinbezieht. Hierbei gilt, was Hans Otto Horch anhand des wohl wichtigsten Periodikums des deutschen Judentums, der ›Allgemeinen Zeitung des Judentums‹, gezeigt hat, daß nämlich alle Versuche, jüdische Literatur auf ein Konzept einzugrenzen, das über eine Familienähnlichkeitsstruktur hinausgeht, letztlich nicht gelungen sind,[38] aber auch nicht gelingen mußten. Denn Ethisierung und institutionelle Absicherung durch die Literaturvereine haben die Formel ›jüdische Literatur‹ handhabbar gehalten.

35 Vgl. Hecht/Kayserling (Anm. 34), z. B. S. 82: »Gesinnung ist die Grundlage und Voraussetzung der sittlichen Handlung. Würde der jüdischen Religion die Gesinnung fehlen, wäre die Gesinnung nicht der Lebensgrund ihres Wesens, so würde ihr schlechthin alle Sittlichkeit fehlen. Wie wäre unser Fortbestand ohne innerlichen Lebensgrund denkbar, der für die lebenden Bekenner einer Religion einzig und allein in der Gesinnung besteht«. Die Hervorhebung des ›Sittlichen‹ ist kein bloß deutsches Phänomen, man vergleiche etwa das Buch ›Histoire des institutions de Moïse et du Peuple hébreu‹ von 1828 der intellektuellen Führungsfigur des französischen Judentums Joseph Salvador.

36 Markus Brann, *Geschichte der Juden und ihrer Litteratur. Für Schule und Haus*, Breslau 1893, S. VI.

37 Das Gesagte gilt mit Modifikationen auch für die Entdeckung der jüdischen Kunst, die es nach orthodoxem Verständnis des Bilderverbots eigentlich nicht geben darf, durch David Kaufmann und der von ihm 1896 in Wien gegründeten ›Gesellschaft für Sammlung und Conservierung von Kunst- und historischen Denkmälern des Judenthums‹, vgl. deren ersten *Jahresbericht*, Wien 1896. Kaufmann war freilich nicht der erste, der sich der jüdischen Kunstgeschichte zuwendete. Vor ihm hatte der Braunschweiger Reformrabbiner Levi Herzfeld Vorträge *Über die Kunstleistungen der Hebräer und alten Juden* (Braunschweig 1864) gehalten. Reformjudentum und selbstbewußte Traditionsaneignung konvergieren auch hier. Levi stand damit ebenfalls in der Tradition der christlichen Hebraistik von Gaspar Sánchez über Peter Zorn bis zu Louis-Félicien-Joseph de Saulcy.

38 Vgl. Hans Otto Horch, *Auf der Suche nach der jüdischen Erzählliteratur. Die Literaturkritik der ›Allgemeinen Zeitung des Judentums‹ (1837-1922)*, Frankfurt am Main u. a. 1985; vgl. auch Itta Shedletzky, Zwischen Stolz und Abneigung. Zur Heine-Rezeption in der deutsch-jüdischen Literaturkritik, in: *Conditio Judaica. Judentum, Antisemitismus und deutschsprachige Literatur vom 18. Jahrhundert bis zum Ersten Weltkrieg*, Erster Teil, hg. von Hans Otto Horch und Horst Denkler, Tübingen 1988, S. 200-213.

III

Es gehört zu den Desiderata der Forschung, die Geschichte und die Vielfalt der Wissenschaftsdistributionen durch die Literaturvereine im Kaiserreich auch für die jüdischen Literatur- und Geschichtsvereine zu erschließen und die Rückwirkungen auf die Konzeptualisierung der jüdischen Literatur zu untersuchen. Vergleiche mit ähnlichen literarischen Institutionen anderer gesellschaftlicher Gruppen könnten sich dann daran anschließen. Auch wenn diese Arbeit noch nicht geleistet ist,[39] so lassen sich doch meines Erachtens drei Schlüsse aus den hier angestellten Beobachtungen ziehen:

1. Der Umgang mit der jüdischen Literatur steht in engem Zusammenhang mit der Neubestimmung des Verhältnisses von Kultur und Religion, wie es in Deutschland paradigmatisch durch den Kulturprotestantismus erfolgt ist. Seine Grundüberzeugung lag darin, daß Moderne und Religion einander bedürfen, ohne einander aufzuheben.[40] Die Religion müsse auf die säkularisierte Kultur Einfluß nehmen und habe dabei eine Art *Innere Mission* zu erbringen, praktisch und politisch, aber auch ethisch und wissenschaftlich. Umgekehrt gehört es zum Selbstbewußtsein der konfessionellen Eliten, die Kulturbedeutung der Religion zu erweisen. Die historische Erschließung der jüdischen Literatur erfüllt genau diese Doppelfunktion. Sie erweist die Kulturbedeutung der jüdischen Tradition nicht zuletzt gegen alle antisemitischen Anfeindungen. Und sie ist zugleich eminent ethisch in ihrer Selbstdeutung als moralisch notwendige Macht für eine säkulare Welt. Es entspricht diesem – wenn man so will – *jüdischen Kulturprotestantismus*, wenn der junge Graetz in seinem Entwurf ›Die Konstruktion der jüdischen Geschichte‹ von 1846 schreibt, das Judentum sei »gleichsam als Protestantismus«[41] in die Weltgeschichte eingetreten und habe dieser Mission treu zu bleiben. Der institutionellen Versicherung dieses Auftrags dienen die Literaturvereine.[42] Bei

---

39 Zum Forschungsstand vgl. Shulamit Volkov, *Die Juden in Deutschland 1780-1918*, München 1994, S. 92-94 und Edith Lutz, *Der ›Verein für Cultur und Wissenschaft der Juden‹ und sein Mitglied H. Heine*, Stuttgart, Weimar 1997.

40 Vgl. Harald Homann, ›Kulturprotestantismus‹. Zum Problem moderner Religion, in: *Kölner Zeitschrift für Soziologie und Sozialpsychologie. Sonderheft 33: Religion und Kultur*, hg. von Jörg Bergmann, Alois Hahn und Thomas Luckmann, Opladen 1993, S. 169-190; Alois Hahn, Religion, Säkularisierung und Kultur, in: *Säkularisierung, Dechristianisierung, Rechristianisierung im neuzeitlichen Europa. Bilanz und Perspektiven der Forschung*, hg. von Hartmut Lehmann, Göttingen 1997, S. 17-31.

41 Heinrich Graetz, *Die Konstruktion der jüdischen Geschichte. Eine Skizze* (1846), Berlin 1936, S. 10.

42 Ob deshalb von einer jüdischen »Subkultur« (David Sorkin) oder einer »situativen Ethnizität« der jüdischen Minderheit gesprochen werden sollte, muß hier

allem Respekt vor der Gelehrsamkeit Amos Funkensteins wird man seiner These widersprechen müssen, daß Judentum im Deutschland des 19. Jahrhunderts sei indifferent gegenüber den Versprechungen des Historismus gewesen, »halbherzig« und »unehrlich« in seinen Versuchen, Tradition und Zukunftserwartung zusammenzufügen.[43] Im Gegenteil: Der kulturprotestantische Historismus war das wohl einflußreichste Konzept, die Modernisierung des Judentums in den eigenen Identitätsentwurf aufzunehmen.[44]

Es ist wichtig, dabei zu sehen, daß die Erschließung der jüdischen Literatur nicht im Gegensatz zur deutschen Literaturgeschichte stand, ja für die jüdische Minderheit nicht stehen konnte, weil die Identifikation mit dem bürgerlichen Staat und mit der deutschen Nation die Religion als zentrale Deutungs- und Orientierungsmacht abgelöst hatte. Das hieß, daß die konfessionelle Identität als eine Funktionsidentität neben anderen stehen konnte, ohne mit diesen in einen prinzipiellen Konflikt geraten zu müssen. Daher auch das Pathos in der Feier Moses Mendelssohns als »Germanisator des deutschen Judentums« etwa in Karpeles ›Geschichte der jüdischen Literatur‹.[45] Ludwig Geiger hat als Goethe-Forscher nicht weniger geleistet denn als Forscher zur jüdischen Geschichte und Literatur, und seine Literaturgeschichte widmet sich ausdrücklich dem »Zusammenhang zwischen Juden

offen bleiben; vgl. Till Rahden, Weder Milieu noch Konfession. Die situative Ethnizität der deutschen Juden im Kaiserreich in vergleichender Perspektive, in: *Religion im Kaiserreich. Milieus – Mentalitäten – Krisen*, hg. von Olaf Blaschke und Frank-Michael Kuhlemann, Gütersloh 1996, S. 409-434.

43 Vgl. Amos Funkenstein, Reform und Geschichte. Die Modernisierung des deutschen Judentums, in: *Deutsche Juden und die Moderne*, hg. von Shulamit Volkov, München 1999, S. 1-8, hier S. 8.

44 Zentral dürfte dabei die Rolle Adolf Harnacks gewesen sein. In Reaktion auf dessen ›Wesen des Christentums‹ ist nicht nur Leo Baecks ›Das Wesen des Judentums‹ von 1905 zu sehen. Trutz Rendtorff kommt in seiner Neuausgabe von Harnacks Buch zu dem Schluß: »Man kann geradezu von dem Beginn einer Renaissance jüdischen theologischen und kulturellen Selbstbewußtseins sprechen, das sich in der Auseinandersetzung mit Harnack als dem prominenten Repräsentanten der protestantisch geprägten Kultur formte« (Adolf Harnack, *Das Wesen des Christentums*, hg. und kommentiert von Trutz Rendtorff, Gütersloh 1999, S. 33). Auch wenn man die These in dieser Zuspitzung nicht unbedingt teilen wird, ist Harnack zweifellos eine Schlüsselfigur für die kulturelle Selbstfindung auch im deutschen Judentum. Harnack schrieb sowohl für die ›Mitteilungen aus dem Verein zur Abwehr des Antisemitismus‹ wie auch im Organ des ›Centralvereins deutscher Staatsbürger jüdischen Glaubens‹, vgl. Kurt Nowak, *Kulturprotestantismus und Judentum in der Weimarer Republik*, Wolfenbüttel 1991, S. 23.

45 Gustav Karpeles, *Geschichte der jüdischen Literatur*, 2 Bde., Berlin 1921, [Neudruck Graz 1963], Bd. 2, S. 368.

und deutscher Literatur«.[46] Die sprichwörtliche Goethe-Verehrung[47] im deutschen Judentum verhielt sich komplementär zur ebenso intensiven Beschäftigung mit der jüdischen Literatur. Wie diese Komplementarität im einzelnen dann aussah, das regelt die jeweilige religiöse oder ideologische Überzeugung. Der ›Große Brockhaus‹ von 1931 kennt in seinem Artikel ›Jüdische Literatur‹ keinen Gegensatz von deutscher und jüdischer Literatur, sondern stellt lapidar fest, daß »das Deutsche immer ausschließlicher die Sprache der jüdischen Literatur«[48] geworden sei.

2. Die Sezession von diesem bürgerlichen Literatur- und Bildungsverständnis durch die *Jugend* am Ende des Kaiserreichs entwirft keine grundsätzliche Neubestimmung der jüdischen Literatur. Eher wird man von einer Radikalisierung des Historismus sprechen müssen, die besonders die ethische Aufladung der Literatur betrifft.[49] Shulamit Volkov hat mit Blick auf die historistische Neudefinition des jüdischen Selbstverständnisses im 19. Jahrhundert von einer »Erfindung des Judentums« gesprochen.[50] Das gilt erst recht für die ethischen Überbietungsversuche des Historismus durch die expressionistische Generation. Wie der Historismus den Sinnbedarf des 19. Jahrhunderts beliefert hat, so die ›jüdische Renaissance‹ die Krisenmetaphorik um den Ersten Weltkrieg. Auch sie gibt ihr Verständnis des Judentums als das ursprüngliche aus. Buber etwa behauptet in seinen ›Drei Reden über das Judentum‹, das neue Judentum knüpfe an das prophetische Judentum im alten Israel an, während das rabbinische Judentum – immerhin gut zweitausend Jahre jüdische Geschichte – nur eine »Epoche der unproduktiven Geistigkeit«[51] sei. Gewiß wurden die mehr als ein Jahrhundert lang als epochal

---

46 Geiger (Anm. 33), S. VIII; auch der Sammelband ›Juden im deutschen Kulturbereich‹ von Siegmund Kaznelson entwirft 1933 ein Bild von der engen Verflechtung der jüdischen und der deutschen kulturellen Tradition; das Buch wurde von der nationalsozialistischen Zensur verboten.

47 Vgl. Wilfried Barner, *Von Rahel Varnhagen bis Friedrich Gundolf. Juden als deutsche Goethe-Verehrer*, Göttingen 1992.

48 *Der Große Brockhaus. Handbuch des Wissens in zwanzig Bänden. Bd. 9: I-Kas*, Leipzig 1931, S. 481-484, hier S. 483.

49 Zum Hintergrund der neureligiösen Bewegung vgl. Ritchie Robertson, Die Erneuerung des Judentums aus dem Geist der Assimilation. 1900 bis 1922, in: *Ästhetische und religiöse Erfahrungen der Jahrhundertwenden*, hg. von Wolfgang Braungart, Gotthart Fuchs und Manfred Koch, Bd. 2: um 1900, Paderborn 1998, S. 171-193; Paul Mendes-Flohr, Zarathustras Apostel. Martin Buber und die ›Jüdische Renaissance‹, in: *Nietzsche und die jüdische Kultur*, hg. von Jacob Golomb, Wien 1998, S. 225-235.

50 Shulamit Volkov, Die Erfindung des Judentums. Zur Entstehung des modernen Judentums in Deutschland, in: *Historische Zeitschrift* 253, 3, 1991, S. 603-628.

51 Martin Buber, *Drei Reden über das Judentum*, Frankfurt am Main 1911, S. 49.

empfundenen Leistungen Moses Mendelssohns abgewertet, der Eintritt in die Moderne, der so emphatisch mit Mendelssohns Namen verknüpft war, im Geist der allgemeinen Kulturkritik als Verhängnis betrachtet. Auch wurde die ostjüdische Kultur, die ostjiddische Literatur und ihr Theater[52] gegenüber der judendeutschen Literatur aufgewertet. Arnold Zweigs und Hermann Strucks Buch ›Das ostjüdische Antlitz‹ von 1920[53] ist dafür exemplarisch, ebenso die Gründung des ›Jiddischen Wissenschaftlichen Instituts‹ in Vilna und Berlin 1925. Gerade die Gründung des YIVO zeigt aber, wie sehr die Neuentdeckung der jiddischen Literatur an die wissenschaftlichen Standards des akademischen Historismus einerseits und die Aufgabenstellung, die Kulturbedeutung des Ostjudentums, seine Sprache und Literatur zu erforschen, andererseits zurückgebunden blieb.[54] Und auch die kulturzionistische ›Renaissance‹ – genauer müßte man wohl von ›Renaissancismus‹ sprechen – die an Bubers ›Drei Reden über das Judentum‹ von 1911 und die Schriften Achad Haams anknüpft, entwickelte trotz ihrer Rhetorik von Kampf und Leben, Volk und Idee und ihrer verbalen Frontstellung gegen die alte, bürgerliche Welt der Philister[55] kein neues Konzept der jüdischen Literatur und ihrer Geschichte.[56] »Es ist meine Meinung«, schreibt Max Brod in dem ›Sammelbuch‹ der ›neuen Juden‹ von 1913,

52 Zur Wiederentdeckung des jiddischen Theaters vgl. Hans-Peter Bayerdörfer, ›Geborene Schauspieler‹ – Das jüdische Theater des Ostens und die Theaterdebatte im deutschen Judentum, in: Hans Otto Horch, Charlotte Wardi (Hg.), *Jüdische Selbstwahrnehmung. La prise de conscience de l'identité juive*, Tübingen 1997, S. 194-215.

53 *Das ostjüdische Antlitz*, von Arnold Zweig zu zweiundfünfzig Zeichnungen von Hermann Struck, Berlin 1920.

54 Die Idealisierung des Ostjudentums ist ja in reaktiver Analogie zu den Romantisierungen des Landeslebens bis hin in seine *völkischen* Ausprägungen zu sehen, wie Steven Aschheim gezeigt hat (Steven Aschheim, *Brothers and Strangers. The East European Jew in German and German Jewish Consciousness, 1800-1923*, Madison 1982) und wurde in der Literatur entsprechend inszeniert, vgl. Michael Brenner: Orthodox German-Jewish Novels, in: *Leo Baeck Institute Year Book* 37, 1992, S. 309-323; vgl. auch seinen Beitrag ›Wie jüdisch war die jüdisch-intellektuelle Kultur der Weimarer Republik?‹ in diesem Buch.

55 Vgl. das ›Geleitwort‹ von Hans Kohn, in: *Vom Judentum. Ein Sammelbuch*, hg. vom Verein Jüdischer Hochschüler Bar Kochba in Prag, Leipzig 1913, S. V-IX.

56 Noch die zionistische Literaturpolitik war von dieser Konzeption geprägt; vgl. Na'ami Shefi, *Deutsch auf hebräisch. Übersetzungen aus dem Deutschen ins Hebräische im jüdischen Palästina 1882-1948*, Jerusalem 1998. Umgekehrt konnte Bubers kulturzionistische Konzeption des Judentums problemlos von christlichen Lebensreformern wie etwa der Bruderhof-Gemeinschaft adaptiert werden, vgl. Michael Tyldesley: Martin Buber and the Bruderhof Communities, in: *Journal of Jewish Studies* 45, 2, 1994, S. 258-272.

daß auf dem Wege tiefer jüdischer Nationalempfindung dem jüdischen Dichter deutscher Zunge zum erstenmal Zutritt zum wahren deutschen Volksgeist ermöglicht wird, daß er erst auf diesem Wege des Gewichtes nationaler Sprachwerte und der Verantwortlichkeit für ihren reinen Gebrauch sich voll bewußt wird. Die Freude am eigenen Volkstum ist der Freude an fremdem Volkstum verwandter als die versuchte Erschleichung fremden Volkstums.[57]

Auch die unbürgerliche Moderne blieb an das Bürgertum, seine akademischen Traditionen und ethischen Imperative zurückgebunden.[58] Und das wurde durch die antisemitischen Angriffe auf die jüdische Literatur noch intensiviert. War dort die Rede davon, die jüdische Literatur besitze keine *Tiefe*, rühre nur die Nerven, nicht aber die Seele, ja *Deutschtum und Judentum* schlössen einander prinzipiell aus, so wurde dies durch neuen *Idealismus* überboten. Jetzt galt die Losung, die Moritz Goldstein in seinem aufsehenerregenden Aufsatz ›Deutsch-jüdischer Parnaß‹ von 1912 formuliert hat: »Jüdische Dichter, heran!«.[59] Was Goldstein und viele andere seiner Generation

---

57 Max Brod, Der jüdische Dichter deutscher Zunge, in: *Vom Judentum* (Anm. 55), S. 261-263, hier S. 262; vgl. auch den Beitrag von Moritz Heimann, Jüdische Kunst, ebd., S. 258-260.

58 Man denke etwa auch an die veränderte Repräsentation jüdischer Kultur in Ausstellungen: 1908 findet in Düsseldorf die erste jüdische Kunstausstellung in Deutschland statt, 1911 wird der Anteil der jüdischen Kultur an der deutschen im Rahmen der Hygiene-Ausstellung in Leipzig dokumentiert, ähnliches geschieht 1914 auf der Ausstellung des Deutschen Werkbunds in Köln, 1925 gibt es eine eigene Abteilung ›Juden und Judentum im Rheinland‹ auf der ›Jahrtausendausstellung der Rheinlande‹ in Köln; vgl. *Zur Geschichte und Kultur der Juden im Rheinland*, hg. von Falk Wiesemann, mit Beiträgen von Adolf Kober, Elisabeth Moses und Friedrich Wilhelm Bredt, Düsseldorf 1985, S. IX; vgl. auch Thomas Nipperdey, *Wie das Bürgertum die Moderne fand*, Berlin 1988, S. 54-76.

59 Moritz Goldstein, Deutsch-jüdischer Parnaß, in: *Der Kunstwart* 25, II, 1912, S. 281-294, hier S. 294; Aufsehen erregte Goldsteins Aufsatz, weil er eine breite Diskussion über den Kulturauftrag der Juden auslöste und von Antisemiten wie von Zionisten jeweils für ihre Zwecke zitiert wurde; in diesem Kontext fällt dann auch zum ersten Mal das Wort von der »deutsch-jüdischen Symbiose«; vgl. auch Wilhelm Stapel, *Antisemitismus und Antigermanismus. Über das seelische Problem der Symbiose des deutschen und des jüdischen Volkes*, Hamburg, Berlin, Leipzig 1928, S. 66 f.: »Sind nun also die jüdischen Dichter, die deutsch dichten, jüdische oder deutsche Dichter? Sie sind keines von beidem. Es gibt neben der deutschen Nationalliteratur und der jiddisch-hebräischen Nationalliteratur noch eine deutsch-jüdische Literatur, die einen Kreis für sich bildet. Eine Dichtung, die zuweilen Zeugnis von großer individueller Begabung ablegt, die aber ohne eine seelische Heimat ist. Sie kann für ihr Zeitalter sehr eindrucksvoll sein, aber sie altert

unter diesem neuen, jüdischen Dichter verstanden, war eine Art höherer Mensch:»Wir werden hypereuropäisch und zum zweiten Male im Laufe der Weltbegebenheiten geht von Judäa das Heil aus.«[60] Das ließe sich, so war man überzeugt, an der Formstrenge der Literatur unmittelbar ablesen,[61] an dem religiösen Ernst ihrer Themen und der ethischen Aufrichtigkeit ihrer Figuren.[62] Dem korrespondiert dann auch die romantische Vorstellung, daß die jüdische Literatur »nicht Einzelpersonen zu Verfassern hat, sondern kollektiv aus dem Geiste ganzer Epochen heraus entstanden ist«, wie es im ›Jüdischen Lexikon‹ von 1927 heißt.[63] In Gustav Krojankers Sammelband ›Juden in der deutschen Literatur‹ von 1922 lesen wir etwa über Franz Werfel: »Die ethische Dichtung der Juden, manchmal erstarrend in Moral und Optimismus, aber auch sich aufgipfelnd zum Credo des Bekennens zu Gott und zum Ich, wird heute wieder durch Werfel vertreten. [...] Er gestaltet nicht als Künstler Jüdisches, sondern ist jüdischer Künstler«.[64] Nimmt man aus dem-

rasch und stirbt bald in ihrer Wirkung ab, da sie kein geschlossenes Volkstum hinter sich hat.«

60 Moritz Goldstein: Wir und Europa, in: *Vom Judentum* (Anm. 55), S. 195-209, hier S. 209; vgl. auch Gary Smith, ›Die Zauberjuden‹: Walter Benjamin, Gershom Scholem, and Other German-Jewish Esoterics between the World Wars, in: *Journal of Jewish Thought and Philosophy* 4, 1995, S. 227-243. Als überzeugter Zionist hatte auch Samuel Lublinski bereits 1899 in seinem ersten Buch ›Jüdische Charaktere bei Grillparzer, Hebbel und Otto Ludwig. Litterarische Studien‹ (Berlin 1899) Dramenfiguren als Verkörperungen eines spezifisch jüdischen Nationalcharakters interpretiert. Für den Hinweis auf Lublinkis Buch danke ich Michael Ansel.

61 Zur Ethik der Form vgl. auch Bernd Witte, Ludwig Strauß als Germanist, in: *Ludwig Strauß: 1892-1992. Beiträge zu seinem Leben und Werk. Mit einer Bibliographie*, hg. von Hans Otto Horch, Tübingen 1995, S. 89-95.

62 Symptomatisch dafür ist etwa die Aufwertung Spinozas. Er wird zum Repräsentanten eines genuin ›jüdischen Weltgefühls‹: vgl. Margarete Susmann, Spinoza und das jüdische Weltgefühl, in: *Vom Judentum* (Anm. 55), S. 51-70; oder auch die Einbeziehung Rudolf Borchardts als jüdischen Dichter, der trotz allen »Selbsthasses« doch in der einen, universellen jüdischen Seelensprache dichte, Willy Haas, Der Fall Rudolf Borchardt (Zur Morphologie des dichterischen Selbsthasses), in: *Juden in der deutschen Literatur. Essays über zeitgenössische Schriftsteller*, hg. von Gustav Krojanker, Berlin 1922, S. 231-240, hier S. 238.

63 Ismar Elbogen, Literatur der Juden, in: *Jüdisches Lexikon. Ein enzyklopädisches Handbuch des jüdischen Wissens in vier Bänden*, begründet von Georg Herlitz und Bruno Kirschner, Bd. III, Berlin 1927 [Neudruck Frankfurt am Main 1982], Sp. 1126-1147, hier Sp. 1129.

64 Rudolf Kayser, Franz Werfel, in: *Juden in der deutschen Literatur* (Anm. 62), S. 17-26, hier S. 26.

selben Band noch etwa Alfred Wolfensteins Bekenntnis zum »neue[n] Dichtertum des Juden«[65] hinzu, oder sieht die literaturkritischen Beiträge in Bubers Zeitschrift ›Der Jude‹ durch,[66] dann wird deutlich, wie sehr ›Deutschtum und Judentum‹ als Wahlverwandte auch dort gefeiert werden, wo es um die Überwindung der alten, assimilierten Bürgerlichkeit und ihrer Literatur geht. »Der künftige Literaturhistoriker«, so prognostiziert 1926 Karl Vossler angesichts des literarischen Antisemitismus, »wird einen Börne und Heine nicht als Fremdling sondern als unvergeßliche Stimme des deutschen Geistes verstehen, wird aber auch an wirklich ausländischer, ja an noch so ferner und feindlicher Art und Kunst, wenn sie nur echt ist, sich nicht stoßen, sondern wie jeder unbefangene und reine menschliche Denker sich freuen«.[67] Daß dem dann kaum ein ganzes Jahrzehnt später nicht so sein sollte, lag nicht in der Macht der jüdischen Literatur und ihrer Gläubigen.

3. Bis heute wirkt die Verschränkung von Ethik und Ästhetik bei der Konzeptualisierung des Begriffs *jüdische Literatur* nach. Die ethischen Wertungen werden heute unter anderen Namen geführt. Als Differenzierungsmerkmale gelten die Thematisierung einer spezifisch jüdischen Identitätsproblematik, eine eigene jüdische Imaginationstradition, die der Dominanz des geschriebenen Wortes verpflichtet sei oder auch die thematisch-motivische Aufnahme jüdischer Erfahrung von Ausgrenzung, Exilierung und Holocaust, um ein paar der Definitionsvorschläge zu nennen.[68] Gemeinsam ist diesen Konzepten, daß sie ihre Wertungen über den Autor einspielen und daß sie zumeist auf kulturkritischen Vorannahmen basieren, die unabhängig von ihrem Untersuchungsgegenstand ›jüdische Literatur‹ formuliert worden sind

65 Alfred Wolfenstein: Das neue Dichtertum des Juden, in: ebd., S. 333-359, S. 355: »Wie zum Sinnbild einer späten Vereinung begegnen sich in der neuen Dichtung: jüdisches Wesen und deutsche Sprache«.

66 Vgl. Silvia Cresti, Aporien der jüdischen Identität. Literatur und Judentum in der Zeitschrift ›Der Jude‹ von Martin Buber, in: *Jüdisches Leben in der Weimarer Republik. Jews in the Weimarer Republik*, hg. von Wolfgang Benz, Arnold Paucker und Peter Pulzer, Tübingen 1998, S. 253-267.

67 Karl Vossler, Jüdische Herkunft und Literaturwissenschaft, in: *Der Morgen* 2, 1926, S. 427-430, hier S. 430. Den Hinweis auf diese Besprechung des gleichnamigen Buches von Adolf Bartels verdanke ich Holger Dainat.

68 Vgl. Gershon Shaked, *Die Macht der Identität. Essays über jüdische Schriftsteller*, Frankfurt am Main 1992; Geoffrey Hartman, On Jewish Imagination, in: *Prooftexts. A Journal of Jewish Literary History* 5, 1985, S. 201-220 und Dieter Lamping, *Von Kafka bis Celan. Jüdischer Diskurs in der deutschen Literatur des 20. Jahrhunderts*, Göttingen 1998 (vgl. zu Lamping auch die Rezension von Hans Otto Horch, in: *Arbitrium* 17, 1999, S. 335-338); vgl. auch den hervorragenden Reader von Hana Wirth-Nesher (Hg.), *What is Jewish Literature?*, Philadelphia, Jerusalem 1994/5754.

und die ein modernes Pendant zu jener hochzielenden Erwartung an die Literatur darstellen, die Beer schon im 19. Jahrhundert in seiner Sprache behauptet hat. Würde eine solche Konzeptualisierung konsequent durchgeführt, dann wäre ›jüdische Literatur‹ kein Begriff, der auf einer Familienähnlichkeitsstruktur basiert, sondern ein Begriff, der über als prototypisch angenommene Referenzobjekte eingegrenzt wird. Da aber die Auswahl solcher Referenzobjekte nicht mehr durch ein Bildungsbürgertum und seine Literaturvereine abgesichert und damit konsensfähig gemacht werden kann, wie dies noch im Kaiserreich möglich war, funktioniert die Verschränkung von Kunst- und Bildungsideal nicht mehr. Man greift dann auf ideologische oder neoidealistische Konzepte der Ethnizität und der damit verknüpften postkolonialen Literaturtheorie zurück,[69] die mehr Probleme schaffen als sie lösen.

69 Zur Übersicht vgl. Thomas H. Eriksen, *Ethnicity and Nationalism*, London u. a. 1993; *Nation and Narration*, hg. von Homi K. Bhabha, New York 1990; David A. Brenner, *Marketing identities. The invention of Jewish ethnicity in ›Ost und West‹*, Detroit 1998; zum sozialdemographischen Hintergrund Alan Dershowitz, *The Vanishing American Jew. In Search of Jewish Identity for the Next Century*, New York 1998.

Deutsche Literatur – jüdische Literatur – Weltliteratur
Ludwig Strauß als Literaturwissenschaftler

HANS OTTO HORCH

Der Dichter und Literaturwissenschaftler Ludwig Strauß, 1892 in Aachen geboren, an der dortigen Technischen Hochschule von 1929 bis 1934 als Dozent für deutsche Literaturgeschichte tätig, schließlich bis zu seinem Tod 1953 Kibbuzarbeiter, Lehrer und Hochschullehrer in Palästina/Israel, begann seinen Weg in die Literatur als Poet. Unter dem Pseudonym Franz Quentin war er Beiträger des 1910 zusammen mit einigen seiner Freunde im Selbstverlag herausgegebenen ›Aachener Almanachs‹, nachdem er bereits zuvor in der Berliner Zeitschrift ›Die Gegenwart‹ Gedichte veröffentlicht hatte. Gegen Ende der Schulzeit und vor allem mit der Aufnahme des Studiums – Strauß studierte, von einem Semester in München abgesehen, zwischen 1913/1914 und 1917/1919 Deutsche Philologie, Neuere Literaturgeschichte und Philosophie in Berlin – engagierte er sich unter dem zunehmenden Einfluß Martin Bubers im Sinn der ›Jüdischen Renaissance‹: Er polemisierte 1912 im Rahmen der von Moritz Goldstein ausgelösten ›Kunstwart‹-Debatte, in der es unter dem Titel ›Deutsch-jüdischer Parnaß‹ um den überproportionalen Anteil von Juden im Bereich der Literatur und der Medien ging, gegen die dezidiert deutschjüdische Position Ernst Lissauers[1] und bezog in der wichtigen kulturzionistisch orientierten Zeitschrift ›Die Freistatt‹ scharf Stellung gegen Julius Bab und dessen Verteidigung der Assimilation.[2] Die bedeutsamste Stellungnahme von Strauß zu Fragen der jüdischen Erneuerung findet sich 1913 im Sammelbuch ›Vom Judentum‹ des Vereins jüdischer Hochschüler Bar Kochba in Prag: Unter der Überschrift ›Die Revolutionierung der westjüdischen Intelligenz‹ schlägt er geradezu einen Weg der Dissimilation von der vertrauten deutsch-europäischen Kultur vor, durch den die national wie kulturell ortlos gewordenen Juden ihre Identität als nationale Gemeinschaft wiederentdecken müssen, ehe sie sich auf einer neuen selbstbewußten Stufe wieder der Kultur der majoritären Gesellschaft zuwenden können.[3] Narrativ wurde diese Problematik in der Erzählung ›Der Mittler‹ von 1913 vergegen-

---

1   Vgl. Franz Quentin [Ludwig Strauß], [Beitrag zur Rubrik] Sprechsaal: Aussprache zur Judenfrage, in: *Der Kunstwart* 25, 1911/12, H. 22, S. 238-244.

2   Vgl. Franz Quentin [Ludwig Strauß], Ein Dokument der Assimilation, in: *Die Freistatt. Alljüdische Revue* 1, 1913, H. 1, S. 13-19.

3   Ludwig Strauß, Die Revolutionierung der westjüdischen Intelligenz, in: *Vom Judentum. Ein Sammelbuch*, hg. vom Verein jüdischer Hochschüler BAR KOCHBA in Prag, Leipzig 1913, S. 179-185.

wärtigt. Wenn also Werner Kraft und andere davon sprechen, daß Strauß einer der wenigen deutschen Juden gewesen sei, der das Deutsche und das Jüdische in einer seltenen Harmonie ohne Trübung in sich verbunden habe, gilt dies nicht von Anfang an. Offensichtlich bedurfte es einer prinzipiellen Auseinandersetzung, ehe Strauß dann, seit Beginn der zwanziger Jahre, zu der ihn kennzeichnenden deutsch-jüdischen Harmonie fand, die er über den Bruch von 1933 und sogar über Auschwitz hinweg zu bewahren vermochte.

Angesichts des frühen jüdischen Engagements, das sich in Bubers Zeitschrift ›Der Jude‹, in der ›Jüdischen Rundschau‹, in ›Jerubbaal‹ und in dem Organ der zionistischen volkssozialistischen Partei Hapoël Hazaïr ›Die Arbeit‹ fortsetzt, verwundert es nicht, daß immer wieder jüdische Autoren – Else Lasker-Schüler, Arnold Zweig, Benjamin Disraeli – für Strauß zum Gegenstand kritischer Beschäftigung werden. Parallel dazu aber konzentriert er sich intensiv und mit Blick auf die eigene dichterische Produktivität auf Fragen der Dichtungstheorie sowie auf das Werk einzelner nichtjüdischer Autoren. Im Jerusalemer Nachlaß existiert eine zwischen 1910 und 1912, also noch in der Schulzeit entstandene Studie mit dem Titel ›Die Grundlagen der Lyrik Rainer Maria Rilkes‹ – die Verwendung des Pseudonyms Franz Quentin auch für diesen Text könnte darauf hinweisen, daß Strauß ihn tatsächlich zu veröffentlichen gedachte.[4] Der Text ist ein Zeugnis der Aneignung deutscher Poesie in einem ihrer größten zeitgenössischen Vertreter; Rilke gehört neben George und Hofmannsthal zu den von Strauß lebenslang verehrten Anregern. Zugleich aber zeigt der Text die Gedanken eines jungen Juden, der das universal verstandene messianische Element auch im Werk eines nichtjüdischen Dichters entdeckt. Fruchtbar wird diese jüdisch-messianische Sicht insbesondere für die im Zeichen Hölderlins stehende Lyrik des jungen Strauß sowie für seine späteren Hölderlin-Forschungen. Hölderlin wird von Strauß nicht in der Georgeschen Tradition als göttlicher Seher des Ewigen interpretiert, sondern als Persönlichkeit, die der Tradition und der eigenen Zeit verpflichtet ist. Bereits 1916 hebt Strauß in einem vor dem Jüdischen Jugendverein in Aachen gehaltenen Vortrag Hölderlins »Vision einer messianischen Zeit« hervor, die »Vision eines irdisch vollendeten Lebens, die sich nicht wie das spätchristliche Heilsdogma vom Wirklichen abkehrt, sondern innerhalb der Wirklichkeit sich durchsetzen will.«[5] *Gemeinschaft* wird im

---

4 Ludwig Strauss Archive der National- und Universitätsbibliothek Jerusalem, MS Varia 424,86. Den Mitarbeitern dieser bedeutenden Forschungsstätte, insbesondere Margot Cohn und Shmuel Eden, danke ich für Hilfe bei der Durchsicht des Archivmaterials. Zitate aus bisher unveröffentlichten Texten mit freundlicher Genehmigung von Emanuel Strauss (Jerusalem).

5 Zit. nach Bernd Witte, Messianische Gemeinschaft. Friedrich Hölderlin im Werk von Ludwig Strauß, in: *Ludwig Strauß 1892·1992. Beiträge zu seinem Leben und*

Sinn Bubers wie Landauers zum entscheidenden Begriff in diesem Zusammenhang – zugleich aber auch zu einer utopischen Formel, die die erneuerte Zionshoffnung ebenso bestimmt wie den Entwurf einer menschlichen Gemeinschaft in Hölderlins ›Hyperion‹-Roman, den Strauß in seiner 1933 publizierten Habilitationsschrift analysiert hat. Hier heißt es bereits in den Vorbemerkungen:

> Den Begriff der Gemeinschaft begrenzen wir für unsere Untersuchung als den der *menschlichen* Gemeinschaft im umfassenden Sinn. Der weitere Begriff der Naturgemeinschaft, der engere einer durch Blutsverwandtschaft oder Wahlverwandtschaft gestifteten Gemeinschaft einer Menschengruppe werden beide nur in Beziehung zu jenem Begriff hier angewandt.[6]

Damit wird eine eindeutige Absage an die Ideologie von Blut und Boden erteilt, wenn – mit unverkennbarem Bezug auch auf die deutschen Juden und ihre enge Beziehung zur deutschen Kultur – Wahlverwandtschaft als gleichrangig mit Blutsverwandtschaft aufgeführt wird. Die beiden Kernelemente der Utopie sind die paradiesische Natur und die herrschaftsfreie Kommunikation zweier Menschen durch die Sprache der Liebe. In seinem hebräisch wie deutsch geschriebenen Gedicht ›An die Bucht‹ hat Strauß das auch von Buber als zentral erachtete dialogische Prinzip auf eine singuläre Weise poetisch kondensiert: »ein Dialog der Sprachen, des Deutschen mit dem Hebräischen und des Hebräischen wieder mit dem Deutschen, ein Dialog des Dichters Strauß mit dem Vorgänger Hölderlin, ein Dialog des Menschen mit dem Kosmos, ein Dialog des Liebenden mit der Geliebten.« Bernd Witte sieht in diesem Gedicht ein Zeugnis für den im Fall von Strauß geglückten deutsch-jüdischen kulturellen Dialog, dessen Existenz von Gershom Scholem kategorisch bestritten wurde: »Er ist Übersetzung, Gespräch, der das Fremde im Eigenen und das Eigene im Fremden zu sich selbst bringt.«[7]

Ist die jüdisch-messianische Deutung von Werken nichtjüdischer Autoren für Strauß als Literaturwissenschaftler kennzeichnend, so ebenso die früh beginnende Beschäftigung mit jüdischen Autoren, und zwar nicht nur deutsch-, sondern vor allem auch jiddischsprachigen. Strauß bringt 1920 eine Übertragung jiddischer Volksdichtung heraus (›Ostjüdische Liebeslieder‹),

Werk. Mit einer Bibliographie, hg. von Hans Otto Horch, Tübingen 1995 (Conditio Judaica. Studien und Quellen zur deutsch-jüdischen Literatur- und Kulturgeschichte 10), S. 199-213, hier S. 204.

6 Ludwig Strauß, Das Problem der Gemeinschaft in Hölderlins ›Hyperion‹, in: Strauß, *Gesammelte Werke. Bd 2: Schriften zur Dichtung*, hg. von Tuvia Rübner, Göttingen 1998, S. 170-252, hier S. 172.

7 Witte (Anm. 5), S. 213.

1921 einen Band mit Gedichten von Chaim Nachman Bialik – folgerichtig in einer Zeit, die von intensiver jüdisch-zionistischer Aktivität bestimmt ist. Seit der Jahrhundertwende war die jiddische Literatur als eine der nationalen Literaturen der Juden im Zeichen der ›Jüdischen Renaissance‹ auch im Westen stärker beachtet und durch Übersetzungen, u. a. von Alexander Eliasberg, verbreitet worden. Allerdings hatte dies im Westen nicht dazu geführt, den radikalen Standpunkt Nathan Birnbaums, demzufolge allein Jiddisch als Nationalsprache der Juden gelten könne, allgemein verbindlich zu machen. Auch wenn etwa ›Die Freistatt‹, in der der junge Strauß seine dissimilatorische Position vertrat, dem ›Alljudentum‹ wie dem Jiddischismus verpflichtet war, so wurden hier doch durchaus auch konträre Stimmen laut. Strauß wurde wohl vor allem durch seinen Freund Fritz Mordechai Kaufmann auf den Reichtum der jiddischen Sprache und Literatur aufmerksam; nach Kaufmanns Freitod gab er 1923 dessen ›Gesammelte Schriften‹ heraus. Im Nachwort zu den ›Ostjüdischen Liebesliedern‹ hebt Strauß sein Anliegen hervor, »eine Spiegelung jüdischen Geistes, wie er im Volksgesang dichterisches Ereignis geworden ist, in der deutschen Sprache zu vollziehen«.[8] Strauß unterstreicht die enge Beziehung zwischen deutscher und jiddischer Sprache, die für die Übersetzung ins Deutsche allerdings ein gewisses Problem bedeutet: Die jiddische Sprache, »die soviel von der deutschen empfangen und edles, altes Sprachgut aus ihr, durch den eigenen Volksgeist freilich oft in Klang und Bedeutung gewandelt, länger als sie selber erhalten hat«, verführt zur Identifikation entsprechender ähnlicher Wörter trotz ihres mittlerweile deutlich unterschiedlichen semantischen Gehalts. Die Aufgabe war eine Übertragung, die angesichts der »in Begrifflichkeit wie in Sinnlichkeit der jidischen [!] so entgegengesetzte[n] deutsche[n] Sprache«[9] der Fremdheit des Originals gemäß blieb. Im Deutschen sollte jedoch auf jeden Fall der »jüdische Gehalt«[10] kenntlich bleiben. Deutsche wie »deutschjüdische« Leser sollten in gleicher Weise angesprochen werden[11] – ein klares Indiz für die Hoffnung von Strauß, gerade in einer Zeit des verstärkten Antisemitismus nach dem Ersten Weltkrieg eine auf Kenntnis und Sympathie beruhende Symbiose deutscher und jüdischer Kultur zu befördern.

Ebenso folgerichtig ist die – nach einer Zeit der Konzentration auf deutsche Literatur in den zwanziger Jahren – stärkere Hinwendung zu jüdischen Autoren und Themen seit der erzwungenen Exilierung: 1934 erscheint eine Übertragung aus dem jüdisch-deutschen ›Maaße-Buch‹, 1935 eine weitere Übertragung jüdischer Volkslieder, 1936 ›Chassidische Erzählungen‹ von Jiz-

---

8 *Ostjüdische Liebeslieder. Übertragung jidischer* [!] *Volksdichtung*, Berlin 1920, S. 82.
9 Ebd., S. 86.
10 Ebd., S. 87.
11 Ebd., S. 88.

chak Leib Perez – alle drei in der Schocken-Bücherei, die einer mittlerweile in judaicis weitgehend unkundig gewordenen vor allem jüdischen Leserschaft den Schatz jüdischer Tradition, aber auch deren Kommentierung durch nichtjüdische Autoren in einer Zeit der Ausgrenzung und Verfolgung wieder nahebringen wollte. Strauß stellt sich mit seinen Erläuterungen ganz auf diese Situation ein, indem er sogar Begriffe wie ›Tora‹ kommentiert. Im Nachwort zum ›Maaße-Buch‹ wird der Hoffnung Ausdruck gegeben, den Leser »zu innigerer Beschäftigung mit dem Erzählungsgut unserer Überlieferung an[zu]regen«;[12] im Nachwort zu den ›Chassidischen Erzählungen‹ von Perez verzichtet Strauß völlig auf einen Bezug zur deutschen Leserschaft und konzentriert sich auf die Eigenart des jiddischen Erzählers. Hingegen stellt Strauß im Vorwort zu den ›Jüdischen Volksliedern‹, von denen eine ganze Anzahl bereits in der Sammlung von 1920 in anderer Fassung veröffentlicht worden waren, ausdrücklich den engen Bezug zum deutschen Volkslied heraus:

> In den Anmerkungen zu den hier gesammelten Liedern habe ich auf das Aufdecken der Zusammenhänge zwischen deutscher und jiddischer Volksdichtung besonderen Wert gelegt, nicht nur, um die Tatsache als solche herauszustellen, die ja für das Ausmaß der deutschen Einwirkung auf das jüdische Volkstum aufschlußreich ist, sondern vor allem auch, um an den Wandlungen, die deutsche Motive im jiddischen Gedicht gefunden haben, den besonderen Charakter der jiddischen Volksdichtung zu erhellen.[13]

Allerdings hebt Strauß auch gravierende Unterschiede zwischen deutschem und jiddischem Volkslied hervor:

> Das ins Gedicht dringende geschichtliche Bewußtsein enthält nur die großen einfachen Kategorien Schöpfung und Offenbarung, Verbannung und Erlösung. Sonst werden geschichtliche Ereignisse hier [im Unterschied zum deutschen Volkslied] ausschließlich in ihren persönlichen Auswirkungen Gegenstand des Lieds, nicht in ihrem historischen Charakter.[14]

In der Sammlung ›Wintersaat‹ (1953) findet sich sozusagen die Auflösung dieses Unterschieds, wenn es heißt: »Im Reich Gottes geht alles Leben auf,

---

12 Geschichtenbuch aus dem jüdisch-deutschen Maaßebuch, ausgewählt und übertragen von Ludwig Strauß, in: *Strauß, Gesammelte Werke. Bd 1: Prosa und Übertragungen*, hg. von Hans Otto Horch, Göttingen 1998, S. 421-481, hier S. 481.

13 *Jüdische Volkslieder. Ausgewählt, aus dem Jiddischen übersetzt und erläutert von Ludwig Strauß*, Berlin 1935 (Bücherei des Schocken Verlags 30), S. 9.

14 Ebd., S. 10.

alle Geschichte unter.«[15] Es ist die Kategorie des Messianischen, die auch die kulturelle Tradition des jüdischen Volks maßgebend prägt und eine ganz andere Auffassung von Geschichte hervorbringt als die abendländisch-deutsche. Man könnte in diesem Passus auch einen versteckten Hinweis auf die signatura temporis lesen: Im Januar 1935 machte Strauß ein letztes Mal in München Station, um von da aus endgültig Deutschland zu verlassen – auf der Flucht vor einer historisch sich gebenden deutschen ›Volkstümlichkeit‹, die längst in Barbarei umzuschlagen begonnen hatte. Die Übersiedlung der Familie Strauß nach Palästina war allerdings nicht bloß Flucht, sondern zugleich *Alija* in die altneue jüdische Heimat. Dies lag an dem integralen deutsch-jüdischen Lebens- und Bildungsweg, den nicht nur Strauß selbst hinter sich hatte, sondern auch seine (zweite) Frau Eva, eine Tochter Martin Bubers. Der Gedichtband ›Land Israel‹ verdankt sich maßgeblich dem Einverständnis, ja dem Enthusiasmus für Erez Israel.

Buber hatte Strauß im April 1933 dazu angeregt, einen »Band erzählender Darstellungen aus der nachbiblischen jüdischen Geschichte« zu konzipieren, bei dem »der aufbauende Beitrag der Juden zur deutschen Kultur besonders berücksichtigt werden« könnte;[16] Strauß seinerseits hatte bereits als Fortsetzung der gemeinsam mit Nachum Norbert Glatzer veranstalteten Anthologie ›Sendung und Schicksal‹ (1932) ein »deutschjüdische[s] Lesebuch« in Arbeit, das aber nicht erscheinen konnte.[17] Sein Interesse richtete sich, wie es im selben Brief hieß, ganz auf »jüdische Dichtung deutscher Sprache«, die nun verstärkt in jüdischen Verlagen wie Schocken herauskommen müsse; dabei denkt er auch an seine eigene Produktion, die anders in Deutschland nicht mehr vermittelbar wäre. Die Einladung Bubers an Strauß, im Freien Jüdischen Lehrhaus zu Frankfurt Vorlesungen zu halten,[18] bezieht sich sowohl auf »deutsche« wie »jüdische« Dichtung und spezifiziert sich schließlich auf einen Vortrag über jüdische (jiddische) Volkslieder sowie einen über »deutsch-jüdische Dichter der Gegenwart«.[19] Strauß reagiert sehr positiv mit einer Art Programmaufriß:

Ich will gern die beiden Doppelvorlesungen im Lehrhaus halten. Du mußt natürlich wissen, daß ich beim Reden über deutschjüdische Dichtung der Gegenwart vielleicht Partei und ungerecht bin. Ich würde das Polemische sehr zurücktreten lassen, es läge aber in der Auswahl: Bor-

---

15 Ludwig Strauß, Wintersaat. Ein Buch aus Sätzen, in: *Prosa und Übertragungen* (Anm. 12), S. 239-290, hier S. 262.

16 Brief vom 14. April 1933, in: *Briefwechsel Martin Buber – Ludwig Strauß 1913-1953*, hg. von Tuvia Rübner und Dafna Mach, Frankfurt am Main 1990, S. 165.

17 Brief vom 16. April 1933, ebd., S. 166.

18 Briefe vom 6. und 9. Dezember 1933, ebd.

19 Brief vom 15. Dezember 1933, ebd.

chardt, Brod, Buber, Heimann, Kafka, Lasker-Schüler, Mombert, Wassermann, Werfel, A. Zweig. Andere als die durch diese zehn Namen gedeckten Werke könnten höchstens gestreift werden; Brod und Werfel würden mehr als Lyriker wie als Erzähler gewertet werden; Borchardt, Wassermann und A. Zweig müßten, bei allem Respekt, doch vor allem als Beispiele der Hybris des *Wollens* betrachtet werden. Der jüdische Anteil an den ›Bewegungen‹ (Expressionismus usw.) würde ziemlich summarisch behandelt. – Ich ließ oben noch Beer-Hofmann aus; seine Werke sind mir im Augenblick nicht zugänglich; ich möchte sie gerne alle wieder prüfen, nachdem ich vom ›Jungen David‹ sehr starke Proben las. Kannst Du sie mir leihen? oder das Lehrhaus? Natürlich ist auch von ihm zu reden. – Hofmannsthal kann man doch wohl nicht mitrechnen? Über ihn wäre sonst viel zu sagen. – Ich fürchte, wenn ich mehr Namen hinzuziehe, wird das Ganze katalogartig oder vorwiegend negativ polemisch. Natürlich fehlen nun berühmte Autoren wie Schnitzler, St. Zweig usw. – Was meinst Du? Ob das Ganze einer Publikation wert wird, müßte man sehen. Hat das Lehrhaus einen Stenographen, der die Vorträge aufnehmen könnte? Der über jüdische Volkslieddichtung würde es wohl wert sein. Beim andern bin ich unsicherer.[20]

Vier Wochen später versucht Strauß eine inhaltliche Konkretisierung des geplanten Vortrags über deutsch-jüdische Dichtung der Gegenwart, wobei er – entgegen einem Vorschlag Bubers, Kafka wegzulassen, weil Hans Joachim Schoeps über ihn referiere – auf dessen Behandlung insistiert:

Bei meinem Lehrhausvortrag kann ich doch auf Kafka nicht verzichten, denn er gehört zum Positiven, das doch ohnehin nicht allzureich gegeben ist. Ich denke auch an einen ungefähren Aufbau des Ganzen nach den Motiven 1) Schöpfung – 2) Erlösung – 3) Offenbarung (diese Reihenfolge aus bestimmten Gründen), wobei für 1) Mombert und Lasker-Schüler, für 2) Wassermann und Werfel, für 3) Buber und Kafka stehen. Dabei ist natürlich starke Verwandlung der Motive bedacht, z. B. vielfach Säkularisierung, oder bei Werfel Wendung des messianischen Willens rückwärts, in die Einheit *vor* der Schöpfung, oder bei Kafka Darstellung offenbarungsloser Welt, aber eben auf die fehlende Offenbarung hin – Verwandlung, die doch die Kontinuität der Motive nicht aufhebt. Dies nur als Andeutung des Zusammenhangs, wie ich ihn vor allem zuletzt, für den Kölner Vortrag gewonnen hatte; von da aus kann Kafka nicht entbehrt werden; es schadet wohl auch nichts, wenn dann ein andrer noch ausführlicher über ihn spricht.[21]

---

20 Brief vom 19. Dezember 1933, ebd., S. 172 f.
21 Brief vom 27. Januar 1934, ebd., S. 174.

Eingeleitet durch Lesungen Bubers aus den behandelten Autoren, hält Strauß seine beiden Vorträge schließlich am 28. und 29. März 1934. Er konzentriert sich im zweiten Vortrag auf Mombert, Lasker-Schüler, Werfel, Buber, Beer-Hofmann, Kafka und Wassermann; Materialien dazu finden sich im Jerusalemer Nachlaß. Was auffällt, ist die Konsequenz, mit der Strauß ausschließlich Aspekte im Werk deutsch-jüdischer Autoren herausarbeitet, die zu ihrer Identität als im Zeitalter der Säkularisierung lebende und schreibende Juden gehören. Bloße Abstammung kann allenfalls Antisemiten dazu veranlassen, Autoren als jüdisch zu definieren und damit auszugrenzen; Strauß schließt daher Rudolf Borchardt und Hugo von Hofmannsthal völlig aus seinen Betrachtungen aus, und auch Moritz Heimann, Max Brod und Arnold Zweig scheinen ihm bezüglich der Behandlung zentraler jüdischer Aspekte eher zweitrangig.

Hingegen ist seine Darstellung Jakob Wassermanns, der zunächst lediglich unter dem Aspekt einer »Hybris des *Wollens*« berücksichtigt werden sollte, besonders bezeichnend.[22] Wassermann gehört zu den Schriftstellern, die unter ihrer deutsch-jüdischen Identität gelitten haben und bis zuletzt wegen der Angriffe von der Seite der Antisemiten damit nicht ins Reine gekommen sind. Um so typischer scheint er Strauß – bei aller Kritik – für die Entwicklung der deutsch-jüdischen Literatur im ganzen zu sein. Die Aufzeichnungen über ihn enthalten handschriftliche Partien ebenso wie maschinengeschriebene – letztere vor allem Zitate aus Werken Wassermanns mit kurzen Kommentaren zur Erzählweise, an der in ihrer Neigung zu Wiederholung, Häufung und Pathetik »der typische Marktschreierstil« gerügt wird; wie bei Heinrich Mann seien zu konstatieren: »[u]eberhitzte Anfänge, Gewinn einer guten Mittelzeit, dann im Nachrennen hinter den Parolen der neuen Jugend, der offiziellen Moderne, aber auch im Nichtverzichtenwollen auf echte, doch ihnen ungemässe Zeitaufgaben: starre und scheinmodernisierte Wiederholung der Anfänge in nur leblos gewordener Form und mit prätendierten neuen Gehalten«, andererseits aber auch »Buntheit, Dichtigkeit, Fülle der Fabel«. Wassermann habe in seinem Essay ›Die Kunst der Erzählung‹ bewußt oder unbewußt gegen sich selbst polemisiert, wenn hier vom Standpunkt des *Alten* aus das Fehlen von Ruhepunkten und die Atemlosigkeit der Gestalten des *Jungen* moniert werden. Handschriftlich liegt eine knappe Übersicht über wesentliche zu behandelnde Gesichtspunkte vor:

Disposition
Situation des Juden in der dtschen Literatur
Situation des modernen Epikers

---

22 Ludwig Strauss Archive, MS Varia 424.

Die Anstöße bei Wassermann
Die Erschüttertht der Zeit (»sozial u. ethisch«)
Die Unerträglichkt der Ungerechtigkt. Gegen »Trägheit des Herzens«
([...])
Das Messianische und Pseudomessianische (Reiner,[23] Lorriner[24] Stanhope[25])

Die Entwicklung
3 Stufen.
1897-1905 Juden v. Z.[26] – Alexander[27]
1906-1915 Schwestern[28] – Gänsemännchen[29]
1918-1933 Wahnschaffe[30] – Kerkhovens[31]
                     Junker Ernst[32] eines der besten W.
W. Erzähler mit Balzacschem Ehrgeiz aber ohne Balzacsche Gesellschaftsverliebtht, – die *tote* Fülle die Folge! Dazu der Deutschheitsehrgeiz.
Die absichtliche Steigerung der Fülle, des Tempos, der Intensität.
Das Experimenthafte, Unvertrauenswerte [?] nicht im Stoff (alles ja *möglich*, aber im Ton?).
Das letzte Buch u. die religiöse Wendung[33] – aber ohne Form im positiven wie negativen Sinn

Die entscheidenden Stichworte sind »Unerträglichk[ei]t der Ungerechtigk[ei]t« sowie das »Messianische« resp. »Pseudomessianische«, mithin bedeutende Kategorien der jüdischen Tradition. Insbesondere das »zentrale Motiv« des »Gerechtigkeitswille[ns] gegen Trägheit des Herzens« wird ausdrücklich als »das Jüdische« in Wassermanns Werk identifiziert, das sich durch allen »Deutschheitsehrgeiz« hindurch zur Geltung bringe. Von daher wird auch ein Werk, das Wassermann selbst als besonders *deutsch* empfunden hat, als ein *jüdisches* gelesen, nämlich der Roman ›Caspar Hauser oder Die Trägheit des Herzens‹. So sollte denn auch ein geplanter Wassermann-Abend mit

23 *Die Masken Erwin Reiners. Roman*, Berlin 1910.
24 Lorriner: Figur aus dem Roman *Etzel Andergast*, Berlin 1931.
25 Lord Stanhope: Figur aus dem Roman *Caspar Hauser oder Die Trägheit des Herzens*, Stuttgart, Leipzig 1908.
26 *Die Juden von Zirndorf. Roman*, Paris, Leipzig und München 1897.
27 *Alexander in Babylon. Roman*, Berlin 1905.
28 *Die Schwestern. Novellen*, Berlin 1906.
29 *Das Gänsemännchen. Roman*, Berlin 1915.
30 *Christian Wahnschaffe. Roman in zwei Bänden*, Berlin, Wien 1919.
31 *Joseph Kerkhovens dritte Existenz.* Roman, Amsterdam 1934.
32 *Der Aufruhr um den Junker Ernst. Erzählung*, Berlin 1926.
33 *Joseph Kerkhovens dritte Existenz. Roman*, Amsterdam 1934.

einer Lesung aus dem ganz unter der Maxime der Gerechtigkeit stehenden Roman ›Der Fall Maurizius‹ und des wichtigen Aufsatzes ›Der Jude als Orientale‹ ausklingen, der 1913 in eben dem Prager Sammelbuch ›Vom Judentum‹ erschienen war, in dem Strauß seinen dissimilatorisch orientierten Aufsatz über die westjüdische Intelligenz veröffentlicht hatte.[34] Was Wassermann von Strauß vor allem vorgeworfen wird, ist also keineswegs ein Verrat am Judentum, sondern mangelnde Selbstkritik in allen Fragen der Form. Auf der anderen Seite wird klar, daß der Anfang 1934 verstorbene Wassermann am Dilemma der Assimilation gescheitert ist, während Strauß sich längst zu einem Standpunkt jenseits von Assimilation oder Dissimilation bekannte, der ihm den Neuanfang in Palästina wesentlich erleichterte. Sein Begriff des ›Deutschen‹ im Sinn eines vorwiegend kulturellen Konzepts konnte nicht von dessen Usurpierung durch das Dritte Reich tangiert werden, ebensowenig, wie sich sein Begriff des ›Jüdischen‹ nationalistisch verengt hatte; so hatte er kein Problem, sich nach wie vor als deutsch-jüdischer Dichter im Sinn einer Gleichgewichtigkeit beider Bestandteile des Doppelbegriffs zu verstehen.

Folgerichtig steht Strauß die deutschsprachige Literatur auch in Palästina nah, seine Produktivität als Dichter bleibt im wesentlichen an die deutsche Sprache gebunden. Andererseits brachte er seine hebräischen Sprachkenntnisse so weit voran, daß er nicht nur im Alltag bestehen, sondern auch über poetische und wissenschaftliche Themen kommunizieren und sogar hebräisch dichten konnte. Shimon Sandbank hat hervorgehoben, daß der schöpferische Übergang vom Deutschen zum Hebräischen für Strauß eine »Heimkehr im tiefsten Sinne war: als sei sein Lebenswerk bis dahin einfach ein Übersetzen gewesen und er endlich zu seiner Quelle gelangt«.[35] Diese Sicht scheint zwar etwas zu apodiktisch im Sinn einer zionistisch-nationalen Perspektive zu sein, verweist aber auf einen entscheidenden Punkt: Das Konzept einer weltliterarisch orientierten Literaturwissenschaft, wie es Strauß vor allem in seinen Vorlesungen an der Hebräischen Universität Jerusalem in den letzten Lebensjahren entwickelt und vorgetragen hat, verdankt sich der bereits vor 1933 über den engen nationalen Horizont – sei er jüdisch oder deutsch – hinausreichenden postassimilatorischen Perspektive. Das Spektrum des 1959 von Tuvia Rübner edierten Bandes ›Be-darchej ha-sifrut‹ (›Auf den Wegen der Literatur‹, mit dem Untertitel ›Studien über israelische Literatur und die Weltliteratur‹) reicht im Bereich der jüdischen Literatur von der Bibel über die hebräisch-spanischen Dichter des Mittelalters bis zur

---

34 Der Jude als Orientale, in: *Vom Judentum* (Anm. 3), S. 5-8.
35 Zit. nach Chaim Shoham, Ex Occidente Lux? Ludwig Strauß und die Literaturwissenschaft in Israel, in: *Ludwig Strauß 1892·1992* (Anm. 5), S. 299-309, hier S. 300.

modernen hebräischen Lyrik und Prosa (Bialik, David Schimoni, Agnon), im Bereich der Weltliteratur von der griechischen Tragödie über Shakespeare, den französischen Klassizismus, Goethes ›Faust‹, Kleists Erzählungen bis zu Balzac, Flaubert, de Coster und Dostojewski. Der bis zu seinem Tod in Haifa lehrende Komparatist Chaim Shoham hat eindrucksvoll bezeugt, welchen Einfluß Strauß nicht nur auf Dichter und Wissenschaftler wie Lea Goldberg oder Dan Pagis hatte, sondern eben durch diese Vorlesungen post mortem auf eine ganze Generation junger Literaturstudenten, die nun erst erkannten, daß auch die Psalmen oder die mittelalterliche spanisch-jüdische Dichtung nach ihrer ästhetischen Form, als dezidiert literarische Gegenstände beurteilt und gedeutet werden können, nicht nur in der traditionellen historisch-positivistischen oder biographischen Weise oder als bloße Zeugnisse religiös-nationaler Ausdruckskraft. Neben Schimon Halkin und Baruch Kurzweil galt Strauß als Vertreter einer *werkimmanenten* Schule; hinzu kam jedoch mit dem Interesse für den Leser ein Aspekt, der – präludiert im russischen Formalismus – erst viel später als *Rezeptionsästhetik* methodologisch aufgewertet wurde. Diese ganz eigentümliche Verknüpfung von Form und Inhalt, von Autor und Leser, vermittelt über das Werk, ist bei Strauß allerdings weniger immanent literaturtheoretisch-hermeneutisch begründet, sondern kann aus der grundsätzlich kommunikativ und handlungsorientierten Philosophie des ›Ich-Du-Bezugs‹, entsprechend dem Buberschen wie dem Hölderlinschen Vorbild, hergeleitet werden – mithin aus einem ethischen Ansatz, dem sich der ästhetische Bereich seinerseits als *Form* in einem weiteren Sinn notwendig anschließt. In diesem Zusammenhang kann auch hier auf den Vorrang des Messianischen verwiesen werden, wenn es in ›Wintersaat‹ heißt: »Die vollendeten Kunstwerke sind Inseln der messianischen im Meer der unerlösten Zeit.«[36] Als Dichter wie als Literaturwissenschaftler hat Strauß dem (vollendeten) Kunstwerk eine Dignität zugesprochen, die genuin ethisch-religiös ist und nichts mit dem landläufigen Begriff des ›L'art pour l'art‹ zu tun hat. Vielleicht lag hier die Besonderheit seiner eigenen Tätigkeit als Dichter wie als Literaturwissenschaftler, eine Besonderheit, die unmittelbar mit seinem deutsch-jüdischen Lebens- und Denkweg zu tun hat.

Ludwig Strauß, so ist zu resümieren, stand in einem interkulturellen Diskurszusammenhang, der seit der Jahrhundertwende um das Problem von Assimilation an die deutsche resp. europäische Kultur bzw. Dissimilation von ihr entstanden war; er selbst entwickelte einen Standort jenseits dieser dichotomischen Polarität, indem er das je *Andere* im *Eigenen*, das *Eigene* im *Anderen* nicht als fremd markierte, sondern als Bestandteil einer universellen Vorstellung von *Weltliteratur* begriff, die er als eine Art Archiv menschlicher *Taten* und ihrer literarischen Rekonstruktionen verstand. Dabei treten das

---

36 Wintersaat (Anm. 15), S. 267.

Ethische und das Ästhetische in unterschiedlichen Mischungen zutage, wobei als ein Kennzeichen jüdischer Literaturtradition eine gewisse Prävalenz des Ethischen festgehalten wird. Methodologisch ist Strauß einerseits einer werkzentrierten *immanenten* Poetologie und Ästhetik verpflichtet, andererseits entwickelt er früh einen eigenen rezeptionsästhetischen Ansatz. Sowohl die *werkimmanente* wie die *rezeptionsästhetische* Seite seiner literaturwissenschaftlichen Methodik aber verdankt sich einer Wertorientierung, die Strauß selbst aus einem universal verstandenen Diskurszusammenhang herleitet. Die kontrovers diskutierte Frage, was denn an der im ganzen so vielfältigen und bedeutenden Literatur deutschsprachiger jüdischer Autoren des 20. Jahrhunderts – und, so läßt sich hinzufügen, auch in den Arbeiten jüdischer Literaturwissenschaftler – spezifisch jüdisch sei,[37] verliert angesichts der Straußschen Position ihren definitorischen Sinn. Eine Festlegung des Gegenstandsbereichs auf »jüdische Literatur in deutscher Sprache« bezöge sich nämlich ausschließlich auf Texte, in denen »jüdische Erfahrungen« als Teile eines »übergreifenden jüdischen Diskurses« über Probleme der »jüdischen Identität« erscheinen.[38] Ludwig Strauß wäre dieser Definition ›jüdischer Literatur‹ nicht zuzuordnen, und auch nicht bekannten Kategorisierungen wie ›nichtjüdische Juden‹ oder ›jüdische Juden‹ – seine Eigenart liegt gerade im *Jenseits* solcher kategorialer Fixierung.[39] Die »tiefe Positivität im Grundzug seines Wesens«, die Tuvia Rübner an Ludwig Strauß hervorgehoben hat,[40] ist fundiert in einem dialogischen Ansatz, der sich auf jüdische wie deutsche Tradition berufen kann – durchgehalten auch nach den historischen Erfahrungen der Katastrophe, die Strauß mit größter Klarsicht analysiert und aus denen er die Konsequenz gezogen hat, trotz einem entsprechenden Angebot nicht mehr nach Deutschland zurückzukehren.

Wissenschaftsgeschichtlich gesehen ist sein Fall, verglichen mit anderen jüdischen Exponenten der Geisteswissenschaften, allerdings alles andere als repräsentativ: er bleibt singulär nicht nur wegen des *postassimilatorischen* interkulturellen deutsch-jüdischen Ansatzes seiner Dichtung wie seiner Wissenschaft, sondern auch wegen seiner bis 1933 vergleichsweise unbehinder-

37 Vgl. Dieter Lamping, *Von Kafka bis Celan. Jüdischer Diskurs in der deutschen Literatur des 20. Jahrhunderts*, Göttingen 1998.
38 Ebd., S. 34 f.
39 Zu neueren Diskussionen über die unauflösbare Interdependenz deutscher und jüdischer Geschichte im 20. Jahrhundert, ihre »co-constitutionality«, vgl. Steven E. Aschheim, German History and German Jewry: Boundaries, Junctions and Interdependence, in: *Leo Baeck Institute Yearbook* 53, 1998, S. 315-322, insbes. S. 320.
40 Tuvia Rübner, Ludwig Strauß – Gestalt und Werk. Biographische Skizzen, in: *Ludwig Strauß 1892-1992* (Anm. 5), S. 7-26, hier S. 7.

ten, ja sogar von der Aachener Hochschule erwünschten und geförderten Karriere.[41] An einer der altehrwürdigen Universitäten in Deutschland mit ihren historisch fixierten geisteswissenschaftlichen Fachtraditionen und Machtstrukturen hätte er wohl mit den gleichen antijüdischen Vorbehalten rechnen müssen wie seine Kollegen ...

41 Vgl. dazu Hans Otto Horch und Ulrich Kalkmann, Ludwig Strauß und die Technische Hochschule Aachen, in: *Ludwig Strauß 1892·1992* (Anm. 5), S. 149-171.

Moderne Geister
Literarischer Kanon und jüdische Identität bei Georg Brandes

PETER GOSSENS

> Ich stand gewöhnlich morgens gegen sechs
> auf, als die Luft noch einigermaßen kühl
> war [...][1]

1. Der »geistige Vermittler« Georg Brandes

Der dänische Literaturkritiker Georg Brandes (1842-1927) ist einer der prominentesten Intellektuellen der Zeit zwischen 1871 und 1927. 1842 geboren, trat er um 1870 in Kopenhagen erstmals in das Licht einer größeren Öffentlichkeit. Seine literaturkritischen Arbeiten haben auf die Vermittlung vieler literarischer und philosophischer Werke des ausgehenden 19. und frühen 20. Jahrhunderts entscheidenden Einfluß gehabt. Im Jahr seines Todes widmete ihm das ›Jüdische Lexikon‹ einen längeren Artikel:

> Für das literarische Leben Dänemarks ist Brandes der geistige Vermittler
> größten Stils, der dem skandinavischen Kulturbewußtsein neue Horizonte
> erschlossen und die Aufmerksamkeit der ganzen Welt auf das Schaffen der
> nordischen Dichter gerichtet hat. Für die übrige Welt bedeutet Brandes
> eine Persönlichkeit, in der die Idee des *guten Europäers* Gestalt gewonnen
> hat. Brandes ist ein Schriftsteller von umfassendem Blick, ein sicherer
> Charakteristiker, mit einem starken Spürsinn für bedeutende Individua-
> litäten begabt, der sich nicht auf das künstlerische Element beschränkt,
> sondern stets erregt wurde, wo er *Initiative* irgendwelcher Art bemerkte.[2]

Der Artikel zeichnet ein deutliches Bild von Brandes' ambivalenter Tätigkeit als Literaturkritiker:[3] Sein Engagement für die *skandinavische Bewegung*, die Autoren des *modernen Durchbruchs*, hat entscheidend zur Entwicklung eines modernen skandinavischen Kulturbewußtseins beigetragen.

---

1 Lars Gustafsson, *Die Tennisspieler*, 2. Aufl., München 1984, S. 7.

2 Georg Brandes, in: *Jüdisches Lexikon. Ein enzyklopädisches Handbuch des jüdischen Wissens in vier Bänden*, Bd. 1, 2. Aufl., Frankfurt am Main 1987 [Nachdruck der 1. Aufl., Berlin 1927], Sp. 1142 f., hier 1142. Im folgenden zit.: Jüdisches Lexikon.

3 Eine ausführliche Brandes-Bibliographie existiert bislang nicht, hilfreich ist dennoch: Bertil Nolin, *Den goede europén. Studier in Georg Brandes idéutveckling 1871-1893*, Uppsala 1965, S. 437-452.

Auf der anderen Seite versuchte der »gute Europäer und Cultur-Missionär«,[4] die skandinavische Kultur in einen gesamteuropäischen Kontext einzubinden. Der Blick über die nationalen Grenzen hinaus ist kennzeichnend für Brandes, der sich mit gleichem Engagement für die moderne Literatur Europas einsetzte: Brandes' Vorlesungen über Friedrich Nietzsche stehen am Beginn der europäischen Nietzsche-Rezeption der Jahrhundertwende.[5] Mit seinen essayistischen Skizzen über Schriftsteller wie Balzac, Flaubert, Heyse, Turgenjew und Zola, die von biographischen Portraits politischer Persönlichkeiten wie Ferdinand Lassalle oder Benjamin Disraeli begleitet werden, spannt Brandes ein »geistiges Band«, das die »Gegenwart im Ganzen« umfaßt. Die »Individualität des Schriftstellers« soll »möglichst erschöpfend dargestellt« werden, denn die »Charakteristik der einzelnen Gestalt« enthält »allgemeine Ideen« der modernen Geistesart.[6] Den journalistischen Arbeiten aus den Jahren zwischen 1870 und 1890 folgen ab der Jahrhundertwende mehrere umfangreiche Monumentalbiographien zu Shakespeare, Voltaire, Michelangelo, Goethe und Cäsar. Mit diesen monographischen Arbeiten stellt Brandes einige große Männer vor, die als Idealbilder das »Muster [seiner intellektuellen] Selbstentwicklung«[7] repräsentieren.

2. ›Weltliteratur‹

Der thematischen Zusammenstellung der Essays und Monographien von Brandes liegen, folgt man dem ›Jüdischen Lexikon‹, sehr subjektive, in seiner Persönlichkeitsstruktur verankerte Kriterien zugrunde. Brandes zeichne sich durch einen »starken Spürsinn für […] Individualitäten« aus; die »Initiative« des Einzelnen errege den »sichere[n] Charakteristiker«.

Im Gedanken der Initiative ist dabei Individualität unlösbar mit dem Allgemeinen verbunden. Die Kultur, heißt es im Nietzsche-Essay, »legt mir die Pflicht auf, mich selbstthätig in ein Verhältnis zu den großen Menschenidealen zu setzen.«[8] Die Leistung des Einzelnen mag dabei vordergründig

---

4 Friedrich Nietzsche an Georg Brandes, 2. Dezember 1887. In: *Correspondance de Georg Brandes*. Lettres choisies et annotées par Paul Krüger. 3. L'Allemagne, Copenhagen 1966, S. 441.

5 Die 1888 in Kopenhagen gehaltene Vorlesung erschien 1890 unter dem Titel: Georg Brandes, Aristokratischer Radicalismus. Eine Abhandlung über Friedrich Nietzsche, in: *Deutsche Rundschau* 63, 1890, S. 52-89. Im folgenden zit.: Radicalismus.

6 Alle Zitate aus: Georg Brandes, *Moderne Geister. Literarische Bildnisse aus dem XIX. Jahrhundert*, Frankfurt am Main 1894, S. IV.

7 Georg Brandes, *Goethe*, Berlin 1922, S. 6.

8 Radicalismus (Anm. 5), S. 60.

»Selbstzweck«[9] sein, ihre Relevanz bleibt jedoch an den gesellschaftlichen Fortschritt gebunden. Auch sein Konzept von *Weltliteratur* entwickelt Brandes zwischen der individuellen Initiative des Einzelnen und der gesellschaftlichen Bedeutung des Werkes:

> Wenn ich nun ohne Rücksicht auf den großen Urheber dieses Wortes mir selbst die Frage stelle: was ist Weltlitteratur? – so kommt es mir vor, daß man in erster Linie an die Werke der naturwissenschaftlichen Entdecker und Erfinder denken muß. Was Pasteur, was Darwin, was Bunsen oder Helmholtz geschrieben haben, das ist unbedingt Weltlitteratur, es wendet sich direkt an die Menschheit und bereichert die ganze Menschheit.[10]

Die enzyklopädische Reihe der Persönlichkeiten, die durch Brandes' Werk markiert wird, verbindet sich durch den Gedanken der Initiative zu einem homogenen Ganzen. In seinem Verständnis von Weltliteratur erweitert er den Begriff um die Perspektive der gesellschaftlichen Relevanz. So kann er auch Werke und Persönlichkeiten in seinen Kanon aufnehmen, die nicht der schönen Literatur zuzurechnen sind: Biographien eines Lassalle, Disraeli oder Julius Cäsar entsprechen nicht den klassischen Vorstellungen des Literaturkanons, sind jedoch als Darstellung »revolutionärer Geister«[11] durchaus Weltliteratur im Brandes'schen Sinne.

3. Die ›Hauptströmungen‹

Bereits Brandes' frühes Hauptwerk ›Die Hauptströmungen der Litteratur des 19. Jahrhunderts‹[12] läßt sich als Beschreibungsversuch einer solchen idealtypischen Initiativbewegung verstehen. In einer vergleichenden europäischen Literaturgeschichte entwirft er ein synchrones Bild der Entwicklung des literarischen wie des öffentlichen Lebens in Deutschland, Frankreich und England. Im Mittelpunkt steht die Forderung nach »Geistesfreiheit«: »wir wollen den freien Gedanken und die freie Humanität« (I, 16) lautet die Losung, mit der Brandes an die produktiven Ideale des 18. Jahrhunderts anschließt. Mit der ›Emigrantenlitteratur‹ entwickelt er ein Modell der Reaktion zu Beginn des 19. Jahrhunderts, bei dem die Schriftsteller ihre individuelle Freiheit »gegen die Regulierungsbestrebungen der Schreckensherrschaft« (I, 20) stellen.

---

9 Ebd., S. 68.
10 Georg Brandes, Weltlitteratur, in: *Das litterarische Echo* 2, 1899, H. 1, S. 1.
11 Radicalismus (Anm. 5), S. 78.
12 Georg Brandes, *Die Hauptströmungen der Litteratur des neunzehnten Jahrhunderts*, 6 Bde., 7. Aufl., Berlin 1900. Im folgenden im Text mit Bandzahl und Seitenangabe nachgewiesen.

In »sechs Akten eines großen Dramas« (I, 5) skizziert Brandes nun das Bild einer »geschichtliche[n] Bewegung« (I, 5), deren Fortgang durch die Revolutionsjahre 1789, 1830 und 1848 markiert wird. Im Anschluß an die oppositionelle, »erneuernde, und befruchtende litterarische Bewegung« (I, 23) der ›Emigrantenlitteratur‹ schildert Brandes in den folgenden Bänden seiner europäischen Literaturgeschichte die Stagnation des revolutionären Potentials in Europa. Der »katholisierenden romantischen Schule Deutschlands« (I, 5) folgt die Darstellung der ›Reaktion in Frankreich‹. Die »herrschende Idee der neuen Periode« (III, 86) wird nun deutlich: es ist »das große Prinzip der Selbstentäußerung [...] das Prinzip der Autorität und Macht im Gegensatze zu den Prinzipien der Freiheit und der Menschenrechte« (III, 86), die sich in allen Bereichen des »Menschenlebens« (III, 86) fortsetzt. Auch im ›Naturalismus in England‹ findet Brandes die restaurativen Tendenzen der Zeit wieder. Erst mit dem Tod Byrons im Kampf um die Freiheit Griechenlands dringt der Gedanke der Initiative wieder in das Bewußtsein der europäischen Öffentlichkeit.[13] »Der Romantismus in Frankreich und der Liberalismus in Deutschland stammen beide in direkter Linie von dem Naturalismus in Byrons Dichtung ab.« (IV, 394) Die »Freiheit in der Kunst« wird zunächst von den französischen Dichtern, allen voran Victor Hugo, wiederentdeckt und leitet das Ende der Reaktion ein. Aus Frankreich »fliegen« (I, 5) nun die »liberalen Ideen« (I, 5) der französischen Schriftsteller nach Deutschland: »Die Schriftsteller des jungen Deutschland, von denen die wichtigsten, wie Börne, Heine (und später Auerbach), jüdischer Herkunft sind, bereiten, wie die zeitgenössischen französischen Schriftsteller, die Umwälzung von 1848 vor.« (I, 5 f.)

In Heinrich Heine finden die ›Hauptströmungen‹ den Höhepunkt ihrer Entwicklung. Heines »Schreibweise ist vollständig modern; alles ist anschaulich gemacht für das Auge« (VI, 170). Sie ist der adäquate Ausdruck für die komplexen Anforderungen der beginnenden europäischen Moderne; Heine gilt in ganz Europa als Prototyp des modernen Stils »in seiner Härte und Häßlichkeit« (VI, 170). Seine Bedeutung für die europäische Literatur[14] macht ihn nur noch mit Goethe vergleichbar, der auch in Brandes' Kanon eine dominierende Stellung einnimmt. Auf der stilistischen Ebene stellt er eine erhebliche Differenz zu Heine fest: »Goethes Stil ist in all seiner Größe doch zu einfach, um das Moderne zu erfassen.« (VI, 170) Damit weicht er deutlich vom Modell der Zähmung des deutsch-jüdischen Heine ab, wie es George L. Mosse beschreibt.[15]

---

13 Vgl. I, 3 sowie IV, 392 f.

14 Vgl. die Stellung Heines in den »Büchersammlungen« des 19. Jahrhunderts (VI, 36 f.).

15 Vgl. George L. Mosse, *Jüdische Intellektuelle in Deutschland. Zwischen Religion und Nationalismus*, Frankfurt am Main, New York 1992 (Edition Pandora), S. 77.

Auch wenn die Betonung der jüdischen Abstammung von Börne, Heine und Auerbach anderes nahelegt, so versucht Brandes in seinen ›Hauptströmungen‹ nicht, die Genese einer jüdisch geprägten modernen Literaturtradition zu skizzieren. Die Probleme jüdischer Intellektueller in Europa und die Situation der Juden in Deutschland werden – wie bei Börne und Heine – als konstitutives Element ihrer Entwicklung thematisiert.[16] Die jüdische Abstammung eines Schriftsteller sollte jedoch, so Brandes etwa zur gleichen Zeit (1869) in seinem Essay über Meir Goldschmidt, nicht zur Hauptmotivation moderner Dichtung werden:

> Aber andererseits kann ich es auch nicht einnehmend finden, daß ein Schriftsteller unaufhörlich darauf zurückkommt, daß er Jude ist, teils indem er sich direkt ausspricht, teils indem er als Dichter Juden in jeder Weise und von jeder Sorte darstellt, junge und alte, von vorn und im Profil, mit Dialekt und ohne Dialekt und diese Eigenschaft ebenso kokett betont, wie andere sie furchtsam totschweigen.[17]

Obwohl Religion eine Bedeutung für den Charakter des Einzelnen hat, ist sie kein notwendig konstituierendes Element für die Entstehung eines literarischen Werkes. Hier ist vielmehr die Entwicklung des freien Gedankens und der »Kampf gegen die europäische Reaktion« (VI, 189) grundlegend für eine Kunst, die »einem Lebenszwecke dienen sollte« (VI, 193 f.).

4. Das Modell der ›Vergleichenden Litteraturbetrachtung‹

Das historiographische Modell von Brandes orientiert sich an Hermann Hettners ›Literaturgeschichte des achtzehnten Jahrhunderts‹,[18] als dessen »Fortsetzung und Ergänzung«[19] sich die ›Hauptströmungen‹ verstehen. Während Hettner die Entwicklung der Aufklärung in Europa als kontinuierliche Aufeinanderfolge in mehreren Episoden beschreibt,[20] entwirft Brandes

16 Vgl. VI, 42 und IV, 106 sowie Georg Brandes, *Heinrich Heine,* Hamburg, Berlin 1922, S.XVIII. Im folgenden zit.: Heine (1922). Die jüdische Herkunft Heines wird in anderen Darstellungen der Zeit wesentlich stärker betont. Vgl. u. a. die Heine-Biographie des Brandes-Übersetzers Adolf Strodtmann, *Heines Leben und Werk,* 3. Aufl., 1. Bd., Hamburg 1884, S. 20-22.

17 Georg Brandes, M. Goldschmidt, in: ders., *Kierkegaard und andere skandinavische Persönlichkeiten,* Dresden 1924, S. 485.

18 Hermann Hettner, *Literaturgeschichte des achtzehnten Jahrhunderts. In drei Theilen,* Braunschweig 1856-1870. Im folgenden zit.: Hettner und Bandzahl.

19 So Adolf Strodtmann im ›Vorwort des Herausgebers‹ (Hauptströmungen I, S. XVII).

20 Vgl. Hettner I (Anm. 18), S. 3 sowie S. 8 und S. 9.

für die Literatur des 19. Jahrhunderts das Bild »eines großen Hauptrhythmus mit seiner Ebbe und Flut« (I, 1). Die geschichtliche Bewegung der Literatur entwickelt sich hier nicht in einem bogenförmigen Kontinuum, vielmehr rekonstruiert Brandes die Entwicklung der europäischen Literatur des frühen 19. Jahrhunderts als Wellenbewegung. Seine Darstellung der Reaktion in Deutschland, Frankreich und England beginnt jeweils von neuem am Ausgang des 18. Jahrhunderts. Anders als viele Literaturgeschichten der Zeit findet Brandes den historischen Kulminationspunkt nicht in Goethes Tod, sondern sieht im Tod Byrons das entscheidende Ereignis, von dem aus »die Fortschrittsideen in neuen, immer höher steigende[n] Wogen« (I, 1) in die europäische Literatur zurückkehren. Von hier ausgehend skizziert er in zwei parallelen Bänden die Aufhebung der restaurativen nationalistischen Tendenzen in Frankreich und Deutschland.

Die ›Hauptströmungen‹ sind also weder eine Addition nationalliterarischer Modelle, noch überträgt Brandes das von Hettner entworfene Muster einer – letztlich immer noch additiven – »allgemeine[n] Literaturgeschichte«[21] ins frühe 19. Jahrhundert. In der Entwicklung des »freien Gedankens« findet er die ideelle Konstante des vorgegebenen Zeitrahmens, aus der heraus er die Entwicklung der europäischen Literatur bis zur Jahrhundertmitte als synchrone Entwicklung beschreiben kann.

5. Brandes und Dänemark

Brandes blickt mit einem Fernglas in die europäische Geschichte, um die Gegenwart Dänemarks zu sehen. Er versucht der dänischen Literatur seiner Gegenwart, die »wie gewöhnlich, zirka vierzig Jahre hinter dem übrigen Europa zurückgeblieben ist« (I, 6), einen Weg aus Stagnation und Isolation zu zeigen. Die dänische Literatur habe zwar zu einer »Reaktion wider das achtzehnte Jahrhundert« (I, 4) gefunden, allerdings sei die literarische Entwicklung nicht über den Beginn der Reaktion hinausgekommen. Zum Mangel an »Original-Produktivität« (I, 6) sei zudem ein »Mangel an Aneignung fremden Geisteslebens hinzugetreten« (I, 6). Literatur und Gesellschaft haben sich seit dem Beginn des 19. Jahrhunderts in zunehmender Weise voneinander entfernt. »Gebt einem Sirius-Bewohner, der nur unsere dänische klassische Poesie durchgelesen hat, ein paar ausländische Dramen in die Hand, [...] und er wird mit zahllosen Gesellschaftszuständen vertraut werden, die er nicht kannte, weil sie zwar in unserer Gesellschaft, aber nicht in unserer Literatur existieren.« (I, 15)

Die Entwicklung der gesamten dänischen Literatur und besonders ihre einseitige Beziehung zur deutschen Romantik (vgl. II, 7) wird einer vernich-

---

21 Ebd., S. 8.

tenden Kritik unterzogen. Brandes fordert den freien Geist anstelle einer »Kultur [...] von der Kopenhagener Universität und den Pfarrhöfen auf dem Lande« (I, 13). Mit der Radikalität seiner Thesen wurde Brandes bereits 1871, als er mit den Vorlesungen über die ›Hauptströmungen der Litteratur des 19. Jahrhunderts‹ an der Kopenhagener Universität begann, zum intellektuellen Außenseiter. Er galt fortan als »radical, freethinking, cosmopolitan, irrevent, brash, articulate, arrogant, iconoclastic, godless, and gleefully impudent«,[22] kurz: Er vereinigte alle antisemitischen Vorurteile über einen typischen Juden auf sich. »Das Bekenntnis zur *freien Forschung und freien Humanität* wurde als Christenhaß eines Juden verdächtigt, Brandes wurde so leidenschaftlich verfolgt, daß er Dänemark verließ und für mehrere Jahre nach Deutschland übersiedelte.«[23]

6. Brandes in Berlin

Eine Universitätskarriere in Dänemark hatte sich aufgrund der anhaltenden Entrüstung über Brandes' Denken zerschlagen. Von 1877 bis 1883 zog er nach Berlin und arbeitete als Journalist. Mit der Publikation einiger, zum Teil recht erfolgreicher Bücher, seiner Mitarbeit bei der ›Deutschen Rundschau‹[24] und vor allem seinem Engagement für die *skandinavische Bewegung*, legte er den Grundstein für seine internationale Karriere. Dennoch wurde er von den antisemitischen Vorwürfen verfolgt. Bereits 1880, innerhalb der ersten Welle des modernen Antisemitismus in Deutschland, greift ihn Alfred Stöcker in einer seiner Hetzreden an.[25] Stöckers Angriff geht dabei direkt auf eine kurz zuvor auf deutsch erschienene Schmähschrift von Johann Christian Heuch[26] zurück. Heuch unterstellt den Vorlesungen von Brandes nur ein Ziel: er will »seine Zuhörer zum Heidentum [...] bekehren«.[27] Der von

22 Henry J. Gibbons, Georg Brandes: The reluctant Jew, in: Hans Hertel und Sven Moeller Kristensen, *The Acitivist Critic. A symposium on the political ideas, literary methods and international reception of Georg Brandes*, Copenhagen 1980 (Orbis litterarum, Suppl. 5), S. 55-89, hier S. 65.

23 Jüdisches Lexikon (Anm. 2), Sp. 1142.

24 Vgl. Klaus Bohnen, *Brandes und die ›Deutsche Rundschau‹*, Kopenhagen, München 1980 (Text & Kontext, Sonderreihe Bd. 8).

25 Vgl. Alfred Stöcker, *Christlich-Sozial. Reden und Aufsätze*, Bielefeld, Leipzig 1885, S. 174.

26 Johan Christian Heuch, *Reformjüdische Polemik gegen das Christenthum im Gewande moderner Ästhetik. Kritisch beleuchtet*, Flensburg, Hadersleben 1879. Ohne die Dansk Centralbibliotek for Sydslesvig (Flensburg) wäre es nicht möglich gewesen, die deutsche und auch die dänische Ausgabe dieser Schrift einzusehen. Ihren Mitarbeitern sei für die unkonventionelle Hilfe herzlich gedankt.

27 Ebd., S. 42.

Heuch stilisierte »Christushaß eines Juden«[28] wird von Alfred Stöcker auf seinen antisemitischen Entwurf des *Juden Brandes* übertragen. Stöckers Rede ist einer der ersten von vielen weiteren vergleichbaren Artikeln über Brandes, die im deutschen Feuilleton erscheinen.

Brandes scheint vom wachsenden Antisemitismus in Deutschland zunächst unbeeindruckt. In einem Feuilletonartikel bezeichnet er die Angriffe gegen ihn als kleines »Intermezzo«[29] und sieht die »Bewegung gegen die Juden in Deutschland als eines der vielen Symptome für die große soziale und politische Reaktion«[30] an. Treitschkes Aktivitäten scheinen ihm nicht antisemitisch, sondern »borniert-national«[31] zu sein. Seine Wahrnehmung der antisemitischen Bewegung folgt dem Modell von Reaktion und Revolution, das er in den ›Hauptströmungen‹ entwarf: »Es ist die Wut gegen das *unpatriotische* Junge Deutschland, besonders Börne und Heine als dessen Stammväter, die ja beide jüdischer Abstammung waren.«[32] Der wiedererweckte Nationalismus nach dem deutsch-französischen Krieg ist für Brandes eine wichtige Ursache für den erneuten Judenhass. »In Deutschland«, so Brandes später in einer kurzen Skizze der antisemitischen Bewegung, ist »jedem Auflodern des Nationalgefühls ein Erstarken der Judenhasses gefolgt«.[33]

Weder die antisemitische Bewegung noch die eigene jüdische Identität sind für Brandes hinreichende Parameter für die Darstellung der geschichtlichen Entwicklung. Eine bewußt wahrgenommene jüdische Abstammung kann zwar – so Brandes – ein Anlaß zur »Selbstkritik«[34] werden. Grundlage menschlicher Entwicklung ist jedoch der individuelle freie Gedanke: »For Brandes, Judaism was an intolerable restraint on the free development of the individual, whose goal in life was the unfolding of all his human potential.«[35]

Wirft man einen abschließenden Blick auf Georg Brandes und seine Arbeit als Literaturkritiker, so wird man weniger ein jüdisches Bewußtsein, als vielmehr ein freies, aufklärerischen Idealen verpflichtetes kosmopolites Denken entdecken können. Die öffentliche Wahrnehmung seiner Schriften in Dänemark und in Deutschland findet jedoch gerade in ihm das Muster-

---

28 Ebd., S. 40.

29 Georg Brandes, Die Bewegung gegen die Juden in Deutschland, in: ders., *Berlin als deutsche Reichshauptstadt. Erinnerungen aus den Jahren 1877-1883*, Berlin 1989 (Wissenschaft und Stadt, Bd. 12), S. 390-398, hier S. 391. Im folgenden zit.: Reichshauptstadt.

30 Ebd., S. 391.

31 Ebd., S. 391 f.

32 Ebd., S. 392.

33 Heine (1922) (Anm. 16), S. VIII.

34 Reichshauptstadt (Anm. 29), S. 398.

35 Gibbons (Anm. 22), S. 67.

beispiel eines europäischen Juden, auf den antisemitische Vorurteile projiziert werden können. Brandes steht dieser Entwicklung, wie ein später Brief an Arthur Schnitzler zeigt, mit zunehmender Hilflosigkeit gegenüber: »Diese Bewegung hat auch den Norden erreicht und mich zum Einsiedler gemacht. Früher war ich Däne und wurde so aufgefaßt; plötzlich werde ich Jude genannt, und war es nie.«[36]

---

36 Georg Brandes an Arthur Schnitzler, 5. Januar 1922, in: *Georg Brandes und Arthur Schnitzler. Ein Briefwechsel*, hg. von Kurt Bergel, Bern 1956, S. 127.

Josef Körner (1888-1950)

HANS EICHNER

In einem Brief Josef Körners an Käte Hamburger vom 5. Februar 1946 steht der bittere Satz: »Der Gekränkte wird nicht bemitleidet, sondern verachtet.«[1] Körner selbst war ein Gekränkter und empfand sich in seinen letzten Lebensjahren als solcher, ich kann aber nur mit staunender Bewunderung über ihn sprechen. Leider kann ich über sein Lebenswerk und über die schwierigen Umstände, denen er dieses Werk abrang, nur kurz und ungenügend berichten.

Josef Körner wurde 1888 in Rohatetz (Mähren) als Sohn eines Landwirts und Gutsverwalters geboren und wuchs, wie so viele tschechische Juden, deutschsprachig auf. Sein ständiger Wohnsitz war Prag, er studierte aber in Wien, wo er von seinem Lehrer Jakob Minor entscheidende Impulse empfing: Minor hatte mit seinen Ausgaben von Friedrich Schlegels ›Prosaischen Jugendschriften‹ (Wien 1883) und Wilhelm Schlegels Berliner ›Vorlesungen über schöne Literatur und Kunst‹ (Heilbronn 1884) Grundlegendes für die Erforschung der Frühromantik geleistet; Körner wurde später zum bedeutendsten Herausgeber frühromantischer Texte in der ersten Hälfte des 20. Jahrhunderts. Minor stellte Körner auch das Thema seiner Doktorarbeit, die ihm allerdings auf Jahre hinaus eine andere Richtung wies: Er promovierte 1910 mit seiner 1911 als Buch erschienenen Schrift ›Nibelungenforschungen der deutschen Romantik‹.[2]

Körner berichtet hier einleitend über die »germanistische Tätigkeit des 18. Jahrhunderts« und dann ausführlich über die Nibelungenforschungen und -editionen von der Wiederentdeckung des Mittelalters durch die Frühromantiker bis zu Lachmann. Besonders interessant ist, was dort über die Abhängigkeit der Wissenschaftsgeschichte von der Zeitgeschichte gesagt wird. Als K. J. A. Zeune zur Zeit der patriotischen Begeisterung von 1813 in Berlin über das Nibelungenlied las, hatte er unter insgesamt 600 Studenten

---

1   Der Briefwechsel zwischen Josef Körner und Käte Hamburger, der im Winter 1945 einsetzte, 1946 besonders intensiv war und dann bis zu Körners Tod allmählich abflaute, ist im Deutschen Literaturarchiv (Marbach am Neckar) aufbewahrt und wurde jüngst von Ralf Klausnitzer ediert; Josef Körner, *Philologische Schriften und Briefe*, hg. von Ralf Klausnitzer mit einem Vorwort von Hans Eichner, Göttingen 2001 (Marbacher Wissenschaftsgeschichte 1), S. 187-348, hier S. 192. Dieses Buch entstand auf meinen Vortrag hin: Christoph König und Ulrich Ott nahmen die Anregung auf.

2   Josef Körner, *Nibelungenforschungen der deutschen Romantik*, Leipzig 1911.

300 Hörer. 1820 hatte Benecke bei seinen Vorlesungen über altdeutsche Literatur in Göttingen unter 1300 Studenten bloß neun Hörer, und Wilhelm Grimm hatte 1832 in Göttingen nur deshalb 22 Hörer, weil, wie er selbst berichtet, Studenten, die Gymnasiallehrer werden wollten, auch im ›Altdeutschen‹ geprüft wurden.[3] Die Dissertation ist eine ungewöhnliche Leistung für einen knapp 23jährigen. Die Wissenschaftliche Buchgesellschaft hat sie 1968 reprographisch nachgedruckt, und es geschieht nicht oft, daß eine Dissertation mehr als ein halbes Jahrhundert später nachgedruckt wird.[4]

In engem Zusammenhang mit dieser Arbeit stehen die zwei nächsten, verhältnismäßig unbedeutenden Bücher, die Körner veröffentlichte: 1912 unter dem Titel ›Germanische Renaissance‹ eine kleine Sammlung von Dokumenten zur Geschichte der Wiederentdeckung der deutschen Literatur des Mittelalters und 1913 eine Ausgabe von Wilhelm Schlegels im Wintersemester 1818/19 in Bonn zum erstenmal gehaltenen Vorlesungen über die ›Geschichte der deutschen Sprache und Poesie‹.[5] Wie Körner selbst in seiner Einleitung feststellt, haben diese Vorlesungen nur eine »relative Bedeutung«; ihre Drucklegung war jedoch lohnend, weil das Wissen um Wilhelm Schlegels Leben und Wirken seit seiner Verbindung mit Mme de Staël damals sehr lückenhaft war (und zum Teil noch ist). Am lesenswertesten ist heute in diesem Buch wohl Körners auf umfassender Quellenforschung fußender Bericht über Wilhelm Schlegels Bonner Berufungsverhandlungen.

Körners Veröffentlichungen haben ihm nie viel eingebracht. Seinen Lebensunterhalt verdiente er sich als Deutschlehrer an einem Prager Gymnasium. Ob er diese Stelle schon vor dem ersten Weltkrieg antrat oder erst nachher, ist unbekannt. Die lange Schaffenspause nach 1913 wurde jedenfalls nicht durch seine Anstellung veranlaßt, sondern durch seinen Kriegsdienst. Nach seiner Rückkehr nach Prag gab es dann aber geradezu eine Sturzflut von neuen Büchern. 1920 veröffentlichte er eine Broschüre, in der er unter anderem zu zeigen versuchte, daß ›Der Nibelunge Not‹ »das durch eine [...] keineswegs große Anzahl von Interpolationen verfälschte Original des ›Nibelungenliedes‹« sei.[6] Auf die Broschüre folgte 1921 ein Buch über das ›Nibelungenlied,[7]

---

3 Ebd., S. 166 und S. 233.

4 Josef Körner, *Nibelungenforschungen der deutschen Romantik*, 2., unveränd. Aufl. = reprographischer Nachdruck, Darmstadt 1968.

5 August Wilhelm Schlegel, *Geschichte der deutschen Sprache und Poesie. Vorlesungen, gehalten an der Universität Bonn im Wintersemester 1818/19*, hg. von Josef Körner, Berlin 1913 (Deutsche Literaturdenkmale des 18. und 19. Jahrhunderts 147); reprographischer Nachdruck, Nendeln/Liechtenstein 1968.

6 Josef Körner, *Die Klage und das Nibelungenlied*, Leipzig 1920, S. 71.

7 Josef Körner, *Das Nibelungenlied*, Leipzig, Berlin 1921 (Aus Natur und Geisteswelt 591).

das Körner selbst später eine »eindringliche ästhetische Würdigung« nannte.[8]
1921 trug er auch zur dritten Auflage der Scherer-Walzelschen Literaturgeschichte die Bibliographie bei, aus der schließlich, völlig umgearbeitet, sein
berühmtes ›Bibliographisches Handbuch des deutschen Schrifttums‹ hervor-
ging.[9]

Im selben Jahr, 1921, erschien weiterhin sein Buch über ›Arthur Schnitzlers
Gestalten und Probleme‹.[10] Im einleitenden Kapitel dieser Studie betont
Körner im Gegensatz zu der damals in der Germanistik üblichen Praxis, daß
es möglich sein müsse, ein Kunstwerk »auch losgelöst von seinem Schöpfer
und ohne Rücksicht auf seinen äußeren Entstehungsprozeß zu würdigen«;[11]
»wahrhafte Literaturwissenschaft«, meinte er – und das verwundert aus der
Feder eines Mannes, der seinen bleibenden Ruhm seinen Beiträgen zur biographischen Erforschung deutscher Romantiker verdankt – solle »die literarischen Denkmäler und nicht deren Urheber zu ihrem eigentlichen Gegen-
stande haben«.[12] Er verfährt dann auch wirklich, Jahrzehnte, bevor das zur
Mode wurde, werkimmanent, allerdings auf eine völlig andere Weise als später z. B. Staiger und so viele andere: Sein Buch bringt – mit einer einzigen
Ausnahme[13] – nirgends eine eingehende Analyse eines einzelnen Werkes,
sondern verfolgt in einer Reihe von Kapiteln, die jeweils ein Werk Schnitzlers zum Titel haben, Themen, die in Schnitzlers Dichtungen immer wiederkehren; so unter dem Titel ›Liebelei‹, wie zu erwarten, das Motiv der Liebelei, unter dem Titel ›Das weite Land‹ die Themen Untreue und Eifersucht,
unter dem Titel ›Das Bacchusfest‹ die Eheproblematik und so weiter. Das ist
interessant, aber wohl nur für Leser, die schon davon überzeugt sind, daß
sich die eingehende Beschäftigung mit Schnitzler lohnt; daß das wirklich der
Fall ist, kann auf diese Weise nicht gezeigt werden.

Schnitzler selbst las Körners Buch »mit wechselnden Gefühlen«, aber »mit
großem Interesse«. Er fand die einzelnen Kapitel »voll tief eindringenden
Verständnisses« und lobte Körners »seltnen Blick für die Zusammenhänge,
die Einheit meines Schaffens«, war aber enttäuscht von der »herabsetzenden
Tendenz« von Körners zusammenfassendem Schlußkapitel, in dem u. a.

---

8 Josef Körner, *Bibliographisches Handbuch des deutschen Schrifttums*, 3. Aufl., Bern,
München 1966, S. 110-111.

9 Wilhelm Scherer und Oskar Walzel, *Geschichte der deutschen Literatur. Mit einer
Bibliographie von Josef Körner*, 3. Aufl., Berlin 1921.

10 Josef Körner, *Arthur Schnitzlers Gestalten und Probleme*, Zürich 1921 (Amalthea-
Bücherei 23).

11 Ebd., S. 9.

12 Ebd., S. 11.

13 Schnitzlers Roman ›Der Weg ins Freie‹, der in einem »Extrablättchen« ausführlich
besprochen wird, ebd. S. 197-218.

Schnitzlers »konventioneller Stil« gerügt wird. Schnitzler mutmaßte, daß dieser Rückzug etwas mit Körners Judentum zu tun haben könnte.[14] Er wußte aus eigener Erfahrung von dem psychologischen Druck, unter dem man als Jude stand (und oft noch heute steht), und er meinte wohl, daß sich Körner mit seinen kritischen Bemerkungen bewußt oder unbewußt vor dem Vorwurf schützen wollte, als Jude einen Juden übermäßig gelobt zu haben. Schnitzlers Mutmaßung berührt also einen Punkt, den man im Zusammenhang mit dem Thema unserer Konferenz nicht aus den Augen verlieren soll.

Immer noch im selben Jahr, 1921, erschien schließlich auch eine von Körner veranstaltete Ausgabe von Kellers ›Grünem Heinrich‹, und 1922 gab Körner Brentanos ›Schachtel mit der Friedenspuppe‹ heraus.[15] Dann faßte der Verfasser von vier Büchern, einer Bibliographie und vier Ausgaben endlich den Entschluß zu habilitieren, und zwar bei August Sauer in Prag. Nun hatte Sauer damals einen Lieblingsschüler, Georg Stefansky, der, wie Körner, Jude war. Stefansky, der später u. a. als Herausgeber des›Euphorion‹ bekannt wurde, hatte bei Sauer im Dezember 1922 mit einer Schrift über ›Das Wesen der deutschen Romantik‹ promoviert[16] und wollte sich nun in Prag habilitieren. Die Fakultät gab Sauer zu verstehen, daß sie »nur *einen* jüdischen Wissenschaftler als Privatdozenten akzeptieren würde.«[17] Sauer entschied sich für Stefansky und sorgte dafür, daß Körners Habilitationsschrift abgelehnt wurde, nicht nur durch sein eigenes Gutachten, sondern auch durch Machinationen hinter Körners Rücken. In einem Brief vom 3. Februar 1925 bat Sauer den Berliner Ordinarius Julius Petersen, bei seinem Gutachten für Körners Habilitationsgesuch »den nationalen Gesichtspunkt in den Vordergrund zu stellen«, da es sich bei Körner um ein »übelbeleumdetes anationales Individuum«

---

14 Arthur Schnitzler, *Tagebuch 1920-1922*, hg. von Peter Michael Braunwarth u. a., Wien 1993, Notiz vom 1.3.1922; vgl. auch Schnitzlers Tagebücher 1917-1919, S. 251; 1920-1922, S. 287, 290 und 301; 1923-1926, S. 215; 1927-1930, S. 26 und 87, sowie Schnitzler, *Briefe 1913-1931*, hg. von Peter Michael Braunwarth u. a., Frankfurt am Main 1984, S. 435 f., S. 750 f. und S. 777-786.

15 Clemens Brentano, *Die Schachtel mit der Friedenspuppe*, hg. und mit einem Nachwort versehen von Josef Körner. Mit Original-Lithographien von Julius Zimpel, Wien, Prag, Leipzig 1922.

16 Georg Stefansky, *Das Wesen der deutschen Romantik: Kritische Studien zu ihrer Geschichte*, Stuttgart 1923.

17 Wolfgang Adam, Spagat zwischen Literaturgeschichte auf stammeskundlicher Grundlage und Geistesgeschichte. Georg Stefanskys Romantik-Konzeption, in: *Volk und Literatur in der Romantik*, Heidelberg 1999, S. 161-183, hier S. 166. Die Belege dafür bringt, wie Adam anmerkt, Andreas Pilger, *Das Germanistische Seminar (Neuere Abteilung) der Universität Münster im Nationalsozialismus*, Münster 1995 (Staatsarbeit, Manuskript), S. 27.

handle.[18] Mit »anational[]« meint Sauer wohl, daß Körner, der zwar sein Leben der Erforschung der deutschen Literatur widmete, aber eine tschechische Frau hatte, seiner Meinung nach in dem bitteren Streit zwischen Tschechen und Deutschen in der Tschechoslowakei nicht energisch genug auf der deutschen Seite stand. Für Sauers Haltung ist die Anekdote bezeichnend, daß er, als er auf seinem Schreibtisch eine Tintenflasche entdeckte, die zugunsten eines tschechischen Schulvereins verkauft wurde, das undeutsche Objekt wütend durch das offene Fenster in den Hof warf.[19] Zu erwähnen ist schließlich noch ein weiterer Grund für Sauers Haß auf Körner: Josef Nadler war Sauers Schüler und Freund, und Körner hatte dessen ›Literaturgeschichte der deutschen Stämme und Landschaften‹ 1919 so scharf rezensiert, daß sich Nadler noch 1954 in seiner Autobiographie daran erinnerte.[20] Mit der Ablehnung der Habilitationsschrift versperrte Sauer Josef Körner den Weg zu der ersehnten Berufung, die ihn von der Sorge um das tägliche Brot befreit und ihm unvergleichlich bessere Arbeitsbedingungen geboten hätte. Die Ablehnung war also eine entscheidende Wende in Körners Leben, und ich muß daher etwas ausführlicher über sie berichten. Die Schrift ›Romantiker und Klassiker. Die Brüder Schlegel in ihren Beziehungen zu Schiller und Goethe‹[21] ist eine im besten Sinn des Wortes positivistische Studie dessen, was ihr Untertitel verspricht. Körner betreibt nicht Geistesgeschichte, sondern berichtet konkret und sachlich über die öffentlichen und persönlichen Beziehungen der Brüder Schlegel zu Schiller und Goethe, wobei er selbstverständlich ihre mit den Jahren sich wandelnden literaturtheoretischen und -kritischen Ansichten gründlich und sachkundig mit einbezieht. Das dafür gesammelte Material stammt zum Teil aus gedruckten Quellen, zum Teil aus Handschriften in Bibliotheken in Köln, Trier, München, Dresden und im Privatbesitz. Körner zitiert aus damals noch ungedruckten Briefen Friedrich und Wilhelm Schlegels, aus ungedruckten Vorlesungen und Aufsätzen Friedrich Schlegels und vor allem aus Friedrichs damals noch unbekannten Notizheften, deren Bedeutung er als erster erkannte und deren kompliziertes System von Abkür-

18 Zit. nach Petra Boden, Julius Petersen: Ein Manager auf dem Philologenthron, in: *Euphorion* 88, 1994, S. 82-102, hier. S. 91.

19 Richard A. Bermann alias Arnold Höllriegel, *Die Fahrt auf dem Katarakt*, hg. von Hans-Harald Müller, Wien 1998, S. 32. Bermann berichtet aus der Zeit vor 1914, aber Sauer war nach dem Krieg nicht weniger ›national‹ als zuvor.

20 Josef Körner, Metahistorik des deutschen Schrifttums, in: *Deutsche Rundschau*, 180, 1919, S. 466-488. Vgl. Ralf Klausnitzer, Krönung des ostdeutschen Siedlungswerks? Zur Debatte um Josef Nadlers Romantikkonzeption in den zwanziger und dreißiger Jahren, in: *Euphorion* 93, 1999, S. 99-125, hier S. 103.

21 Josef Körner, *Romantiker und Klassiker. Die Brüder Schlegel in ihren Beziehungen zu Schiller und Goethe*, Berlin 1924.

zungen er entschlüsselte. Die Fülle des von ihm Gesammelten ist bestechend, aber die Details verstellen ihm nicht den Blick auf die großen Zusammenhänge, und wenn es, wie er in der Einleitung sagt, sein Ziel war, »gegenüber dem heute modisch gewordenen dürren Formelwesen wieder einmal auf den strotzenden Reichtum geschichtlichen Lebens hinzuweisen [und] an den strengen begrifflichen Scheidungen [...] eine Korrektur anzubringen«,[22] so ist ihm das gelungen. Wie seine Doktorarbeit nicht veraltete, sondern nach seinem Tod wieder aufgelegt wurde, so erschien auch von der Habilitationsschrift ein Nachdruck,[23] und sie ist noch heute so unersetzlich wie zur Zeit ihres ersten Erscheinens.

Daß Körners Habilitation abgelehnt worden war, scheint rasch bekannt geworden zu sein, und Sauer muß das Bedürfnis gehabt haben, sich zu rechtfertigen. Er tat das 1925 in einer acht Seiten langen Rezension,[24] die von so ausgesuchter Niederträchtigkeit ist, daß es mir leid tut, sie nicht zur Gänze zitieren zu können. »Dieses Buch«, beginnt Sauer, »ist in der Germanisch-Romanischen Monatsschrift XII, 312 eine ›ausgezeichnete Schrift‹ genannt worden, merkwürdigerweise in einem Zusammenhang, worin dem Verf. ein grober Schnitzer nachgewiesen wurde«. Der Schnitzer bestand darin, daß Körner ein von Wilhelm Schlegel ins Französische übersetztes Epigramm nicht als Goethes geistiges Eigentum erkannt hatte – ein Schnitzer, der übrigens nicht von Sauer, sondern von Albert Leitzmann entdeckt worden war. »Amtlich gezwungen«, fährt Sauer fort, »mich mit dem Buche ausführlicher zu beschäftigen als seit langem mit einem anderen, fühle ich mich verpflichtet, das ganz entgegengesetzte Urteil, zu dem ich gelangt bin, auch der Öffentlichkeit vorzulegen.« Er zitiert dann die von mir schon angeführte Klage Körners über das modisch gewordene Formelwesen und moniert, daß Körner mit dieser Ablehnung die »gegenwärtige Lage unserer Wissenschaft« vollkommen verkenne; denn Begriffe wie Romantiker und Klassiker »scharf gegeneinander abzugrenzen, dabei unerbittlich auf logische Klarheit zu dringen, ja sie vielleicht durch andere zweckmäßigere zu ersetzen«, sei heute »Hauptgebot«. Körner, meint August Sauer, schraube die Wissenschaft »um fünfzig Jahre zurück«. Seither ist es klar geworden, daß nicht Sauer, sondern Körner recht hatte und daß die Versuche, die herkömmlichen Begriffe scharf abzugrenzen oder abzuschaffen, völlig gescheitert sind. Börnes und Menzels Namen, moniert Sauer weiterhin, suche man »im Register vergeblich« – als hätten sie mit Körners Thema auch nur das Geringste zu tun. Sauer beanstandet, daß Körner den »Stoff der ersten zwei Kapitel«, der eine strenge Einheit bilde – nämlich die frühen Beziehungen der Brüder mit Schiller, respek-

22 Ebd., S. 9.
23 Darmstadt 1971.
24 In: *Euphorion* 26, 1925, S. 142-150.

tive mit Goethe – »entzweigerissen« habe, und Sauer verkennt also, daß das umgekehrte Verfahren, nämlich über die Beziehungen der Brüder Schlegel mit Schiller und Goethe gleichzeitig zu berichten, den Leser völlig verwirrt hätte. Sauer schreibt, man dürfe nicht glauben, »ein Buch verfaßt zu haben, wenn man aus Text, Einleitung und Anmerkungen zu einem geplanten Buch« – nämlich der Ausgabe des Briefwechsels Goethes und Schillers mit den Brüdern Schlegel[25] – »ein ungenießbares Ragout zusammengebraut habe«; Körner habe »aus allen Ecken und Enden [...] Klatsch und Tratsch und Schmutz zusammengefegt«, den Leser »auch vom Niedrigsten und Unbedeutendsten [...] nicht verschont« – und in diesem Tonfall geht es seitenlang weiter. Zu Ehren der deutschen Germanistik sei es gesagt, daß auf Sauers Verriß eine von F. Brüggemann, E. Castle, P. Kluckhohn, H. A. Korff, A. Leitzmann, P. Merker, L. Spitzer, C. Viëtor, O. Walzel und G. Witkowski unterzeichnete Verteidigung Körners im ›Literaturblatt für Germanistische und Romanistische Philologie‹[26] erschien. Petersen veröffentlichte eine »ausgewogene Besprechung« von Körners Schrift in den ›Preußischen Jahrbüchern‹,[27] und dieser selbst verteidigte sich in einer »Abwehr«.[28]

Die Ablehnung der Habilitation war ein schwerer Schlag für Körner, aber er verlor den Mut nicht. Seine bedeutendsten Arbeiten erschienen erst nach dem »Justizmord«, wie Korff Sauers Gutachten nannte.[29] 1926 veröffentlichte er neben einer kleinen Kleist-Studie zwei wichtige Briefausgaben, in denen sich seine reife Kunst des Kommentierens zeigt: zusammen mit Ernst Wieneke die schon erwähnte Ausgabe des Briefwechsels der Brüder Schlegel mit Schiller und Goethe, die nach wie vor zur Pflichtlektüre für jeden gehört, der sich ernstlich mit einem der vier Korrespondenten befaßt, sowie die von einem ausführlichen Kommentar begleitete Ausgabe von über 230 bis dahin unbekannten Briefen von und an Friedrich und Dorothea Schlegel.[30] An diese schließt sich die 1930 erschienene, drei Bände füllende Ausgabe von bis dahin unveröffentlichten Briefen von und an A. W. Schlegel, wieder mit einem umfangreichen Kommentar und einer damals vollständigen, noch heute sehr nützlichen Briefbibliographie – ein für jede ernstliche Beschäftigung mit Wilhelm Schlegel unentbehrliches Werk.[31]

25 *August Wilhelm und Friedrich Schlegel im Briefwechsel mit Schiller und Goethe*, hg. von Josef Körner und Ernst Wieneke. Leipzig [1926].

26 1924/25, N. 11-22, S. 91 f.; vgl. Adam (Anm. 17), S. 166 f.

27 199, 1925, S. 226-228; vgl. Boden (Anm. 18), S. 91 f.

28 In: *Germanisch-Romanische Monatsschrift* 24, 1926, S. 304-308.

29 Korff an Petersen, 7.1.1925; siehe Boden (Anm. 18), S. 90.

30 *Briefe von und an Friedrich und Dorothea Schlegel*, gesammelt und erläutert durch Josef Körner, Berlin 1926.

31 *Briefe von und an A. W. Schlegel*, gesammelt und erläutert durch Josef Körner, 2 Bde., Zürich 1930.

Unterdessen war Körner ein sensationeller Fund gelungen: Nach langer Suche entdeckte er im Sommer 1929 auf dem Exilsitz der Madame de Staël, Schloß Coppet, die bis dahin für verloren gehaltene Korrespondenz Wilhelm Schlegels aus den Jahren 1804 bis 1812 – ein riesiger, »nahezu 3000 Briefe umfassender« Dokumentenfund.[32] Sie alle zu drucken war unmöglich, zumal Körner auch aus anderen Archiven Neues mitzuteilen hatte. Er beschränkte sich schließlich auf eine »verhältnismäßig knappe Auswahl«[33] von rund 600 Briefen, die er 1936-1937 in zwei großformatigen Bänden unter dem Titel ›Krisenjahre der Frühromantik‹ noch herausbringen konnte, wahrscheinlich, weil sein Verleger seinen Hauptsitz nicht in Deutschland, sondern in der Tschechoslowakei hatte. Das Wichtigste aus dem zurückgelegten Material arbeitete er in den Kommentarband zu diesen Briefen ein, der 1938 im Manuskript vollendet war, aber nicht mehr gedruckt werden konnte. Wie Körner neben seiner Berufstätigkeit die Zeit fand und die Arbeitskraft aufbrachte, die vielen Hunderte von Briefen in diesen Ausgaben zu finden, zu entziffern, abzuschreiben und erschöpfend zu kommentieren, ist – mir wenigstens – unbegreiflich.

Die Edition eines wichtigen Manuskripts Friedrich Schlegels »innerhalb der Romantikreihe des Projekts ›Deutsche Literatur in Entwicklungsreihen‹« war Körner aus rassischen Gründen schon unmittelbar nach Hitlers Machtergreifung verwehrt worden.[34] Noch 1935 konnte er jedoch bei einem Frankfurter Verleger (Gerhard Schulte-Bulmke) unter dem Titel ›Neue philosophische Schriften‹ einen Band mit gedruckten und ungedruckten, von der Forschung übersehenen philosophischen Texten Friedrich Schlegels vorlegen.[35] Die Texte sind seither in der ›Kritischen Friedrich-Schlegel-Ausgabe‹ nachgedruckt worden. Körners über 100 Seiten lange Einleitung ist aber neben Ernst Behlers großartiger Einleitung zu Band 8 der ›Kritischen Ausgabe‹ immer noch die beste Einführung in Schlegels philosophische Entwicklung.

Im Herbst 1928, zwei Jahre nach Sauers Tod, versuchte Körner ein zweites Mal, sich zu habilitieren, und zwar, da er ja aus Prag nicht fortkonnte, bei

---

32 *Krisenjahre der Frühromantik. Briefe aus dem Schlegelkreis*, hg. von Josef Körner, 3 Bde., Brünn, Wien und Leipzig 1936-1937 und Bern 1958, 3. Bd.: Vorbemerkung. In der Einleitung zu Bd. 1 heißt es »über zweitausend Briefe« (S. XIV).

33 Ebd., Bd. 1, S. XXIII.

34 Ralf Klausnitzer (Anm. 20), S. 109, Anm. 42. Es handelte sich wahrscheinlich um Schlegels Notizheft ›Fragmente zur Litteratur und Poesie‹, in: Kritische Friedrich-Schlegel-Ausgabe, Bd. 16, Paderborn u. a. 1981, S. 83-190, hier S. 109.

35 Friedrich Schlegel, *Neue philosophische Schriften*, erstmals in Druck gelegt, erläutert und mit einer Einleitung in Fr. Schlegels philosophischen Entwicklungsgang versehen von Josef Körner. Mit einer Faksimile-Reproduktion von Schlegels Habilitationsgesuch an die Universität Jena, Frankfurt am Main 1935 [Ausgabe Herbst 1934].

dem eben eingestellten Nachfolger Sauers, Herbert Cysarz. Dieser war nicht nur ein bekannter Antisemit, sondern hatte noch einen weiteren Grund, dem Habilitanden nicht wohl gesonnen zu sein: Körner hatte sein Buch von 1924, ›Deutsche Barockdichtung‹, in einer Rezension mit dem bezeichnenden Titel ›Barocke Barockforschung‹[36] harsch angegriffen. Cysarz wagte nicht, die Bewerbung zurückzuweisen, sorgte jedoch dafür, daß Körner im Habilitationscolloquium durchfiel. Erst auf Intervention des tschechischen Unterrichtsministeriums wurde das Verfahren wieder aufgenommen, und Körner wurde im Herbst 1930 als Privatdozent zugelassen. Anfang 1939 wurde dem unterdessen zum ao. Professor Avancierten »aus rassischen Gründen die venia legendi entzogen«.[37] Daß er die deutsche Besetzung überlebte, verdankte er dem Umstand, daß seine Frau Tschechin war. Gegen Jahresende 1944 wurde er nach Theresienstadt deportiert, und als er im Mai 1945 heimkehren konnte, schloß sich der Ring. 1924 hatte er nicht habilitieren können, weil er Jude war; 1939 wurde er als Jude entlassen, und als er sich nun vielleicht ohne Ablenkung seinen Forschungen hätte widmen können, durfte er, weil er Jude war, keine öffentliche Bibliothek betreten. Ende 1944 wurde er als Jude nach Theresienstadt deportiert, aber als er im Mai 1945 nach Prag zurückkehrte, war er plötzlich kein Jude mehr, sondern ein Deutscher: Im Januar 1946 wurde er, nachdem er kurzfristig Vorlesungen gehalten hatte, als Deutscher entlassen.[38]

Da er mit seiner Familie von seiner »reduzierten Pension« nur kärglich leben konnte, arbeitete er zum Broterwerb bis zu zwölf Stunden täglich als Mitarbeiter an einer nach Theresienstadt verschleppten Bibliothek.[39] In der Schweiz und in England machte man ihm Versprechungen, aus denen jedoch nichts wurde; »aus Amerika erhielt er ein Angebot, aber dessen ›wirtschaftliche Seite […] war doch zu schäbig«, so daß er es ablehnte«.[40] Was Deutschland betrifft, so schrieb er im Mai 1946 an Käte Hamburger: »Es ist leider schon heut offensichtlich, daß drüben von deutscher Seite alles geschieht, um die […]Entnazisierung der Universitäten zu verhindern […]. Um den wenigen charaktervollen Professoren, die sich ab 1933 nicht gleichschalten ließen, die Rückkehr zu wehren, hat man eine Altersgrenze eingeführt, gerichtet gegen diejenigen, die 1933 jenseits des 50. Lebensjahres standen.« Das hätte Körner nicht den Weg verstellen müssen – 1933 war er erst 45; aber während

---

36 *Historische Zeitschrift* 133, 1926, S. 455-464.

37 Rüdiger Wilkening, Körner, Josef, in: *Neue deutsche Biographie*, Bd. 12, Berlin 1980, S. 386.

38 Vgl. Josef Körner an Käte Hamburger, 14.1.1946; Körner (Anm. 1), S. 189 f.

39 Josef Körner an Käte Hamburger, 1.1.1947; ebd., S. 251 f.; vgl. Jarmila Körner an Käte Hamburger, 16.6.1946; ebd., S. 222 f.

40 Ebd., S. 219.

die westdeutschen Universitäten, sobald das möglich war, die unter dem
Druck der Besatzungsmächte entlassenen politisch belasteten Professoren
wieder einstellten, weil es angeblich nicht genug unbelastete Professoren gab,
dachte niemand an Josef Körner, der nun fast den Mut verlor. Für ein Buch
über ›Friedrich Schlegel als Poet und Poetiker‹, schrieb er im März 1946 an
Käte Hamburger, habe er die Materialien fertig, mache sich aber nicht an die
Ausarbeitung, weil er – der beste Kenner der Frühromantik seiner Zeit –
nicht glaube, daß »zu [s]einen Lebzeiten« dafür ein Verlag zu finden sei.

Statt Eigenes zu schreiben, arbeitete er nun sein von mir schon erwähntes
›Bibliographisches Handbuch des deutschen Schrifttums‹ aus, das 1949 bei
Francke in Bern in erster Auflage erschien und rasch berühmt wurde. Hans
Fromm nannte das Buch in einer Rezension in der ›Deutschen Vierteljahrsschrift‹ mit Recht »ehrfurchtgebietend«, nicht bloß »wegen der Fülle des gesammelten Materials, […] als vielmehr wegen der wissenschaftlichen Arbeit
an diesem Material in Form von Auswahl, Anordnung und Kritik«.[41] Ich
benütze dieses in seiner Art einzigartige Handbuch in der 4. Auflage von 1966
immer noch gern, und es berät mich oft besser, als neuere Bibliographien.

Für den Francke-Verlag überarbeitete Körner auch den Kommentarband
zu den ›Krisenjahren der Frühromantik‹, der, wie schon erwähnt, 1938 nicht
hatte veröffentlicht werden können. Der Verlag ließ eine Abschrift des Roh-
manuskripts (1477 Maschinenseiten) herstellen, die Körner vor seinem Tod
am 9. Mai 1950 noch überprüfen konnte, aber die Bemühungen um einen
Druckkostenzuschuß scheiterten. Daß der Band schließlich 1958 – mit zwan-
zigjähriger Verspätung, acht Jahre nach Körners Tod – überhaupt erscheinen
konnte, verdanken wir Körners Witwe, die durch den Verkauf von Auto-
graphen aus seinem Nachlaß die Drucklegung finanzierte.[42]

Körners große Briefausgaben sind so bekannt, daß ich die einzigartige
Fülle von Detailkenntnissen auf den verschiedensten Gebieten, die seine
Kommentare zu den Briefen so unersetzlich wertvoll machen, nicht zu illu-
strieren brauche. Wenigstens erwähnen möchte ich aber noch ein dünnes
Bändchen, dessen Veröffentlichung Körner wahrscheinlich nicht mehr erlebt
hat: Unter dem Titel ›Marginalien‹ erschien 1950 eine Sammlung von Rezensionen, die er in Zeitschriften nicht hatte unterbringen können.[43] Hier

---

41 Hans Fromm, Neue Bibliographien zur Deutschen Philologie, in: *Deutsche Vierteljahrsschrift für Literaturwissenschaft und Geistesgeschichte* 26, 1952, S. 258-282,
hier S. 263.

42 Vgl. dazu die ›Vorbemerkung des Verlags‹ in dem Kommentarband und Robert L.
Kahns ausführliche Besprechung des Bandes, die den Großteil seines Aufsatzes In
Memoriam: Josef Körner, in: *Modern Language Review* 58, 1963, S. 38-59 ausmacht.

43 Josef Körner, *Marginalien. Kritische Beiträge zur geistesgeschichtlichen Forschung*,
Bd 1. (Zur Romantikforschung 1938-1946), Frankfurt am Main 1950.

druckt er zum Beispiel in einer Rezension der zweiten, 1946 erschienenen Ausgabe von Benjamin Constants ›Journal intime‹ neun eng gedruckte Seiten Berichtigungen. Um eine solche Rezension schreiben zu können, reicht selbst der beste Zettelkasten[44] nicht annähernd aus: Man muß das ganze Detailwissen bei der Lektüre im Kopf haben, und das war in solchem Umfang wohl nur bei Körner der Fall.

Er selbst blickte zuletzt auf sein Leben und auf sein Lebenswerk mit Mißmut zurück.»Überhaupt nicht – beinahe – zu spät, so war wenigstens die Leitlinie *meines* Lebens«, schrieb er an Käte Hamburger im Oktober 1947. Im April 1949 klagte er: »Was hätte ich leisten können, wenn nicht zwei Kriege 15 arbeitsfähige Jahre aus meinem Leben gestrichen hätten, wenn rechtzeitig eine höhere akademische Stellung mir überantwortet worden wäre.« Vier Monate vor seinem Tod schrieb er: »So gut wie nichts von meinen *eigentlichen* Sachen, für die ich 3-4 Jahrzehnte gesammelt habe, ist fertig geworden, das Publizierte besteht ausschließlich aus Vor- und Nebenarbeiten […].« Zu seinen lange gehegten Plänen gehörte ein Buch über Schiller, und im Dezember 1949 nannte er als sein »30 Jahre lang vorbereitetes eigentliches Lebenswerk« ein Buch über »Dichtung als Ausdrucksgebilde«, wo »mit dem Begriff der *inneren Form* integraler Ernst gemacht« werden sollte. Hätte er dieses Buch noch geschrieben, wenn er länger gelebt hätte? Hätten wir heute seine Bücher über Schiller und Friedrich Schlegel, wenn man ihm 1939 einen Unterschlupf im Ausland gefunden hätte? Wir wissen es nicht. Ende November 1946 schrieb er Käte Hamburger: »Es ist unendlich viel leichter (und amüsanter), über einen Gegenstand, den man *nicht* beherrscht, ein Kolleg zu lesen oder ein Buch zu schreiben, als über einen schon durchgearbeiteten Stoff, weil die Fülle des eingesammelten Materials und das bei tieferem Eindringen immer sich steigernde Bewußtsein der Schwierigkeiten und der Problemfülle des Themas lähmend wirkt.« Das ist eine Erfahrung, die manchem von uns vertraut sein wird, aber Körners Einleitung zu Friedrich Schlegels ›Neuen philosophischen Schriften‹ und die vielen literaturkritischen und -theoretischen Aufsätze, die ich in meinem Überblick nicht einmal erwähnen konnte, zeigen eindrucksvoll, was er unter besseren Umständen hätte leisten können. Eine Ausgabe seiner wichtigsten Aufsätze und Rezensionen und seines Briefwechsel mit Käte Hamburger mit einer ausführlichen Einleitung und einer Bibliographie ist ein dringendes Erfordernis.[45]

---

44 Die 20 riesigen Zettelkästen Körners sind dank der Bemühungen Ernst Behlers in der Universitätsbibliothek Bonn.

45 Die von mir gewünschte Ausgabe ist unterdessen erschienen; siehe Anm. 1. Für wichtige Mitteilungen und Hilfe bei der Beschaffung von Unterlagen möchte ich Wolfgang Adam, Ralf Klausnitzer, Christoph König, Hans-Harald Müller, Karl Konrad Polheim und Birgit Wägenbaur herzlich danken.

Theodor und Heinrich Gomperz
Altphilologie, Judentum und Wiener Moderne

Jacques Le Rider

Theodor Gomperz (1832-1912) stammte aus einer jüdischen Bankiers-Familie aus Brünn, die mit dem Haus Auspitz verwandt war. Sein älterer Bruder Max war Präsident einer der wichtigsten Banken der Monarchie, der Creditanstalt für Handel und Gewerbe. Sein jüngerer Bruder Julius saß der Brünner Handelskammer vor, war Land- und Reichstagsabgeordneter, später Mitglied des Herrenhauses, und heiratete die Hofoper-Altistin Caroline Bettelheim. Seine Schwester Josephine, verheiratet mit Baron Leopold Wertheimstein, einem leitenden Beamten des Bankhauses Rothschild, führte in der »Ringstraßenzeit«[1] und bis zur Jahrhundertwende mit ihrer Tochter Franziska einen der glanzvollsten Salons Europas, in dem nicht nur die beste Wiener Gesellschaft, sondern auch Künstler wie Moritz von Schwind oder Franz von Lenbach und Schriftsteller der älteren und jüngeren Generation wie Ferdinand von Saar oder Hugo von Hofmannsthal verkehrten. Eine andere Schwester von Theodor Gomperz war mit dem Industriellen und Finanzmann Baron Eduard Todesco verheiratet, dessen Wiener ›Palais‹ als Zentrum des mondänen Lebens berühmt war.

Theodor Gomperz beginnt sein juristisches Studium an der Universität Wien im Jahre 1849: Dies ist ein symbolisches Datum. Einerseits blieb er bis zuletzt ein überzeugter Liberaler, und doch war er als treuer Diener des Hauses Habsburg und als Vertreter eines klassischen Bildungsgedankens eher ein konservativer Großbürger. Seine Einstellung zum Judentum war in mancher Hinsicht überraschend. Zwar folgte er mit Selbstbewußtsein den Verhaltensregeln der Wiener jüdischen Geld- und Kultur-Aristokratie. 1869 heiratete er Elise von Sichrovsky, die Tochter eines hochgestellten Mitarbeiters des Bankhauses Rothschild. Sein ganzes Leben hindurch pflegte er den feudalen Lebensstil seines sozialen Milieus. 1901 trat er von seinem Lehrstuhl zurück, ohne die Altersgrenze abzuwarten, um sich dem Abschluß seines großangelegten, in mehreren Folgen erscheinenden Lebenswerkes ›Griechische Denker‹ ganz widmen zu können.

Und doch reagierte er der zeitgenössischen ›Judenfrage‹ gegenüber so unzeitgemäß, daß man sich manchmal fragen muß, ob er nicht wie Rathenau dem ›jüdischen Selbsthaß‹ verfallen war. Und doch wäre eine solche Bezeich-

---

1 Karlheinz Rossbacher, *Literatur und Liberalismus. Zur Kultur der Ringstraßenzeit in Wien*, Wien 1992.

nung im Falle Gomperz' unzutreffend. Sein liberaler Optimismus und seine Verwurzelung in der heilen ›Welt von gestern‹, die sich von der Assimilation an die deutsche Kultur die Lösung aller Restprobleme versprach, erklären die Unbefangenheit, ja sogar Verblendung, mit der er den Antisemitismus auf ein zwar bedauerliches, aber schon überholtes Zeitphänomen reduziert, an dem die Juden mitschuldig seien, da sie noch gezeichnet seien von ihrem allzu langen Leben im Ghetto. In seinem Testament von 1887 empfiehlt er seinen Kindern nachdrücklich den Weg der Assimilation und der Konversion.[2] In einer komischen Aufzeichnung von 1904 ergeht er sich ›Über die Grenzen der jüdischen Begabung‹ und meint, den Juden seien auf bestimmten Gebieten Spitzenleistungen versagt.[3] Als 1909 der ›Ausgleich‹-Entwurf für die Bukowina in der Diskussion steht, der eine gesonderte ›Wahlkurie‹ für die Bukowinaer Juden vorsieht, ergreift er in der ›Neue Freien Presse‹ das Wort, um gegen die Einrichtung eines »jüdischen Wahlghettos« zu protestieren.[4]

In seiner Einleitung zur Theodor-Gomperz-Biographie Heinrich Gomperz' schrieb Robert A. Kann: »Er [Th. G.] war eine Art Sprachgenie, das sich Bildung und geistigen Fortschritt nur auf Grund weiterer Ausbildung des Sprachgefühls und erworbenen Sprachbesitzes vorstellen konnte. Ausdrucksform und Denkinhalt waren für ihn identisch. In diesem Sinn waren seine Auffassungen, ihm selbst natürlich unbewußt, nicht weit von denen eines Karl Kraus entfernt.«[5] Die Analogie geht sogar weiter. Auch bei Kraus geht der Kult der Sprachreinheit mit der Tendenz zur Abwertung des Jüdischen einher, als möchte er dem stereotypen Klischee von der besonderen Begabung der Juden für die Sprachen entgegenarbeiten. Und auch Gomperz hätte beinahe seinen ›Heine und die Folgen‹ geschrieben. Im schon erwähnten, eigenartigen Textentwurf ›Über die Grenzen der jüdischen intellectuellen Begabung‹ meint er zu Heine: »Heine war sicherlich kein geringer Dichter, aber doch ein solcher, dem alle Naivetät fremd ist, bei dem helle Verstandesblitze nur allzu oft die poetische Stimmung zerstören, ein Ironiker, der im eigenen Fleische wühlt. Von Heine abwärts gibt es gar wenig namhafte dichterische Leistungen.«[6]

Seit seiner Studienzeit war Theodor Gomperz, ansonsten ein großer Anglophiler, ein Verehrer von John Stuart Mill, dessen Werke er ins Deutsche

---

2 Vgl. *Theodor Gomperz. Ein Gelehrtenleben im Bürgertum der Franz-Josefs-Zeit. Auswahl seiner Briefe und Aufzeichnungen, 1869-1912*, erläutert und zu einer Darstellung seines Lebens verknüpft von Heinrich Gomperz, neubearbeitet und hg. von Robert A. Kann, Wien 1974, S. 22 f.

3 Ebd., S. 384-386.

4 Ebd., S. 445.

5 Ebd., S. 20.

6 Ebd., S. 386.

übersetzte bzw. übersetzen ließ (der junge Sigmund Freud gehörte zum
Übersetzer-Team dieser J. S. Mill-Werkausgabe). Im Mill'schen Pragmatis-
mus und Positivismus fand die rationalistische Weltauffassung Gomperz'
ihren adäquaten Ausdruck. In diesem Sinne bemühte er sich in ›Griechische
Denker‹, die frühen Präsokratiker als Vertreter eines aufdämmernden Positivismus und die späteren Präsokratiker und Sophisten als Aufklärer zu interpretieren. Gomperz übernahm von J. S. Mill die Verwerfung der Metaphysik
und Ontologie. Seine systematische Entmythologisierung der griechischen
Philosophie bis Plato und Aristoteles machte aus ihm eine Art ›Anti-Nietz-
sche‹. Davon abgesehen, daß Gomperz im Streit über den Sinn und den
Wert der ›Geburt der Tragödie‹ auf der Seite von Wilamowitz stand und
Nietzsches ›Genialität‹ gegenüber ablehnend eingestellt war, mußte ihn die
ganze Tendenz der Basler Schrift Nietzsches abstoßen. Im Januar 1896 verfaßte er für seinen Sohn und Jünger Heinrich ein kleines Lehrgedicht mit der
Überschrift ›Mit Nietzsche's Werken‹, dessen Schlußzeilen so lauten:

> Doch was drin niedrig und Hoheit log,
> Was seinen Schöpfer in die Tiefe zog,
> Fremd bleib es Dir im Geist und im Gemüthe.[7]

Als konservativer Liberaler unterstützte Theodor Gomperz bestimmte Anliegen der bürgerlichen Sozialreformbewegung. Er trat z. B. für die Frauenbil-
dung und für die Einrichtung von Frauenhochschulen ein, obwohl er die
politische Gleichstellung der Frau mit dem Mann ausschloß. Besonders aktiv
war Theodor Gomperz in den Debatten über die Modernisierung des Bildungssystems. Er verfocht, wen könnte dies wundern, das Programm der
klassischen Bildung und des humanistischen Gymnasiums und hielt das
Übergewicht der alten Sprachen Griechisch und Latein für unbedingt erhal-
tenswert. In diesem Punkt trennten sich die Meinungen nicht zuletzt innerhalb der Philosophischen Fakultät Wiens. Der Philosoph Friedrich Jodl
verlangte mehr Naturwissenschaften und angewandte Fächer und eine Re-
duktion der großen Stundenzahl, die der altphilologische Unterricht am
klassischen Gymnasium in Anspruch nahm. In der Debatte, die der Publizist
Robert Scheu in der Broschüre von 1898 ›Was leistet die Mittelschule?‹ doku-
mentierte,[8] verteidigte Theodor Gomperz mit aller Kraft die Erhaltung der
altphilologischen Disziplinen am Gymnasium. Dabei wäre es völlig verfehlt,
ihn als Gegner der wissenschaftlichen Unterrichtsfächer hinzustellen. Im
Gegenteil war er in bestimmten Gebieten selbst ein gut informierter Hobby-
Wissenschaftler. An der Universität Wien hatte er für die Berufung von Ernst

---

7 Ebd., S. 268.
8 *Was leistet die Mittelschule?*, Mittelschul-Enquête der ›Wage‹, hg. von Robert
   Scheu, Wien 1898.

Mach einiges getan. Seine Grundeinstellung als Historiker der altgriechischen Philosophie war die eines Aufklärers und Positivisten, der jeglicher ästhetischen oder metaphysischen Weltanschauung den Rücken kehrte und eine resolut wissenschaftliche Weltauffassung vertrat. Sein Engagement als Altphilologe postulierte die unzertrennliche Einheit der ›zwei Kulturen‹ der Moderne und die Komplementarität der Verstehensdisziplinen und Erklärensfächer.

Die kulturelle Ausstrahlung von Theodor Gomperz war ebenso groß wie sein internationaler wissenschaftlicher Ruf. Sowohl die Generation Sigmund Freuds als auch die Hugo von Hofmannsthals erkannte ›Griechische Denker‹ als unbezweifelbare geistige Autorität an. In der ›Traumdeutung‹ wird Gomperz respektvoll erwähnt.[9] 1907 steht dieses Standardwerk auf der Liste der Bücher, die Freud in seiner Antwort auf die Umfrage des Buchhändlers Hugo Hellers zu den wichtigsten für jeden ›honnête homme‹ zählt. Hofmannsthal korrespondierte mit dem großen Meister der Altphilologie und fand bei ihm wohlwollende Unterstützung, als er an eine Habilitation in französischer Neuphilologie dachte.

Die tiefe Prägung durch einen klassischen Bildungweg ist ein Kennzeichen der Wiener Modernen.[10] Der aktivste Vermittler zwischen dem altphilologischen Seminar und dem Wiener Literatencafé war um die Jahrhundertwende Heinrich Gomperz (1873-1942). Dieser Sohn ohne Ödipuskomplex, der mit einzigartiger Objektivität und ohne jede hagiographische Sentimentalität die Biographie seines Vaters und somit ein wichtiges kulturhistorisches Dokument hinterließ, war nicht nur als Autor einer ›Gundlegung der neusokratischen Philosophie‹[11] in die wissenschaftlichen Fußstapfen Theodor Gomperz' getreten. Auch in seinen politischen Optionen blieb er seinem Vater treu. Dem liberalen Gedankengut konsequent folgend, vertrat er in der Zeit des Ersten Weltkriegs und des Vertrags von Saint-Germain die großdeutsche Einstellung und plädierte für den Anschluß der kleingewordenen Alpenrepublik an das Deutsche Reich. 1934 wurde er zwangspensioniert: Nicht als Jude, sondern als Anhänger der großdeutschen, dem Austrofaschismus gegenüber kritisch eingestellten Linie. 1935 übernahm er eine Gast-

---

9 Vgl. Jacques Le Rider, Philologie grecque et formation de la théorie psychoanalytique: Sigmund Freud et Theodor Gomperz, in: *Essaim. Revue de psychoanalyse* 7, 2001, S. 203-217.

10 Vgl. Wendelin Schmidt-Dengler, Decadence and Antiquity. The Educational Preconditions of Jung Wien, in: *Focus on Vienna 1900. Change an continuity in literature, music, art and intellectual history,* hg. von Erika Nielsen, München 1982 (Houston German Studies 4), S. 32-45.

11 Heinrich Gomperz, *Grundlegung der neusokratischen Philosophie*, Leipzig 1897.

professur in Los Angeles und wirkte dort bis zuletzt als Historiker der altgriechischen Philosophie.

Heinrich Gomperz hatte im November 1899 den Doktor Sigmund Freud konsultiert, und der Antwortbrief Freuds auf die erste Kontaktaufnahme zeigt, wie tastend und unsicher die damals noch im Entstehungsstadium begriffene Psychoanalyse war: »Wollen Sie die unerbittliche Wahrheitsliebe des Philosophen auch gegen Ihr Inneres wenden, so werde ich sehr erfreut sein, Ihnen bei dieser Arbeit den ›Anderen‹ zu ersetzen. [...] Ihre Andeutung, Sie würden vielleicht dem Thema wissenschaftlich nähertreten, bedeutet mir geradezu eine Wunscherfüllung [...] Eine Person von Ihrer intellektuellen Konstitution hat sich mir noch nie zur Verfügung gestellt.«[12] Die ›Grundlegung der neusokratischen Philosophie‹ wurde von Hermann Bahr, der ein Virtuose der Verwandlung von Wissenschaft in Zeitgeist war und u. a. Ernst Machs ›Analyse der Empfindungen‹ zum modischen Handbuch vom ›unrettbaren Ich‹ machte, in einem Aufsatz mit der schlichten Überschrift ›Sokrates‹ lanciert.

Gomperz der Ältere muß einen kleinen Schock erlebt haben, wenn er je einen Bahrschen Satz las wie diesen: »Παιδιᾶς χάριν, pflegte Sokrates zu sagen. Das heißt: als ob es sich bloß um ein Spiel handeln würde. Dies ist die zweite Lehre: das Leben ist kein Ernst; lernt es als ein bloßes Spiel empfinden! Man bemerkt, daß es das Gefühl des reinen Artisten ist.«[13] Sofort macht das neue Losungswort Furore: »Das Socratische liegt übrigens den Wienern im Blute, diese ironische Erkenntnis. Und Peripatetiker sind wir ja alle, nur heißt die Übersetzung: Bummler. Und allen ist diese Überzeugung ein kostbarer Spaß, daß, was sie thun und treiben, eigentlich eine Spielerei ist«,[14] verkündet Otto Stoessl in der ›Neuen Deutschen Rundschau‹ vom September 1897.

Selten kommt es vor, daß der Wirkungskreis und die Breitenzeption einer Altphilologen-Familie so groß und so intensiv sind wie im Falle der beiden Gomperz. Umgekehrt war in diesem Fall die Spur der Zeit in ihrer beiden wissenschaftlichen Positionen sehr deutlich ablesbar. Seine jüdische Familiengeschichte führte Theodor Gomperz zum großbürgerlichen Liberalismus

---

12 Brief vom 15. November 1899, in: Sigmund Freud, *Briefe 1873-1939*, ausgewählt und hg. von Ernst und Lucie Freud, 3., korr. Aufl., Frankfurt am Main 1980, S. 252.

13 Hermann Bahr, Sokrates [Die Zeit, 3. Juli 1897], in: *Das Junge Wien. Österreichische Literatur- und Kunstkritik 1887-1902*, hg. von Gotthart Wunberg, Tübingen 1976, S. 753.

14 Otto Stoessl, Ein Wiener Brief [Neue Deutsche Rundschau, September 1897], in: ebd., S. 771.

und zum glühenden Glauben an das klassische Bildungsideal. Der Sohn Heinrich Gomperz war in jeder Hinsicht ein perfekter Epigone und als solcher ein typischer ›Wiener Moderner‹ à la Hugo von Hofmannsthal: mehr Ästhet als Forscher, mehr Erbe als Neuerer. »Modern sind alte Möbel und junge Nervositäten«[15]...

15 Hugo von Hofmannsthal, Gabriele D'Annunzio (1893), in: ders., *Gesammelte Werke in zehn Einzelbänden. Reden und Aufsätze. I: 1891-1913,* hg. von Bernd Schoeller in Beratung mit Rudolf Hirsch, Frankfurt am Main 1979, S. 176..

Über die Autoren

MICHAEL BRENNER, Professor für Jüdische Geschichte und Kultur an der Ludwig-Maximilians-Universität München und Vorsitzender der Wissenschaftlichen Arbeitsgemeinschaft des Leo-Baeck-Instituts in der Bundesrepublik Deutschland. Zu seinen Buchveröffentlichungen zählen ›Jüdische Kultur in der Weimarer Republik‹ (C. H. Beck 2000) und ›Nach dem Holocaust‹ (C. H. Beck 1995). Er ist Mitherausgeber der vierbändigen ›Deutsch-Jüdischen Geschichte in der Neuzeit‹ (C. H. Beck 1996-97) sowie von Sammelbänden zur Geschichte des Zionismus, der Wissenschaft des Judentums und der englisch-jüdischen Geschichte.

JEAN BOLLACK, geboren 1923 in Straßburg in einer elsäßisch-jüdischen Familie, Philosoph und Philologe. Studium der klassischen Philologie in Basel und nach Kriegsende in Paris. Gründete an der Universität Lille das Forschungszentrum für Philologie und Hermeneutik und an der MSH (Paris) ein Zentrum für die Geschichte der Interpretation. Zuletzt auf deutsch erschienen: *Paul Celan. Poetik der Fremdheit* (Wien 2000).

HANS EICHNER, geboren 1921 in Wien, Professor Emeritus, University of Toronto. B. A., University of London, 1946; Ph. D. University of London 1949. Publikationsschwerpunkte: Thomas Mann, deutsche Romantik, Goethe. Letztes Buch: *Kahn und Engelmann. Eine Familien-Saga* (Wien 2000).

KONRAD FEILCHENFELDT, geboren 1944, Professor für Neuere deutsche Literaturwissenschaft an der Universität München. Studium der Geschichte, Neueren deutschen Literatur und Mittellateinischen Philologie in Hamburg und Zürich. Veröffentlichungen zur Literatur und bildenden Kunst der deutschen Romantik, zur deutschsprachigen Exilliteratur und Geschichte der deutsch-jüdischen Symbiose, Herausgeber des *Deutschen Literatur-Lexikons*.

PETER GOSSENS, geboren 1966 in Moers, Wissenschaftlicher Assistent am Institut für Komparatistik der Universität Münster. Studium der Vergleichenden Literaturwissenschaft an den Universitäten Bonn und Pisa. 1998 Promotion mit einer Arbeit über ›Paul Celans Ungaretti-Übersetzung‹ (Heidelberg 2000). Publikationen u. a. zu Paul Celan, Giuseppe Ungaretti, Samuel Bekkett (Marbach 2000) und wissenschaftsgeschichtlichen Fragestellungen.

BARBARA HAHN, Professorin für deutsche Literatur an der Princeton University. Arbeitet über deutsch-jüdische Literatur und Kultur, Genretheorie und intellectual history; zusammen mit Ursula Isselstein Herausgeberin der sechsbändigen Edition Rahel Levin Varnhagen.

HILTRUD HÄNTZSCHEL, geboren 1939, freiberuflich arbeitende Literaturwissenschaftlerin und Publizistin in München. Studium der Germanistik und Philosophie. Arbeits- und Veröffentlichungsschwerpunkte: Literatur der Weimarer Republik, Wissenschaftsgeschichte, Exil, Holocaust und Judentum, mit Akzent auf dem weiblichen Part. Zuletzt: *Irmgard Keun*, rororo-Monographie 2001.

NOTKER HAMMERSTEIN, geboren 1930, Professor em. der Geschichte der Frühen Neuzeit, Universität Frankfurt am Main. Forschungsschwerpunkte: Universitäts- und Wissenschaftsgeschichte, Geschichte des Heiligen Römischen Reichs deutscher Nation.

ULRIKE HASS-ZUMKEHR, geboren 1954, Professorin für germanistische Linguistik an der Universität Mannheim und Leiterin der Abteilung Lexik des Instituts für Deutsche Sprache, Mannheim. Forschungsschwerpunkte: Lexikologie und Lexikografie, Textlinguistik, Sprachgeschichte, Wissenschaftsgeschichte, Fachsprachen, Sprachkritik. Zuletzt erschien: *Deutsche Wörterbücher. Brennpunkt von Sprach- und Kulturgeschichte* (2001).

HANS OTTO HORCH, geboren 1944, Inhaber der »Ludwig Strauß-Professur« für Deutsch-jüdische Literaturgeschichte an der RWTH Aachen. Studium der Germanistik, Philosophie und Musikwissenschaft in Tübingen und Aachen, Promotion 1974, Habilitation 1984. Schwerpunkte der Forschung: Deutsch-jüdische Literaturgeschichte, Literatur des Realismus, Lyrik der Moderne, Probleme der Digitalisierung von Periodika.

ERIKA HÜLTENSCHMIDT, geboren 1945, Dr. phil., wissenschaftliche Angestellte an der Universität Bielefeld. Studium der Romanistik, Linguistik und Soziologie. Publikationen vorwiegend zur Geschichte der Sprachwissenschaften in Frankreich und Deutschland, zuletzt: ›Un allemand à Paris. Henri Weil, grammairien de l'acte subjecti. The History of Linguistics and Grammatical Praxis‹ (Louvain/Paris 2000).

URI ROBERT KAUFMANN geboren 1957, Konzeptentwickler am Jüdischen Museum Berlin. Studium an der Hebräischen Universität in Jerusalem und an der Universität Zürich, Promotion. Forschungen zur Sozial- und Wirtschaftsgeschichte der Juden in Zentraleuropa im 18. und 19. Jahrhundert. Herausgeber von *Jüdisches Leben in Deutschland heute* (Bonn 1993).

HANNE KNICKMANN, geboren 1966, wissenschaftliche Mitarbeiterin des Deutschen Literaturarchivs Marbach am Neckar in dem Projekt ›Internationales Germanistenlexikon 1800-1950‹. Publikationen zur Fachgeschichte und zum literarischen Expressionismus. Eine Dissertation über Kurt Pinthus (1886-1975) und den Expressionismus ist in Vorbereitung.

CHRISTOPH KÖNIG, geboren 1956, Privatdozent am Institut für Literaturwissenschaft der Universität Stuttgart und Leiter der Arbeitsstelle für die Erforschung der Geschichte der Germanistik im Deutschen Literaturarchiv; wiederholt Forschungsprofessor an der Maison des Sciences de l'Homme (Paris). Publikationen zur Literatur der Klassik und des 20. Jahrhunderts, zur Wissenschaftsgeschichte und Literaturtheorie; Herausgeber der Briefe Peter Szondis. Zuletzt: *Hofmannsthal. Ein moderner Dichter unter den Philologen* (Göttingen 2001).

GERHARD LAUER, geboren 1962, Privatdozent am Institut für Deutsche Philologie der Universität München. Studium in Saarbrücken, Tübingen und München. Arbeiten zur Wissenschaftsgeschichte der Germanistik, zur deutsch-jüdischen Literaturgeschichte und zur literaturwissenschaftlichen Grundlagenforschung; zuletzt: *Rückkehr des Autors. Zur Erneuerung eines umstrittenen Begriffs* (1999, zus. mit F. Jannidis, M. Martinez, S. Winko), *Nach der Sozialgeschichte. Konzepte für eine Literaturwissenschaft zwischen Historischer Anthroplogie, Kulturgeschichte und Medientheorie* (2001, zus. mit M. Huber).

JACQUES LE RIDER, geboren 1954, Directeur d'études an der Ecole pratique des Hautes Etudes, Section des Sciences historiques et philologiques, Paris, Lehrstuhl ›L'Europe et le monde germanique‹. Studium an der Ecole Normale Supérieure und am Institut d'Etudes politiques Paris; Forschungspreis 2000 der Humboldt-Stiftung. Herausgeber der Buchreihe ›Perspectives germaniques‹ und (mit M. Espagne) der ›Revue germanique internationale‹ im Verlag Presses Universitaires de France. Letzte Publikationen in deutscher Übers.: *Farben und Wörter. Geschichte der Farbe von Lessing bis Wittgenstein* (Wien 2000); *Kein Tag ohne Schreiben. Zur Tagebuchliteratur der Wiener Moderne* (Wien 2001).

HANS-HARALD MÜLLER, geboren 1943, Professor an der Universität Hamburg, Gastprofessuren in St. Louis, Johannesburg, Cambridge (St. John's College) und Rostock. Forschungs- und Publikationsschwerpunkte: Theorie und Geschichte der Literaturwissenschaft, Literatur des 19. und 20. Jahrhunderts; Herausgeber der Werke von Theodor Plievier und Leo Perutz.

DIRK NIEFANGER, geboren 1960, Oberassistent und Privatdozent am Seminar für Deutsche Philologie der Universität Göttingen; im Sommersemester 2000 Gastprofessor für Neuere Deutsche Literatur an der Humboldt-Universität zu Berlin. Studium der Germanistik, Philosophie und Politikwissenschaft in Tübingen und Wien. Publikationen zum Historismus, zur Literatur der Frühen Neuzeit und der Wiener Moderne. Zuletzt: *Barock. Lehrbuch Germanistik* (2000).

JOHANNES RENGER, geboren 1934, Professor für Altorientalistik an der Freien Universität Berlin. Studium der evangelischen Theologie, Altorientalistik, Ägyptologie, Semitistik und Römischen Rechtsgeschichte in Leipzig und Heidelberg; 1966-1976 Research Associate, Assistant und Associate Professor am Oriental Institute der University of Chicago (Mitarbeiter am Chicago Assyrian Dictionary). Publikationsschwerpunkte: Wirtschafts- und Sozialgeschichte des Alten Orients, Wissenschaftsgeschichte.

DIERK RODEWALD, geboren 1940 in Bremen. Studium von Germanistik, Philosophie, russischer Philologie in Tübingen, Hamburg, Kiel, Wien, Würzburg; Assistent in Bonn, Lehrstuhlvertretung in Bielefeld, seit 1981 freier Literaturwissenschaftler. Publikationen zu Robert Walser, Wolfgang Hildesheimer, Jakob Wassermann sowie zur Verlagsgeschichte (*Samuel Fischer/Hedwig Fischer: Briefwechsel mit Autoren*, 1989); kommentierte Edition von Moritz Heimanns Schriften zu Literatur und Theater in Vorbereitung.

JEFFREY L. SAMMONS, geboren 1936, Professor of German, Yale University. Ph.D., Yale University 1962. Publikationsschwerpunkte: Heinrich Heine, Wilhelm Raabe, Roman des 19. Jahrhunderts, deutsches Amerikabild. Letzte Buchveröffentlichung: *Ideology, Mimesis, Fantasy: Charles Sealsfield, Friedrich Gerstäcker, Karl May, and Other German Novelists of America* (Chapel Hill 1998).

KAROL SAUERLAND, Professor für deutsche Literatur und Ästhetik an der Universität in Warschau und für Germanistik an der Universität in Thorn. Studium der Philosophie, Mathematik und Germanistik in Berlin und Warschau. Veröffentlichungen insbesondere über Diltheys Erlebnisbegriff, die Ästhetik Adornos und die deutsche Philosophie und Literatur in neuerer Zeit. Letzte Buchveröffentlichung: *Dreißig Silberlinge. Denunziation in Gegenwart und Geschichte* (2000).

CARSTEN SCHAPKOW, geboren 1970, wissenschaftlicher Mitarbeiter am Simon-Dubnow-Institut für jüdische Geschichte und Kultur in Leipzig. Studium der Germanistik, Geschichte, Medien- und Theaterwissenschaften in

Paderborn und an der FU Berlin. Forschungsschwerpunkt: Rezeptions-geschichte des sefardischen Judentums bei den deutschsprachigen Juden im 19. Jahrhundert. Zuletzt: »*Die Freiheit zu philosophieren*«. *Moderne jüdische Identität im Spiegel der Rezeption Spinozas in der deutschsprachigen Literatur* (Bielefeld 2001).

LOTHAR SCHNEIDER, Studium der Germanistik und Philosophie an der Justus-Liebig Universität Gießen; Promotion (*Reden zwischen Engel und Vieh. Zur rationalen Reformulierung der Rhetorik im Prozeß der Aufklärung*, Opladen 1994), Habilitation (*Realistische Poetik und naturalistische Kritik. Eine Untersuchung über die Poetik des Symbols und die Situierung der Kunst in der zweiten Hälfte des 19. Jahrhunderts*, Habilitationsschrift Gießen 1999 [er-scheint Tübingen 2002]). Aufsätze zur Wissenschaftsgeschichte, vor allem zur Literatur des 19. und 20. Jahrhunderts und zur formalen Ästhetik.

ALMUT TODOROW, geboren 1939, Professorin für Neuere Deutsche Literatur mit Schwerpunkt Literatur des 19. Jahrhunderts bis zur Gegenwart im me-dialen Kontext an der Universität Konstanz. Studium der Germanistik, Ge-schichte und Philosophie in Köln und Tübingen. Forschungsschwerpunkte: Medialität der Literatur; Rhetorik, Topik, Memoria in kulturanthropologi-scher Sicht; Feuilletonforschung; Kommunikations- und Mediengeschichte.

CÉLINE TRAUTMANN-WALLER, geboren 1966, Dozentin für Germanistik an der Universität Paris 8. Studium der Germanistik an der Ecole Normale Supérieure (Paris). Promotion mit einer Arbeit über die Wissenschaft des Judentums: *Philologie allemande et tradition juive. Le parcours intellectuel de Leopold Zunz* (Paris 1998). Forschungsschwerpunkte: Wissenschaftsgeschich-te der Philologie und der Kulturwissenschaften, Geschichte der franzö-sischen Germanistik, Kulturgeschichte der Juden in Deutschland.

SHULAMIT VOLKOV, geboren 1942 in Tel-Aviv, Professorin für neuere Ge-schichte und Inhaberin des Konrad-Adenauer-Lehrstuhls für vergleichende Europäische Geschichte an der Universität Tel Aviv. Studium der Philoso-phie und Geschichte an der Hebräischen Universität in Jerusalem und der University of California, Berkeley. Fellow des St. Antony's College, Oxford, des Wisseschaftskollegs zu Berlin und des historischen Kollegs in München. Zahlreiche Veröffentlichungen zur deutsch-jüdischen Geschichte. Zuletzt: *Antisemitismus als kultureller Code* (2. Aufl. 2000) und *Das jüdische Projekt der Moderne* (München 2001).

Personenregister

Adam, Wolfgang   312, 319
Adler, Joseph   96
Adorno, Theodor W.   119 f.
Agnon, Samuel Josef   134, 295
l'Aigles, Claudine de   203 f., 206, 211
Aischylos   182
Albeck, Chanoch   87
Albert, Claudia   127
Alembert, Jean-Baptiste d'   218
Althoff, Friedrich   179, 265
Andreas-Salomé, Lou   71
Annunzio, Gabriele d'   69, 326
Ansel, Michael   273, 282
Anz, Thomas   53
Apel, Friedmar   202
Arendt, Hannah   71, 136, 162
Arenhövel, Willmuth   247
Aristarch   176
Aristoteles   323
Armstrong, Michael   179
Arndt, Ernst Moritz   88, 227
Arnold, Heinz Ludwig   247
Ascher, Saul   269
Aschheim, Steven E.   231, 280, 296
Auerbach, Berthold   302 f.
Avé-Lallement, Friedrich Christian
    Benedikt   91
Ax, Wolfram   165
Bab, Julius   44, 46, 94, 141, 201, 285
Bachofer, Wolfgang   205 f.
Badt-Strauss, Bertha   56, 69-71, 73
Bächtold, Jakob   93
Baeck, Leo   89, 278
Bahr, Hermann   325
Ballin, Albert   261
Balzac, Honoré de   293, 295, 300
Bandhauer, Wolfgang   70
Barnard, Frederick M.   225
Barner, Wilfried   21, 183, 189, 199, 237,
    279
Baron, Hans   155
Bartels, Adolf   95, 124 f., 138 f., 283
Barth, Jakob   87 f., 90

Bassermann   138
Bauer, Josef   34
Bauernfeld, Eduard von   191
Baumgart, Peter   265
Bayerdörfer, Hans-Peter   59, 280
Beauzée, Nicolas   217-220
Beck, Knut   42
Beck, Wolfgang   205 f.
Becker, Carl Heinrich   33
Becker, Konrad Ferdinand   217, 219
Beer, Bernhard   269-273, 284
Beer, Mina   180
Beer-Hofmann, Richard   291 f.
Beethoven, Ludwig van   55
Behler, Ernst   316, 319
Benary, Karl Albert Agathon   174
Benecke, Georg Friedrich   310
Benfey, Theodor   174
Benjamin, Walter   10, 282
Benloew, Louis   213
Bentley, Richard   176
Benz, Wolfgang   283
Beradt, Martin   45
Berbig, Roland   93, 95, 198
Berdyczewski, Micha Josef   134
Berend, Eduard   10
Berg, Leo   108
Bergel, Kurt   307
Berghahn, Klaus L.   234
Bergholz, Harry   141
Bergmann, Jörg   277
Bergson, Henri   61
Berliner, Abraham   87
Berman, Russel A.   127
Bermann, Richard A.   313
Bernays, Isaac   10, 231
Bernays, Jacob   10, 88, 183, 189
Bernays, Michael   10, 61
Bernhardy, Gottfried   174
Bertens, Rosa   42
Bettelheim, Caroline   321
Betz, Louis A.   115
Bhabha, Homi K.   284

Maler, Anselm 95
Mandelkow, Karl Robert 197, 200 f.
Mann, Heinrich 292
Mann, Thomas 46, 50, 73, 139
Manuel, Frank E. 225 f., 236
Marcuse, Ludwig 114 f.
Maria Stuart, Königin von Schottland
69
Marie Antoinette, Königin von
Frankreich 69
Markon, I. 90
Marquard, Odo 39, 126
Marschalk, Max 45
Marti, Kurt 250
Martin, W. J. 253
Marx, Karl 50, 115, 121, 127
Mattenklott, Gert 152
Matthes, Olaf 261
Maurer, Trude 85
Mauthner, Fritz 17 f., 141-145, 237
Mayer, Hans 199 f.
Mayer, Max 49
Maync, Harry 148
Mayser, Erich 124
Mehlem, Richard 106
Meier, Jürgen 203 f.
Meinecke, Friedrich 133
Meiners, Christoph 88, 90
Meißner, Alfred 123
Meissner, Bruno 264
Mendelssohn, Moses 71, 85, 135, 143,
160, 201, 223 f., 229, 269, 271, 275,
278, 280
Mendelssohn-Bartholdy, Felix 234-236
Mendes-Flohr, Paul 59, 279
Menninghaus, Winfried 199
Menzel, Adolph von 314
Menzel, Wolfgang 88
Merker, Paul 315
Merton, Robert 194
Mescha 259
Meyer, Eduard 234, 250 f., 265
Meyer, Michael A. 59, 90, 143, 155,
197, 229, 231, 233
Meyer, Richard Moritz 16, 93-102,
106-108, 170, 198

Meyer-Plath, Maria 66
Meyrink, Gustav 57
Michaelis, Johann David 224-226,
235 f.
Michaelis, Karin 72
Michelangelo Buonarroti 300
Michelsen, Friedrich W. 209
Middell, Matthias 214
Mieses, Matthias 89
Mill, John Stuart 21, 322 f.
Minor, Jakob 309
Möhn, Dieter 203, 207, 209
Moeller Christensen, Sven 305
Mörike, Eduard 120
Mövius, Ruth 71, 122
Moltke, Freya von 72
Moltke, Helmuth von 72
Mombert, Alfred 291 f.
Mommsen, Theodor 27, 29, 33, 167-
169, 183, 265
Montinari, Mazzino 195, 241
Morawe, Bodo 200 f.
Moses 119, 191, 233
Moses, Elisabeth 281
Moses, Stéphane 199
Mosse (Familie) 136
Mosse, George L. 67, 131, 234, 302
Mosse, Werner 236
Müllenhoff, Karl 197
Müller, Christine 103
Müller, Georg 56
Müller, Guido 33
Müller, Hans-Harald 16, 71, 93, 102,
198, 313, 319
Müller, Karl Otfried 166
Müller, Max 252, 259
Müller, Robert 50
Müller-Seidel, Walter 53
Munk, Salomon 82
Mussolini, Benito 181
Nadler, Josef 313
Nahon, Gérard 90
Napoleon I., Kaiser von Frankreich
214, 247
Nassen, J. 115
Natorp, Paul 31

Gedruckt mit Unterstützung der Deutschen Forschungsgemeinschaft

Redaktion: Andreas Beck
Personenregister: Heidrun Fink

Die Deutsche Bibliothek – CIP-Einheitsaufnahme

Ein Titeldatensatz für diese Publikation ist bei
Der Deutschen Bibliothek erhältlich

© Wallstein Verlag, Göttingen 2001
www.wallstein-verlag.de
Vom Verlag gesetzt aus der Adobe Garamond
Gedruckt auf alterungsbeständigem Papier
Umschlaggestaltung: Basta Werbeagentur, Petra Bandmann,
unter Verwendung der Haus-Chronik von Richard Moritz Meyer
(Depositum im Deutschen Literaturarchiv)
Druck und Verarbeitung: Hubert & Co, Göttingen
ISBN   3-89244-457-9